Nadine Gerner, Lina Hansen

Ökofeminismus zwischen Theorie und Praxis

UNRAST

Lina Hansen liebt den Ökofeminismus, seitdem sie in Jena den soziologischen Schwerpunkt ›Gesellschaftliche Transformation und Nachhaltigkeit‹ studiert hat und sich während ihres soziologischen Bachelors im Stadtgarten ›Ab geht die Lucie‹ feministisch engagiert hat. Mittlerweile hat sie viele feministische Konferenzen organisiert. Derzeit bringt sie ihren ökofeministischen Blick im Kollektiv *Common Ecologies*, bei der *Feminist and Degrowth Alliance* (FaDA) und bei der Organisation der Vergesellschaftungskonferenz ein. Sie liebt es, in Stadtgartenprojekten queere ökofeministische Workshops zu geben, kollektiv zu ackern oder an der Universität Feministische Theorie und Degrowth zu lehren. Sie arbeitet an einem ökofeministischen Promotionsvorhaben, welches von Hanna Meißner betreut wird.

Nadine Gerner ist Sozialwissenschaftlerin und lehrt an verschiedenen Universitäten zu den Themen Care, Soziale Reproduktion, Degrowth und Ökofeminismus. Darüber hinaus ist sie bei *Common Ecologies* und der *Feminism and Degrowth Alliance* (FaDA) aktiv. Zurzeit organisiert sie zum zweiten Mal eine Strategiekonferenz zu Vergesellschaftung und setzt sich für feministisches Vergesellschaften ein. Sie gibt Workshops zu Ökofeminismus und ist in der Klimagerechtigkeitsbewegung sowie in feministischen Kollektiven und Kampagnen unterwegs.

Nadine Gerner, Lina Hansen

Ökofeminismus zwischen Theorie und Praxis

Eine Einführung

UNRAST

Nadine Gerner, Lina Hansen
Ökofeminismus zwischen Theorie und Praxis: *Eine* Einführung
2. Auflage, Juli 2025
ISBN 978-3-89771-379-6

Fuggerstr. 13 a, D-48165 Münster
www.unrast-verlag.de – kontakt@unrast-verlag.de
Mitglied in der assoziation Linker Verlage (aLiVe)

Umschlaggestaltung: Ramin Aryaie – www.aryaie.studio
Bildnachweis für die auf dem Umschlag verwendete Fotografie:
© Greenham Women Everywhere
Satz: Andreas Hollender, Köln
Druck: Multiprint, Kostinbrod

Mit einem kollektiven Vorwort von:
Corinna Dengler
Daniela Gottschlich
Katharina Hoppe
Sherilyn MacGregor
Milo Probst
Anna Saave
Andrea Vetter
Manuela Zechner

Bücher sind wie Samenkörner. Manchmal sind sie Früchte des Zorns und entstehen aus sozialen Bewegungen. Man wirft sie hinaus in die Welt und weiß nicht, ob und wo der Samen aufgeht. (Maria Mies)

In Gedenken an Maria Mies und die vielen Wegbereiter*innen.

Inhalt

Ein kollektives Vorwort

von Nadine Gerner und Lina Hansen
sowie Corinna Dengler, Daniela Gottschlich, Katharina Hoppe, Sherilyn MacGregor, Milo Probst, Anna Saave, Andrea Vetter, Manuela Zechner

Ein Einführungsbuch in den Ökofeminismus zu verfassen ist nicht nur unser alleiniger Wunsch. Daher war uns an einer kollektiven Umrahmung dieses Buches gelegen und wir sind froh über diese ersten Seiten. Dieses Vorwort ist entstanden, da uns mehrmals ans Herz gelegt wurde, diesem Buch ein Vorwort voranzustellen.[1] Da sich die übliche Form des Vorworts durch eine einzelne Person für uns jedoch nicht stimmig anfühlte, möchten wir diesem Buch gerne eine kollektive Form des Vorworts voranstellen. Dieser Flickenteppich an Gedanken zum Buch stammt von Menschen, die uns auf dem Weg zu diesem Einführungsbuch begleitet und inspiriert haben – sowohl persönlich als auch durch ihre (öko)feministische Arbeit. Wir möchten dieses Voneinanderlernen wertschätzen und allem voran sichtbar machen. Durch dieses Spinnen ökofeministischer Fäden wollen wir uns nochmal mit diesen Personen verknoten. Dadurch weben wir ihre Gedanken ein und verstricken sie mit unseren Geschichten. Für uns ist diese kollektive Umrahmung zugleich zu einer schriftlichen dankenden Umarmung geworden.

Anna Saave: In einem Interview aus dem Jahr 2009 antwortet Maria Mies auf die Frage, wie ein feministisches Konzept von Arbeit ihrer Meinung nach aussehen sollte: »Ein feministischer Begriff von ›Arbeit‹ kann nicht auf Herrschaft beruhen [...]« und er muss »das räuberische ökonomische Verhältnis des Menschen zur ›Natur‹ durch ein kooperatives

1 Danke insbesondere an Manuela Zechner, die das Saatkorn eines Vorworts überhaupt erst gesät hat. Durch ihre ermutigenden Worte konnte die Idee gedeihen.

ersetzen«. Ein solches kooperatives Verhältnis sei auch der »einzige Weg, mit dem Frauen ihre körperliche Integrität und Ganzheit, ihre Würde und ihre Souveränität über (ihre eigenen) lebendigen Prozesse wiedererlangen können« (Mies und Salleh 1990: 81, Saaves Übersetzung).

Aus der Perspektive einer ökofeministischen Bewegungsgeschichte ist Mies' Antwort ambivalent. Sie zeigt einerseits, dass ökofeministische Gesellschaftsentwürfe umfassende Änderungen einfordern, die noch verwirklicht werden müssen: Arbeit ohne Herrschaft, kooperative Mensch-Natur-Beziehungen, die Wiederherstellung der Integrität weiblicher Körper und weiblicher Selbstbestimmung! Ökofeministische Visionen treiben damit sozial-ökologische Transformationen kritisch an. Das Zitat zeigt aber auch den partikularen Blick der Ökofeministinnen ›der ersten Stunde‹, deren Denken ab den 1980er-Jahren bekannt wurde. Diese Frauen gewinnen eine Stimme angesichts ihrer Betroffenheit als gesellschaftlich gemachte Frauen-Subjekte, als weibliche und als naturalisierte Körper. Dieser partikulare Blick brachte den Ökofeminismus oft weg vom Antreiben und manchmal hin zum Stolpern: denn Souveränität fordern nicht nur Frauen, sondern alle Subalternen; Würde fordern nicht nur Frauen, sondern alle, deren Körper (strukturell) verwundbarer sind oder gemacht werden; körperliche Integrität fordern nicht nur Frauen, sondern alle, deren körperliche und geografische Territorien penetriert werden. Der Ökofeminismus der ersten Stunde – und es ist dieser Ökofeminismus, welcher den meisten Leser*innen als ›der Ökofeminismus‹ bekannt ist – hat dies an vielen Stellen bereits mitreflektiert und mitbesprochen. Aber auf den Punkt gebracht hat er es noch nicht. Ökofeminismus heute ist, auch deswegen, immer noch damit beschäftigt, seine Offenheit unter Beweis zu stellen. Das macht ökofeministische Politiken einerseits anschlussfähiger, bremst sie oft aber auch aus.

Die Einführung *Ökofeminismus zwischen Theorie und Praxis* wird ein Wegbegleiter sein für Ökofeminist*innen und für alle, die es werden wollen. Das Buch wird dabei helfen, nicht jedes Mal komplett von vorne anfangen zu müssen. Und es wird helfen, im Blick zu behalten, dass ökofeministische Politiken nicht nur immer neu gemacht werden müssen, sondern auch, dass alle, die für diese streiten und dem rassistischen, patriarchalen Kapitalismus ein ökofeministisches Leben abringen, nicht alleine sind.

Katharina Hoppe: In einem meiner ersten akademischen Vorträge bei einer wissenschaftlichen Konferenz in der Geschlechterforschung präsentierte ich einige Gedanken zu dem, was häufig unter der Chiffre ›Neuer Materialismus‹ diskutiert wird. Es ging um Materialitäten und Natur und Ontologie und Politik, aber um eines ging es nicht: die Traditionslinie des Ökofeminismus. Und ich fühlte mich damals von vielen älteren Kolleg*innen ertappt, die den Diskurs um Feminismus und Naturverhältnisse jahrzehntelang vorangetrieben hatten. Nicht weil ich noch nie etwas vom Ökofeminismus gehört hätte, aber weil dessen Genealogien und klassische Positionen akademisch – zumindest während meines Studiums in den späten 2000er- und 2010er-Jahren – tatsächlich wenig Aufmerksamkeit erfahren haben und auch ich bis zu dem Zeitpunkt nur wenige Texte wirklich gelesen hatte. Ökofeminismus schien etwas Verstaubtes, etwas für ›Frauen mit lila Tüchern‹, etwas Esoterisches. Ich begann aber zu ahnen, dass ich damit eine Karikatur verinnerlicht hatte, die mein Aufwachsen in der Bundesrepublik in den 1990er-Jahren reflektiert. Also begab ich mich auf eine Spurensuche, die ich schließlich in ein Masterseminar an der Goethe-Universität Frankfurt übersetzte. Selten habe ich mehr gelernt, selten kontroverser diskutiert und selten länger von einer Lehrveranstaltung gezehrt. Dass die Tradition des Ökofeminismus mit der vorliegenden Publikation nun durchgearbeitet und wiederbelebt wird, ist von unfassbar großem Wert. Mit diesem Überblick über die breite und wichtige Tradition des Ökofeminismus können wir die Wiederentdeckung und Weiterentwicklung eines Ökofeminismus vorantreiben, der die Analyse und Kritik der ökologischen Krisen der Gegenwart begleitet und zu neuen Begriffen und Geschichten anregt.

Daniela Gottschlich: An dem Morgen, bevor mich die Einladung zu diesem kollektiven Vorwort erreichte, hatte ich mich mit dem Konzept der ›Klima-Nische‹ beschäftigt. Als Klima-Nische bezeichnen Timothy M. Lenton und Kolleg*innen (2023) jene Regionen, die eine Jahresdurchschnittstemperatur zwischen sechs und 28 Grad Celsius haben und damit noch als ›bewohnbar‹ gelten. 2023 leben bereits 600 Millionen Menschen außerhalb dieser Nische – in Gebieten, die viel zu heiß und viel zu trocken sind, um ein gutes Leben zu führen. Sollte sich die derzeitige Klimapolitik weltweit nicht ändern und eine globale Erwärmung von mindestens 2,7 Grad Celsius tatsächlich eintreten, dann könnte bis zum Ende dieses Jahrhunderts ein Drittel aller Menschen betroffen sein und außerhalb der Klima-Nische leben. Wie soll eine Anpassung an diese lebensbedrohlichen Bedingungen für arme Menschen und für arme Länder längs des Äquators möglich sein? Selbst wenn wir die angestrebten 1,5 Grad Celsius einhalten sollten, werden laut der Studie *Quantifying the human cost of global warming* von Lenton et al. (2023) immer noch 14 Prozent aller Menschen aus der Klima-Nische rutschen. Wer die Möglichkeit und die Mittel hat, zieht um. Auch innerhalb von Ländern wie den USA.

Angesichts dieser Entwicklungen brauchen wir ganz dringend »Geschichten des Gelingens« (Hochmann), die Mut machen, die zeigen, dass und wie es anders gehen kann. *Ökofeminismus zwischen Theorie und Praxis* ist so ein Buch. Machen wir uns nichts vor: Wir werden Mut, wir werden einander und viele Netze des Widerstandes gegen die kapitalistische Zerstörung alles Lebendigen und gegen Menschenverachtung in all ihren Formen brauchen – ebenso wie sichere Räume, in denen wir (wieder) lernen zu träumen, in denen wir uns über Ideen, die uns inspirieren, austauschen, um sie kollektiv Wirklichkeit werden zu lassen. In meiner Vorstellung ist eine Welt möglich, in der die verflochtenen Verhältnisse der Herrschaft über Frauen, queere, migrantisierte, rassifizierte Menschen und andere marginalisierte Gruppen sowie über Natur, also all jene Herrschaftsverhältnisse, von denen das Buch handelt, aufgelöst werden können. Und ich brauche dieses »Prinzip Hoffnung« (Bloch), das sich im Zusammendenken von feministischen, dekolonialen, politisch-ökologischen Perspektiven entfaltet, für mein Denken, Handeln und Sein, um mich weiter mit Fragen sozial-ökologischer Transformation aus einer kritisch-emanzipatorischen Perspektive beschäftigen zu können. Danke, Lina und Nadine, dass ihr in ökofeministische Denk- und Handlungsalternativen einführt und sie damit vielen zur Verfügung stellt.

Corinna Dengler*:* »Ökofeminismus? Ökofeminismen!« (be)schreiben Lina und Nadine in ihrem Buch. Sie stellen sich damit gegen die Kanonisierung von Wissen, die Ökofeminismus als eine Theorieschule versteht, die sich vom angloamerikanischen Sprachraum her entwickelt hat – inspiriert von frühen Ökofeminist*innen wie Rachel Carson und Carolyn

Merchant und Veranstaltungen wie die »Women and Life on Earth: Ecofeminism in the Eigthies«-Konferenz in Amherst (USA). Stattdessen lassen sich frühe Ansatzpunkte ökofeministischer Theorie vielerorts finden, sind zudem zuvorderst nicht Theorie, sondern Praxis und stehen für eine miteinander verwobene, zyklische, bewegungsnahe und kollektive Produktion von Wissen. Sich gegen eine lineare Geschichtsschreibung zu stellen, den Kanon also gegen den Strich zu bürsten, ist nicht einfach – denn neben einigen prominent gewordenen Beispielen wie der Chipko-Bewegung in Indien oder der Green-Belt-Bewegung in Kenia gibt es zahlreiche ökofeministische Bewegungen und Wegbereiter*innen, die in Vergessenheit geraten sind. Einige davon werden in *Ökofeminismus zwischen Theorie und Praxis* rehabilitiert. Die Verwobenheit von ökofeministischer Theorie und Praxis weltweit wird immer wieder betont und Lina und Nadine leisten damit einen wichtigen Beitrag, um die Pluralität von Ökofeminismen sichtbar zu machen.

Milo Probst: Linas und Nadines Buch ist nicht nur ein Buch *über* den Ökofeminismus. Es greift selbst ökofeministische Denk- und Darstellungsweisen auf. Wie viele Ökofeminist*innen vor ihnen spinnen sie eine Geschichte des Ökofeminismus, die unabgeschlossen, ausgangsoffen, spielerisch und experimentell ist.

Definitionen weisen sie als provisorische aus, Kategorisierungen als vorübergehende. Das Gewirr der Fäden, die die ökofeministische Geschichte ausmachen, betrachten sie aus der Distanz, um den Lesenden einen ersten Überblick zu geben. Sie folgen aber auch einzelnen Strängen, wie sie sich mit anderen verknoten, sich verheddern oder ausfransen. Mit ihrem eigenen Garn weben sie neue Geschichten, Orte und Erfahrungen ein. Und sie geben zahlreiche Anhaltspunkte, wo Unabgeschlossenes fortgesetzt, nur Angedachtes weiterverfolgt, Vergessenes wiederentdeckt werden könnte.

Statt eines klassischen Vorworts oder einer – wohlverdienten – Würdigung des Buches hier also eine weitere kleine Geschichte, die ich einweben möchte:

Herbst 1976 an der Unterelbe. Der Bau des Atomkraftwerks Brokdorf konkretisiert sich – zur Empörung vieler Anwohner*innen und Atomkraftgegner*innen. Eine erste Großdemonstration findet Ende Oktober statt. Unter den Demonstrierenden sind zwölf Frauen, die sich unwohl fühlen: Während die Macker um sie herum Barrikaden bauen, sitzen sie nur herum, fallen in ein ›passives Rollenverhalten‹ zurück, wie sie selbst nachträglich in einem Artikel für die feministische Zeitschrift *Courage* reflektieren (o. N. 1977: 16).

Sie nehmen sich fest vor, bei der nächsten Demonstration zwei Wochen später das Geschehen aktiv mitzubestimmen. Sie rüsten sich mit Schutzbrillen, Mundschutz und wasserfester Kleidung aus. Trotz dieser Vorbereitung merken sie, dass es nicht ausreicht, sich gegenseitig als ›stark‹ aufzubauen. Die verdrängten Ängste kehren wieder; die Beziehungen zu den Mitstreiterinnen erweisen sich als zu unsicher, um sich entschieden ins Getümmel der Aktion zu stürzen. Sie kommen zur Erkenntnis, dass das Sprechen über Ängste und andere Gefühle Teil ihres Aktivismus werden muss. Sie beschließen, sich regelmäßig zu treffen, um nicht zu resignieren und Wege aus ihrer Ohnmacht zu finden.

Bewusst oder unbewusst – ich weiß es nicht – formulieren sie einen ökofeministischen Grundsatz: »Frauenbewegung/Frauenkampf beinhaltet für uns nicht das bloße Beschäftigen mit ›frauenspezifischen‹ Problemen, sondern den Kampf für eine menschenwürdigere Welt, den Versuch, schon hier und jetzt anders, menschenwürdiger zu leben. Nicht in später Zukunft, sondern schon heute wollen wir uns Bedingungen schaffen, in denen wir uns wohlfühlen, d.h. z.B. ohne Unterdrückung leben können.«

Ihre Gedanken widmen sie »allen Frauen, die ganz tolle Sachen im Kopf haben, aber noch nicht wissen, wie sie sie ausführen können«. Dank Linas und Nadines Buch wissen wir, dass diese zwölf anonym gebliebenen Frauen viele Schwestern hatten und immer noch haben. Vor allem auch solche, die auf der Suche nach Auswegen aus ihrer Ratlosigkeit auf bedenkenswerte Antworten gestoßen sind.

Sherilyn MacGregor*:* Ecofeminist politics have been reclaimed, reframed and revitalised in the past five years. Across the world, but particularly in global South contexts, the mobilisation of ecofeminist ideas about the interconnection of colonialism, racism, heteropatriarchy, mastery/masculinism and capitalism have informed women-led struggles against extractivism and male violence. The COVID-19 pandemic has concentrated minds on the role of care work, the crisis of care provisioning in most societies, and the insanity of treating a health emergency as something distinct from the climate emergency. These shifts have resulted in a reframing of ecofeminist politics as first and foremost about intersectionality, systems change and global multispecies justice, with a considerable reduction in arguments from the last century (and the first part of this one) that women qua women are both uniquely harmed and especially skilled to solve the socio-ecological crisis.

But we must not overstate or celebrate naively the idea that ecofeminisms have been reclaimed and reframed. Sure, more people seem comfortable with claiming the label than did in the past. Let us not forget that for decades, many ecofeminist-identifying scholars eschewed the label because it was seen as incompatible with being taken seriously as an academic. It was »named but not claimed« (Hamilton / Neimanis 2018: 504) in a lot of interesting work exploring the intersections of feminist and ecological theorizing. It feels gratifying to see this fearless naming and claiming today, yet the contexts and circumstances in which this happens is very different from 20 years ago. And the idea of reframing only goes so far: there has been a broadening of focus, but the basic frame – the analysis of the connections between patriarchy, colonialism, capitalism and anthropocentrism – remains intact and is as powerful and promising as it was in the '70s and '90s. In many ways what was promising about ecofeminist praxis in the early days of d'Eaubonne, Warren, Plumwood and Shiva (to name a few) still endures. And we can say that ecofeminist praxis today closely resembles what it has always purported to be: intersectional, interdisciplinary and international. Please let us not forget that it has never been liberal! It has always been materialist and anti-capitalist. So to overblow today's visions as radically new, would do a disservice to its pioneers. As Myriam Bahaffou and Julie Gorecki state: »if we want [ecofeminism] to have a future, we must remember its past« (Gorecki und Bahaffou 2022: 2). At the core of ecofeminist politics *for the past five decades* is a commitment to criticising the past and present existence of exploitation and injustice while also developing political imaginaries that embody radical hope. Ecofeminists have always voiced demands for redressing current injustices as loudly as expressing hope for better futures for coming generations of life on Earth. Long may we continue.

Manuela Zechner: »Ecofeminismo o Barbarie«, sagt Yayo Herrero. Was bringt uns der Ökofeminismus, das wir nicht schon wissen? Der Feminismus zeigt uns, wie und wo wir von der Arbeit und Liebe anderer Menschen abhängen, wie wichtig Sorge und Pflege für unser Überleben sind, wie stark wir als Frauen und Versorgende sind und was für eine Illusion die Unabhängigkeit ist. Die Feministische Ökonomie zeigt uns den Wert und die Kraft der reproduktiven Arbeit, ein Wert und eine Kraft, die weit über Zahlen hinausgehen. Unsere Wirtschaft neu zu denken ist heute überlebenswichtig, denn der Kapitalismus reißt uns in die Tiefe, er ist in einer tiefen Krise, todessüchtig. Wirtschaft neu zu denken bedeutet nicht nur, Zahlen anders zu wälzen. Es bedeutet, unsere Interdependenz neu zu denken. Das fordert uns heraus, *care* als politisches, ethisches, soziales und auch ökologisches Prinzip umzusetzen: ein Prinzip, das wir dem Profit und dem Beherrschen entgegensetzen können. »Das Leben ins Zentrum stellen«, wie die lateinamerikanischen und spanischen Feministinnen sagen, ist eine antikapitalistische sowie antipatriarchale und dekoloniale Angelegenheit.

Dabei geht es nie nur darum, unsere menschlichen Abhängigkeiten, Versorgungssysteme und Sorgeformen anzuschauen. Es geht auch um unsere radikale Ökodependenz, wie Herrero sagt, um alles, wovon wir abhängen – Menschen, Tiere, Wasser, Erde, Pflanzen … – all diese Elemente sind Commons, Dimensionen unserer Gemeinschaft auf dieser Erde. Menschen, Tiere, Flüsse, Bakterien, Wälder – sie gehören alle zusammen. Das versteht der Ökofeminismus seit eh und je, als ein Strom und als viele Strömungen, die unsere Territorien durchziehen, mit Flussbetten, Deltas, Strudeln; mit trockenen und feuchten Zonen und Zeiten; Überschwemmungen und kleinen Dämmen; mit Bibern, Fischen, Störchen und badenden Nixen. Den Ökofeminismus würde ich als etwas Uraltes und Omnipräsentes verstehen, wie das Wasser auf der Erde: von unseren als Hexen verfolgten Urururururururgroßmüttern geschürt und beschwört, von presokratischen Hebammen und Philosophinnen besungen, von amazonischen Frauen und plurigeschlechtlichen Schamanen geschätzt und geschützt, von streikenden Müttern am 8. März in der Großstadt zelebriert, von sich an Pipelines kettenden FLINTA*s getragen und so manche queere boys, sogar andere Männlichkeiten, infizierend – durch das Menstruationsblut der jungen

Zwei Aktivist*innen im Schatten: Vor und hinter den Zäunen des Militärstützpunkts in Greenham Common trugen sich in den 80er-Jahren viele ökofeministische Aktionen zu. (Bridget Boudewijn Archiv, Greenham Women Everywhere)

Fridays-for-Future-Mädels in die Schulklos gespült und hinein in unseren Wasserkreislauf …

Mir scheinen das Wort und die Tradition ›Ökofeminismus‹ dabei eher sekundär. Es geht um etwas, das wir alle schon wissen, weil wir es spüren und jeden Tag neu erleben: Wasser trinken, in einen Apfel beißen, die Schuhe auf der Wiese ausziehen, Windeln wechseln, unter einer Berührung erschaudern, Pflanzen und Erde riechen, müde werden … Unsere Verbundenheit mit *allen-allem* und deren Lebenswelten bringt eine fröhliche Verbindlichkeit – vielleicht ist dies eine gute Definition für Ökofeminismus. Da sind immer unzählbar viele Strömungen, unbekannt viele Lachen und Rinnsale, Dinge, die wir nicht in eine einzige Geschichte packen können. Da geht es um die Kraft des Erzählens und Erinnerns und Begleitens, nicht um eine Historie mit striktem Anfang oder Ende. Mir scheint, in dem hier vorliegenden Buch laufen einige dieser Rinnsale und Strömungen zusammen, Nadine und Lina laufen einigen von ihnen mit Begeisterung nach, sie springen hinein, lassen sie dann auch wieder weiterziehen und ihre eigenen Wege gehen. Das wird diesen ganzen, von mir großteils so geliebten Geschichten gerecht, und das finde ich schön – wie auch euer Buchcover. Wasser und Rinnsale wird es auf der Erde immer geben.

Andrea Vetter*:* Seit mindestens zehn Jahren hatte ich dieses Projekt in meinem Beutel, es trug den Arbeitstitel »Ökofeminismus 2.0«, und mir war ganz unklar, welche Form es annehmen würde: eine Podcast-Serie, ein Interview-Buch, eine Video-Reihe, eine Website ... Aber Kern war es, die ›alten‹ ökofeministischen Ideen und Vordenkerinnen wieder zum Sprechen zu bringen, sie aufzuschließen für junge Menschen heute, einen Generationendialog zu beginnen. Nun weiß ich, welche Form dieses heimliche Projekt, das nie das Licht der Welt erblickt hat, gefunden hat: dieses Buch! Es ist ein wirklich wunderbares Glück, wenn eine gefühlte Notwendigkeit von anderen Menschen fachkundig aufgegriffen und in die Welt geboren wird. Vielen Dank euch beiden!

Einleitung: Ökofeminismus ist überall!?

In Frankreich organisieren Ökofeminist*innen Anti-Atom-Camps ohne cis Männer, in Ecuador kämpfen Indigene[2] Gruppen gegen Extraktivismus und Landnahme, in NRW streiken Care-Arbeiter*innen gegen das neoliberale Gesundheitswesen und kürzlich hat das Bündnis *Ende Gelände* den Zusammenhang zwischen kolonialen Kontinuitäten und dem Bau von Flüssiggasterminals in Norddeutschland aufgezeigt. Für uns ist Ökofeminismus gerade überall – teilweise auch ohne als solcher benannt zu sein – wie schon so oft in der Geschichte des Ökofeminismus.

Wenn die deutsche Klimagerechtigkeitsbewegung in ihrem Blick auf die aktuellen gesellschaftlichen Verhältnisse und den Zustand der Welt die Klimakrise mit Rassismus, kolonialen Kontinuitäten und Gender zusammendenkt,

dann reiht sie sich in die Denktradition von Ökofeminist*innen ein: Wir denken an Maria Mies und Vandana Shiva, die bereits in den 1980er-Jahren den Kolonialismus und den patriarchalen Kapitalismus kritisierten.

Wenn Eva von Redecker in ihren Podcasts, Büchern und Vorträgen Phantombesitz erklärt und heutige politische Kämpfe als *Revolution für das Leben* analysiert; oder wenn Autor*in Kim de l'Horizon die ökofeministische Hexe Starhawk zitiert und als Lehrerin nennt,

dann denken wir an Silvia Federici, die bereits 1984 anhand von Hexenverfolgungen und der Ausbeutung von Wissen und Frauenkörpern die Einhegungen von gemeinschaftlichem Eigentum und den Übergang zum Privateigentum aufzeigte.

---

2 Indigen ist eine Selbstbezeichnung, weshalb der Begriff großgeschrieben wird. Je nach Kontext werden spezifische Gruppennamen verwendet.

Wenn in Frankreich Gewerkschaften, Umweltbewegte und Feminist*innen gemeinsam auf die Straßen gehen, weil sie bis ins hohe Alter arbeiten und Reichtum produzieren sollen, von dem sie nichts abbekommen, um dann eine schlechtere und spätere Rente zu erhalten; oder wenn jährlich immer noch Arbeit im Wert von elf Billionen US-Dollar unbezahlt von Frauen geleistet wird,

dann wird deutlich, dass sich an den materiellen Verhältnissen der 1960er bis 2000er, in denen der Ökofeminismus fruchtete, reichlich wenig geändert hat, sodass ökofeministische Analysen im Hier und Jetzt noch Früchte tragen.

Wenn die französischen und englischen Verlage Le Passager Clandestin und Verso Werke der Ökofeministin Françoise d'Eaubonne herausgeben, in Deutschland der oekom Verlag Carolyn Merchants *Der Tod der Natur* in einer Reihe zu »Nachhaltigkeit« neu auflegt und der Unrast Verlag eine Chronik der Kampagne »Lohn für Hausarbeit« und Silvia Rivera Cusicanquis Konzept des *Ch'ixi* übersetzt,

dann wird deutlich, dass vieles des von Ökofeminist*innen Geschriebenen nur rudimentär verlegt, übersetzt und veröffentlicht wurde, obwohl insbesondere ökofeministisches Wissen uns beim Verstehen von derzeitigen Krisen helfen kann.

Wenn das *Missy Magazin* in der Ausgabe vom Dezember/Januar 2023 den Pilzen gleich ein ganzes Dossier widmet,

dann fragen wir uns, ob der Ökofeminismus von einer neuen Generation von Queerfeminist*innen weitergetragen werden kann.

Und dann wird schließlich deutlich, dass dies für uns genügend Gründe sind, diese Einführung in den Ökofeminismus zu schreiben – und offensichtlich für dich Grund genug, dieses Buch in die Hand zu nehmen und weiterzutragen.

Warum jetzt ein Buch zum Thema Ökofeminismus oder: Was können wir heute von Ökofeminist*innen lernen?

Maria Mies schreibt im Jahr 2015 in ihrem Vorwort zur Neuauflage von *Patriarchat & Kapital*:

> »Zwischen 1986 und heute hat sich die Weltlage insgesamt verschlechtert. Natur- und menschengemachte Katastrophen und Krisen haben zugenommen. Der Klimawandel, verursacht durch unseren Lebensstil, ist nicht mehr rückgängig zu machen. Die Ressourcen, auf deren Ausbeutung unser Lebensstil basiert, gehen zu Ende. Die Zahl der Armen hat zugenommen, nicht nur in den armen, sondern auch in den reichen Ländern. Überall wird die Natur mehr und mehr zerstört. In seiner Gier nach immer mehr Profit nimmt der Kapitalismus keine Rücksicht auf Mensch und Natur. Um weiteres Wachstum voran zu treiben, werden neue Technologien erfunden, die jedoch allesamt negative Auswirkungen auf Mensch und Natur haben.« (Mies 2015: 9)

Auch acht Jahre später, während wir dieses Buch schreiben, zeigen das gewaltvolle kapitalistische System und die darin verwobenen Herrschaftsstrukturen an vielen Stellen ihr Gesicht:

- Das besetzte Braunkohledorf Lützerath wurde Hand in Hand von der nordrhein-westfälischen Landesregierung, dem Energiekonzern RWE, der Polizei und einigen grünen Handlanger*innen geräumt;
- In Saint Soline erleben die gegen den Bau eines Rückhaltebeckens Demonstrierenden gewaltvolle Repression seitens der französischen Polizei;
- Pflegenotstand und Krankenhausstreiks; Applaus und symbolische Anerkennung statt besserer Arbeitsbedingungen prägen den deutschen Gesundheitssektor;
- Deutschland gibt 100 Milliarden Euro für die deutsche Rüstungsindustrie aus;
- In Argentinien wird jeden Tag etwa eine Frau, Lesbe oder trans Person getötet; alle vier Tage wird eine Frau in Italien ermordet, in Österreich sind es drei Femizide im Monat;
- In Deutschland ist die Streichung der Abtreibungsparagraphen 218 ff. immer noch nicht vollzogen;

- In Lahore, Pakistan, sowie in Hebei und Peking in China gab es eine große Flut; in Maui auf Hawaii große Brände; ein Erdbeben hat viele Regionen Kurdistans erschüttert; Extremwetter wie Dürreperioden und Überschwemmungen sind vielerorts immer häufigere Ereignisse.

Diese kurze Bestandsaufnahme ist ein Ausdruck vieler Symptome der derzeitigen Krisen des Spätkapitalismus. Care-Krise, Klimakrise, ökologische Krise, Wirtschaftskrise, Finanzkrise, usw.: Sie lösen einander nicht ab oder auf, sie greifen ineinander, verstärken sich wechselseitig, reichen sich die Hand. Diese Bestandsaufnahme zeigt einmal mehr, dass die Krisenhaftigkeit dem kapitalistischen System innewohnt. Sie zeigt auch, inwieweit das kapitalistische System sich an der Ausbeutung und Zerstörung von Ökosystemen erlabt, während die ökologische Basis degeneriert und erstickt. Die oben genannten Beispiele verdeutlichen, dass unser Wirtschaftssystem auf den Schultern von marginalisierten Menschen und deren (prekärer, un- und unterbezahlter) Arbeit steht und dass es auch diese Basis immer weiter zerdrückt und zunehmend in die Knie zwingt. Die strukturelle und systemische Gewalt ist allgegenwärtig und beraubt Menschen ihrer Würde und ihres Lebens. Die Symptome jener gewaltvoller Strukturen sind im alltäglichen Leben spürbar, beispielsweise wenn es um mentale Gesundheit, die eigenen Beziehungen, die Sinnhaftigkeit unserer Arbeit, die Vereinzelung in den eigenen vier (oder keinen!) Wänden, die Freiheit, einen Wohnort zu wählen, die Informationsfluten und die Ohnmacht angesichts des Zustands der Welt geht. Wie unser alltägliches Leben – die vielen kleinen Akte und unsere Denkweisen – mit dem großen Ganzen – den materiellen gesellschaftlichen Strukturen – zusammenhängt: damit beschäftigt sich Ökofeminismus.

Ökofeminismus kann erklären, ...

- ... warum einerseits Natur eine (queer)feministische Angelegenheit und andererseits Feminismus eine ökologische Angelegenheit ist.
- ... warum Ökologie(n) und Natur(en) Fragen des Kolonialismus aufwerfen.
- ... was ein Plattenbau im Ruhrgebiet mit einer Grünanlage im Prenzlauer Berg, einem Wald im Himalaya und einer Müllhalde in Agbogbloshie zu tun hat.

- ... dass wir nicht >rausfahren< müssen, um in der Natur zu sein; dass der Begriff Umwelt fehlleitend ist, denn wir werden nicht von Natur umgeben, >wir sind Natur<.
- ... was Pflegestreiks in Deutschland mit Subsistenzbäuer*innen in Indien und zapatistischer Selbstorganisierung in Mexiko zu tun haben.
- ... warum der Kapitalismus niemals grün sein kann; warum eine Tesla-Fabrik in Brandenburg weder eine Lösung für Mobilitätsengpässe und Ressourcenknappheit bietet, noch Ausdruck nachhaltiger und gerechter Mobilität ist.
- ... warum es nicht ausreicht, sich mit CO_2-Zertifikaten das unternehmerische Gewissen reinzukaufen.
- ... warum nicht alle bio oder vegan sein müssen; es nicht ausreicht, in den eigenen vier Wänden Müll zu trennen oder zu reduzieren, während unser Wirtschaftssystem auf Überproduktion basiert.
- ... warum es nicht reicht, wenn *weiße*[3] Mittelstandsfrauen CEOs von großen Unternehmen, Vorstände oder Bundeswehrkommandantinnen werden, während andere Frauen deren Kinder hüten, Eltern pflegen oder sich als Genossinnen organisieren oder gar zu Milizen zusammenschließen, um ein demokratisches Leben in ethnischer Vielfalt zu verteidigen.
- ... warum es nicht ausreicht, wenn der Ehemann in einer heterosexuellen Paarbeziehung im Haushalt >hilft<, während Mütter weiter das Gros der dreckigen, ungemütlichen, unpassenden anfallenden Sorgearbeit übernehmen.
- ... inwiefern die sogenannte reproduktive Arbeit die Grundlage der kapitalistischen Gesellschaft darstellt, beziehungsweise gar gesellschaftliches Leben erst möglich macht.
- ... warum es keine universelle Handlungsoption für alle, sondern mehrere Denkweisen, Welten und Ansätze gesellschaftlicher Veränderung gibt und braucht.

3 Die kursive Schreibweise verweist auf die politische und soziale Konstruktion von Hautfarbe sowie auf *Weiß*-Sein als Norm. Die Hervorhebung dient dazu, diese unhinterfragte Norm sichtbar zu machen, also Unmarkiertes zu markieren.

- ... dass ohne die Sorge(arbeit) *für, durch* und *um* Menschen oder nicht-menschliche Entitäten[4] weder Lohnarbeit noch jegliche Form von Tätigsein – also kein gesellschaftliches (Über-)Leben – möglich ist.

Ökofeminismus nimmt all die unsichtbaren, unter- und unbezahlten Schultern, auf denen das kapitalistische System ruht, in den Blick: Ökosysteme wie das Meer, die Wälder, Böden und Flüsse; die migrantische Mutter, die Schulklos putzt; die *weiße* Studentin, die nach der Uni im Café arbeitet und babysittet; den rassifizierten Altenpfleger in der überlasteten Pflegeeinrichtung; die rumänischen Erdbeerpflücker*innen auf deutschen Feldern; die versklavten Menschen in deutschen Kolonien, deren Geschichten im Schulunterricht gar nicht auftauchen, und all jene Kräfte, die unsichtbar sind und kollektiv Macht entfalten können.

In diesem Buch werden wir zeigen, welche (unsichtbaren) Geschichten sich Ökofeminist*innen erzählen, wie sie Gesellschaft erklären, wie sie Kapitalismus, Patriarchat und Kolonialismus kritisieren und welche – meist kämpferischen – Wege sie aufzeig(t)en, um die herrschenden Verhältnisse zu überwinden.

Warum wurden wir Ökofeministinnen oder: Wie kam der Ökofeminismus zu uns?

Diese Fragen begleiten uns als Autorinnen schon länger im gemeinsamen Fäden Spinnen. Damit verbunden sind die Fragen, was uns wann biografisch geprägt hat und wie dies mit ökofeministischen Fragestellungen zusammenhängt.

In der gängigen Wissensproduktion werden Biografien, individuelle Erfahrungen und Gefühle, kollektives Wissen und Erinnerung, Nicht-Verschriftlichtes und Erzähltes oft ausgeblendet, diskreditiert und gar zerstört. Ökofeminismus hingegen fragt danach, wie Wissen produziert wird und welche Art von Wissensproduktion legitim und valide ist. Aus

4 Tiere, Pflanzen oder Ökosysteme wie Wald, Boden, Wasser. Im Verlauf dieses Buches verwenden wir abwechselnd Begriffe wie ›nicht-menschliche Natur‹ oder ›Mehr-als-Menschen‹, um den Begriff ›Natur‹ möglichst zu vermeiden. Warum wir dies tun und was die ökofeministische Kritik am Naturbegriff ist, steht auf S. 181.

diesem Grund diskutieren wir an dieser Stelle ökofeministische Biografien: die unseren, die sowohl die anderen als auch die weiteren sein können.

Die Ökofeministin Maria Mies reflektiert in ihrem Buch *Das Dorf und die Welt* (2008) Schlüsselmomente ihres Lebens: Sie beschreibt darin ihre Kindheit während des Zweiten Weltkrieges in einer Landschaft voller schützender Berge und Höfe. Ihr eigenes Leben setzt sie ins Verhältnis zu ihrer ökofeministischen Theoriearbeit und Forschung. Durch das Verdeutlichen der eigenen Positionierung und ihres Erlebten erklärt sie, dass es einen Zusammenhang zwischen ihrer Forschung und ihrem eigenen Leben gibt. Auch Elemente aus unseren Biografien waren ausschlaggebend für unsere Auseinandersetzung mit feministischen und ökologischen Themen und brachten uns letztlich zum Ökofeminismus.

Wir möchten daher sichtbar machen, wie unser Wissen biografisch eingebettet und an welche Emotionen und gelebten Erfahrungen es geknüpft ist, und so verdeutlichen, dass dies nur *eine* Einführung ist – die unsere –, eingefangen in einem kurzen Moment. Dieser Prozess der Wissensproduktion kommt dem Säen eines Saatkorns gleich, das vor einiger Zeit, ungewiss, von wem und unter welchem Umstand, vielleicht durch einen Vogel hinterlassen und damit gesät wurde und nun wächst. Die Saat der gewachsenen Pflanze wird vielleicht durch einen weiteren Vogel wieder fortgetragen. *Eine Kuh für Hillary* von Veronika Bennholdt-Thomsen (1997, mehr dazu siehe S. 160) war ein solches Saatkorn, welches wir weitergetragen haben. Er war einer unserer ersten ökofeministischen Texte, den Maria Backhouse in einem Seminar zu Umwelt und Entwicklung zur Lektüre aufgab. Wir verwendeten ihn daraufhin immer wieder in unseren Workshops und Lehrveranstaltungen zu Ökofeminismus, aus denen heraus schließlich dieses Buch entstehen sollte.

Vor und während unserer[5] *Kindheit in einem norddeutschen Dorf gab es immer weniger landwirtschaftlich geführte Höfe und immer weniger diverse*

5 Unsere Biografien sind keineswegs die gleichen. Und doch möchten wir unsere Biografien in diesem Absatz miteinander verweben und damit ein wichtiges Moment im gemeinsamen Schreibprozess ausdrücken: unsere jeweiligen Gedanken, Erfahrungen und das Geschriebene nicht mehr entweben zu können – ohne dabei aber völlig ineinander aufgehen zu wollen. Wir wollen und sind zu einem ›ökofeministischen Wir‹ herangewachsen. Daher schreiben wir diesen Absatz ausschließlich in der ersten Person Plural.

*Felder. Der Bau einer Biogasanlage führte, wie die Tante es den Kindern schon vor der Projektumsetzung kritisch erläuterte, zu einem Meer an monotonen Maisfeldern. Neben dieser Monokultur prägten Spargelfelder mit Plastiktunneln saisonal die Peripherie des Dorfes. Auf dem Dorf kannten sich alle untereinander. Während wir mit dem Auto zum nächsten Dorf fuhren, konnten wir aus dem Fenster beobachten, wie Figuren, die sonst nicht im Dorf zu sehen waren, den Spargel stachen. Niemand tratschte über sie, wie sonst über jegliche Dorfbewohner*innen. Vielmehr, so schien es, waren sie unsichtbar. Wer waren sie? Wie sah ihr Alltag aus? Und: Wo gingen sie nach der Saison hin, fragten sich die Kinder. Dass viele Dorfbewohner*innen das Spargelstechen unter jenen Arbeitsbedingungen gar nicht erst als Jobmöglichkeit in Betracht zogen, führte dazu, dass dies an migrantische Saisonarbeiter*innen ausgelagert wurde. Dass Letztere in der Dominanzgesellschaft strukturell ausgeschlossen und ausgebeutet werden, damit der Preis niedrig bleibt, erschloss sich den Kindern erst später. Das Spargelessen hingegen war und bleibt ein Statussymbol, auf das die Dorfbewohner*innen noch heute Wert legen.*

Prägend wie die Autofahrten zwischen Dorf und Kleinstadt waren für die Kinder auch die obligatorischen Gartenrunden beim gegenseitigen Besuch verschiedener Familienmitglieder. Dabei waren Beete auf Balkonen, im Garten oder auf der Fensterbank zu finden. Gemeinsame Gartenarbeit prägte gerade im Sommer und Herbst die gemeinsam verbrachte Zeit. Wir beackerten verschiedene Stellen im Garten in alleiniger Verantwortung und erinnern uns gut, wie wir das Saatgut in die Erde taten. Die Karotten, die wir ernteten, waren wie menschliche, sich umarmende Figuren zusammengewachsen. Schon in unserer Kindheit war der Garten als Experimentierraum ein zentraler Lebensort. Während er für die Großeltern noch mit der Produktion von Nahrungsmitteln lebenserhaltend war, versorgte das gemeinsame Unkraut Jäten die Kinder zwar mit Momenten des Miteinanders, der Garten aber wurde immer mehr zur Zierde ...

Bis dahin wussten wir noch nichts vom Begriff des Ökofeminismus, auch wenn diese Erlebnisse später unser Interesse am Ökofeminismus prägen sollten. Erst später würden die Kindern lernen, die Welt durch eine ökofeministische Brille zu betrachten.

An der französischen Elite-Universität Sciences Po, an der die Studentinnen einige Jahre lang studierten, kamen kritische Inhalte wie alternative

Wirtschaftstheorien oder feministische Inhalte äußerst selten vor. Doch eines Semesters belegten sie einen Kurs zu ›Environmental Justice‹ bei der ökofeministischen Professorin Sherilyn MacGregor. Daraus entwickelte sich zunächst eine leidenschaftliche Begeisterung für das Thema Müll und es wurde mit der Zeit ein Stein ins Rollen gebracht: Wir wollten uns mehr mit Kapitalismuskritik und Feminismus auseinandersetzen, sowohl theoretisch als auch in sozialen Bewegungen. In Frankreich begeisterten sich die Studentinnen außerdem für Ökodörfer, in der Hoffnung, dass auf diesen Inseln ein antikapitalistisches Leben erleb- und erfahrbar würde. Für ihre Masterarbeiten setzten sie dann eine feministische Brille auf und beleuchteten Genderrollen in den ökologischen Gemeinschaftsprojekten. So kamen sie zur sozialen Reproduktion und zum Marxismus. Der Ökofeminismus ist durch die Universität, die paar wenigen kritischen Menschen dort und die vielen kritischen Menschen in sozialen Bewegungen zu uns gekommen. Auch wenn die Uni jener Ort ist, an dem die Studentinnen sich oft verloren, nicht genug, zu dumm und unpassend vorkamen, eröffneten ihnen die Texte, Bücher und Menschen dort eine akademische Welt. Die Welt der Hörsäle, Formalien und Professoren hatten sie nicht in die Wiege gelegt bekommen, dafür aber die Selbstständigkeit, den Mut und den Ehrgeiz, diese heute ökofeministisch auseinanderzunehmen.

Dies ist ein Ausschnitt der Erfahrungen, an die wir denken, wenn wir uns fragen, warum uns Ökofeminismus berührt. Diese gelebten Erfahrungen und die Emotionen prägen unseren Ökofeminismus. Das Forschen, politisch aktiv Sein, Agieren, Lehren ist von diesen nicht zu trennen. Demnach ist auch unser Schreiben von unserem Standpunkt in der Gesellschaft geprägt – vom »where we stand«, wie bell hooks es nennt, wenn sie vom Klassismus und Rassismus, den hooks als Schwarze[6] Person erlebt, schreibt. Wo stehen wir in einer Gesellschaft, die von Rassismus, Sexismus, Ableismus und weiteren Machtstrukturen durchzogen ist? Was sind unsere gelebten Erfahrungen als cis Frauen, die zur *weißen* Dominanzgesellschaft gehören? Was können wir – in Arbeiter*innenfamilien aufgewachsen oder als erste in der Familie zur

6 Schwarz ist eine Selbstbezeichnung von Menschen, die von Rassismus betroffen sind, weswegen das Adjektiv in diesem Buch großgeschrieben wird (vgl. Fußnote 3).

Uni gegangen – wissen und weitergeben? Welche emotionalen Erfahrungen im Garten der Tanten; welche aktivistischen Erfahrungen Hand in Hand mit Klimaaktivist*innen und Feminist*innen in Deutschland oder Frankreich prägen dieses Buch maßgeblich? Einige Perspektiven und Beispiele können wir beschreiben, weil wir selbst bei Besetzungen mitgemacht haben, weil wir viel Zeit auf Plena verbracht haben, weil wir Teil bestimmter Gruppen oder Bewegungen sind oder waren. Von weiteren Perspektiven, wie zum Beispiel denen Schwarzer, beHinderter, verRückter oder Indigener Feminist*innen, wissen wir nicht durch gelebte Erfahrung, sondern wir können sie nur durch Freund*innenschaft, Genoss*innenschaft, durch Austausch, Lektüre und Bildung sowie durch gemeinsames Kämpfen und geteilte Arbeit hier abbilden.

Damit wird deutlich, dass wir eine spezifische Brille haben, die zu Auslassungen führt, bestimmte Räume weniger betrachtet, andere mehr. Für uns sind beim Schreiben dieses Buches mehr komplexe Fragen als einfache Antworten aufgekommen und mehr Lücken, die wir in Zukunft miteinander und durch VerLernen füllen wollen.[7]

Beim Schreiben treibt uns an, dass sich erstaunlich wenig getan hat und sich erstaunlich viel erhalten hat, seitdem Ökofeminist*innen begonnen haben, die bestehenden Verhältnisse zu beschreiben und zu kritisieren. Wir wollen zeigen, wie wir uns in ihren Gedanken und Analysen wiederfinden, wie wir ihnen nahe sind und zugleich in einigen Punkten sehr fern. Außerdem schreiben wir uns in einen Prozess des Sichtbarmachens und Lücken- und Leerstellen-füllen-Wollens ein, insbesondere von marginalisiertem Wissen, wie dem der Aktivist*innen und Theoretiker*innen der ökofeministischen Bewegungen in den 1970er- bis 1990er-Jahren. Zu diesem Wissen, welches selten zu Papier gebracht wird und für welches wir viele Eselsohren falten, Tabs öffnen, viel zuhören und aushalten mussten, wollen wir den Einstieg mit dieser Lektüre erleichtern. Mit diesem Buch möchten wir unser Interesse, unsere Leidenschaft, unsere Wut, unsere Zerrissenheit, unsere eigene Widersprüchlichkeit, unser eigenes Nicht-Wissen, die Freude und die Erotik des Ökofeminismus teilen. Wir wollen ökofeministisches, nicht

7 Wir danken Valerie Janßen für ihre wertschätzenden und kritischen Anmerkungen zu diesem Kapitel.

patentiertes Saatgut säen und schauen, mit welchen Händen, in welchen Kontexten und Bewegungen diese kämpferischen Analysen der zerstörerischen Verhältnisse im Spätkapitalismus aufgegriffen werden, fruchten, wachsen und gedeihen können.

Zu Inhalt und Aufbau des Buches

Ökofeminismus zwischen Theorie und Praxis bietet keine einführende Lektüre in *den* Ökofeminismus, sondern in die Vielfalt von Ökofeminismen in all ihrer Widersprüchlichkeit und Uneinigkeit. Da es nicht *die eine* Erzählung ökofeministischer Bewegungen und Theorien gibt, zeichnen wir zunächst die *(un)vollständige Geschichte* des Ökofeminismus nach. In vollem Bewusstsein möglicher Ausschlüsse werden wir anti-militärische Kämpfe in Nordamerika und Europa, Kämpfe um Saatgut und Bäume in Indien oder Kenia, Kämpfe um Indigene Territorien sowie Kämpfe um Körper und Hausarbeit in unsere Erzählung einschließen. Hierdurch stellen wir die Vielschichtigkeit ökofeministischer Kritik und Analyse der herrschenden gesellschaftlichen Verhältnisse und (Un-)Ordnungen vor (Kapitel 1).

Da es nicht nur einen Ökofeminismus gibt, kann auch nicht von *der einen* Definition des Ökofeminismus die Rede sein. Von differenzfeministischen über materialistische bis hin zu queerfeministischen Definitionen spannen wir in Kapitel 2 den Bogen über verschiedene ökofeministische Strömungen hinweg. Die Geschichte weist verschiedene Zeitverläufe und zugleich deren Überschneidungen auf. Wir zeigen, wie der Ökofeminismus es schafft, eine nicht anthropozentrische, eine antikapitalistische, feministische und dekoloniale Kritik an bestehenden Verhältnissen zu formulieren und mit seinen Konzepten und Praktiken die Verbindung zwischen Herrschaftsstrukturen aufzuzeigen: Ökofeminismus denkt die Herrschaft über Frauen, queere, beHinderte, migrantisierte, rassifizierte Menschen und weitere marginalisierte Gruppen sowie über Ökologien zusammen.

Zudem spricht Ökofeminismus ein Klassenbewusstsein an und kritisiert insbesondere liberale Feminismen sowie den hegemonialen Nachhaltigkeitsdiskurs für ihre In-Verantwortungsnahme von Individuen, statt die unnachhaltigen kapitalistischen Verhältnisse infrage zu stellen.

Im Zusammenhang mit Ökofeminismus sprechen einige von Parallelen und Analogien zwischen Frauen und der Natur und meinen, dass es eine gewisse Nähe zwischen Frauen und der Natur gebe. Warum dies umstritten ist und zu einer Marginalisierung ökofeministischen Denkens geführt hat, anstatt dass die bedeutenden Kritiken des Ökofeminismus an liberalen Politiken gewürdigt würden, darauf gehen wir in Kapitel 3 näher ein.

Anschließend werden in Kapitel 4 gesellschaftliche Zusammenhänge durch theoretische Konzepte wie Subsistenz, Hausfrauisierung, gesellschaftliche Naturverhältnisse, Eisbergmodell sowie queere und dekoloniale Ökologien ausformuliert und verständlich gemacht. Es gilt, die Gesellschaft ökofeministisch zu betrachten, indem wir einen Blick auf die gegenwärtigen politischen und ökonomischen Verhältnisse werfen – insbesondere auf das vorherrschende Wachstumsdogma mit seinen (Re-)Produktionsverhältnissen. Diese komplexen theoretischen Zusammenhänge erläutern wir auf fragend-spielerische Art. Damit erschließt sich für die Leser*innen die Anwendbarkeit und Aktualität ökofeministischen Denkens bis in ihre alltäglichen, vermeintlich privaten Belange hinein: Wer macht die Care-Arbeit? Warum eine Kritik an Mutterschaft und Kernfamilie? Warum ist Gärtnern politisch und Einkaufen nicht? Was zählt als Naturerfahrung?

Diesen Argumentationsstrang nehmen wir in Kapitel 5 konstruktiv auf, indem wir Vorstellungswelten, Erfahrungen und Perspektiven aus derzeitigen Kämpfen präsentieren, die wir dem ökofeministischen Spektrum zuordnen. Hierbei möchten wir gesellschaftliche Handlungsoptionen der Organisierung, Vergemeinschaftung, Vergesellschaftung und internationalistischen Solidarität sowie Solidarität mit der Natur aufzeigen und diskutieren.

Mit diesem Buch ermöglichen wir jenen Einstieg in den Ökofeminismus, den wir uns selbst gewünscht hätten. Beim Lesen wünschen wir euch Reflexionsprozesse, Emotionen, Konflikte und geteiltes Interesse, sodass ökofeministisches Wissen weitergetragen wird. In unserer Arbeit versuchen wir, den Körper mitzudenken, lassen Raum zum Fühlen, Strecken, Zappeln – beim Schreiben wie beim Denken. Beim Lesen lieben wir Atmen, Pausen, Denken, Austauschen, Spazierengehen, Eselsohren, Stippvisiten, Neuanfangen, VerLernen, schnell Lesen, Stifte und Langsamkeit. Alles auf einmal und nichts davon perfekt. Mit diesem Garten an Wissen möchten wir Hoffnung aus Vergangenem_Gegenwart schaffen, ökofeministische Potenziale nähren, kompostieren und wachsen sehen.

EINS
Ökofeminismus in Bewegung(en): Eine (un)vollständige Geschichte

Beim Schreiben dieses Kapitels fragten wir uns: Wer bestimmt und definiert eigentlich, was ökofeministische Kämpfe sind? Welche Autor*innen und Kämpfer*innen zählen zum gängigen Kanon und welche nicht? Die hier vorgestellten Bewegungen und Beispiele sind überwiegend jene, die meistens erzählt werden, wenn von der Entstehung des Ökofeminismus die Rede ist. Die Soziologin Ariel Salleh sagt, dass alle feministischen Kämpfe oder alle Bewegungen von Frauen, die zu Umweltfragen arbeiten, ökofeministisch seien, auch wenn diese sich nicht selbst als solche bezeichnen. Es gibt und gab also bis heute Bewegungen, die sich explizit ökofeministisch nennen, aber auch solche, die es nicht tun, aber dennoch in diese Tradition gestellt werden können. Dieses »in die Tradition Stellen« mancher und das »aus dem Raster fallen Lassen« weiterer können wir in diesem Einführungsbuch nicht vollends durchbrechen, möchten aber einige Geschichtsstränge hervorheben und ergänzen, die unserer Meinung nach weniger erzählt werden (etwa die Bewegungen für *Environmental Justice* oder die Kampagne »Wages for Housework«).[8]

> »Der Ökofeminismus wurde nicht an den Universitäten geboren, sondern in der Hitze der sozialen Bewegungen.«
> (Maristella Svampa 2018, eigene Übersetzung)

Wir möchten diese (un)vollständige Geschichte mit einer Erzählung beginnen, die uns – als Aktive in der Klimagerechtigkeitsbewegung und in feministischen Kämpfen – besonders berührt hat, als wir sie zum ersten Mal in Noël Sturgeons Buch *Ecofeminist Natures* (2016) entdeckt

8 Wir danken Michel Jungwirth für die sorgfältige Lektüre dieses Kapitels.

haben.[9] Sie hat uns besonders mitgerissen, da diejenigen, deren theoretische Texte wir lesen und deren Bücher heute in vielen feministischen Regalen stehen, zu ihrer Zeit nichts anderes taten als wir heutzutage: gemeinsam plenieren und politische Aktionen machen. Diese Erzählung der Ökofeministin Noël Sturgeon (mehr zu ihr findet ihr auf Seite 135) handelt von einer der gemeinsamen Aktionen mit Donna Haraway (vgl. S. 201), mit der sie neben weiteren zeitweise eine Bezugsgruppe bildete.

> »*Surrogate Others* ist eine Bezugsgruppe, die bereits einen gewissen Legendenstatus erreicht hat; vielleicht sollten wir mit ihrer Geschichte beginnen. [...] *Surrogate Others* war eine in Santa Cruz ansässige Bezugsgruppe, die sich den Tausenden von Menschen anschloss, die am ›Mothers and Others‹-Aktionstag gegen die laufenden US-Atomtests auf dem Atomtestgelände in Nevada im Mai 1987 protestierten. [...] Die Gruppe, die zu den *Surrogate Others* wurde, war vielen anderen Gruppen bei dieser Aktion ähnlich, insofern, als dass darin Frauen einer breiten Altersspanne, aus verschiedenen Klassenlagen, mit unterschiedlichen sexuellen Orientierungen und politischen Zielen zusammenkamen. Dennoch, wie bei anderen Bezugsgruppen auch, hatten wir einige Gemeinsamkeiten, die uns zusammenhielten. [...] Wir waren alle Feministinnen. Wir waren alle misstrauisch gegenüber Argumenten, die Frauen als natürliche Pazifistinnen darstellten. Wir waren alle zutiefst besorgt über den Militarismus. [...] Wir verbrachten mehrere Treffen damit, die Logistik für die Fahrt von Santa Cruz zum Testgelände in Nevada durchzugehen sowie die rechtlichen Folgen des zivilen Ungehorsams und dessen, was wir als Gruppe tun wollten, zu besprechen. Wir beschlossen, einen Wurm zu schaffen, und zwar aus Gründen, die sich am besten auf Donna Haraways einzigartige Weise erklären lassen: ›In Solidarität mit den Kreaturen, die gezwungen sind, mit der Bombe im selben Boden zu graben, haben sie (die Mitglieder der *Surrogate Others*) eine cyborgische Emergenz aus dem konstruierten Körper eines großen, nicht-heterosexuellen Wüstenwurms erschaffen.‹ Sharon und Elizabeth nähten den Wurm zusammen, wie ich mich erinnere, und es war ein farbenfrohes, flammendes Objekt, das ziemlich schwer zu heben und zu tragen war, aber sich zu einer anmutigen, wellenförmigen Masse voller Farben öffnete. Wir brachten den Wurm zur

9 Wir danken dem feministischen Archiv FFBIZ für seine offenen Türen während der Pandemie. Die Inspiration für dieses Kapitel haben wir aus deren Beständen geschöpft.

Baustelle und hievten ihn zum richtigen Zeitpunkt über den Zaun und breiteten ihn dann auf dem Wüstenboden innerhalb des Zauns aus. Jede von uns bewegte sich durch ihn hindurch, ein symbolisches Moment der Sexualität, der Geburt, der Verdauung kreierend – ein komplett konstruiertes, transgressives Moment politischer Leidenschaft, gemischt mit viel nervösem Gelächter. Wir wurden von den in Wüstencamouflage getarnten Ordnungskräften verhaftet, als wir am anderen Ende unseres Wurms herauskamen.« (Sturgeon 2016: 2, eigene Übersetzung)

Von Würmern und Kettenbriefen über Klagen von Müttern gegen große Firmen, von von Frauen angeführten Demonstrationen bis hin zu direkten Aktionen des zivilen Ungehorsams: Das Repertoire an Aktionsformen von Ökofeminist*innen ist breit und vielfältig. Ökofeministische Kämpfe sind vielstimmig und sie decken querschnittsartig mehrere Themen ab. So überschneiden sich in der oben geschilderten Aktion Antimilitarismus (gegen das Testgelände in Nevada), Ökologie (Solidarität mit anderen Lebewesen, hier den Würmern) und Feminismus (Selbstorganisation ohne Männer). Ökofeministische Bewegungen haben globale Verhältnisse über Ländergrenzen hinweg im Blick, sie denken die Betroffenheiten verschiedener Personengruppen bis hin zu nicht-menschlichen Entitäten über Differenzen hinweg mit. Der Wurm, der letztlich den Boden mit den Bomben teilen muss, und die Frauen, die mit ihrer symbolischen Aktion veranschaulichen wollen, dass Aufrüstung eine Bedrohung für Menschen und Mehr-als-Menschen ist, bilden ein humoristisches Beispiel ökofeministischen Verständnisses in Aktion. Im Vergleich zu vorausgegangenen feministischen oder ökologischen Bewegungen zeichneten sich damalige ökofeministische Aktionen und Kämpfe durch den Anspruch der Akteur*innen aus, verschiedene soziale Positionen mitzudenken und die Aktionen diverser zu gestalten. Insbesondere die Umweltbewegung sowie autonome linke Gruppen in den USA oder in Deutschland waren in den 1970er-Jahren vornehmlich männlich dominierte Zusammenhänge. Dass die Frauengruppe sich überwiegend aus *weißen* Personen zusammensetzte, reflektiert Noël Sturgeon in ihrer Erinnerung an die Anti-Atomtest-Aktion kritisch. Eine Auseinandersetzung mit antirassistischen Belangen – und zwar nicht nur identitätspolitisch, sondern auch durch konkrete Nähe und praktische Solidarität z.B. zur Bürger*innenrechts- oder der Umweltgerechtigkeitsbewegung – begleitet ökofeministische Bewegungen.

Es lässt sich festhalten, dass der Ökofeminismus das aufkommende Umweltbewusstsein und feministische Anliegen zusammendachte und -denkt, sowohl in Bewegung(en) als auch theoretisch. Genauer gesagt wird eine Verbindung zwischen den sozialen Ungerechtigkeiten, z.B. aufgrund von Geschlecht, *race* und sozialer Herkunft, und der ökologischen Ausbeutung und Zerstörung der *Naturen* hergestellt. Auf die theoretischen Grundbausteine und eine weitere Ausdifferenzierung dieser stark verkürzten Definition wird im folgenden Kapitel eingegangen. Zunächst sei dieser kleinen Bewegungsgeschichte vorangestellt: Hier fand ab den frühen 1970er-Jahren ein Zusammendenken statt, welches sich sowohl praktisch in den damaligen Protesten niederschlug, als auch ab den 1980er-Jahren theoretisch in Form von zahlreichen wissenschaftlichen Veröffentlichungen institutionalisiert wurde. Selbstverständlich hatte dieses Zusammenbringen seine Vorläufer, und die Geschichte des Ökofeminismus an jenem Punkt der Proteste der 1970er-Jahre beginnen zu lassen, setzt eine gewisse Willkürlichkeit voraus. Jede (Bewegungs-)Geschichtsschreibung – insbesondere aber die feministische – ist durchzogen von Lückenhaftigkeit, Auslassungen und Ausschlüssen. Insbesondere sei hier an die wenig zitierten Widerstandskämpfe von versklavten Menschen im Zuge der Plantagenwirtschaft und Kolonisierung im 15. und 16. Jahrhundert (und bis heute) zu denken, bei denen das Verhältnis zu Ökologien wie Land und Boden eine zentrale Rolle spielten – weshalb sie auch als *abolition ecology* bezeichnet werden. So kann mit einem feministischen Anspruch an Wissensgenerierung und Geschichtsschreibung eigentlich selten davon gesprochen werden, dass etwas tatsächlich neu sei. Das ökofeministische Moment der 1970er kann zwar hinsichtlich verschiedener Aspekte durchaus als etwas Neues bezeichnet werden, aber nicht ohne Vorgeschichten, Vorläufer*innen und Bezüge zu vorangehenden Kämpfen betrachtet werden. Wir weisen außerdem darauf hin, dass bestimmte Geschichten aufgrund der herrschenden Machtverhältnisse nicht festgehalten wurden und werden.

In diesem Kapitel geht es nur um das Festgehaltene, was wir als ›(un)vollständige Geschichte des Ökofeminismus‹ bezeichnen, um so die Auslassungen, Lücken und Unsichtbarkeiten sichtbar(er) zu machen. In der vorliegenden Auswahl navigieren wir zwischen dem, was ein Einführungsbuch hergeben sollte, und unserem eigenen Anspruch, immer wieder auf Kämpfe zu zeigen, die nicht in den Erzählungen ökofeministischer Bewegungen vorkommen. Es gibt sehr wohl einen ökofeministischen Kanon an Bewegungen, den wir auch wiedergeben werden (z.B. Greenham Common, Love Canal, Green Belt Movement, Women's Pentagon Action, Chipko-Bewegung). Zugleich möchten wir uns jedoch auch von diesem Kanon emanzipieren, indem wir aufzeigen, dass viele weitere Texte und Kämpfe ökofeministisch sind, ohne im gängigen Kanon aufzutauchen. Diese Feststellung unterstreicht letztlich den hohen Bedarf an weiterer historischer Aufarbeitung und erfordert, das System neokolonialer Wissensproduktion zu bekämpfen.

Die Aktivist*innen, die in ökofeministischer Bewegungsgeschichte immer wieder zitiert werden, haben sich damals nicht als Ökofeministinnen bezeichnet. Beispielsweise bezeichneten sich die Feminist*innen der Anti-Atom-Bewegung der 1970er-Jahre selbst nicht als solche und ahnten nicht, dass sie später als Bewegungsbeispiele für diese feministische Strömung herangezogen werden würden. Auch heutige Kämpfe, die sich selbst nicht explizit als ökofeministisch bezeichnen, lassen sich in ihrem Grundanliegen dem ökofeministischen Spektrum zuordnen. An dieser Stelle wollen wir den Blick zunächst auf die historische Genese dessen lenken, wofür sich später der Begriff des Ökofeminismus etabliert hat und was seit den 1970er-Jahren aus dem Zusammenspiel von Theorie und Praxis entstanden ist. Wie sahen diese Kämpfe aus, um welche Themen kreisten sie und was waren die Beweggründe der Aktivist*innen?

Von Waffen, Würmern, Wolle und Bäumen – Ökofeminismus in den 1970er- bis 1990er-Jahren

Die Zeit zwischen 1970 und 1995 kann als Blütezeit des Ökofeminismus bezeichnet werden. In gut zwei Jahrzehnten finden sich unzählige beispielhafte Kämpfe, die verbinden, was vormals in getrennten Bewegungen umkämpft wurde: Frauenbewegung, Antimilitarismus, Friedensbewegung, Antirassismus sowie Umweltbewegung. Angesichts dessen, dass 2023 die Klimagerechtigkeitsbewegung neokoloniale Ausbeutung, Feminismus und Klimapolitik zusammenbringt[10], gilt es daran zu erinnern, dass dieses Zusammendenken in sozialen Bewegungen keine Selbstverständlichkeit, sondern historisch gewachsen ist und die politische Arbeit von vielen war. Eine solche allumfassende Analyse fußt auch auf den Errungenschaften und Vorarbeiten damaliger Ökofeminist*innen. Welche Wegbereiter*innen heutigen Kämpfen vorausgingen, davon soll dieses Kapitel handeln. Dazu möchten wir vorab die spezifischen historischen, politischen und kulturellen Kontexte jener Zeit in Erinnerung rufen.

Die historischen Kontexte

Da ökofeministisches Aufbegehren in verschiedenen Territorien, ob körperlich oder verkörpert in Landschaften, stattfand, gibt es keinen einheitlichen oder universellen Kontext. Einige grobe Orientierungslinien lassen sich jedoch als Kontexte für die verschiedenen Bewegungen skizzieren:

Zunächst gilt es, sich vor Augen zu führen, dass es in den ›westlichen‹ kapitalistischen Gesellschaften des Globalen Nordens (England, USA, Deutschland, Schweiz, Italien), in denen Ökofeminist*innen aktiv waren, in den 60er-/70er-Jahren noch keine umfassende rechtliche Gleichstellung von Frauen gab. So durften Frauen in der BRD erst ab 1958 ein eigenes Konto eröffnen und selbstständig über ihr Vermögen verfügen; bis 1977 durften Frauen in Westdeutschland nur dann berufstätig sein, wenn es mit ihren ›Pflichten in Ehe und Familie vereinbar‹ war. Folglich gab es zu dieser Zeit deutlich weniger Frauen in der Erwerbsarbeit als heute. Weibliche Erwerbstätige waren gar nicht oder kaum gewerkschaftlich organisiert. Das lag zum einen daran, dass Gewerkschaftspolitik am *weißen* deutschen cis männlichen und abled Facharbeiter ausgerichtet war. Zum anderen waren Frauen meist nur bis zum ersten Kind oder der Ehe erwerbstätig, sodass die große Mehrheit Hausfrauen waren. Das hatte natürlich Einfluss auf Formen und Möglichkeiten der politischen Organisierung sowie auf die Orte der Organisierung. Frauen bewegten sich eher im privaten Raum, wo sie meist ausschließlich (oder neben einer

10 Im Jahr 2021 organisierte *Ende Gelände* ein »System Change Camp«, bei dem es um die neokolonialen Kontinuitäten ging, die sich im Bau von Flüssiggasterminals manifestieren. *Fridays for Future* organisiert explizit Veranstaltungen rund um Klima, Gender und Kolonialismus (z.B. https://www.youtube.com/watch?v=gdSoV3leKUI).

Erwerbsarbeit) der Hausarbeit und Kinderbetreuung im Privatbereich nachgingen, während politische Arbeit und Organisierung hingegen – überwiegend von Männern – im öffentlichen Raum stattfanden. Dadurch, dass ihr Lebensmittelpunkt im häuslichen Bereich lag, entstanden weitaus seltener Begegnungsorte für Frauen. Angesichts der Trennung in privat und öffentlich, welche die Organisierung von Frauen maßgeblich beeinflusste, lässt sich der Slogan der sogenannten zweiten feministischen Welle,[11] ›Das Private ist politisch‹, gut nachvollziehen. Genau jene Verortung des Weiblichen und der Weiblichen in die private häusliche Sphäre wurde von den Feminist*innen aufgegriffen, skandalisiert und zum Politikum gemacht.[12] Frauen, die die Zeit der neuen sozialen Bewegungen miterlebt haben, sprechen von einer Art Aufbruchstimmung und einer breiteren feministischen Mobilisierung als in der sogenannten ersten Welle, in der z.B. politische Rechte und Teilhabe erkämpft wurden. Die feministische Bewegung der 1970er- bis 1990er-Jahre bestand nicht nur aus einem radikalen Kern, sondern war eine kämpferische Massenbewegung. Viele Frauen organisierten sich zum ersten Mal selbst und setzten ihren Anspruch ›Bildet Banden‹[13] in die Tat um.

Darüber hinaus war die zweite Frauenbewegung stark von Themen der körperlichen Selbstbestimmung geprägt, etwa von den Kämpfen zur Abschaffung der Abtreibungsparagraphen §§ 218 ff. und für die Verbreitung der Antibabypille. Der Kampf um körperliche Selbstbestimmung (in den Bereichen Sexualität, Schwangerschaft, sexualisierte Gewalt und körperliche Unversehrtheit) war insofern zentral, als dass die (männliche) Kontrolle über den (weiblichen) Körper von Feminist*innen als zentrales Moment der männlichen Herrschaft betrachtet wurde. Dementspre-

---

11 Wir schreiben hier ›sogenannte‹, da diese Einteilung nur *eine* Erzählart feministischer Geschichte ist und Gefahr läuft, die Geschichte von *weißen* Frauen zu universalisieren. In der hegemonialen Erzählung von drei feministischen Wellen kommen zum Beispiel kaum die Kämpfe von queeren, Schwarzen oder Indigenen Personen zum Vorschein.

12 Wir danken Lea Kleinsorge für ihre kritisch-solidarischen Anmerkungen zu diesem Kapitel.

13 Passend zu diesem Slogan und, da wir eine weitere Beleuchtung dieser Zeit der autonomen feministischen Bewegung hier nicht leisten können, empfehlen wir folgende Dokumentation zur Geschichte der *Roten Zora*: FrauenLesbenFilmCollectif LasOtras (2019): Frauen bildet Banden. Unter: https://gender-mediathek.de/de/media/remote-video/frauen-bildet-banden

chend waren Fragen der reproduktiven Gerechtigkeit bedeutsame Themen der ökofeministischen Bewegungen der 1970er- bis 1990er-Jahre.

In jenen Jahren wirkten darüber hinaus die Erfahrungen des Zweiten Weltkriegs nach, welche das Kollektiv *Kitchen Politics* wie folgt zusammenfasst: »Der Krieg veränderte die Familienbeziehungen, zeigte die Bedeutung der Frauen für die Community auf und bewies, dass die Annahme, Frauen könnten sich zu ihrem Überleben auf Männer verlassen, jeglicher Grundlage entbehrte« (Kitchen Politics 2012: 36). Zudem fand vor dem Hintergrund des Kalten Krieges ein Wettrüsten statt, die Sorge vor der atomaren Bedrohung und Unfällen (z.B. Tschernobyl, Three Miles, ...) war prägend. In der Zivilgesellschaft herrschten Misstrauen und Angst angesichts der Möglichkeit eines ›dritten Weltkriegs‹ und seiner lebensbedrohlichen (Langzeit-)Folgen, der modernen Technologien und der voranschreitenden Industrialisierung. Als zivilgesellschaftliche Antwort darauf formierten sich eine starke Anti-Atom- und Friedensbewegung, aus denen heraus auch ökofeministische Bestrebungen erwuchsen.

Mit dem Erscheinen von Dennis und Donella Meadows Bericht »Grenzen des Wachstums« im Jahr 1972 wurde die Unvereinbarkeit eines exponentiellen Wirtschaftswachstums der Industriegesellschaften mit der Endlichkeit der natürlichen Ressourcen ›wissenschaftlich‹[14] und institutionell anerkannt. Durch den *Club of Rome* erhielten diese »Grenzen des Wachstums« mediale und institutionelle Sichtbarkeit und machten politisches Handeln angesichts der Endlichkeit von Ressourcen bei wirtschaftlichem Wachstum notwendig. Die Umweltbewegung und das Umweltbewusstsein wuchsen rasant, die Produktion von Überfluss, die Wegwerfgesellschaft und der (Über-)Konsum gerieten zunehmend in die Kritik. In der westlichen Welt keimte der Postmaterialismus mit einer neuen Werteorientierung ausgehend von der Frage: »Woran sind Wohlstand und Fortschritt zu messen?«. Damit einher ging eine Ausrichtung auf Qualität sowie immaterielle Werte und immateriellen Reichtum. Dieser Wertewandel wurde insbesondere durch die sogenannte Hippie-

14 Zu feministischer Wissenschaftskritik und warum wir es uns hier nicht nehmen lassen, ›wissenschaftlich‹ in Anführungszeichen zu setzen, siehe Kapitel 2.

Bewegung, *New Age* und/oder (neo)paganische Strömungen verkörpert und reichte – wie wir noch zeigen werden – auch in den Ökofeminismus hinein. Was das politisch-kulturelle Klima der frühen 70er-Jahre betrifft, so ist oftmals von einer partizipatorischen Revolution die Rede, welche eine grundlegende Veränderung des Politikverständnisses in der Gesellschaft beschreibt. Politik zu machen wurde für viele Menschen, die sich in den sogenannten neuen sozialen Bewegungen (Friedens-, Anti-Atom-, Ökologiebewegung) engagierten, zu einer neuen Erfahrung der Selbstwirksamkeit und politischen Teilhabe.

In den 70er-Jahren setzte zugleich das Zeitalter der Neoliberalisierung ein, das sich in Privatisierungswellen, Enteignungen von Land und einer Flexibilisierung der Märkte niederschlug. Vornehmlich in Ländern des Globalen Südens wurden Eigentumsstrukturen und Gemeinwirtschaft durch neokoloniale Entwicklungspolitiken, etwa seitens der Weltbank, der UN oder des IWF, grundlegend verändert. Im Anschluss an eine Phase der Dekolonisierung ab den 1950er-Jahren bedeutete die ›neue Unabhängigkeit‹ für viele Länder, sich auf den Modernisierungspfad des industriellen Kapitalismus zu begeben und sich von traditionellen ruralen, subsistenzorientierten Produktions- und Lebensweisen zu verabschieden. Strukturanpassungsprogramme und wirtschaftliche Anreize sollten vermeintliche Modernisierungsprozesse anregen – sprich jene Länder dazu bewegen, sich dem Verständnis der ›Moderne‹ und dem linearen Fortschrittsgedanken (oft gleichgesetzt mit Wirtschaftswachstum und Industrialisierung) zu unterwerfen. In der Folge kam es zu verstärkten Auseinandersetzungen in der Land- und Forstwirtschaft. In Ländern wie Indien und Kenia beschreibt die sogenannte ›Grüne Revolution‹[15] eine stetige Technologisierung und Industrialisierung in der Landwirtschaft zugunsten des globalen Agrobusiness und multinationaler Konzerne wie Monsanto. Diese ›Entwicklung‹ wurde für die lokalen und teils Indigenen Bevölkerungsgruppen schnell als schlechtes Los offensichtlich: Die Enteignung von Kleinbäuer*innen und Zerstörung der lokalen Märkte

15 Als ›Grüne Revolution‹ wird die Steigerung der Produktivität in der Landwirtschaft etwa durch Monokulturen ertragreicher Getreidearten (vor allem Weizen und Reis), Bewässerungssysteme, Mechanisierung, Düngemittel, Pflanzenschutzmittel und andere Pestizide bezeichnet.

kam einem Entzug der Macht über die Produktionsmittel (Land und Boden) und der Autonomie gleich.[16]

Ökofeminist*innen finden und fanden sich überall dort, wo die konkreten materiellen Lebensgrundlagen durch Globalisierung, Neoliberalisierung, Kommerzialisierung und neue Landnahmen bedroht wurden. Es handelt sich um Kämpfe, in denen nicht zufällig Frauen, Lesben, eine noch zu unsichtbare Zahl an anderen marginalisierten Geschlechtern, Schwarze, Indigene, migrantisierte, rassifizierte Personen an vorderster Front das Leben verteidigen. Die folgende Chronik veranschaulicht dies anhand von beispielhaften konkreten Kämpfen.

Aufstand aus der Küche

In ihrem Buch *Ecofeminism as Politics: Nature, Marx and the Postmodern*[17] (2017) beginnt die Soziologin Ariel Salleh ihre Chronologie des Ökofeminismus bereits in den 1960er-Jahren. In diesen Jahren hatten aus den US-amerikanischen Küchen heraus Mütter und Großmütter eine Reihe von Gerichtsverfahren gegen Unternehmen der Atomindustrie angezettelt. Sie sorgten sich um die Zukunft ihrer Kinder und die reproduktive und öffentliche Gesundheit, die unter dem Damoklesschwert der atomaren Aufrüstung schwebten. Die atomare Bedrohung sowie die fortschreitende Technologisierung brachten vor allem jene ins Handeln, die Sorge für andere trugen oder deren Körper besonders vulnerabel waren – überwiegend waren das Frauen und Mütter. Daher regte sich Widerstand in den Küchen Kanadas, Italiens, Deutschlands und der Schweiz. Im Zuge der Kampagne »Lohn für Hausarbeit« organisierten sich Frauen ab den 1970er-Jahren gegen die vergeschlechtlichte Arbeitsteilung und die ihnen zugeschriebene Hausarbeit. Die Trennung von Privatheit und Öffentlichkeit im Zusammenhang mit der Hausarbeit war bereits in der sogenannten ersten Welle der Frauenbewegung diskutiert

16 Wir empfehlen an dieser Stelle Ana Islas *The ›Greening‹ of Costa Rica: Women, Peasants, Indigenous Peoples, and the Remaking of Nature* (2015).

17 Wir empfehlen das Kapitel »Ecofeminist action« für eine ausführliche Chronik der Kämpfe, Konferenzen und Publikationen.

und als möglicher Ausgangspunkt für feministische Kämpfe verstanden worden. So wurde etwa über mögliche Formen der Organisierung von Sorgearbeit z.B. durch Hausfrauenkooperativen oder küchenlose Häuser diskutiert.[18] Die Idee eines Lohns für Hausarbeit wurde bereits in den 1960ern von den überwiegend afroamerikanischen *Welfare Mothers* im Zuge des sogenannten Welfare Movements in den USA diskutiert. Die Politisierung der Hausarbeit wurde dann in den 1970er-Jahren durch das *Internationale Feministische Kollektiv* (IFK)[19], ein transnationales Netzwerk, vorangetrieben, das mit der Kampagne »Lohn für Hausarbeit« Bündnisse über Landesgrenzen und Identitäten hinweg schmiedete und dabei die Autonomie der verschiedenen Gruppen bewahrte. 1972 von Mariarosa Dalla Costa (Italien), Leopoldina Fortunati (Italien), Selma James (England), Silvia Federici (USA) und Brigitte Galtier (Frankreich) gegründet, entfaltete sich das IFK von Padua aus über England bis in die USA und nach Québec und wuchs zur »Keimzelle einer Fraueninternationale« heran. Mit der Allianzbildung der damaligen Frauenbewegung mit Schwarzen Frauen oder Lesben praktizierte und theoretisierte das IFK bereits das, was später dann unter Intersektionalität[20] verstanden werden sollte. Mit der Forderung nach einer Entlohnung der Hausarbeit zeigte

18 Wir verweisen auf die Arbeit von Dolores Hayden in *The Grand Domestic Revolution* (1981).

19 Wir empfehlen zu diesem Thema Toupin, Louise (2022): Lohn für Hausarbeit. Chronik eines internationalen Frauenkampfs (1972–1977). Hg. v. Friederike Beier. Münster. Unrast Verlag. S. 25ff. Mit dem Buch gibt Friederike Beier die Übersetzung einer umfangreichen feministischen Forschungsarbeit von Louise Toupin heraus, welche nicht stimulierender für aktuelle feministische Debatten rund um Care-Arbeit sein könnte. Die Chronik zeichnet nicht nur die Hochzeit des IFK nach, sondern auch die internationale soziale Bewegung um eine damals wie heute radikale feministische Forderung.

20 Viele feministische Kämpfe bauen auf der Annahme einer geteilten Erfahrung der Unterdrückung durch das ›Frausein‹ auf. Diese Eindimensionalität kritisieren beispielsweise Sojourner Truth im Jahre 1851 und das Combahee River Collective in den 1970er-Jahren. Sie machen deutlich, dass die geteilte Erfahrung der Unterdrückung qua Geschlecht nicht alleine steht, sondern z.B. bei Schwarzen lesbischen Frauen rassistische und klassistische Unterdrückung mit sexistischer Unterdrückung zusammenwirkt und diese verschiedenen Unterdrückungsformen miteinander verschränkt sind. Intersektionalität als Begriff selbst wurde erst später von Kimberlé Crenshaw (1989), einer aktivistischen Juristin, geprägt, als sie in einem Gerichtsverfahren diese Argumentation aufnahm und anhand von *Intersections*, also Straßenkreuzungen, erklärte, weshalb Schwarze Frauen auf eine eigene Weise juristisch diskriminiert werden. Vgl. dazu Natasha A. Kelly (Hg.) (2019): Schwarzer Feminismus. Grundlagentexte. Münster. Unrast Verlag.

die Kampagne ein konkretes gemeinsames materielles Interesse all derer auf, die in der privaten Sphäre der Haushalte und Gemeinschaften unentlohnt Hausarbeit leisteten: lesbische Mütter, Sexarbeiter*innen, Schwarze Aktivist*innen – oder, wie Selma James sie nennt, »die Lohnlosen dieser Erde« (James 2012). Das revolutionäre Potenzial dieser zunächst eher reformistisch anmutenden Forderung nach einem Lohn für Hausarbeit erläuterten die Vordenker*innen der Kampagne mithilfe marxistischer Theorie. Dabei ging es ihnen weniger um Geld bzw. eine tatsächliche Entlohnung an sich, was einer rein politischen Reform gleichkäme, sondern um – wie Mariarosa Dalla Costa es nennt – einen Hebel zu einem radikalen »Umsturz der Gesellschaft«.[21] Wie wir in Kapitel 4 genauer herausstellen werden, konfrontierte die Kampagne »Lohn für Hausarbeit« linke Theoretiker*innen mit der zu jener Zeit unterbelichteten Frage der Hausarbeit im Kapitalismus. Diese internationale feministische Organisierung und die damit einhergehende theoretische ›Hausarbeitsdebatte‹ war für viele Ökofeminist*innen eine zentrale Impulsgeberin, insbesondere für die Bielefelderinnen[22] rund um Maria Mies, und ein wichtiger Ausgangs- und Anknüpfungspunkt für ihren auf Subsistenz ausgerichteten Ansatz. Dieser schließt die Hausarbeit zwar mit ein, erweitert den Arbeitsbegriff aber noch um weitere unbezahlte Arbeit wie den Anbau von Lebensmitteln im Garten oder auf den Äckern weltweit.

Umwelt(un)gerechtigkeit oder: Race, class und gender treffen auf Ökologie

Infolge des zunehmenden Umweltbewusstseins bildeten sich verschiedene Gruppierungen und Bewegungen, die Umweltschutz und Fragen der Gerechtigkeit zusammendachten. Sowohl bei der im Folgenden vorgestellten Chipko-Bewegung als auch bei der Green-Belt-Bewegung ging es

21 Eine Sammlung der wichtigsten Texte der marxistisch-feministischen Theoretikerin und Aktivistin Mariarosa Dalla Costa aus den Jahren 1972–2008 wurde 2022 beim Unrast Verlag herausgegeben.

22 Die sogenannten Bielefelderinnen und ihre Arbeit werden im Kapitel 4 unter *Was hat die Arbeit von Hausfrauen in der BRD mit der Arbeit von mexikanischen Kleinbäuer*innen zu tun* genauer vorgestellt. Außerdem verweisen wir an dieser Stelle auf das Porträt von Maria Mies auf S. 274.

vor allem um Fragen wie: Auf wessen Kosten gehen Ressourcenabbau und Umweltverschmutzung? Für wen sind die Kurz- und Langzeitfolgen am meisten spürbar? Die Chipko- und Green-Belt-Bewegung bringen zum Ausdruck, wie Geschlechterfragen, Armut, Gesundheit, Kolonialismus und Umweltzerstörung ineinandergreifen und aufeinandertreffen. Dieses Aufeinandertreffen wird heute unter dem Stichwort ›Umweltgerechtigkeit‹ diskutiert.

Die indische Chipko-Bewegung: »Was bringen die Wälder? Boden, Wasser und saubere Luft« – Bäume umarmen als widerständige Praxis

Die Chipko-Bewegung und ihre Kämpfe um Wälder und Böden sind nur ein Beispiel für die Kämpfe angesichts des Entwicklungs(d)rucks, der in den 1970er- und 1980er-Jahren die Commons[23] Indiens erschütterte. Sogenannte Entwicklungsprogramme, konzipiert von der Weltbank, führten zu einer Privatisierung kommunaler Wälder und gemeinschaftlich genutzter Flächen im Tausch gegen große Geldströme vonseiten supranationaler Institutionen bzw. der internationalen Gemeinschaft. Solche ›Entwicklungspolitiken‹ waren und sind letztlich die Fortsetzung einer kolonialen Logik, die bereits während der britischen Kolonialherrschaft in Indien dazu führte, dass zum Zwecke der Wohlstandsvermehrung der Kolonialmächte gerodet und enteignet sowie das Wissen von Frauen systematisch ausgelöscht wurde. Dass diese Aneignung der Commons eher zu einer Verarmung der bäuerlichen und ländlichen Bevölkerung sowie einer Erschöpfung der Ökosysteme denn zu einer der lokalen Bevölkerung dienenden Entwicklung führte, prangerte die Chipko-Bewegung schon ab den frühen 70er-Jahren an.

Das für die in den 1970ern in der Himalaya-Region von Uttarakhand im Norden von Indien aufkommende Bewegung namensgebende hinduistische Wort *chipko* bedeutet festhalten, kleben, dranbleiben. In der Region Uttarakhand waren Bäume, Böden, ganze Ökosysteme ursprünglich Teil einer gemeinschaftlich verwalteten Forstwirtschaft, die lediglich zur Sicherung der Existenz der dort ansässigen Gemeinschaften diente und

23 Entspricht auf Deutsch dem eher unbekannten Begriff der Allmende: in diesem Fall Wälder und Böden, die sich im Besitz von Gemeinschaften befinden und auch von diesen verwaltet werden. Bei der Verwaltung liegt der Fokus oftmals nicht auf Profitgenerierung, sondern Ziel ist der Erhalt und die Versorgung der Gemeinschaften.

nicht zur Profitgenerierung von multinationalen und kommerziellen Unternehmen. Der landwirtschaftliche Sektor hatte in den Händen von Kleinbäuer*innen gelegen und war von diesen verwaltet worden. Doch infolge von Privatisierung, Kommerzialisierung, Industrialisierung, Globalisierung und nicht zuletzt Kolonialisierung indischer land- und forstwirtschaftlicher Flächen kam es über Jahre zu Entwaldungen, die Überschwemmungen, Erosionen, sich allmählich erschöpfende Ressourcen sowie austrocknende Flussbetten und Quellen nach sich zogen. Zerstörte Häuser und Lebensgrundlagen, Krankheiten und Tote waren weitere Konsequenzen der zunehmenden Privatisierung. Ausschlaggebend für das erste Aufbegehren der Chipko-Bewegung war der Ablehnungsbescheid für den Antrag einer gandhischen Kooperative in der Region an das Uttar Pradesh Forest Department, die Rohstoffe eines dortigen Waldes in kleinen Betrieben verwalten zu dürfen. Stattdessen wurde die Verwaltung des Waldes Monate später an einen kommerziellen Auftragnehmer aus dem Flachland vergeben. Daraufhin organisierten sich lokale Proteste, bei denen die Mitglieder der Kooperative die Bäume umarmten, um sie vor den Holzfällern zu schützen. Dorfbewohner*innen, darunter viele Frauen, organisierten mehrere weitere gewaltfreie Aktionen, um den Holzfirmen Einhalt zu gebieten. Mithilfe von Trommeln und Liedern versuchten sie, sich dem gewaltvollen Entreißen ihrer Existenzgrundlagen entgegenzustellen.[24] Die indische Ökofeministin Vandana Shiva, welche vor allem durch ihre Aufklärungs- und politische/aktivistische Arbeit rund um Monsanto und die Patentierung von Saatgut bekannt geworden ist, stellt die Chipko-Bewegung immer wieder als Beispiel für ökofeministische Bewegungen heraus. Sie benennt dabei insbesondere den friedlichen Akt des Umarmens von Bäumen durch die Bäuerinnen von Garhwal, die damit ihren Widerstand gegen die Entwaldung und ihren Kampf für eine lokal verwaltete Forst- und Subsistenzwirtschaft zum Ausdruck brachten. In Indien haben das Bäumeumarmen als Aktionsform sowie der von Frauen angeführte Widerstand eine lange Tradition. Schon vor über 300 Jahren wehrte sich die Bishnoi-Gemeinschaft,

24 Die Frauenbewegung in der Region kam nicht von ungefähr. Frauen in Uttarakhand hatten sich bereits zuvor insbesondere rund um das Thema Alkoholmissbrauch organisiert. Auf diesen organisatorischen Strukturen konnte die Chipko-Bewegung aufbauen.

von Amrita Devi angeführt, in Rajasthan gegen das Fällen von Bäumen. In einem Massaker kamen über 300 Menschen ums Leben, die friedlich Bäume umarmten, um so die heiligen Khejri-Bäume zu schützen.

Dass sich immer wieder ausgerechnet Frauen diesem Kampf annahmen, erklärt Shiva mit der Einbindung von Frauen in die Selbstversorgungsstrukturen der bäuerlichen Gemeinschaften – auch Subsistenzwirtschaft genannt – sowie mit ihrer Rolle in den Gemeinschaften als Sorgetragende, sowohl für andere Gemeinschaftsmitglieder als auch für die Natur. Entgegen der Annahme, die vermeintliche Nähe von Frauen zu Natur sei natürlich, ist diese laut Shiva soziokulturell produziert und historisch gewachsen. In dieser kulturell und historisch erwachsenen Nähe liegt ihr zufolge der Grund für das starke Umweltbewusstsein von Frauen und ihre besondere Gefährdung durch die Bedrohung, die mit einer Kommerzialisierung der (Wald-)Flächen einhergeht.

Für ihr Narrativ der Chipko-Bewegung wurde Shiva jedoch auch kritisiert: Erstens für eine Tendenz zur Essentialisierung der bäuerlichen Frauen und Gemeinschaften durch die Annahme, dass deren Art und Weise, Forstwirtschaft zu betreiben, per se nachhaltig(er) und gerecht(er) sei. Es gilt, die Chipko-Bewegung und Shivas Analyse zwar kritisch zu betrachten, sie jedoch gleichzeitig in ihrem historischen und geografischen Kontext zu verorten. Wie oben bereits angeschnitten und im späteren Verlauf des Buches weiter vertieft, sind die 1970er-Jahre von einem Essentialismus (mehr dazu siehe S. 85) und einem zweigeschlechtlichen Verständnis von Gender geprägt (wobei insbesondere im heutigen Indien Überlieferungen von Geschlechtsidentitäten fernab der Zweigeschlechtlichkeit schon seit Langem existierten). Diese Essentialisierung bezeichnen Autorinnen wie Noël Sturgeon jedoch angelehnt an Gayatri Spivak als strategisch. Die Zuschreibung der Naturnähe an die Frauen und Bäuer*innen, die die Arbeit in der Subsistenzwirtschaft übernahmen und sich friedlich organisieren, steht den männlichen lohnarbeitenden Baumfäller*innen und der männlich geprägten gewaltvollen Entreißung ihrer Lebensgrundlage gegenüber. Es ging um eine strategische politische Identifizierung von Frau und Natur und die Schaffung politischer Identitäten. Sturgeon zufolge zielte dies darauf ab, den ökofeministischen Bemühungen, einen Platz für den Feminismus in der radikalen Umweltbewegung zu schaffen, gerecht zu werden.

Zweitens heben kritische Stimmen in Absetzung zu Shivas Narrativ hervor, man könne die Chipko-Bewegung auch als einen bäuerlichen Kampf ums Überleben erzählen. In einem Kontext, in dem den ländlichen und von Armut geprägten Gemeinschaften Arbeit und Lebensgrundlage genommen wurde, waren der Schutz der Umwelt und die gemeinschaftliche Organisierung auch klassenpolitisch notwendig.

Darüber hinaus wird Shivas Fokussierung auf den Schutz und die Regeneration der Wälder – kurzum das Nicht-Fällen von Bäumen – insofern kritisiert, als dass damit die lokalen Forderungen nach einer lokal organisierten kommerziellen Forstwirtschaft verdeckt würden, welche von Anfang an ebenfalls im Raum standen. Diese Ergänzung von Shivas Geschlechterperspektive durch eine Klassenperspektive macht es möglich, den Kampf um die Bäume als Klassenkonflikt um die (Re-)Produktionsmittel des Lebens zu deuten. In Shivas Erzählung der Bewegung jedoch werden diese Forderungen durchaus aufgegriffen, indem Shiva betont, dass die Interessen von Männern und Frauen divergierten: Während Erstere lokale kleine forstwirtschaftliche Unternehmen präferierten, forderten Letztere den Schutz von Bäumen.

Die folgende kleine Erzählung veranschaulicht die sich gegenüberstehenden Interessen nochmal eindrücklich:

> »Und als die Forstbeamten erschienen, um die Frauen und Chipko-Aktivisten zu tyrannisieren und einzuschüchtern, waren sie nicht wenig erstaunt, daß sie ihnen am hellichten Tag mit brennenden Laternen in den Weg traten. Ein Förster wollte wissen, was sie damit bezweckten. Worauf die Frauen antworteten, sie wären gekommen, um ihm Forstwissenschaft zu lehren. Er erwiderte: ›Ihr dummen Weiber. Ihr wollte das Fällen verhindern und wißt nicht einmal, was so ein Wald wert ist! Wißt ihr denn, was solche Wälder einbringen? Sie produzieren Profite, Harz und Holz.‹ Sofort antworteten ihm die Frauen im Chor mit einem Lied:
>
> ›Was bringen denn die Wälder?
> Boden, Wasser und reine Luft.
> Boden, Wasser und reine Luft.
> Erhalten uns die Erde und alles,
> Was auf ihr wächst.‹« (Shiva 1989b: 91f.)

Das Auseinanderklaffen der Interessen innerhalb der Gemeinschaften ging Shiva zufolge so weit, dass es für die Chipko-Frauen keine Rolle spielte, ob der Wald von Außenstehenden oder von ihren eigenen Männern zerstört wurde. Bachni Devi aus Adwani führte daher den Widerstand gegen ihren eigenen Mann an, der einen Vertrag über die Abholzung des lokalen Waldes abgeschlossen hatte. Shivas ökofeministische Perspektive auf die Chipko-Frauen erweitert unseren Blick insofern, als dass (Klassen-)Kämpfe um lokale Autonomie und Demokratisierung immer auch die ökologischen Lebensgrundlagen miteinbeziehen müssen. Für Shiva ist die Chipko-Bewegung damit ein Beispiel für weiblichen Widerstand gegen ›Fehlentwicklung‹, für ein dezentrales und weibliches Leadership sowie für weibliches Wissen um diverse Praxen der Produktion, welches durch den Einzug von Unternehmen und Privatinteressen bedroht und abgewertet wird. ›Maldevelopment‹ ist eine Wortneuschöpfung Shivas und besagt, dass die Ausbeutung des Waldes und der industrielle Abbau der Rohstoffe eigentlich eine Fehlentwicklung darstellen, da sie die Produktionsmittel, die den Lebensunterhalt in Form von Nahrung und Wasser sichern und damit die Gesellschaft reproduzieren, zerstören. Die Chipko-Bewegung verdeutlichte die Interdependenz von Ökosystemen – also das Zusammenspiel von Wasser, Böden, Wäldern – sowie den Wert der Wälder für die Ernährung und das Überleben von Menschen.

Schlussendlich erreichte die Bewegung ein 15-jähriges Baumfällverbot, was Shiva durchaus als Erfolg wertet. Der (männlichen) Forderung nach einer Kommerzialisierung der Waldflächen in lokaler Autonomie und lokaler Verwaltung wurde nicht nachgegeben. Die Bewegung weitete sich zudem über die Jahre geografisch auf über mehr als 150 Dörfer aus, von Himachal Pradesh im Norden, nach Karnataka im Süden, nach Rajasthan im Westen und Orissa im Osten, bis ins zentralindische Hochland. Zudem blieb es nicht beim Umarmen von Bäumen, sondern der gewaltfreie Widerstand wurde auch für den Schutz von Bergen (Steinbrüche) und Flüssen (gegen Staudämme[25]) eingesetzt.

25 Zum Beispiel ist hier der Kampf von der Aktivistin Medha Patkar gegen den Bau von Megastaudämmen im Narmada Valley zu nennen.

Die Green-Belt-Bewegung: Von Bäumen, Frauen und Organisierung im ländlichen Kenia

In Kenia, das 1963 seine Unabhängigkeit erlangt hatte, machten sich in den 1970er-Jahren die ökologischen Folgen jahrzehntelanger britischer Kolonialherrschaft insbesondere für Frauen in ländlichen Gebieten bemerkbar. Bereits im kolonisierten Kenia waren große Flächen an Wäldern gerodet worden, um den Hunger der britischen Kolonialherren nach Holz und Ressourcen zu stillen. Die Biologin und Öko-Aktivistin Wangari Muta Maathai (1940–2011), die in den 70ern an der Universität in Nairobi lehrte und forschte, beobachtete die zunehmende Erosion der Böden, verstärkt durch die auch nach dem Ende der Kolonialherrschaft weiter anhaltende Waldrodungspolitik der kenianischen Regierung. In *Taking Root. The Vision of Wangari Maathai*, einem Film über die Green-Belt-Bewegung (GBM), berichten viele Frauen in den ländlichen Gebieten Kenias Maathai von Holz- und Wassermangel sowie von den Konsequenzen für ihre Kochpraktiken und der resultierenden Fehlernährung ihrer Kinder. Maathai erzählt, wie sie die Frauen gefragt hätte, warum sie keine Bäume pflanzten. Diese antworteten wiederum, dass sie das gerne tun würden, aber nicht wüssten, wie. Dieses Wissen sollten sie von Maathai zur Verfügung gestellt bekommen.

Was 1977 im kenianischen Hochland mit dem Pflanzen einiger Bäume zur Verbesserung der lokalen Bodenqualität begann, wurde im Laufe der Jahre zu einer Bewegung der Wiederaufforstung durch Frauen und Auftakt für die weitere Organisierung verschiedener ethnischer Gruppen in Kenia. Wo vormals nur Feld vorzufinden war, wurden von Frauengruppen ganze Baumschulen aufgebaut. Bei einigen Gruppen, wie den Kikuyu, war es zuvor unvorstellbar gewesen, dass Frauen Bäume pflanzten, da der Wald mit Männern assoziiert worden war. Und doch hat das GBM bis heute 55 Millionen Bäume gepflanzt. Maathai begründete die Green-Belt-Bewegung in erster Linie durch einen Wissenstransfer, sodass Frauen unabhängig von Männern, gemeinsam in Frauengruppen organisiert und unabhängig vom Markt erlernten, mit dem eigenen Saatgut ihrer lokalen Bäume neue Bäume zu pflanzen. Ähnlich wie das Umarmen von Bäumen war das Pflanzen derselben ein pazifistischer und subversiver Akt der Wiederermächtigung und Wiederaneignung der eigenen Lebensgrundlagen, ein *Reclaiming* der Wälder durch Frauen. Die zunächst nur Bäume pflanzenden Frauen wurden anfangs nicht ernst genommen und ihr Einsatz wurde erst recht nicht als politisches Handeln verstanden. In dieser scheinbar friedlichen, unbedrohlichen und subtilen Art der Organisierung lag in jenen Zeiten staatlicher Repression die Stärke des GBM und der Ideen Maathais. Immer mehr, schließlich Tausende von Menschen, machten mit. Mit den Bäumen wurden schließlich auch Ideen gesät. Das GBM steht für Menschenrechte, Demokratie und Ökologie. Es befähigte Menschen, ihre eigenen Rechte zu verteidigen, und griff die Forderungen von Frauen nach Einkommensunabhängigkeit, politischer Repräsentation und Weiterbildung auf. Letztlich organisierte Maathai Frauen zunächst unter dem Deckmantel des Umweltschutzes und befähigte sie damit für weitergehende Organisierung.

Diese Organisierung von Menschen rund um das Pflanzen von Bäumen trug in den 1980er- und 90er-Jahren weitere Früchte. Maathai erhob auch in anderen Zusammenhängen immer wieder ihre Stimme und organisierte Frauen. Ihr Aktivismus erreichte schließlich internationale Aufmerksamkeit. 1989 plante die kenianische Regierung, den einzigen großen öffentlichen Park in Nairobi zu privatisieren, zu versiegeln und dort ein 60-stöckiges Hochhaus, den Times Tower, zu errichten. Maathai schrieb daraufhin zahlreiche Briefe an die Investor*innen aus dem Globalen Norden, in denen sie fragte, warum diese Geld für ein Projekt geben, das sie in ihren eigenen Parks (etwa dem Central Park oder dem Hyde Park) niemals umgesetzt sehen wollen würden. Maathai wurde daraufhin medial und von den politischen Autoritäten misogyn diskreditiert und als verrückt und ungehorsam bezeichnet. Dennoch erreichte ihr Engagement, gestärkt durch die vielen Frauen, für die sie sich einsetzte, medial so viel Aufmerksamkeit, dass die Investor*innen sich aus dem Projekt zurückzogen.

1992 errichtete das GBM gemeinsam mit anderen pro-demokratischen Gruppen einen »freedom corner« im Uhuru Park in Nairobi. Dort forderten diese Gruppen mit einem Hungerstreik die Befreiung politischer Gefangener. Als die Proteste vonseiten der Staatsgewalt zur Eskalation gebracht wurden, zogen sich viele Frauen aus und zeigten ihre Brüste – als Mittel des Protests und des Fluches. Mit ihrer Nacktheit erinnerten sie an die kenianische Tradition, nach der Frauen, die ähnlich alt sind wie die eigene Mutter, genauso behandelt werden müssen wie diese. Wenn männliche Polizisten also diese Frauen schlagen, ist es, als würden sie ihrer eigenen Mutter Gewalt antun.

Im Jahr 1998 stellte sich das GBM der Privatisierung und Rodung des Karura-Waldes erfolgreich entgegen. Die Bewegung erzielte im Laufe der Jahre viele Erfolge in ihren Kämpfen gegen Landgrabbing und für Ernährungssouveränität. Diese vielen politischen Aktionen, die Maathai als zentrale Figur initiierte oder unterstützte, und ihr ökologisches und feministisches Engagement standen staatlichen und Kapitalinteressen diametral entgegen. Immer wieder bekam Maathai die Repression der Staatsorgane deutlich zu spüren: Sie wurde vertrieben, geschlagen, eingesperrt und bedroht. Doch die widerständige Saat, die sie gesät hat, lässt die inzwischen als NGO institutionalisierte Green-Belt-Bewegung bis heute sprießen.

Maathai war 2004 die erste Schwarze Frau, die einen Friedensnobelpreis erhielt, sie war die erste Frau in Ost- und Zentralafrika, die einen Doktortitel erhielt, und die erste weibliche Professorin in Kenia. Die Green-Belt-Bewegung steht nicht nur für den partizipativen Aufbau von Forstwirtschaft, für Ernährungssouveränität und den gemeinschaftlichen Zugang zu Land, sondern auch für eine dekoloniale, kollektive und selbstermächtigende Organisierung und Praxis kenianischer Frauen, die bis heute in Form einer NGO weitergetragen wird.

Love Canal: Was hat Müll mit race, class und gender zu tun?

Seit den 1990er-Jahren wird die Umweltbewegung seitens verschiedener Umweltgerechtigkeitsaktivist*innen für Rassismus, Sexismus und Klassismus kritisiert. Ihr wird vorgeworfen, rassistische, ethnische und geschlechterspezifische Fragen nicht zu berücksichtigen und daher ungerecht zu sein. Diese Kritik ist aber nicht gänzlich neu.

Bereits in den 80ern bildete sich politischer Protest rund um die Überschneidungen von Umweltfragen und Fragen der sozialen Gerechtigkeit heraus. Zwischen den Jahren 1979 und 1990 gab es in den USA mehrere Entdeckungen von Giftmülldeponien sowie Kontaminationsskandale. In all diesen Fällen wurde offenbar, dass die Frage der Müllentsorgung nicht nur ein technisches und ökologisches Problem ist, sondern auch eines der sozialen Ungerechtigkeit. Zur Benennung dieser

Überschneidungen entstand das Konzept des Umweltrassismus. Es bezieht sich auf eine Form von Umweltdiskriminierung und meint »jede Politik, Praxis oder Richtlinie, die (beabsichtigt oder unbeabsichtigt) Einzelpersonen, Gruppen oder Gemeinschaften aufgrund ihrer *race* oder Hautfarbe benachteiligt« (Bullard 1996: 497, eigene Übersetzung). Umweltrassismus meint jedoch nur eine Form der umweltbezogenen Diskriminierung, während sich das Konzept der Umweltgerechtigkeit auf verschiedenste Achsen der Diskriminierung bezieht – so auch auf Geschlecht und soziale Herkunft (class). Umweltgerechtigkeit legt somit Umweltungerechtigkeit offen: Welche Entscheidungen wir treffen können, wo wir wohnen, in welchen (Naherholungs-)Räumen wir uns bewegen können, aber auch vor welchen Umweltverschmutzungen wir uns schützen können. Die politische Organisierung rund um Umweltrassismus und damit auch Umweltgerechtigkeit hat ihre Ursprünge in der US-amerikanischen Anti-Toxics-Bewegung, die sich in den 70ern und 80ern insbesondere gegen die durch multinationale Konzerne verursachten Kontaminationen engagierte, und vereint Elemente der sozialen Gerechtigkeit und der ökologischen Nachhaltigkeit. Beispiele sind die Proteste nach der Entdeckung von Giftmülldeponien in Warren County sowie die Proteste rund um Chemiefabriken und Giftmülldeponien in Camden Town, North Carolina (1982). Die Umweltgerechtigkeitsbewegung wurde stark von weiteren Bewegungen beeinflusst, etwa von der Bürgerrechtsbewegung, der Anti-Toxics-Bewegung, der Bewegung für Indigene Rechte, der Arbeiter*innenbewegung und der Umweltbewegung.

> »Wenn Frauen ihre Häuser verlassen, um gegen einen Kahlschlag, eine Giftmülldeponie oder eine durch ihre Gemeinde führende Autobahn zu protestieren, ist klar, dass ihre geschlechtliche Identität sie begleitet – in einer Weise, die für männliche Aktivisten nicht zutrifft.«
> (Seager 1996: 279, eigene Übersetzung)

Ein besonders populäres Beispiel ist die *Hausfrauenbewegung* (1978–1995) in Love Canal, einer Wohngegend in Niagara Falls, New York. Die Hausfrau und zweifache Mutter Lois Gibbs und weitere Bewohner*innen bemerkten das Auftreten sehr seltener Krankheiten und von vermehrten Fehlgeburten in ihren und anderen Familien aus der Nachbar*innenschaft.

Sie brachten diese damit in Verbindung, dass dort, wo ihre Häuser standen, vormals eine Giftmüllhalde platziert war. Organisiert als *Love Canal Homeowners Association* folgte ein Kampf mit den lokalen Autoritäten: Zunächst ging es darum, dass der Zusammenhang zwischen den gesundheitlichen Folgen und der ehemaligen Müllhalde überhaupt anerkannt wurde, und schließlich darum, Kompensationen zu erhalten. Ersteres gestaltete sich aus verschiedenen Gründen als ein großer Kraftakt. In Love Canal lebten überwiegend Schwarze Menschen aus der Arbeiter*innenklasse. Das Herantreten an die herrschenden Institutionen und die für die ehemalige Mülldeponie verantwortliche Hooker Chemical Company scheiterte aufgrund des strukturellen Rassismus derselben sowie ihrer Diskreditierung und Ignoranz gegenüber des Wissens und den Erfahrungen der Bewohner*innen. Daraufhin organisierten die betroffenen Communitys einige öffentlichkeitswirksame Aktionen wie Besetzungen und Blockaden, bis ihnen schließlich Kompensationszahlungen zugesagt wurden.

An diesem Beispiel wird ersichtlich, welches Wissen anerkannt und welches negiert wird. Wissensproduktionen durch gelebte Erfahrung oder *citizen science* (Bürger*innenforschung) erfüllen nicht die Kriterien der herrschenden Institutionen und werden daher nicht geltend gemacht. Kämpfe der Umweltgerechtigkeit können sich aber oftmals nur auf ein solches Wissen berufen, da die Herrschenden das Wohlergehen von marginalisierten Gruppen oft hinten anstellen und daher keine ›offiziellen‹ Untersuchungen durchführen. Wie sich im weiteren Verlauf des Buches noch zeigen wird, spielt genau jene Diversifizierung und Demokratisierung der Wissensproduktion im Ökofeminismus eine entscheidende Rolle.

Wenn wir ökofeministische Bewegungsgeschichte schreiben, darf eine Bezugnahme auf Umweltgerechtigkeit als Konzept und als Bewegung nicht fehlen. In diesen Kämpfen wurden ebenfalls jene Überschneidungen von Feminismus, Ökologie und sozialer Gerechtigkeit angegangen, die auch im Ökofeminismus zentral sind. Ökofeminismus und Umweltgerechtigkeit sind sowohl in der Theorie als auch in der Praxis nicht getrennt voneinander zu betrachten. Zwischen den Aktivist*innen und Denker*innen bestanden durchaus Querverbindungen (siehe »Women's Pentagon Action« in diesem Kapitel). Das in den Kämpfen um Umweltgerechtigkeit stattfindende Zusammendenken prägte die Hochzeit des Ökofeminismus maßgeblich.

Die ökofeministische Intervention in die Umwelt- und Friedensbewegung

Ökofeminismus war nicht zuletzt eine feministische Intervention in die Umweltbewegung. Ob als besorgte Mütter in Deutschland nach Tschernobyl, ob in Reaktion auf einen Chemieunfall im italienischen Seveso, ob als Frauen von Plogoff gegen ein Atomkraftwerk in der Bretagne oder ob als aufklärerische drei »Wespen« gegen das elsässische Atomkraftwerk Fessenheim: Ab den 1970ern formulierten Feminist*innen vielerorts eine eigene, feministische Antwort auf die drängende Frage, wie mit der Modernisierung und insbesondere dem Einfluss von neuen (Kriegs-) Technologien auf Umwelt und Gesundheit am besten umzugehen sei. Die Ausweitung der Ökologiebewegung wurde von Frauen entschieden mitgetragen, die dabei nicht zuletzt gegen den vehementen Sexismus in der Bewegung anzukämpfen hatten.

Im badischen Whyl, wo sich zwischen 1974 und 1976 Aktivist*innen gegen einen Reaktorbau organisierten, stellten Frauen die Stimmung im männlich dominierten Umweltaktivismus der Atmosphäre des feministischen Protestcamps gegenüber:

> »Dort Demonstration von Stärke oder Resignation, hier Äußerungen von persönlicher Betroffenheit, Angst, Hoffnung. Dort Interesse an Sachen und Sachzusammenhängen, hier Interesse an Personen. Dort Sorge um die landwirtschaftliche Existenz, hier die viel elementarere Sorge um das Überleben und die Gesundheit der Familienangehörigen.« (Spörri et al. 2023)

Frauen organisierten sich vielerorts ohne Männer und schufen ihre eigenen Proteststrukturen. Oftmals waren diese Besetzungen oder Fraueninitiativen Orte der Erstpolitisierung. Frauen und Mütter fanden hier nicht unbedingt als Feministinnen zueinander, sondern suchten nach Möglichkeiten des Zusammenkommens rund um ihre spezifischen Sorgen und Belange. Manche von ihnen kamen als Frauen und Mütter und gingen als Feminist*innen. Die unterschiedlichen Protestcamps, Demonstrationen und Aktionen inspirierten sich auch wechselseitig über

Landesgrenzen hinweg und zeigten sich miteinander solidarisch. So nahmen die Frauen von Greenham Common in England Bezug auf die US-amerikanische Women's Pentagon Action (die wir beide im Folgenden genauer vorstellen). Im Jahr 1983 wiederum errichteten Feminist*innen ein Friedenscamp in Seneca Falls, New York, um sich mit der Besetzung in Greenham Common solidarisch zu zeigen. Sie hatten herausgefunden, dass die Marschflugkörper, die nach Greenham Common in England versandt werden sollten, in Seneca Falls bereitgestellt wurden.

Women's Pentagon Action oder: Was hat Ökofeminismus mit Wolle zu tun?

»We are the flow, we are the ebb.
We are the weavers, we are the web.« (Starhawk 1982: 168)

Der US-amerikanische Ökofeminismus in den 70er- und 80er-Jahren war von der Verzahnung mit der dortigen Anti-Atom-Bewegung, insbesondere den Direct-Action-Gruppen, gekennzeichnet. Aktivist*innen organisierten sich in anarchistischer Manier in Form von sogenannten Bezugsgruppen. Konsensentscheidungen und Delegationsstrukturen sind Teil dieser präfigurativen Form des Politik Machens – also ein Vorwegnehmen von befreiten Beziehungsweisen und Entscheidungsstrukturen im Hier und Jetzt. Dabei handelte es sich um kleine Gruppen, die sich autonom organisierten, um beispielsweise Aktionen des zivilen Ungehorsams durchzuführen. Sie waren meist Teil eines größeren Bewegungszusammenhangs oder mehrerer, kollektiver direkter Aktionen. Diese Gruppen waren aber auch durch die Werte der Hippie- oder New-Age-Gegenkultur geprägt. In Teilen erinnern uns diese ökofeministischen Proteste, ihre Strategien und interne Organisierung an heutige Aktionen zivilen Ungehorsams in der Klimagerechtigkeitsbewegung, etwa bei *Ende Gelände*.

Noël Sturgeon zufolge haben Ökofeminist*innen maßgeblich die US-amerikanische Friedensbewegung beeinflusst: Als zentrales Moment der US-amerikanischen ökofeministischen Bewegung wird oftmals die Women's Pentagon Action (WPA) genannt. Die Aktion schrieb sich in eine Reihe von Aktionen des gewaltlosen zivilen Ungehorsams ein – etwa gegen Atomkraftwerke. Nach dem Reaktorunfall im Kernkraftwerk Three Mile Island in Pennsylvania im Jahr 1979 organisierten sich zunächst zwölf Aktivist*innen, darunter die Ökofeministin Ynestra King, unter dem Namen *Women and Life on Earth* und einigten sich auf eine sogenannte Einigkeitserklärung (*Unity Statement*).[26] Im März 1980 ging aus diesem Zusammenschluss die Konferenz »Women and Life on Earth: A Conference on Eco-Feminism in the Eighties« in Amherst, Massachusetts, hervor, an der zum Beispiel auch die deutsche Ökofeministin Maria Mies teilnahm.[27] Zudem ging aus dieser ökofeministischen Konferenz nicht nur ein weiteres Unity Statement für die WPA hervor, sondern es wurde sich auch zur Planung einer ersten Aktion vor dem Pentagon zusammengetan:

> »Wir versammeln uns am 17. November vor dem Pentagon, weil wir um unser Leben fürchten. Wir fürchten um das Leben dieses Planeten, unserer Erde und das Leben unserer Kinder, die unsere Zukunft sind …« (Einigkeitserklärung der Women's Pentagon Action)

Die Frauen defilierten bei ihrem Protest mit vier riesigen Pappmaché-Figuren, die an ein übergroßes Puppentheater erinnerten: eine weiße, welche Trotz symbolisierte, eine rote, welche für die Wut der Frauen stand, eine gelbe für die Kraft und eine schwarze für die Trauer. Außerdem umwebten die Aktivist*innen die Türen und Eingänge des Pentagons mit Wolle – ein Symbol dafür, das von Bomben und Militärbasen auseinandergerissene Lebensnetz (Web of Life)[28] wieder zusammenweben zu wollen. Seither ist Wolle in ihrem symbolischen Gehalt nicht mehr aus der ökofeministischen Bewegungsgeschichte wegzudenken. Die Frauen stellten zudem auf dem Rasen vor dem Pentagon Grabsteine für all diejenigen auf, die durch die kriegstreiberische und produktivistische, rein auf Profitgenerierung ausgerichtete Maschine des Kapitalismus ums

---

26 Die erste Einigkeitserklärung war die Basis der Zusammenarbeit von *Women and Life on Earth*, welche sich 1979 gründete und der Women's Pentagon Action 1980 vorausging. Darauf folgte eine Einigkeitserklärung der Women's Pentagon Action, die hier in Gänze nachzulesen ist: http://www.wloe.org/fileadmin/Files-EN/PDF/WPA/Nov._15__2016/WPA_1980_UNITY_STATEMENT.pdf

27 Zu einem Portrait von Maria Mies siehe S. 274.

28 Das Buch zur Aktion, *Reweaving the Web of Life: Feminism and Nonviolence* (1982), wurde von Pam MacAllistor herausgegeben und enthält neun Essays von den Aktivistinnen-Autorinnen vor Ort.

Leben gekommen waren, unter anderem auch explizit für die Opfer von Love Canal.

Bei der nachfolgenden WPA im Jahr 1981 versammelten sich sogar bis zu 4.000 Frauen, um erneut gemeinsam zu trauern, wütend zu sein und sich zu wehren – in einer paganisch[29] inspirierten Demonstration, die rationales Denken mit tiefen Emotionen verband. Der Plan, diese Aktion jährlich durchzuführen, scheiterte jedoch aus verschiedenen Gründen. Zum einen mangelte es nach zahlreichen Aktionen des zivilen Ungehorsams an Energie zum Weitermachen, zum anderen zerrütteten interne Streits die Organisationsgruppe der Women's Pentagon Action. Die Gruppe rang unter anderem zum einen mit der Problematik, dass an den Aktionen überwiegend *weiße* Frauen teilnahmen, und zum anderen wurde kritisiert, dass wirtschaftlichen Fragen nicht genügend Raum gegeben würde.

Nicht nur in den WPAs, sondern auch in der gesamten Direct-Action-Bewegung spielten insbesondere Lesben eine zentrale Rolle. Sie waren nicht nur zahlenmäßig überproportional präsent, sie gründeten auch eigene Frauen-Bezugsgruppen, übernahmen oftmals zentrale Aufgaben in der Aktionsplanung und leiteten Aktionstrainings zu zivilem Ungehorsam an. Laut Barbara Epstein[30] waren es vor allem Lesben, die feministische Inhalte und Prinzipien in die Organisierung brachten:

> »Einige weisen darauf hin, dass Lesben und Schwule in der Friedensbewegung, der Linken und der Bürgerrechtsbewegung eine wichtige Rolle gespielt haben. In früheren Bewegungen standen Lesben und Schwule als Individuen im Vordergrund. In der Direct-Action-Bewegung und in gewissem Maße auch in der Friedens- und sozialen Gerechtigkeitsbewegung, die die Direkt-Action-Bewegung umgibt, werden Netzwerke von Lesben auf allen Ebenen immer wichtiger.« (Epstein 1991: 166, eigene Übersetzung)

29 Deutsch: heidnisch. Mehr zu (neo)paganischen Einflüssen im Ökofeminismus ist ab Seite 106 zu finden.

30 Barbara Epsteins *Political Protest and Cultural Revolution: Nonviolent Direct Action in the 1970s and 1980s* (1991) ist wie eine Geschichte des Ökofeminismus in der Zeit der Direct-Action-Bewegung in den USA zu lesen.

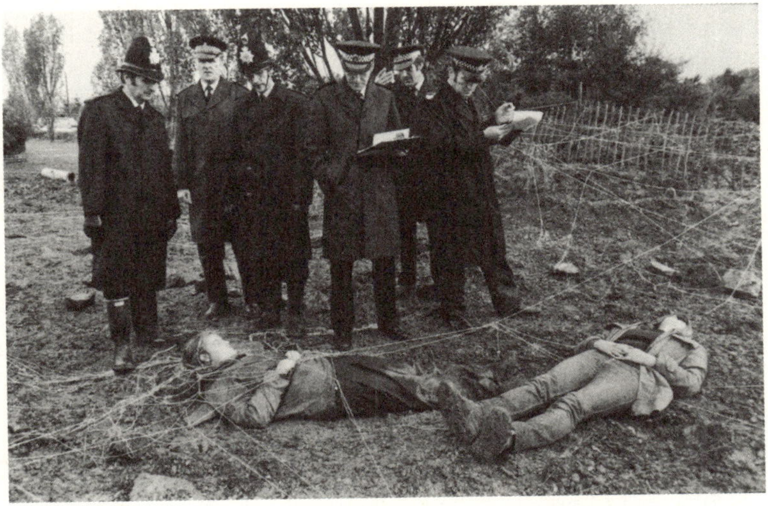

Sich miteinander zu verweben, erwies sich auch in Greenham Common als sinnvolle Strategie gegen die Polizei (Women's Library: London School of Economics' Archive, Greenham Women Everywhere)

Eine Weberin sein – Erinnerungen an die Women's Pentagon Action, vom 17. November 1980 von Mina Hamilton[31]

Ich hatte nicht geplant, eine Weberin zu sein. Als ich mich dem Marsch anschloss, hatte ich tatsächlich keine Ahnung, dass so eine wilde und kühne Idee Teil des Tagesplans war. Und doch habe ich gewebt. Hier ist die Geschichte. Sorgfältig geplant von einer wunderbaren Gruppe von Frauen, darunter Grace Paley, Maya Angelou, Anna Gyorgy, war die Women's Pentagon Action sehr gut inszeniert. Der Plan war, zu trauern, wütend zu sein und dann das Pentagon zu umrunden. (In letzter Minute wurde die Umrundung gestrichen.) Wir waren etwa zweitausend Frauen, die sich gegen die Herbstkälte warm eingepackt hatten. Wir waren über die Arlington Bridge in Washington DC marschiert. Wir hatten unsere Trauer zum Ausdruck gebracht, indem

31 Wir empfehlen hierzu auch Mina Hamiltons gesprochene Erinnerungen in Gedichtform *On Being a Weaver. Memories of the Women's Pentagon Action, November 17, 1980*, welche vom *Women & Life on Earth Internet Project* (2016) veröffentlicht wurden.

wir Grabsteine aus Pappe auf einem Rasenstück aufstellten. Dann hatten wir einen Moment der Stille. Und als wir uns dem massiven Steingebäude des Pentagons näherten, brachen wir in Schreie, Rufe und Juchzer aus. Es war unsere Zeit der Wut und wir machten ein unglaubliches Getöse. Ich stand etwa dreißig Fuß von dem massiven Steingebäude des Pentagons entfernt und schrie – aus voller Kehle. Und dann ... sah ich die Weber*innen. Oben auf den Granitstufen, die zu einem der Eingänge des Pentagons führen, stand eine Handvoll Frauen – vielleicht neun oder zehn –, die ganz leise und konzentriert ein Netz aus roten, orangen und gelben Garnfäden webten. Dieses horizontale Netz erstreckte sich zwischen mehreren der Metallgeländer, die die Treppe unterteilten. Und um dieses Netz zu weben, das sich in Hüfthöhe befand, krochen sie unter dem Geländer herum. Zu meiner völligen Überraschung musste ich feststellen, dass ich halb rennend, halb gehend sehr zügig über die etwa zwanzig Fuß Bürgersteig schritt, die die Menge der Demonstrant*innen von den Stufen des Pentagons trennte. Ich legte mich auf den Rücken auf die Treppe und kroch unter das Garn (sobald man sich unter dem Netz befand, war man unerreichbar und konnte nicht verhaftet werden). Jemand reichte mir ein Knäuel Garn. Plötzlich waren die anderen Demonstrant*innen weit, weit weg. Hier kam eine einfache Aufgabe:

Die Wolle über einen Faden schieben,[32] zu einer anderen Stelle gehen, eine Schlaufe machen, den Faden durchschieben, bewege dich im Krebsgang die Stufen hinunter, schiebe dich zu einer Mitweberin hinüber, tausche dein Knäuel orangefarbenes Garn gegen ein karmesinrotes aus. Sei schnell. Sei ruhig. [...]

(Hamilton 1980, eigene Übersetzung)

Que(e)rverbindungen: Frauenfriedenscamp in Greenham Common

Lesben spielten nicht nur in der Women's Pentagon Action eine tragende Rolle, auch das Friedenscamp im englischen Greenham Common war ein Sehnsuchtsort für lesbische Frauen:

32 Wir bedanken uns bei Myriam Macé für ihre hervorragenden Korrekturen und noch so viel mehr.

Aktivist*innen protestieren vor den Toren der Militärbasis in Greenham Common (Archiv von Wendy Morgan und Sandie Hicks, Greenham Women Everywhere)

»Da ich verzweifelt auf der Suche nach einer neuen Freundin war und mich unbedingt von der autoritären lesbisch-feministischen Londoner Szene mit ihren wachsenden Regeln und schwindenden Mitgliedern befreien wollte, beschäftigte ich mich mit dem Besuch des Frauenfriedenslagers Greenham Common. Noch bevor ich das Haus meiner Mutter für immer verlassen hatte, hatte ich die Schlagzeilen der Redhead-Zeitungen darüber gelesen, dass Greenham eine ›Hochburg des Lesbensex‹ sei, also hatte ich äußerst große Hoffnungen. Ich habe Plakate des Kettenbriefs aufgehängt, in dem ich Frauen zu einer ›Hands around the Base‹-Demo einlud, und weil ich die Frauenbeamtin war, konnte ich mir den Kleinbus des Studentenwerks leihen.« (Maj Ikle, eigene Übersetzung)[33]

In Greenham Common, einem Militärstützpunkt östlich des Ortes Greenham in England, wurden in den 1980er-Jahren infolge des NATO-Doppelbeschlusses von 1979, der die Stationierung von nuklearen Mittelstreckenraketen in Europa bewilligte, US-amerikanische Marsch-

33 In Gänze hier nachzulesen: https://greenhamwomeneverywhere.co.uk/pretending-to-protest/

›Embrace the base‹ – kreative Aktionen prägten den 19 Jahre langen Protest in Greenham Common. (Archiv der Women's Library: London School of Economics und Archiv von Alison Dowell, Greenham Women Everywhere)

flugkörper stationiert. Daraufhin organisierte sich breiter Protest. Aus einer anfänglichen militanten Aktion von 36 Frauen entwickelte sich bald eine eindrucksvolle und lang anhaltende Bewegung. Inspiriert von

Repression durch die Polizei und den Staat gehörte für die Aktivist*innen in Greenham Common zum Campalltag dazu. (Archiv von Sue Say, Greenham Women Everywhere)

Kopenhagener Frauen, die zuvor einen ähnlichen Lauf organisiert hatten, wanderte eine Gruppe von Demonstrant*innen ab dem 26. August 1981 125 Meilen, sprich ca. 200 km, von Cardiff in Südwales zum Stützpunkt der Royal Air Force in Greenham Common. Dort beabsichtigten sie, sich mit John Nott, dem damaligen Verteidigungsminister, zu treffen. Als dieser sich weigerte, errichteten die Demonstrant*innen ein Protestlager. Dieses Friedenscamp wurde für die nächsten 19 Jahre ein lebendiger Ort des Widerstands.

Von Beginn an wurden die Kundgebungen und Aktionen von Frauen angeführt. Im Jahr 1982 beschlossen diese, dass das Camp fortan matriarchalisch sein sollte, bzw. dass Männer daran nur teilhaben durften, indem sie die Hausarbeit übernahmen. Ein Höhepunkt in der Geschichte des Camps war der Dezember 1982, als 35.000 durch Kettenbriefe mobilisierte Frauen in einer legendären Aktion den Stützpunkt im Umkreis von neun Meilen ›umarmten‹ (»embrace the base«), indem sie sich an den Händen hielten und damit eine Menschenkette um den Stützpunkt bildeten. Am Tag darauf wurden im Rahmen der Aktion »close the base« die Eingangstore des Stützpunkts blockiert, bis die Blockaden gewaltvoll geräumt wurden. Auch in der Silvesternacht des Jahres 1982 beeindruckten 44 Frauen mit einer Aktion des zivilen Ungehorsams. Sie tanzten und sangen auf den Silos im Inneren der Militärbasis: Bilder, die sich nicht nur über die Tageszeitungen verbreiteten, sondern bis heute die Erinnerung vieler Zeitgenoss*innen prägen.

Vom Schmücken oder Zerschneiden der Zäune über das Verschließen der Tore mit Fahrradschlössern bis hin zu einem ›Die-in‹ vor der Londoner Börse – in Greenham wurden viele Aktionen initiiert. Dementsprechend waren die Aktivist*innen von Repressionen betroffen und mussten teils wiederholt in Untersuchungshaft. Zwar wurden die Marschflugkörper ab dem Jahr 1989 im Zuge des INF-Vertrags[34] von der Militärbasis abgezogen, doch der Kampf ging noch einige Jahre weiter. Erst im Jahr 2000 endeten die Proteste, als die Fläche der Militärbasis zu kommunalem Eigentum erklärt wurde.[35] Greenham erinnert uns daran, dass der Kampf um Abrüstung und gegen atomare Technologien einen langen Atem, ausdauernde Organisierung, kreative Taktiken und kampfbereite Menschen benötigt.

Womyn's Lands: Von Lesben und der Revolution auf dem Land

Wie wir bereits gesehen haben, ist die Geschichte von Lesben für die Geschichte des Ökofeminismus zentral. Dies zu betonen, ist deshalb so wichtig, weil allzu oft nicht nur Frauen, sondern insbesondere Lesben von der hegemonialen Geschichtsschreibung ausgelassen und vergessen werden. Dabei waren Lesben nicht nur federführend in zahlreichen Direct-Action-Gruppen, sondern sie gründeten insbesondere in den USA ab den 1970er-Jahren auch zahlreiche sogenannte »Womyn's Lands«. Diese ländlichen, lesbischen, separatistischen Gemeinschaften waren das praktische Ergebnis aus dem Zusammenkommen zweier

34 Der »Intermediate Nuclear Forces Treaty« (dt.: Mittelstreckenraketenvertrag) regelt die Beseitigung von Flugkörpern mittlerer und kürzerer Reichweite. Er regelt die Vereinbarungen zur Vernichtung aller boden- und landgestützten Flugkörper zwischen den USA und der Union der Sozialistischen Sowjetrepubliken. Dieser Vertrag kennzeichnet das Ende des sogenannten Wettrüstens und tritt 1988 in Kraft.

35 Seither betreiben die Greenham-Frauen rege Erinnerungsarbeit auf ihrer Website mit vielen sehens-, lesens- und hörenswerten Berichten von Zeitzeug*innen: https://greenhamwomeneverywhere.co.uk/ Zudem ist kürzlich die Dokumentation »Wir sind Frauen, wir sind stark! Das Friedenscamp von Greenham« auf ARTE erschienen.

Sehnsüchte der 70er-Jahre: der Back-to-the-Land-Bewegung mit ihrer Suche nach Harmonie in der Natur, Gemeinschaftsleben und Suffizienz sowie der erstarkenden Frauenbewegung zu jener Zeit, die besonders vom Radikalfeminismus beeinflusst war. In den 1960er- und 1970er-Jahren wurde Kritik an der damaligen Frauenbewegung lauter. Die Lesben warfen ihren heterosexuellen Genoss*innen vor, sich nicht für ihre spezifischen Anliegen zu interessieren. Sie gründeten zahlreiche Splittergruppen und intervenierten kritisch in die heterosexuell dominierten feministischen Räume ihrer Zeit.[36] Für sie war lesbisch zu sein mehr als nur eine bestimmte Form der Sexualität, sondern eine grundlegend andere Art, sich aufeinander zu beziehen, die mit Geschlechterrollen brach – was in Moniques Wittigs[37] legendärem Gedanken gipfelte, Lesben seien keine Frauen. Lesbisch zu sein bot nicht nur die Chance einer persönlichen Veränderung, sondern auch gesellschaftlicher Emanzipation. Lesbianismus stellte für diese Lesben politisches Handeln in einem heterosexuellen Regime dar und bot einen Ausweg aus dem Patriarchat. Die theoretische Basis für den lesbischen Separatismus legten radikalfeministische Denker*innen wie Adrienne Rich, Monique Wittig oder Rita Mae Brown. Den Radikalfeminist*innen war ähnlich wie den Sozialist*innen vor allem an einer Abgrenzung vom grassierenden bürgerlich-liberalen Feminismus gelegen. In der politischen Praxis schlugen die Radikalfeminist*innen und Sozialist*innen jedoch unterschiedliche Pfade ein: Statt sich wie die Sozialist*innen möglichst breit in die Gesellschaft einbringen zu wollen, verfolgten viele radikale Lesben neo-rurale Bestrebungen – den Rückzug aufs Land, um dort »ihr eigenes Leben, unter ihnen« führen zu können. In ihren Ausführungen zu Womyn's Lands im US-amerikanischen Oregon bezeichnet die Ökonomin und

36 Wir verweisen auf die damaligen Kontroversen rund um die *Lavender Menace* (deutsch: Lavendel-Bedrohung). Diese Gruppe selbstorganisierter lesbischer Radikalfeministinnen griff mit ihrer Selbstbezeichnung die Worte der Präsidentin der *National Organisation for Women* Betty Friedan auf, die von einer Bedrohung der feministischen Bewegung durch diesen lesbischen Flügel ausging. Die *Lavender Menace* plante öffentliche Aktionen und war unter anderem Teil der *National Organisation for Women* sowie der *Gay Liberation Front*.

37 Im Merve Verlag ist 2023 *Das straighte Denken* von Monique Wittig erschienen. Dieses Buch enthält neun Essays, die erstmals ins Deutsche übersetzt wurden und diesen Gedanken herausarbeiten.

Soziologin Françoise Flamant jene neoruralen Lesben als Pionierinnen des Ökofeminismus.

> »Stoppt die Welt, wie sie ist, ihre Entwicklung, diese politischen und sozialen Spiele. Wir nehmen nicht länger daran teil; wir lassen den Fluss der Geschichte los, weil etwas nicht stimmt, etwas fehlt: wir.« (Flamant 2015: 32, eigene Übersetzung)

Die sogenannten Womyn's Lands sprossen in North Carolina, Florida, Texas, Arkansas, New Mexico, Arizona, Oregon und Kalifornien. Auf dem Höhepunkt in den späten 70er- und frühen 80er-Jahren gab es USA-weit bis zu 150 solcher Gemeinschaften. Doch Womyn's Lands blieben kein US-amerikanisches Phänomen. Sie entstanden zum Beispiel auch in Dänemark, Deutschland und Frankreich. Einige von ihnen halten sich bis heute, die genaue Anzahl ist nicht bekannt. Die Größe der Ländereien variierte stark, wie auch die Größe der Gemeinschaften – von wenigen Frauen bis zu 30 Personen. Im Gegensatz zu ihren feministischen Schwestern, die um Reformen für mehr Gleichberechtigung kämpften, praktizierten die radikalen Lesben ein kollektives Zusammenleben, das die Erde respektierte und jegliche Dominanzverhältnisse ablehnte. Die Womyn's Lands waren sowohl Rückzugsorte von der patriarchalen Gewalt und Kultur als auch gelebte Utopie und Gegenkultur. Selbstversorgung, Kooperation, organische Beziehungen mit/zu der Natur, sexuelle Befreiung und Unabhängigkeit waren zentral. Die internen Politiken der Gemeinschaften, was Drogenkonsum, Privateigentum, Vegetarismus oder Kinder betrifft, variierten stark. Ob »wimmin«, »womyn« oder »womon«, die Selbstbezeichnungen wurden mit einer regen Kreativität weiterentwickelt. Zudem fanden beispielsweise die sogenannten »Dykelands« zu jener Zeit ihre Anfänge. Die *Van Dykes* waren ›rollende‹ Besucher*innen der Womyn's Lands auf der Suche nach »dyke heaven«. Sie waren eine Gruppe veganer Dykes[38], die in ihren Vans durchs Land reisten und nicht mit Männern sprachen (außer es waren Mechaniker). Die drei Gründerinnen dichteten einen Song

38 ›Dyke‹ kann im deutschen Sprachgebrauch mit dem Begriff der ›Kampflesbe‹ übersetzt werden. Diese ursprünglich als Beleidigung verwendete Bezeichnung wurde durch Selbstaneignungsprozesse allerdings wiederaufgewertet und als Selbstbezeichnung positiv verwendet.

um, um weitere Lesben für ihr Vorhaben anzuwerben. Darin kommt die Sehnsucht nach einem radikalen Leben sehr schön zum Ausdruck. Sie reimten auf die Melodie von »Mister Sandman«:

> Would-be Van Dykes
> bring us your dreams
> make them the clearest that they've ever been
> give us a sign, like nickels and dollars
> and tell us that it's just a matter of hours
> till we find our
> land in the sun
> with killer dykes there, all having real fun
> plantin' grains and hoeing beans
> please turn on and cook up some schemes!
> (Levy 2009)

Während Feminist*innen, die in sozialen Bewegungen aktiv waren, den lesbischen Separatist*innen Naivität und Scheu vor der Auseinandersetzung mit ihren Gegnern vorwarfen, waren die Womyn's Lands für viele zugleich ein Ausdruck weiblicher Unabhängigkeit und der Ablehnung von männlichen Normen. Dennoch wurde (und wird bis heute) an den überwiegend *weißen* Gemeinschaften kritisiert, eine reine Mittelklasse-Strategie zu sein, um den gesellschaftlichen Strukturen zu entkommen. Viele der separatistischen Frauen entschieden sich mit dem Rückzug aufs Land auch für ein Arbeiter*innenklasse-Leben und arbeiteten in handwerklichen Berufen. Schwarze Frauen, Frauen of Color und Frauen mit geringem Einkommen konnten sich diese individualistische Strategie schlichtweg nicht leisten, hätten in ländlichen Gegenden keine Arbeit gefunden oder wären gar nicht erst an Land gekommen.

Unsichtbare Kämpfe oder: Welche Geschichte(n) noch erzählt werden könnte(n)

»Sie wussten nicht, dass Margarida ein Samenkorn war
und sich in jedem Winkel des Landes verbreiten würde.«[39]
(Demospruch, eigene Übersetzung)

Während wir diese Bewegungsgeschichte schreiben, verspüren wir den Drang, immer weiter zu schreiben und ökofeministische Geschichte immer noch weiter zu erzählen. Bevor wir uns also den Jahrzehnten nach der Hochphase des Ökofeminismus zuwenden, möchten wir auf die Unabgeschlossenheit unserer Erzählung verweisen. Wie wäre es, noch die Bewegungen von Bäuerinnen im Globalen Süden, zum Beispiel der Frauen des *Movimento da Mulher Trabalhadora Rural* (MMTR) in den 1980er-Jahren und später der brasilianischen Landlosenbewegung *Movimento dos Trabalhadores Rurais Sem Terra* (MST), miteinzubeziehen? War nicht auch der Kampf von Antônia Melos, die die Bewegung *Xingu Vivo para Sempre* initiierte, um den Bau des Belo-Monte-Staudamms im brasilianischen Fluss Xingu zu verhindern, und die für die Stimmen der Indigenen Gruppen in der Region kämpfe, ebenfalls ein ökofeministischer? Wer denkt heute noch an den Widerstand der Frauen im Hunsrück? Warum begegnen uns die Hunsrück-Frauen mit ihren antimilitaristischen und feministischen Protestcamps auf unserer Reise durch den Ökofeminismus erst weit nach den Geschichten von Greenham Common? Und wann wird endlich die Geschichte des italienischen marxistischen Ökofeminismus rund um die Sozialistin Laura Conti geschrieben?[40]

Wir stellen fest: Es fehlt an Übersetzungen, Herausgeber*innen, Forschungs- und Erinnerungsarbeit, um die vielen weiteren Kämpfe sichtbar zu machen. Ökofeministische Geschichte wird stetig weiter ›in Bewegung‹ (v)erlernt und geschrieben. Wir ermutigen alle, die zu Ökofeminismus arbeiten, diese, ihre eigenen und weitere Geschichten zu erzählen und sie somit in den gängigen Geschichtskanon aufzunehmen.

39 Alle vier Jahre demonstrieren in Brasília Tausende von Frauen gegen geschlechtsspezifische Gewalt und für Zugang zu Land. Die Demonstrationen finden seit dem Jahr 2000 in Gedenken an die 1983 ermordete Gewerkschafterin Margarida Maria Alves statt.

40 Wir danken Milo Probst für sein stimulierendes und wertvolles Feedback zu diesem Kapitel.

Damit wir alle voneinander lernen, wenn es darum geht, den kolonialen, patriarchalen und ökozidalen Kapitalismus zu stürzen.

Von der Hochzeit des Ökofeminismus zu verpönten Gottesanbeterinnen, Straßenkämpfer*innen und Philosoph*innen

»Ecological feminists are both street-fighters and philosophers.« (Salleh 2014: ix)

Wer heutzutage nach aktuellen Beispielen für Ökofeminismus recherchiert, wird nicht viele aktuelle Texte und Beiträge zu diesem Begriff finden. Auf die sprudelnde und kämpferische Hochphase ökofeministischen Aufbegehrens in feministischen und ökologischen Bewegungen folgten Jahrzehnte der Versickerung. Ab 1995 verstummten die Gesänge von Greenham durch den Zusammenbruch des Ostblocks und die Verschiebung der Aufrüstungspolitiken. Die Mobilisierungen in der sogenannten neuen deutschen Frauenbewegung klangen ab, mit Judith Butlers *Das Unbehagen der Geschlechter* (1991) wurde ein neuer Wendepunkt im Feminismus eingeläutet. Während der Ökofeminismus der 1970er- bis 1990er-Jahre ein Sammelbecken für viele diverse Ansätze aus anarchistischen, radikalfeministischen und sozialistischen Analysen und Bewegungen heraus gewesen war, verwuschen die in den folgenden Jahrzehnten vorgetragenen Kritiken die diversen Argumentationen zu einer. *Dem* Ökofeminismus wurde Essentialismus (Frauen seien der Natur näher), Konservatismus (eine vermeintliche »Zurück zur Natur«-Forderung), Irrationalität (theoretische Inkohärenz) und Depolitisierung (es gehe nur um individuelle Veränderung) vorgehalten. In diesen Diskussionen und Verwerfungen, die wir im Verlauf des Buches noch genauer aufzeigen werden, scheiden sich die Geister und Wege vieler Ökofeminst*innen.

Die Ökofeministinnen Greta Gaard und Janet Biehl gehen unterschiedlich mit dem Essentialismusvorwurf um. Ihre Aussagen stehen sich geradezu diametral gegenüber. Gaard weist bis heute solche generalisierenden Kritiken zurück, die *den* Ökofeminismus als essentialisierend abstempeln, ohne zwischen verschiedenen Strömungen, Autor*innen, Kontexten, Feminismen, Zeitlichkeiten und Einbettungen zu differenzieren:

> »Die Vorwürfe gegen Ökofeministinnen als essentialistische, ethnozentrische, antiintellektuelle Göttinnenanbeterinnen, die die Erde fälschlicherweise als weiblich darstellen oder totalisierende und ahistorische Mandate für den weltweiten Veganismus erlassen – diese pauschalen Verallgemeinerungen, die oft ohne konkrete und unterstützende Dokumentation gemacht werden, wurden immer wieder von akademischer und populärwissenschaftlicher Seite widerlegt.« (Gaard 2011: 32, eigene Übersetzung)

Biehl hingegen hat mit *Rethinking Ecofeminist Politics* (1991) eine ganze Monografie über die Inkohärenz des Ökofeminismus verfasst und diesem vollends den Rücken zugekehrt: »Ökofeminismus ist alles andere als gesund vielfältig, sondern so offensichtlich widersprüchlich, dass er inkohärent ist« (Biehl 1999: 3, eigene Übersetzung).

Auch wenn aufgrund der vielen vorgetragenen Kritiken viele Wissenschaftler*innen nicht mehr unter dem Label ›Ökofeminismus‹ publizierten, arbeiteten sie weiterhin zu den Themen gesellschaftliche Naturverhältnisse, Gender und Ökologie – indem sie fortan andere Begriffe verwendeten, um sich vom verpönten Ökofeminismus zu distanzieren. Laut Greta Gaard war die Angst vor »Kontamination durch Assoziation« (Gaard 2011: 27) in der damaligen Zeit einfach zu groß. In der Folge kam es zu einer Vielzahl neuer Begrifflichkeiten: »feminist environmentalism« (Bina Agarwal, Joni Seager), »ecological feminism« (Karen Warren), »material feminist environmentalism« (Greta Gaard), »critical ecofeminism« (Val Plumwood), »critical feminist eco-socialism« (Val Plumwood), »social ecofeminism« (Chaia Heller, Ynestra King). Dieses Meer an Wortneuschöpfungen für den Ökofeminismus drückt die Anspannung in den damaligen Debatten gut aus, zeigt aber auch, in welchem Umfang die Auseinandersetzung mit ökofeministischen Motiven eine Institutionalisierung in Universitäten und Wissenschaften erfuhr.

Ein Problem beim Einzug des Ökofeminismus in die wissenschaftlichen Institutionen in den 1990er-Jahren war, dass dadurch dem Ökofeminismus der Maßstab akademischer Theoriebildung, Konsistenz und Kohärenz angelegt wurde. Die Philosophin Julie Cook schreibt, dass der Tod des Ökofeminismus letztlich daraus entstanden sei, dass er für eine wissenschaftliche Karriere passend gemacht werden musste. Die Kategorisierung und Trennung ökofeministischer Ideen resultierte schließlich in (k)einen guten und einen schlechten Ökofeminismus. Einen, der mit der akademischen Welt kompatibel ist, und einen, der nicht geht. Cook geht so weit, von einer Kolonisierung des Ökofeminismus durch die Philosophie zu sprechen.

Schließlich trat das ein, was Maria Mies und Vandana Shiva dem Ökofeminismus in ihrem zentralen Werk von 1993 bereits vorausgesagt hatten. Darin warnt Mies vor dem, was passieren könnte, wenn der Ökofeminismus in die akademische Sphäre einzieht:

> »Meiner Meinung nach verrät die erneute Trennung von Politik und Wissenschaft, Leben und Wissen, kurz gesagt, die Akademisierung der Frauenforschung nicht nur die feministische Bewegung und ihre Ziele, sondern wird letztendlich auch den Geist der Frauenforschung töten und sie in eine sterile und irrelevante Feminologie verwandeln, ähnlich wie die Akademisierung des Marxismus zur Marxologie führte. Das Gleiche könnte auch mit dem Ökofeminismus passieren, wenn er sich auf einen akademischen Diskurs beschränkt.« (Mies und Shiva 2014 [1993]: 43, eigene Übersetzung)

Das entscheidende Herausstellungsmerkmal des Ökofeminismus ist sein Wirken und Entstehen in Bewegung(en). Abschließend möchten wir mit den Worten der Politikwissenschaftlerin Holland-Cunz nochmals die Aktionsvielfalt der Bewegungen, die Diversität der Akteur*innen und die breiten Bündnisse der 1970er- bis 1990er-Jahre herausstellen:

> »Eine solche Überbrückung konträrer Räume und Denkformen wäre heute unvorstellbar; solche Überbrückungen förderten jedoch die theoretische Phantasie und Kreativität erheblich, regten provokative Protestformen und die Lust am politischen Denken und Handeln an. Langeweile und Pflichtbewusstsein, wie sie zahlreiche feministische Texte und Aktionen heute begleiten, waren nicht zu spüren.« (Holland-Cunz 2014: 117)

Diese Koexistenz, Kompatibilität und Solidarität zwischen verschiedenen Strömungen, Formen und Ebenen des Handelns und Protestierens ist in der Tat beeindruckend und blieb selbstverständlich auch damals schon nicht spannungsfrei. Sich heutzutage Ökofeministin zu nennen, bleibt vor diesem Hintergrund immer noch gewagt. Manche ökofeministischen Themen und Methoden werden heute durchaus wieder aufgegriffen, doch die vermeintliche Assoziierung des Weiblichen mit der Natur im

Herzen des Ökofeminismus sollte noch für Erschütterung sorgen. Vor diesem Hintergrund fragen wir uns nun: Was ist Ökofeminismus? Im folgenden Kapitel soll es um jenes umkämpfte Feld, jenes sprudelnde, sich aus verschiedenen Strömungen zusammensetzende Gewässer gehen. Wie können wir in dem Meer an Definitionen und Spannungsfeldern von Ökofeminismus navigieren?

ZWEI
Von der Bewegung zur Theorie: Auf dem Weg zu einer Definition

In unseren Workshops sehnen sich die Teilnehmenden oft nach einer Definition des Ökofeminismus; nach Eindeutigkeit, einem schnellen Verstehen durch das Verspeisen einiger weniger Zeilen schwarz auf weiß. Oftmals geben wir ihnen das nicht, denn der Ökofeminismus gibt viele Definitionen her. Es ist schwierig, die *eine*, *einzelne*, übergeordnete Definition zu finden, denn jede Definition betont andere Aspekte. Unserer Ansicht nach gibt es nicht *den einen Dreizeiler*. Ökofeminismus wird je nach Autor*in und Strömung unterschiedlich verstanden, je nach Verständnis der Schreibenden oder auch je nach Praxis, aber dazu kommen wir gleich. Dass wir keine Definition anbieten, hat noch einen weiteren Grund: Der Wunsch nach einer Definition, einem Runterbrechen, Zusammenfassen, Kategorisieren, spiegelt ein reduktionistisches Verständnis von Wissenschaft und valider Wissensproduktion wider, welches Ökofeminist*innen kritisieren (und das ist bereits ein Teil der Definition der ökofeministischen Analyse). Eine solche universelle Definition, standardisiert und anwendbar für alle Kontexte, gibt es im Ökofeminismus nicht. Daher variieren die Definitionen mit den Autor*innen, ihren verschiedenen Lebensrealitäten (Akademiker*innen, Aktivist*innen oder beides), Positionierungen (Schwarz, *weiß*, cis-weiblich, lesbisch ...) und theoretischen Perspektiven (marxistisch, queerfeministisch, differenzfeministisch). Anstatt das Spiel der wissenschaftlichen Standardisierung der Wissenschaftlichkeit und universellen Definitionen mitzuspielen, welches die Definitionsvielfalt unsichtbar macht, werden wir Definitionen verschiedener Strömungen herausarbeiten und ihre Gemeinsamkeiten und Unterschiede diskutieren.

Im vorangegangenen Kapitel ist deutlich geworden, dass Ökofeminismus ein Resultat von politischen Kämpfen und sozialen Bewegungen ist. Damit war Ökofeminismus, bevor er definiert wurde, bereits spür- sowie erlebbar und in widerständigen Praxen verkörpert. In einem Wechselverhältnis zwischen Praxis und Theorie betrat der Ökofeminismus aber auch zunehmend die akademische Sphäre, welche ihm eine trennscharfe Definition abverlangte.

In den 80er- und 90er-Jahren wurde eine Welle an wissenschaftlichen Veröffentlichungen, Sonderausgaben von Zeitschriften und Forschungsaktivitäten losgetreten, die sich über alle Disziplinen hinweg (Theologie, Philosophie, Politikwissenschaft, Kunst, Geografie, Frauenforschung, Politische Ökonomie) mit dem Ökofeminismus auseinandersetzten. Eine Konferenz, die 1987 in Südkalifornien stattfand, trug beispielsweise den Titel »Ökofeministische Perspektiven: Kultur, Natur und Theorie«. Die Frage, ob es zuerst Kämpfe oder wissenschaftliche Theorien waren, die den Ökofeminismus ausmachten, möchten wir mit Maria Mies' und Veronika Bennholdt-Thomsens Worten beantworten: »Solche theoretischen Fragen waren nicht das Ergebnis akademischer Studien – obwohl Akademikerinnen auch an der Suche nach Antworten beteiligt waren« (Mies 2010: 147). Bennholdt-Thomsen bezeichnet diese Phase als eine »Erotik des Denkens« (ebd.). In dieser Zeit entstanden viele theoretische Fragen aus dem damaligen Bewegungsklima heraus: »[Die Theorie] bedeutete, alte Fragen neu zu stellen und neu zu beantworten, ohne auf die Verkünder [sic!] ›ewiger Wahrheiten‹ zu hören. Ich bestand, wie gesagt, vor allem auf die Gleichzeitigkeit von Praxis und Theorie« (Mies 2008: 147). Viele Ökofeminist*innen, die wir zitieren, waren sowohl Aktivist*innen als auch Akademiker*innen, sodass die Debatte immer personell wie inhaltlich in Beziehung zu sozialen Bewegungen stand und auch immer noch steht.

In diesem Kapitel wollen wir die zentralen Begriffe und Fragen des Ökofeminismus benennen und erklären. Diese lassen uns fühlen sowie kognitiv erkennen, was Ökofeminismus alles ist. Anschließend werden wir die Pluralität an Definitionen zusammentragen, erklären und zentrale Punkte herausarbeiten. Schließlich legen wir die verschiedenen Strömungen des Ökofeminismus dar und machen so deutlich, wie die zentralen Elemente in den jeweiligen Definitionen divergieren.

In einem ersten Schritt möchten wir zusammenfassen, welche Kritiken an den gesellschaftlichen Verhältnissen ökofeministischen Kämpfen gemein sind. Dafür gehen wir nochmal von den zuvor betrachteten

Bewegungen und Kämpfen aus, um uns an die zentralen Themen und Fragen heranzutasten, die diese verbinden.

Was haben tree-hugging in Indien, das Pflanzen von Bäumen in Kenia, die Anti-Atom-Bewegung in Europa und Anti-Militarisierungskämpfe in den USA gemeinsam?

Was ist Gegenstand all dieser Kämpfe? Was sind die Gemeinsamkeiten? Welche Kritiken an Gesellschaft liegen den Kämpfen zugrunde? Welche Synergien schafft Ökofeminismus? Lenken wir also den Blick nochmals auf die Inhalte und Themen der verschiedenen Kämpfe aus Kapitel 1: Worum geht es diesen Kämpfen?[41]

Es geht um …

… Gesundheit und Wohlergehen

In vielen der vorgestellten Kämpfe geht es um die unmittelbaren oder bleibenden Schäden und Auswirkungen von Chemikalien, Giftmüll, Luftverschmutzung und nuklearen Technologien auf marginalisierte Körper, etwa die der Schwarzen Arbeiter*innen in Love Canal. Das Auftauchen von BeHinderungen oder Leukämie durch Umweltbelastungen verdeutlicht, inwiefern das Verhältnis der Gesellschaft zur Umwelt zu Krankheiten führen kann und dass die Auswirkungen auf menschliche Körper entlang von *race*,[42] Klasse und Gender ungleich verteilt sind. Nicht selten haben ökofeministische Kämpfe das Wohl besonders vulnerabler Gruppen wie zum Beispiel Kinder zum Gegenstand. Insbesondere die körperliche Unversehrtheit bzw. körperliche Selbstbestimmung (Abtreibungsrechte) werden immer wieder thematisiert, da ein Verwehren der Selbstbestimmung ein patriarchales, nekropolitisches[43] und neomal-

41 Die nachfolgende Einteilung übernimmt und ergänzt Sherilyn MacGregors (2020) Einteilung ökofeministischer Kämpfe in folgende Gegenstände, die umkämpft werden: *bodily health and well-being; land and livelihood; global environmental justice.*

42 Über die Erfahrungen einer Schwarzen lesbischen Frau mit Krebs in einer rassistischen und fettfeindlichen Welt siehe Audre Lordes Krebstagebücher.

43 Nekropolitik beschreibt Machtpolitiken, die über Leben und Tod entscheiden, wobei diese nicht als Dualismen zu verstehen sind. Haupttreiber dieses Kontrollmechanismus ist Rassismus, der bereits das Leben tödlich macht.

thusianisches Instrument der Kontrolle und Herrschaft darstellt, z.B. durch Geburtenkontrolle von BIPoC oder Indigenen Menschen. Frauen befinden sich dabei immer wieder an vorderster Front, Gesundheit und Wohlergehen zu verteidigen, da die Gesellschaft ihnen das Sorgetragen für andere Körper zuweist. Auch räumlich – im privaten Raum – befinden und befanden sich Frauen an Orten, an denen sie Veränderungen zum Beispiel im Wohlbefinden der Kinder direkt(er) spüren.

... Umweltgerechtigkeit und Umweltrassismus

Wie weiter oben eindrücklich gezeigt, geht es um die Frage, wer die Folgen von Umweltzerstörung und Schadstoffbelastung zu tragen hat. Die Verteilung von *environmental goods* und *bads* verläuft entlang der Linien von *race*, Klasse und Gender. Auch in der Anerkennung und Wertigkeit von Wissen spielen jene Machtgefälle eine entscheidende Rolle, sodass gelebte Erfahrungen und verkörpertes Wissen von Frauen oder BIPoC stetig Marginalisierungsprozessen unterworfen sind. In ökofeministischen Kämpfen geht es also um Fragen der Teilhabe, Verteilung, Anerkennung und Betroffenheit.

... Land, Lebens- und Existenzgrundlagen

Sowohl in der Chipko-Bewegung als auch bei der kenianischen Green-Belt-Bewegung geht es um Ökosysteme wie Wald und Boden, die die direkte Lebensgrundlage für Menschen und nicht-menschliches Leben darstellen. Es wird gegen Landgrabbing, Waldrodung, Privatisierung, Zerstörung und Kapitalinteressen gekämpft, um jene Lebensgrundlagen zu erhalten. Auch hier ist auffällig, dass insbesondere Frauen sowie Indigene Gruppen an der Bewirtschaftung jener Flächen oder in die ökosystemischen Prozesse involviert sind, da sie für deren Regeneration und Fortbestand Sorge tragen. Das materielle Interesse ist oftmals zweifach begründet. Zum einen besteht ein Interesse, die Existenzgrundlagen zu erhalten, um die Gemeinschaften hinreichend zu versorgen, zum anderen wird in einigen Indigenen Weltanschauungen (häufig ist von sogenannten Kosmovisionen[44] die Rede) Ökosystemen ein inhärenter oder heiliger

44 ›Kosmovision‹ bezieht sich auf die Art und Weise, wie eine Person oder eine Gruppe die Welt wahrnimmt und interpretiert. Der Begriff umfasst die individuellen Überzeugungen, Werte, Vorstellungen und Perspektiven, die das Verständnis und die Sichtweise einer Person

Wert zugesprochen, der nicht durch deren Ausbeutbarkeit oder Nützlichkeit definiert ist, sondern einen Wert ›an sich‹ darstellt.

... die Verflechtungen von Menschen und Natur

Das Abhängigkeitsverhältnis von Mensch und Natur wird im Kapitalismus gerne ignoriert. Der Mensch wird als von der Natur unabhängiges, im luftleeren Raum fliegendes, gänzlich autonomes und unbesiegbares Atom porträtiert. Wie wir gesehen haben, zeigen Kämpfe um Umweltgerechtigkeit jedoch den direkten Einfluss von Luft, Wasser und Bodenqualität auf das unmittelbare Leben. Vandana Shiva und Maria Mies stellen die Verflechtungen von Mensch und Natur als zentralen Pfeiler des Ökofeminismus heraus: »Dieses Miteinanderverbundensein allen Lebens auf Erden, von Problemen und Lösungen ist eine der Haupterkenntnisse des Ökofeminismus« (Mies und Shiva 1995: 415). Es geht um die Verwobenheit zwischen der Gesellschaft und der sogenannten Umwelt. Ökofeminist*innen sprechen von einem Lebensnetz, dem *Web of Life*. Sie machen damit deutlich, dass es kein *Drumherum* gibt, sondern nur ein *integrales Miteinander* zwischen Menschen und nicht-menschlichen Entitäten sowie eine gegenseitige Abhängigkeit, die Ökofeminist*innen oftmals als Interdependenz und Relationalität bezeichnen. Menschen sind auf Ökosysteme, Tiere, Pflanzen, Luft und vieles Weitere angewiesen: »Auf einem toten Planeten lässt es sich nicht leben« oder »Geld kann man nicht essen«, um es auf aktuelle politische Slogans herunterzubrechen.

... (Über-)Leben

Letztlich laufen viele dieser Themen auf die Frage nach dem (Über-)Leben hinaus, was im lebensbedrohlichen Kontext von Militarismus, Krieg, atomarer Bedrohung, Segregation und strukturellem Rassismus sowie sexualisierter Gewalt keine Selbstverständlichkeit ist. Dabei geht es um das (Über-)Leben von marginalisierten Gruppen ebenso wie um das (Über-)Leben von Naturen, welche stetig durch Femizide, rassisti-

auf die Realität prägen. Die Kosmovision kann von kulturellen, religiösen, philosophischen oder persönlichen Einflüssen geprägt sein und beeinflusst, wie wir die Welt um uns herum verstehen und mit ihr interagieren. In der Weltanschauung der Moderne werden Kosmovisionen zugunsten einer universellen Weltanschauung verdrängt.

sche Polizeigewalt, Ökozide und weitere irreversible Konsequenzen der kapitalistischen Ausbeutung aufs Spiel gesetzt werden. Wer ein Recht auf (Über-)Leben hat oder wessen Leben durch Polizeigewalt, Naturkatastrophen oder Vergiftung bedroht ist und wessen Tod weniger nennenswert, berichtenswert, konsequenzenreich und aufarbeitungswürdig ist und damit überhaupt als betrauerbar gilt, ist in unserer Gesellschaft stark rassistisch, sexistisch, ableistisch, etc. geprägt.

Nähern wir uns nun – all die Perspektiven zusammennehmend – fragend einer Definition von Ökofeminismus an: Welche gesellschaftlichen Strukturen hinterfragen Ökofeminismen? Entlang welcher Linien und Debatten situieren sich verschiedene ökofeministische Strömungen? Welche Fragen spalten und welche vereinen sie?

Ökofeminismus fragt nach …

… einem möglichen Herrschaftszusammenhang zwischen Natur, Frauenfrage und kolonialer Ausbeutung

Frauen + Umwelt = Ökofeminismus? Diese Addition bildet ab, worauf der Ökofeminismus häufig reduziert wird. Fragen, die wir aus ökofeministischer Perspektive an solch eine Gleichung stellen können, zeigen bereits die mannigfaltige Analyseperspektive auf, die Ökofeminismus zu bieten hat: Von welchem Feminismus ist die Rede? Radikaler, liberaler, intersektionaler, materialistischer, marxistischer, queerer Feminismus? Welche Definitionen von Geschlecht werden bedient? Wie wird die Kategorie Frau ausgedeutet? Ist Geschlecht hier biologisch und/oder kulturell konstruiert und/oder ein Resultat der Arbeitsteilung? Wie lassen sich die vermeintliche Verbindung oder die vermeintlichen Ähnlichkeiten zwischen Frauenunterdrückung und Naturbeherrschung sowie eine vermeintliche Nähe zwischen Frauen und Natur erklären (historisch, ökonomisch, sozial) beziehungsweise gibt es Letztere überhaupt? Was hat Naturbeherrschung mit der Herrschaft über Kolonien und die Kolonisierten zu tun?

Ökofeministische Theorie fragt nach den historischen, ökonomischen, sozialen, politischen, ideologischen oder symbolischen Verbindungslinien zwischen verschiedenen Herrschaftsformen und begründet diese, je nach Strömung oder/und Standpunkt, mit dem Patriarchat, Kapitalismus und Kolonialismus. Dazu ist zu fragen: Wie wird der Zusammenhang zwischen Herrschaftsverhältnissen[45] hergestellt? Werden Frauen und Natur analog – also in gleicher Weise – ausgebeutet? Gibt es gar eine gleiche Ursprünglichkeit beider bzw. aller Ausbeutungsverhältnisse? Wie verhält sich der Ökofeminismus dabei zu rassistischen und kolonialen Verhältnissen? Während sich Ökofeminist*innen einig sind, dass all diese Unterdrückungssysteme, insbesondere das Patriarchat und der Kolonialismus, umgestürzt werden müssen, scheiden sich die Geister an der Frage, wie dies vonstattengehen soll.

... dem Mensch-Natur-Verhältnis

Greta Gaard macht deutlich, dass »die Ideologie, die Unterdrückung aufgrund von *race*, Klasse, Geschlecht, Sexualität, körperlichen Fähigkeiten und Spezies zulässt, dieselbe Ideologie ist, die die Unterdrückung der Natur sanktioniert« (Gaard 1993, eigene Übersetzung).

Ökofeminismus fragt nicht einfach nur nach einem ›Frau-Natur-Nexus‹, sondern hinterfragt grundlegend das Verhältnis zwischen Mensch und Natur. Was ist überhaupt Natur in Abgrenzung zu Kultur bzw. lässt sich Gesellschaft überhaupt von Natur trennen? Wie hängt das Verhältnis Mensch/Natur mit der sogenannten Moderne und der Aufklärung zusammen? Wie ist das neuzeitliche Naturverhältnis historisch gewachsen? Wie hängt das Naturverhältnis mit unterschiedlichen Gesellschaftsformationen zusammen? Welche Rolle spielen Industrialisierung und die Herausbildung einer kapitalistischen Gesellschaft dabei? Und inwiefern beeinflussen Über- und Unterordnungsbeziehungen gesellschaftliche Naturverhältnisse? Wie kann der Natur-Kultur-Dualismus überwunden bzw. neu gedacht werden? Wie hängt das, was als (un)natürlich konstruiert ist, mit anderen Auf- und Abwertungsmechanismen zusammen?

Dabei sucht Ökofeminismus nach alternativen Visionen des gesellschaftlichen Miteinanders. Insbesondere geht es um ein Hinterfragen und Verändern der Beziehungen zu nicht-menschlichen Entitäten wie Tieren, Pflanzen und Landschaften. Wie das aussehen kann, lernen wir in Kapitel 4.

45 Durch Henrike Bloemens wertvolle Anmerkungen und präzise Nachfragen konnten wir unsere Begriffe in diesem Kapitel nochmal schärfen.

… Emanzipation: Wie soll diese erfolgen, durch Mutation oder Revolution?[46]

Ökofeministische Organisierung sieht anarchistisch aus und bringt direkte Aktionen oder matriarchale gelebte Utopien hervor, indem in radikalfeministischer und separatistischer Manier sogenannte Womyn's Lands gegründet wurden. Die wiederkehrende Frage ist, wie auf emanzipatorische Art auf die Krise der gesellschaftlichen Naturverhältnisse reagiert werden kann und wie diese strukturellen Verhältnisse überwunden werden können. Wie kann der Dualismus von Natur und Kultur überkommen werden (siehe S. 184)? Etwa durch Konzepte wie *naturereculture* oder *ReProduktivität* (siehe Kapitel 3)? Wie können wir über Materialität_en und Körperlichkeit_en sprechen, ohne diese direkt mit vermeintlicher Gebärfähigkeit und reproduktiven Fähigkeiten zu verknüpfen? Im Gegenteil, wie kann der Frau-Mutter-Natur-Nexus aufgelöst werden? Wie steht es um Wiederaneignungsstrategien – sogenanntes Reclaiming –, bei denen etwas Zerstörtes oder Abgewertetes wieder aufleben kann und so verändert wird? Verfallen wir dabei in ein ›back to nature‹? Wie kann sich von rechten Heimatfantasien abgegrenzt werden, indem nicht ›zurück zur Natur‹, sondern eher Reparatur, Regeneration und Erfindung praktiziert wird?

All diese Fragen erwecken in ihrer Vielseitigkeit den Anschein, dass es im ökofeministischen Denken keine Einigkeit gebe. Das ist teils wahr, denn Einheit ist sicherlich nicht das Ziel von Ökofeminist*innen. Die feministische Politikwissenschaftlerin Barbara Holland-Cunz arbeitet aus dieser Diversität einen ökofeministischen Konsens heraus, dessen Grundannahmen wir im Folgenden wiedergeben:

»1. Das (kapitalistische) Patriarchat ist ein das Leben bedrohendes politisches System, dessen Herrschaft an die Grenzen des Erträglichen gekommen ist;

2. dieses neuzeitliche System muss vor allem aufgrund seiner ausbeuterischen Ökonomie, seiner manipulativen Wissenschaft und unverantwortlichen Technologieproduktion als Gefahr für den Planeten und die

46 Wir beziehen uns mit dieser Fragestellung auf: d'Eaubonne, Françoise (2023): Écologie/féminisme: révolution ou mutation? Le Passager Clandestin.

gesamte Menschheit einschließlich kommender Generationen betrachtet werden;

3. der Herrschaftszusammenhang zwischen der ›Naturfrage‹ und der ›Frauenfrage‹ ist analytisch eng geknüpft, da Frauen und Natur in vergleichbarer Weise als passive Objekte, natürliche Ressourcen, frei verfügbare ›Fruchtbarkeiten‹ deklariert und angeeignet werden;
4. dem entsprechend ist ein Bündnis zwischen ÖkologInnen und Feministinnen politisch elementar und zwingend geboten;
5. da die Strukturen und Funktionsweisen des Patriarchats in allen Kulturen außerordentlich tief verankert sind, braucht der globale gesellschaftliche Umbruch/Umsturz eine ganz neue, anti-mechanistische, anti-manipulative, anti-dualistische Weltsicht, deren Kern Bindung statt Spaltung beinhaltet;
6. selbst eine neue Anthropologie ist notwendig, sie muss das gemeinsame Natur-Sein von menschlicher und nichtmenschlicher Natur an Stelle der Trennung zwischen Natur und Gesellschaft denken und empfinden.« (Holland-Cunz 2014: 124)

Aus den von Holland-Cunz verfassten sechs Annahmen lassen sich einige den Ökofeminismus zentral prägende Kritiken herauskristallisieren:

- Kritik am patriarchalen Kapitalismus und Herrschaftsverhältnissen
- Kritik des neuzeitlichen Naturverhältnisses und der Wissenschaft
- Kritik der ökonomischen Verhältnisse
- Kritik der dualistischen Trennstruktur

In der von Holland-Cunz verfassten Aufzählung kommt die postkoloniale Kritik, die dem Ökofeminismus ebenfalls zugrunde liegt, nicht explizit vor. Sie ist nur implizit im Konzept des patriarchalen Kapitalismus, des neuzeitlichen Naturverhältnisses, der ökonomischen Verhältnisse und der Dualismen enthalten. Die Kritik am Kolonialismus ist für uns aber ein zentraler Bestandteil ökofeministischen Denkens, was im späteren Verlauf dieses Buches noch deutlicher werden wird. Im Folgenden werden wir auf einzelne Aspekte, die für uns zentrale Bestandteile ökofeministischer Kritiken sind, genauer eingehen.

Zum Zusammenhang von Frau[47] und Natur im Ökofeminismus

Wir möchten zunächst herausstellen, warum man überhaupt auf die Idee kommen könnte, dass Frauen der Natur näher und verbundener seien als Männer. Dieser Gedanke ist gesellschaftlich erstaunlich weit verbreitet und ihm liegt die Annahme zugrunde, Frauen seien der Natur näher, weil sie gebären können.[48] Es wird davon ausgegangen, Frauen trügen mit dieser Gebärfähigkeit auch eine besonders ausgeprägte Sorgefähigkeit in sich. Frauen werden in dieser Betrachtung meist mit Müttern gleichgesetzt, da angenommen wird, dass alle Frauen Mütter sein können oder zumindest eine Veranlagung dazu haben. Aus dieser zutiefst patriarchalen Sichtweise heraus ergeben sich dann verschiedene Vorurteile und Glaubenssätze. Einige konkrete Beispiele, die sicherlich vielen bekannt sind, wären:

Mütter haben ein besonderes Händchen und Ohr für die Gefühle ihrer Kinder, mehr als Väter/Männer das haben. Die Beziehung zwischen Kindern und Müttern ist eine besondere und vor allem eine unersetzbare. Kinder brauchen für ihr Wohlergehen unbedingt mütterliche Liebe und Bindung. Für Frauen ist eine bestimmte Art von Sexualität bzw. ein sexuelles Begehren typisch, welche durch den Wunsch nach dem Zeugen von Kindern determiniert sind. Der Kinderwunsch gehört zum Frausein dazu (»die biologische Uhr tickt«). Eine Mutter ist eine Frau. Mütterlichkeit ist etwas Weibliches.

In all diesen biologistischen Naturalisierungen des Sozialen, Kulturellen und Gesellschaftlichen steckt jedoch eine ordentliche Portion Frauen-, Homo- und Transfeindlichkeit. Nicht jede Frau hat einen

47 Es würde an dieser Stelle keinen Sinn ergeben, bereits vom Sammelbegriff FLINTA*s oder Geschlechtern zu sprechen, obwohl uns das Verhältnis von FLINTA*s und Natur natürlich brennend interessiert. Wir hangeln uns hier zunächst an den ›alten Fragen‹ des Ökofeminismus entlang. In der Zeit des Ökofeminismus etablierte sich die Frauenforschung, deren zentrale Analysekategorie ›Frau‹ war. Wie Geschlecht je nach Strömung des Ökofeminismus gedacht wird, erklären wir weiter unten. Mit der Institutionalisierung der Frauenforschung sowie dem Aufkommen des Poststrukturalismus ist heute von (Frauen- und) Geschlechterforschung die Rede.

48 Diese Essentialisierung von Körpern findet nicht nur hinsichtlich des Geschlechts – in diesem Fall hinsichtlich des Frauseins – statt, sondern auch bei weiteren Diskriminierungsverhältnissen wie Hautfarbe, BeHinderungen und sexuelle Identität.

Uterus. Nicht jede Frau hat Sex mit Männern. Nicht nur Frauen können gebären. Kinder können auch mit zwei Vätern oder in einem queeren polycule glücklich sein.

Doch wie sieht das der Ökofeminismus? Es gibt innerhalb des Ökofeminismus verschiedene Positionen, die das ›Frau-Natur-Verhältnis‹ sehr unterschiedlich denken. Sie beziehen sich in unterschiedlicher Weise auf die Gebärfähigkeit. Einige Ökofeminist*innen arbeiten sehr wohl mit biologischen Argumenten und der Reproduktionsfähigkeit, die vermeintlich allen Frauen gemein sei. Diese essentialisierende Haltung nehmen aber nicht alle Ökofeminist*innen ein. Als ›essentialistisch‹ werden Annahmen bezeichnet, die von einer angeborenen, sprich biologischen Verbindung zwischen Frauen und Natur ausgehen. Sie schreiben Frauen eine Essenz zu, aus der sich unter dem Vorzeichen einer (biologischen) Natur bestimmte Persönlichkeitsmerkmale und Affinitäten ergäben. Barbara Holland-Cunz jedoch folgert aus ihrer ökofeministischen Auseinandersetzung, dass entgegen der weitverbreiteten Essentialismusvorwürfe nur wenige ökofeministische Denker*innen mit essentialistischen Annahmen wie ›Die Natur ist weiblich‹ oder ›Frauen sind der Natur näher‹ arbeiten. Stattdessen sehen viele Ökofeminist*innen, etwa Ynestra King, Karen Warren, Carolyn Merchant, Mary Mellor oder Sherilyn MacGregor, die spezifische Beziehung von Frauen zur Umwelt als sozial konstruiert oder als ein Resultat von historischen Prozessen sowie materiellen Gegebenheiten. So schreibt etwa Mellor: »Der Ökofeminismus ist eine Bewegung, die einen Zusammenhang zwischen der Ausbeutung und Zerstörung der natürlichen Welt und der Unterordnung und Unterdrückung von Frauen sieht« (Mellor 1997: 1, eigene Übersetzung).

In den Essentialismusvorwürfen wird auch unterstellt, dass Ökofeminismus nur Frauen mitdenke. Laut der Philosophin Karen Warren denkt der Ökofeminismus allerdings nicht nur an Frauen und er geht nicht von einer universellen Erfahrung des Frauseins aus. Ökofeminismus stellt zwar teils Frauen in den Mittelpunkt, integriert aber auch neben weiteren Identitäten und Positionen Geschlecht, Klasse, *race*, Sexualität, Spezies, Ökosysteme und den globalen Standort in eine ökofeministische Matrix.[49] Diese intersektionale Betrachtungsweise – geprägt von Schwarzen (teils lesbischen) Feminist*innen wie Audre Lorde, bell hooks, Angela Davis, Maria Lugones und weiteren – lehnt ein monolithisches Verständnis von Herrschaft ab und nutzt Formulierungen wie »imperialist white supremacist capitalist patriarchy« (hooks), um die Verquickung mannigfaltiger, sich gegenseitig verstärkender und teils ganz neuer Unterdrückungssysteme darzustellen, die sich in komplexen Identitäten und deren Erfahrungen mit Patriarchat und/oder in *weißer* Vorherrschaft niederschlagen. Die Setzung einer homogenen Kategorie Frau ist mit der Annahme einer universellen Erfahrung als Frau verknüpft, was bedeutet, Erfahrungen, die nicht *weiß*, heterosexuell und bürgerlich sind, zu verschleiern. Es gibt keine verallgemeinerbare Erfahrung von Frauen mit Natur, sondern sehr unterschiedliche, teils widersprüchliche Erfahrungen. Ökofeminismus zeigt jedoch die Gemeinsamkeiten all jener marginalisierten Identitäten auf. Warren sagt, dass diese multifokale Linse es ermögliche zu sehen, dass »women, other human Other, and nonhuman Other« allesamt als »marginalisierte Andere« im Kapitalismus untergeordnet und ausgebeutet werden.[50]

Die ökofeministische Politikwissenschaftlerin Christine Bauhardt fasst die Fehlschlüsse, in denen von einem biologischen Zusammenhang zwischen einer gewissen Körperlichkeit (z.B. einen Uterus zu haben) und einer bestimmten Geschlechtsidentität ausgegangen wird (z.B. dass nur Frauen und keine trans Männer einen Uterus haben), und die feministischen Erwiderungen treffend zusammen. Mit ihren Worten wird eine

49 Das Originalzitat von Warren in voller Länge lautet: »Von Anfang an stellten viele Ökofeministinnen zwar Frauen in den Mittelpunkt, integrierten aber auch *race*, Klasse, Nation, Sexualität, Spezies, Ökosysteme und den globalen Standort neben weiteren Identitäten und Positionen in eine ökofeministische Matrix. Diese produktive Erweiterung ökofeministischer Fokusse machte deutlich, wie die ungerechtfertigte Herrschaft über die Natur und über marginalisierte Bevölkerungsgruppen – wie Frauen, PoC, Tiere, die Natur und Bürger*innen des Globalen Südens – konzeptionell in sich gegenseitig verstärkende Unterdrückungssysteme eingebunden ist. So erkennt der Ökofeminismus unter Verwendung eines multifokalen Blickwinkels die Unterordnung von ›Frauen, anderen menschlichen Anderen und nichtmenschlichen Anderen‹ an, die bestimmte Menschen (Frauen, PoC, Arme, den Globalen Süden) und Nicht-Menschen (Arten, Ökosysteme, die Natur und die Erde) zu marginalisierten Anderen macht, die ausgebeutet werden können« (Warren 2000: 1f., eigene Übersetzung).

50 Mit *Other*/Anderen spielt Warren auf das Konzept des *Othering* an und meint z.B. BIPoC, arme Menschen, den Globalen Süden sowie Tierarten, Ökosysteme, Natur, die Erde.

zentrale ökofeministische Forderung auf den Punkt gebracht. Frausein (eine Zuschreibung, die alle erfahren, die mit Weiblichkeit assoziiert werden) ist kein statischer biologischer Zustand und muss dringend von einer gesteigerten Fürsorgeverantwortung in der Gesellschaft qua natürlicher Bemutterungsrolle für Mensch und Umwelt entkoppelt werden.

> »Im Kern ist die natürliche Reproduktionsfähigkeit des Frauenkörpers das Problem. Aus der biologischen Tatsache, dass der Frauenkörper potenziell gebärfähig ist, wird abgeleitet, dass Frauen besondere Fähigkeiten im Umgang mit Menschen im Hinblick auf ihre Versorgung und Fürsorge hätten. Die daran anschließende Frage muss lauten, warum die Übernahme von Versorgungs- und Fürsorgeverantwortung, die die grundlegenden Bedürfnisse von Menschen nach Zuwendung, Emotionalität und Beziehungen abdeckt, quasi automatisch mit Weiblichkeit gleichgesetzt werden muss und ob dies auf Dauer so bleiben soll. Aus feministischer Perspektive ist diese Frage wohl zu verneinen, weil die gesellschaftliche Minderbewertung der Care-Ökonomie geradewegs aus der Verknüpfung von sozialer Reproduktion mit Weiblichkeit resultiert. Die Forderung lautet daher, Verantwortungs- und Fürsorgearbeit von biologistischen Zuschreibungen zu befreien.« (Bauhardt 2012: 3)

Die Unterwerfung von allem weiblich Konnotiertem und allem als von der cis männlichen, *weißen* Norm abweichend Geltendem ist nicht einfach naturgegeben. Um zu verstehen, wie es zu diesem Unterordnungs- und Ausbeutungsverhältnis kam, benötigen wir eine historische Perspektive auf die Herausbildung des für den Kapitalismus spezifischen gesellschaftlichen Naturverhältnisses.

Ökofeminismus ist Kritik des neuzeitlichen Naturverhältnisses und der modernen Wissenschaft: Ein Blick in die feministische Wissenschaftskritik

> »Natur ist in der Tat ein feministisches Thema.«
> (Warren 2000: 16)

Dass die *Naturfrage* eine feministische Angelegenheit ist, mag vielleicht nicht ganz offensichtlich sein. Nachdem es in feministischen Kreisen lange unmöglich war, über Natur zu sprechen (siehe Kapitel 1), scheint es zurzeit eine Art Comeback des feministischen Interesses an Natur zu geben. 2020 hat der Oekom Verlag beispielsweise ein zentrales Werk des Ökofeminismus im Zuge seiner Nachhaltigkeitsreihe neu aufgelegt: *Der Tod der Natur. Ökologie, Frauen und neuzeitliche Naturwissenschaft*, ein Buch der Wissenschaftshistorikerin Carolyn Merchant, das erstmals 1980 erschien.[51] Merchant geht darin der Assoziation von Frau und Natur historisch nach und formuliert daraus eine feministische Wissenschaftskritik und Ideengeschichte für den westlichen Kontext. Es ist der erste feministische Beitrag zur Analyse von naturwissenschaftlicher Erkenntnisproduktion. Ihre Absicht ist es keineswegs, die Assoziation zwischen Frau und Natur zu reproduzieren, sondern jene Metaphern und Symboliken historisch aufzuspüren, die diese Assoziation erst hervorgebracht haben:

> »Es ist nicht die Absicht dieser Untersuchung, die Natur wieder in die Rolle der Mutter der Menschheit einzusetzen oder dafür einzutreten, daß die Frauen wieder die ihnen aufdiktierte Rolle der Nährerin spielen. Frauen und Umwelt müssen von den anthropomorphen und stereotypen Etiketten befreit werden, die von den ernsthaften, tieferen Problemen ablenken. Der Meteorologe vom Wetteramt, der uns verrät, was Mutter Natur am Wochenende für uns bereithält, und ein Rechtssystem, das die weibliche Sexualität zum Eigentum des Mannes macht: beides dient der Perpetuierung des Systems, das die Natur wie die Frauen unterdrückt. Ich behaupte auch nicht das Vorhandensein spezifisch weiblicher Wahrnehmungs- und Empfindungsweisen. Meine Absicht ist vielmehr, die Wertvorstellungen zu prüfen, die im Zusammenhang mit der Entstehung der modernen Welt mit

51 Merchants Forschungsinteresse an dem Zusammenhang zwischen der Zerstörung der Ökologie und der Unterdrückung von Frauen gilt heute mancherorts vielleicht als selbstverständlich, aber ihre Forschung erregte damals laut Holland-Cunz viel Aufsehen: »Dass sich eine fachlich hoch professionelle Wissenschaftshistorikerin, an der renommierten University of California in Berkeley lehrend, aus feministischer Perspektive einer Neubewertung des Übergangs vom Mittelalter zur Neuzeit einschließlich der wissenschaftlichen Revolution angenommen hatte, wurde weltweit als aufregend empfunden. Entsprechend schnell – lange vor der deutschen Übersetzung – wurde Merchants Arbeit von all jenen rezipiert, die sich in den ökologisch orientierten 1980er-Jahren für Wissenschaftstheorie und -geschichte, Wissenssoziologie, Natur- und Technikgeschichte, Erkenntnistheorie, Naturphilosophie und Naturwissenschaftsentwicklung sowie die Geschichte wissenschaftlicher Revolutionen interessierten« (2014: 47).

dem Bild von der Frau bzw. von der Natur verbunden waren.« (Merchant 1987: 13)

Merchants Schlüsselwerk beginnt mit dem eindrucksvollen Satz: »Die Welt, die wir verloren haben, war organisch« (ebd.: 17). In ihrer Untersuchung antiker, mittelalterlicher und neuzeitlicher Texte bis zum 17. Jahrhundert zeigt sie, wie sich im 16. und 17. Jahrhundert ein neues, bis heute vorherrschendes Naturverhältnis herausgebildet hat. Dieses ist eng mit der Geburt der modernen Wissenschaft und der Industrialisierung verknüpft, die eine starke Naturbeherrschungsdynamik anstießen. Bis ins 16. Jahrhundert hinein war die Natur etwas Lebendiges. Mit dem Aufkommen der modernen Wissenschaft verlor die Natur jedoch ihre Wesenhaftigkeit. Vor allem vor dem Hintergrund der Industrialisierung ging es fortan darum, der Natur ihre Geheimnisse zu entlocken, ihre Gesetze zu verstehen und sie sich anzueignen, um sie dann für eigene Zwecke – zum Zweck der (Wissens-)Produktion – zu nutzen. Die Natur wurde in diesem Zuge zu einem Objekt des Studiums. Um sie der Wissenschaft fügig zu machen, wurde sie zerstückelt, in Einheiten unterteilt, vermessen, definiert, untersucht und aus ihrem Kontext oder Entstehungszusammenhang herausgelöst. Im späten 17. Jahrhundert wurde ›Natur‹ zu einem Begriff, der das Andere, das Gegenüber beschreibt (im Gegensatz zum Geschichtlichen oder sozial Gemachten). Bei diesem Übergang zur Neuzeit stellt Merchant eine Verschiebung von einem organischen Naturverhältnis zu einem mechanischen Weltbild fest. Was vormals Teil eines Organismus war – einer Kosmovision – eines Weltbilds, in dem alles zusammenhängt und voneinander abhängig ist, wird fortan voneinander getrennt, auseinandergenommen und als unabhängig betrachtet – wie die Einzelteile einer Maschine, die durch menschliche Hand zusammengebaut und bedient werden kann.

Dieses westliche neuzeitliche Naturverhältnis bildet sich bedingt durch die Erfordernisse einer zentralen gesellschaftlichen Veränderung – der Kommerzialisierung und Industrialisierung – heraus. Der Hunger nach Rohstoffen und das organische Weltbild waren nicht mehr miteinander vereinbar: »Man schlachtet nicht mir nichts dir nichts seine Mutter, wühlt in ihren Eingeweiden nach Gold oder verstümmelt ihren Leib; genau das war es aber, was der kommerzielle Bergbau schon bald fordern sollte« (ebd.: 20). Merchant beschreibt dies als Diskrepanz, da die alten Strukturen nicht mit den neuen Erfordernissen vereinbar waren. Um mit den alten Strukturen zu brechen und dies zu legitimieren, brauchte es »zwei neue Ideen, die des Mechanismus und die der Naturbeherrschung und -bemächtigung« (ebd.: 18). Es bedurfte somit neuer Metaphern, um die Natur ausbeuten zu können. Jene Metaphern untersucht Merchant und zeigt dabei Zusammenhänge zwischen Geschlechterverhältnissen und Naturverhältnissen auf. Mit dem Übergang zur Neuzeit geht auch eine Objektivierung von Frauenkörpern und anderen marginalisierten, beispielsweise rassifizierten, Körpern einher. Diese Parallelität hängt mit der engen Verknüpfung (*old association*) von Weiblichkeitsbildern und Natur in Sprache, Kultur und Geschichte zusammen. Diese Bilder changieren jedoch zwischen dem, was Merchant »Natur als Nährerin« nennt, der großherzigen nährenden Mutter Natur, die uns alle versorgt und Leben spendet, auf der einen Seite und der Natur als wilde ungezähmte und unbeherrschbare Gewalt auf der anderen Seite. Beide Bilder über die Natur haben ihr jeweiliges weibliches Pendant. Während Frauen wie Natur als lebensspendende Kraft betrachtet werden, stehen der Naturgewalt das wilde, unbeherrschte Weib oder die Femme Fatale, welche in heterosexistischer Perspektive den Männern zum Verhängnis wird, oder die Hexe, die eine Union mit dem Teufel eingeht, assoziativ zur Seite. Jene unterschiedlichen Symbolisierungen von Frauen als Bedrohung oder Lebensspenderin – in jedem Fall als mit Natur identifiziert – finden sich in den unterschiedlichsten historischen, aber auch kulturellen und geografischen Kontexten.

Mit der Zeit wird das hegemoniale Bild von Mutter Erde jedoch durch das mechanistische Weltbild verdrängt: »Die ›Entmütterung‹ der Natur durch die moderne Wissenschaft und die Verbindung von Wissen und Macht war gleichzeitig eine Quelle der Unterwerfung von Frauen und nicht-europäischen Völkern« (Shiva 1989a: 18, eigene Übersetzung). Mit der sich verändernden leitenden Metaphorik verschieben sich auch die Prinzipien, nach denen Gesellschaft gestaltet ist, welche wiederum das Verhalten der Menschen leiten. Sowohl Carolyn Merchant als auch Vandana Shiva sprechen von einem weiblichen Prinzip, welches im Zuge der wissenschaftlichen Revolution verdrängt wird. Laut Shiva herrscht seither der sogenannte Reduktionismus vor, der durch »die moderne, zum westlichen Patriarchat gehörende erkenntnistheoretische Tradition« (Shiva 1995: 38) eine Grenze zwischen Laien- und Expert*innenwissen zieht:

> »Erstens reduzierte sie [die wissenschaftliche Revolution] die menschliche Fähigkeit, die Natur zu erkennen, indem sie andere Wissende und andere Wege der Erkenntnis ausschloß. Zweitens reduzierte sie die Fähigkeit der Natur zur schöpferischen Erneuerung, indem sie sie als leblose und unzusammenhängende Materie manipulierte.« (ebd.)

Der Reduktionismus beruht auf dem mechanischen, uniformistischen Wissenschaftsverständnis, das Merchant aufdeckt. Erst diese Veränderung hin zum mechanischen Wissenschaftsverständnis machte es möglich, die Natur als etwas zu begreifen, das vermarktbar, ausbeutbar, passiv und tot ist. Deswegen stellt Merchant den Tod der Natur fest:

> »Die Beseitigung animistischer, organischer Annahmen über den Kosmos besiegelte den Tod der Natur – die weitreichendste Folge der wissenschaftlichen Revolution. Da man die Natur nun mehr als System toter, träger Teilchen ansah, die durch äußere statt durch innere Kräfte in Bewegung versetzt werden, vermochte der mechanistische Begriffsrahmen selber die Manipulation der Natur zu legitimieren.« (Merchant 1987: 193)

Natürlich gab es auch zuvor Eingriffe in Ökosysteme durch Bergbau, Waldrodung oder Steinbrüche. Doch Merchant argumentiert, dass sich der Grad der Technisierung in der neuzeitlichen Wende entscheidend verändert habe und im Zuge dessen auch das Verständnis davon, in welchem Verhältnis Mensch und Natur zueinander stehen. Diese Praktiken waren zuvor eingebettet in das organische Weltbild, in dem der Mensch genauso Teil des Kosmos war wie jegliche andere natürliche Entität. Merchant erzählt, wie die Bergleute Minen mit der Gebärmutter und der Vagina assoziierten und diesen metaphorischen Vergleichen entsprechend Bergbau betrieben wurde. Der Abbau von Rohstoffen war daher zeremoniell an bestimmte (Fruchtbarkeits-)Rituale geknüpft und mit Achtsamkeit gegenüber natürlichen Regenerationszyklen praktiziert worden. Während es vorher undenkbar war, in ausbeuterischer Manier in den Unterleib der nährenden Mutter vorzudringen, wurde mit dem neuen Bild der Natur, die es zu beherrschen galt, Bergbau im unterirdischen Uterus ethisch vertretbar. Merchant schreibt:

> »Solange die Erde als belebt und fühlend gedacht wurde, konnte es als Verstoß gegen die menschliche Ethik gelten, zerstörend in sie einzugreifen.« (Merchant 1987: 20)

> »Die Scheu vor der Penetration, die mit dem Bild von der Mutter Erde verbunden war, verwandelte sich in die Rechtfertigung ihrer Entblößung. Nach der wissenschaftlichen Revolution klagt die Natur nicht länger darüber, daß ihr züchtiges Gewand durch den schändlichen Griff des Menschen zerrissen wird.« (ebd.: 190)

In jenem Übergang wird also unter den Vorzeichen des wissenschaftlichen und industriellen Fortschritts eine gewalttätige Beziehung zu Natur und Frauen legitim. Einer der Väter dieses wissenschaftlichen Denkens war Francis Bacon (1561–1626), der ein ganzes wissenschaftstheoretisches Programm entwickelte, um die Natur in den Dienst der Naturwissenschaft zu stellen. Sein ganzes Denken ist vom vermeintlichen ›großen Fehler der Schöpfungsgeschichte‹ geprägt, bei dem durch die Schwäche einer Frau – Eva – mit dem Griff nach dem Apfel die Herrschaft über die Natur aus der Hand gegeben wurde. Die Wissenschaft soll sich nach Bacon diese Kontrolle wieder zurückerobern und sich der Natur bemächtigen. Es ist kein Zufall, dass sich in Bacons wissenschaftlicher Sprache sehr gewaltvolle sexualisierte Metaphern bis hin zu Vergewaltigungsanalogien finden, etwa: »Einsperren der Natur in Laboratorium, Sezieren mit Geist und Hand und Eindringen in verborgene Geheimnisse« (Merchant 1987: 182). Bacon lebte in der Hochzeit der europäischen Hexenverfolgungen. Das mechanische Weltbild machte es möglich, parallel zu dem, was die Wissenschaft natürlichen Entitäten antat, auch Frauen (und Männer), die der Hexerei beschuldigt waren, zu foltern und zu vergewaltigen, um ihnen etwaige Geheimnisse zu entlocken.

> »Die Vernehmung von Hexen als Sinnbild für das Verhör der Natur, der Gerichtssaal als Modell für ihre peinliche Befragung und die Folter durch mechanische Hilfsmittel als Instrument zur Unterjochung des Chaos: dies alles ist grundlegend für die wissenschaftliche Methode als Ausübung von Gewalt und Macht. Bei Bacon […] prägt die herrschende Sexualpolitik eine empirische Methode, die eine neue Form des Wissens und eine neue, von kulturellen und politischen Voraussetzungen angeblich reine Ideologie der Objektivität hervorbringen soll.« (ebd.: 183)

Eine weitere Folge dieser Praxis ist die Abwertung bis hin zur Auslöschung bestimmter Wissensformen (Epistemizide), die nicht der wissenschaftlichen Methodik und den Objektivitätspostulaten entsprechen. Zum Beispiel wurde das spezialisierte Wissen von Hebammen und Heiler*innen durch den medizinischen Beruf – meist von Männern ausgeübt – ersetzt, der die Natur und den Körper als Maschinen und mithilfe von Maschinen bearbeitet. Auch von der »Wages for Housework«-Aktivistin und feministischen politischen Philosophin Silvia Federici wissen wir, dass für die Durchsetzung kapitalistischer Produktionsweisen die Unterwerfung von Frauen, die Unterminierung ihres Wissens und die Ausbeutung und Aneignung ihrer (reproduktiven) Fähigkeiten und Arbeit konstitutiv war.

Ein Element und Resultat dieser neuen leitenden Metaphorik ist auch die Trennung von Natur und Kultur, auf die wir im nächsten Unterkapitel eingehen.

Dualismen!? Kritik der Trennstrukturen im Kapitalismus

In *The Eye of the Crocodile* (2012) schreibt die Philosophin, Umweltaktivistin und Feministin Val Plumwood über den Krokodilangriff, der ihr im Jahr 1985 wiederfuhr. Zu Beginn der Regenzeit war sie allein im Kakadu-Nationalpark in Nordaustralien mit dem Kajak unterwegs. Was ihr zunächst wie ein paar große Steine im Wasser erschien, stellte sich als ein großes Krokodil heraus, welches sie ergriff und sich mit ihr als Beute in drei Todesrollen unter Wasser rollte. Doch Plumwood überlebte den Angriff und kam schwer verletzt ins Krankenhaus. Der Vorfall sollte ihr Denken und Schreiben eindrücklich prägen, da sie sich ihrer eigenen Verwundbarkeit ebenso bewusst wurde wie darüber, dass sie Teil eines Ökosystems ist, in dem sie selbst ein Tier, aber eben auch Beute ist. Darüber hinaus entstanden einige ihrer wichtigsten Artikel der Umweltphilosophie, während sie in den 1980er-Jahren zusammen mit ihrem damaligen Partner selbstständig ein Haus aus Steinen in einem Regenwald, auf dem *Plumwood Mountain*, erbaute. Als die Ehe zerbrach, nahm Plumwood den Namen des Pflaumenbaums an, der für das Ökosystem des örtlichen Regenwalds charakteristisch war. Zeit ihres Lebens beschäftigte sich die Ökofeministin mit dem vorherrschenden Dogma des Anthropozentrismus, eine Weltsicht, die auf der Annahme basiert, dass das Menschliche über der Natur stehe. Plumwood formulierte eine radikale Kritik an westlichen Konzeptionen von Natur, indem sie die Logik des dualistischen Denkens in der klassischen Philosophie ökofeministisch beleuchtete. Sie war zwar nicht die erste Kritikerin, die Dualismen und binäres Denken analysierte, aber ihr bedeutender Beitrag bestand darin, dies mit einer ökologischen und feministischen Brille zu tun. Plumwood analysierte, wie sich durch das dualistische System, ausgehend von der aufklärerischen Trennung von Verstand (*reason*) und Natur, gewisse Werthierarchien herausbildeten. Mit Dualismus ist im Unterschied zu Dichotomie oder Differenz nicht der bloße Unterschied zwischen zwei Dingen gemeint, sondern dass diese unvereinbar miteinander sind und in einem hierarchischen Über- und Unterordnungsverhältnis zueinander stehen:

> »Der Dualismus ist ein in die Kultur eingeschriebenes und naturalisiertes Trennungs- und Beherrschungsverhältnis, das durch radikale Ausgrenzung, Distanzierung und Opposition zwischen systematisch als höher und niedriger, als minderwertig und höherwertig, als Herrscher und Beherrschte konstruierten Ordnungen gekennzeichnet ist und die Trennung als Teil der Natur von Wesen behandelt, die nicht nur als unterschiedlich, sondern als zu radikal verschiedenen Ordnungen oder Arten gehörig und daher als nicht veränderbar konstruiert werden.« (Plumwood 1993: 48, eigene Übersetzung)

Dualistische Trennpaare (angelehnt an Plumwood 1993: 43 und Gaard 1997)

Kultur	Natur
Vernunft	Natur
Männlich	Weiblich
Vernunft	Emotionen
Geist	Körper (Natur)
Herr	Sklave
Mensch	(nicht-menschliche) Natur
Zivilisiert	Primitiv
Produktion	Reproduktion (Natur)
Öffentlich	Privat
Subjekt	Objekt
Selbst	Andere
Heterosexualität	Homosexualität
Vernunft	Erotik
weiß	nicht *weiß*

Im dualistischen System wird all das, was mit Natur assoziiert wird – Frauen, die Arbeiterklasse, die Kolonisierten, Indigene und die nichtmenschliche Welt – als minderwertig betrachtet. Die vorgestellten dualistischen Paare resultieren aus dem Natur-Verstand-Dualismus und können daraus abgeleitet werden (zu Gaards Erweiterung siehe S. 114). Die Seite des Verstandes ist eine Auflistung von Eigenschaften, die traditionell der Kultur, dem Mann und damit dem allgemein Menschlichen zugeschrieben werden, während die zweite Seite (Natur) Eigenschaften enthält, die traditionell mit Frauen bzw. Körperlichem oder Emotionen assoziiert werden:

> »Sie alle können als weniger rational und als näher an der Natur und vor allem als näher am Animalischen behandelt werden. Praktisch alle Dualismen können zu diesem Zweck mobilisiert werden, um die Sphäre der Natur und die Menschen, die als Teil der Natur betrachtet werden können, zu unterwerfen und ein mächtiges und allgegenwärtiges Modell der rationalen Meritokratie zu schaffen, das auf Schritt und Tritt bestätigt und gespiegelt wird.« (Plumwood 1993: 47, eigene Übersetzung)

In ihrem zentralen Werk *Feminism and the Mastery of Nature* (1993) präsentiert Plumwood das *Master Model*, ein Herrschaftsmodell, das von verschiedenen Merkmalen und Mechanismen aufrechterhalten wird. Sie unterscheidet zwischen: *Backgrounding/Denial* (In-den-Hintergrund-Stellen), *Radical Exclusion* (radikaler Ausschluss), *Incorporation* (Einverleiben), *Instrumentalisation* (Instrumentalisierung) und *Homogenisation* (Homogenisierung). Diese Mechanismen werden im Folgenden kurz erklärt:

Backgrounding bedeutet, sich an ›dem Anderen‹ zu bedienen, sich auf das Andere zu verlassen oder von ihm zu profitieren, aber jene Abhängigkeit zu leugnen. Es handelt sich um ein geleugnetes Abhängigkeitsverhältnis. Ein Beispiel dafür ist, was sich etwa in dem Satz »Hinter jedem erfolgreichen Mann steckt eine starke Frau« ausdrückt: Der Erfolg des Mannes wäre ohne die starke Frau im Rücken nicht möglich gewesen und somit hängt er auch von ihr ab. Ihr Zutun verbleibt indes unsichtbar im Hintergrund. »Es ist der Sklave, der den Meister zum Meister macht, der Kolonisierte, der den Kolonisator macht, die Peripherie, die das Zentrum macht« (Plumwood 1993: 49, eigene Übersetzung).

Radical Exclusion: Dualismen brauchen eine radikale Abgrenzung (*Hyperseparation*), die über bloße Unterschiedlichkeit/Differenz hinausgeht. Diese Abgrenzung passiert, indem jeder Seite bestimmte Eigenschaften zugeordnet werden, z.B. bestimmte Wesensmerkmale, die einem bestimmten Geschlecht oder einer rassifizierten Gruppe zugeschrieben werden. Eventuelle Überschneidungen oder Gemeinsamkeiten werden geleugnet, heruntergespielt, minimiert und damit ausgelöscht, um sich maximal von der anderen Seite – dem minderwertigen Anderen – abzugrenzen. Wodurch es zugleich zur Konstitution des ›Einen‹ kommt. Gewisse Attribute gehören exklusiv dem ›Einen‹. So ist zum Beispiel das Profane mit dem Heiligen unvereinbar und ihre Differenz unüberbrückbar. Es gibt kein Kontinuum, sondern zwei Welten, die nichts miteinander gemeinsam haben können. Argumente à la ›das liegt nicht in Natur von‹ oder Begründungen wie ›das ist von Natur aus so‹, sind beispielhaft für *Radical Exclusion*.

Incorporation meint die Konstruktion einer Seite als fehlerhaft und nur durch den jeweiligen Gegensatz vollkommen. Das Andere wird nur in Bezugnahme auf das Eine definiert. Es ist nicht alleinstehend autonom und definierbar. Wenn Frauen erst durch ihren Mann (›die Frau von‹) zu etwas werden, ist das eine Form von *Incorporation*. »Der Mechanismus dieser Neugestaltung des Kolonisierten [...] besteht in erster Linie in einer Reihe von Negationen. Der Kolonisierte ist nicht dies, ist nicht das [...]. Er wird nie in einem positiven Licht betrachtet« (Memmi 1965, in: Plumwood 1993: 52, eigene Übersetzung).

Als *Instrumentalisation* (oder Objektivierung) bezeichnet Plumwood solche Mechanismen, bei denen das Abgewertete keinem eigenen Sinn oder Zweck nachgeht, sondern lediglich dem des Masters dient. Es hat keinen Wert an sich, sondern wird erst als Mittel zum Zweck nützlich: »Der Tugendkanon für eine gute Ehefrau, einen guten Kolonisten oder einen guten Arbeiter wird in Bezug auf die Nützlichkeit für das Zentrum geschrieben« (Plumwood 1993: 53, eigene Übersetzung).

Homogenisation (oder Stereotypisierung) bedeutet, alles in einen Topf zu werfen. Die dominierte Gruppe muss als homogene Masse erscheinen, um leichter beherrscht werden zu können. In der abgewerteten Gruppe gibt es daher keine Unterschiedlichkeit oder Einzigartigkeit. Aussagen wie ›alle schwulen Menschen sind bunt und schrill‹, ›alle Geflüchteten sind so und so‹ oder ›in Afrika …‹ sind Beispiele für einen Mechanismus, bei dem das Unterdrückte vereinheitlicht wird.

> »Um den Anschein der Natürlichkeit [der Herrschaft] zu erwecken, ist es hilfreich, wenn alle Beteiligten den Eindruck haben, dass die Mitglieder der beiden Gruppen sehr verschieden voneinander sind, und dieser Anschein wird noch verstärkt, wenn man den Anschein erwecken kann, dass die Mitglieder innerhalb jeder Gruppe einander sehr ähnlich sind. Mit anderen Worten, der Anschein der Natürlichkeit der Dominanz von Männern und der Unterordnung von Frauen wird durch alles unterstützt, was den Anschein unterstützt, dass Männer anderen Männern sehr ähnlich und Frauen sehr unähnlich sind und dass Frauen anderen Frauen sehr ähnlich und Männern sehr unähnlich sind.« (Frye 1983, in: Plumwood 1993: 54, eigene Übersetzung)

Wie Plumwood weiter mit Albert Memmis Worten zeigt, funktioniert der Mechanismus der Homogenisierung in gleicher Weise in Bezug auf Kolonialisierte, die nicht als Individuen betrachtet oder charakterisiert werden, sondern in einer »anonymen Kollektivität« untergehen.

All diese Mechanismen bewirken zusammengenommen, dass die herrschende dualistische Struktur uns natürlich vorkommt. Dies macht es umso schwieriger, sie zu brechen. Eine Veränderung solcher ›natürlicher‹ Dinge scheint außerhalb unseres Handlungsspielraums zu liegen. Dort, wo nach der Aufklärung kein Gott mehr ist, sind die Dinge nun ›naturgegeben‹ und damit (weiterhin) unveränderbar. Alles Gesellschaftliche erscheint uns als naturgemacht – Plumwood spricht von einer Naturalisierung des Sozialen und meint damit etwa die Annahmen darüber, dass zum Beispiel Frauen per se lieber Sorgearbeit übernehmen und von Natur aus begabter darin seien.

Plumwoods Arbeit ist für den Ökofeminismus deshalb von zentraler Bedeutung, da ihre Analyse der Dualismen und des Master-Modells das westliche Naturverhältnis, welches sich vor und im Zuge der Aufklärung verfestigt hat, zu beschreiben hilft. Damit demonstriert Plumwood die vorherrschende Ideologie, die sowohl die Herrschaft über die Natur legitimiert als auch die Naturalisierung der Herrschaft über verschiedene soziale Gruppen betreibt. Mit ihrer Master-Perspektive demonstriert Plumwood den Standpunkt des Universellen, der vermeintlich als das

Menschliche gilt und mithilfe dessen allem ›Anderen‹ die Menschlichkeit abgesprochen wird. In der Folge darf allem, was nicht-menschlich ist, mit Gewalt begegnet werden, es darf ausgebeutet oder abgewertet werden. Dieser Blick ist »eine für die herrschende, *weiße*, männliche, eurozentrische Klasse charakteristische Sichtweise der Welt, eine Aufteilung der Welt, die ein allmächtiges Subjekt in den Mittelpunkt stellt und die marginalen Anderen als Gruppen negativer Eigenschaften konstruiert« (Hartsock 1990, in: Plumwood 1993: 44, eigene Übersetzung). Und dennoch ist die Identität des Masters nicht gleichzusetzen mit einer männlichen Identität, sondern das Resultat vielfacher intersektionaler Ausschlüsse, die für die westliche Kultur zentral sind. Zudem ist die Kritik der Logik des Dualismus eng mit einer Kritik am kapitalistischen Akkumulationsregime verknüpft. Plumwoods Philosophie schwebt nicht in einem ahistorischen Raum, sondern benennt die kulturellen Konsequenzen der Politischen Ökonomie: »Dualismen sind nicht nur frei schwebende Ideensysteme; sie sind eng mit Herrschaft und Akkumulation verbunden und sind deren wichtigste kulturelle Ausdrucksformen und Rechtfertigungen« (Plumwood 1993: 42, eigene Übersetzung). In ihrer Arbeit versuchte Plumwood später, die Trennung zwischen wissenschaftlichem Elfenbeinturm und der breiteren Gesellschaft zu überwinden, indem sie sich dem kreativen Schreiben widmete und dort ihre philosophische Lehre in Form von Essays mit gelebten Erfahrungen verwob.

Ökofeminismus? Ökofeminismen! Verschiedene theoretische Wendepunkte

Im ersten Teil dieses Kapitels haben wir immer wieder die Spannungsfelder und Spaltungslinien innerhalb des Ökofeminismus angedeutet und berührt. Nun gilt es, sich jene Spaltungen zu erschließen und einen historischen Überblick über die Genese ökofeministischer Strömungen mit Bezug auf wichtige Akteur*innen und Argumentationen zu geben.

In einem ersten Schritt wollen wir die historische Genese verschiedener theoretischer Strömungen zeitlich sichtbar machen, die sich aufeinander beziehen und aufeinander aufbauen. Sie überschneiden sich maßgeblich mit den Zeitlichkeiten der sozialen Bewegungen und den hegemonialen Themen der jeweiligen Feminismen. Wir orientieren uns in dieser Übersicht an den drei von Holland-Cunz vorgeschlagenen Phasen und Wendepunkten.

1. Etappe: Cultural turn

Barbara Holland-Cunz verortet diese Etappe im Zeitraum von Mitte der 1970er-Jahre bis zum Ende der 1980er-Jahre. In Abgrenzung zu vorherigen Feminismen wurde in dieser Zeit nicht mehr die Gleichheit der Geschlechter betont, sondern ihre kulturell bedingte Differenz. Diese Verschiebung wird auch *cultural turn* genannt. Jene Zeit ist insbesondere durch eine antipatriarchale Kritik am Militarismus, an Gen- und Reproduktionstechnologien, an den Atomtechnologien sowie an der Wissenschafts- und Institutionengeschichte gekennzeichnet. Um zu beschreiben, wann sich der Ökofeminismus (begrifflich) herausbildete, wird oftmals auf diesen Zeitraum und seine Autor*innen Bezug genommen. In einem Großteil der einschlägigen Texte zu Ökofeminismus wird die Französin Françoise d'Eaubonne als Namensgeberin hervorgehoben, da sie in ihrem Werk *Feminismus oder Tod*, welches 1975 erschien, den Begriff erstmals verwendete. Viele Wissenschaftler*innen und Ökofeminist*innen, wie Ariel Salleh, Émilie Hache und Greta Gaard unterstreichen, dass der Begriff relativ zeitgleich auf verschiedenen Kontinenten und in verschiedenen Kontexten aufgekommen sei. An all diesen Orten wurde damals nach einem neuen Begriff gesucht. Aus einer ökofeministischen Perspektive, die die herrschenden Strukturen von Wissensproduktion und -weitergabe insbesondere an Universitäten kritisiert, betrachten wir die Hervorhebung bestimmter Namensgeber*innen daher kritisch. Wie in anderen Kapiteln dieses Buches gilt auch hier: Nicht nur Aktivist*innen und Denker*innen, die den Begriff Ökofeminismus explizit verwenden, sind Ökofeminist*innen. Wir sind überzeugt davon, dass – wie oben genannt – sowohl zeitgleich mit d'Eaubonne[52] als auch zeitlich vor

52 Greta Gaards Erinnerungen an diese Zeit sind hier besonders eindrücklich: »Angesichts der Verbindungen, die ich zwischen Sexismus/Rassismus/Speziesismus entdeckt hatte, schrieb ich einen Konferenzbeitrag mit dem Titel *Feminists, Animals, and the Environment: Toward an Ecofeminist Approach* für die Konferenz der National Women's Studies Association 1989. Tatsächlich dachte ich, ich hätte den Begriff selbst erfunden, da er einfach logisch ist: ›Öko‹ für Tiere und Natur und ›Feminismus‹, um Sexismus und Rassismus anzugehen. Ich wurde in eine Diskussionsrunde mit Marti Kheel (Mitbegründerin von Feminists for Animal Rights) und Ariel Salleh (eine sozialistische Ökofeministin aus

d'Eaubonne bereits Ökofeminismus gedacht wurde. Zum Beispiel zeigen Kämpfe widerständiger versklavter Menschen auf, wie Abolitionismus und Ökologiebewegung verbunden sind. Diese Kämpfe fanden lange vor dem Zeitpunkt statt, an dem in der Politischen Ökologie oder den Umweltwissenschaften üblicherweise angesetzt wird. So wurde bereits viel früher in der Umweltbewegung Geschichte geschrieben (siehe S. 175 zu dekolonialer Ökologie). Wir wollen uns auch von einer auf eine oder wenige Personen zentrierten Geschichtsschreibung lösen, insbesondere vor dem Hintergrund einer Dekolonisierung von Wissen und Geschichtsschreibung. Da der Zweck dieses Buches eine Einführung ist, reproduzieren wir natürlich zum einen die gängige Wissensproduktion zu Ökofeminismus, damit Leser*innen sich zurechtfinden, möchten sie aber auch kritisch einordnen und hinterfragen.

D'Eaubonnes ökofeministische Analyse versucht, gesellschaftliche Probleme der Überbevölkerung und Umweltzerstörung mithilfe des Feminismus zu bearbeiten und zu betrachten. Damit fällt sie keineswegs aus dem Kontext und den Analysen ihrer Zeit, in der demografischer Wandel und Wachstum eine zentrale Besorgnis waren und oft mit Ressourcenknappheit und planetaren Grenzen zusammengedacht wurden:

> »Da er [der Mann] sich des Bodens, also der Fruchtbarkeit (später der Industrie) bemächtigt hatte und des Bauches der Frau (also der Empfängnisfähigkeit) war es nur logisch, daß die Überausbeutung der einen und des anderen zu einer doppelten Gefahr führten: die Überbevölkerung als Geburtsexzeß, die Umweltzerstörung als Produktionsexzeß.« (d'Eaubonne 1975: 183)

In Kapitel 3 möchten wir vertieft darauf eingehen, warum eine solche Analyse aus antirassistischer Sicht nicht tragbar ist.

In dieser ersten Etappe war ein hohes Aufkommen an politischen Aktionen, Organisationen, Konferenzen, Veröffentlichungen und Universitätskursen zu verzeichnen: »[J]eder neue erscheinende Text [...] [beförderte] damals fast unglaubliche, aufregende Entdeckungen über die eigene Geschichte zu Tage« (Holland-Cunz 2014: 115).

Australien) eingeteilt, und als ich zu unserer Sitzung ging, war der Raum voller Menschen, die in den Gängen gedrängt waren. Offensichtlich war dies ein Moment des Zusammenflusses – andere Frauen dachten auch, sie hätten das Wort ›Ökofeminismus‹ erfunden!« (Greta Gaard 2019).

2. Etappe: Linguistic turn

Die zweite Etappe des Ökofeminismus beginnt für Holland-Cunz Ende der 1980er-Jahre, Anfang der 90er-Jahre insbesondere durch die Beiträge von Judith Butler (z.B. durch das Werk *Gender Trouble* aus dem Jahr 1990). Diese Phase wird als *linguistic turn* bezeichnet und meint die konstruktivistische Wende in den damals noch als Frauenstudien benannten Disziplinen, die sich daraufhin zu Geschlechterstudien bzw. Gender Studies entwickelten. Zentral ist hier die Dekonstruktion von Geschlecht bzw. die Pluralisierung der Geschlechter und somit eine Abkehr von Zweigeschlechtlichkeit und Zwangsheterosexualität. In dieser Zeit entstehen nicht nur heiße Debatten über, Distanzierungen von und vehemente Ablehnungen des Ökofeminismus, sondern es tut sich auch ein Spannungsfeld auf:

> »Spätestens seit dem linguistic turn in der Geschlechterforschung haftet jeder Thematisierung von Natur der Essenzialismusverdacht an. Sobald es um die generative Reproduktion geht, also die potentielle Gebärfähigkeit des Frauenkörpers, entsteht ein wissenschaftliches und politisches Unbehagen mit dem latenten Biologismus, der der Debatte um soziale Reproduktion anhaftet. Historisch und wissenschaftsgeschichtlich wurde die Gebärfähigkeit von Frauen ja instrumentalisiert, um eine größere Nähe der Frauen zur Natur zu postulieren und in der Folge ihren Ausschluss aus der politischen Öffentlichkeit und der Wissensproduktion zu legitimieren. Entsprechend ist die Genusgruppe der Frauen tendenziell immer von der Identifikation mit Natur, Affekt und Emotion und damit vom Ausschluss von der Rationalität und der Sphäre der Macht bedroht.« (Bauhardt 2012: 3)

Émilie Hache navigiert wie folgt in diesem Spannungsfeld: Sie sagt, dass, indem wir alles ›Natürliche‹ ablehnen, wir uns nur auf die ›andere‹ Seite des Dualismus – in den Bereich der ›Kultur‹ – begeben und so der negativen Konnotation von Natur in die Karten spielen: »Wir retten die Frauen, aber wir opfern die Natur« (Hache 2016: 21, eigene Übersetzung). Es dürfe also nicht um eine bloße Verschiebung gehen oder darum, der Ansicht Vorschub zu leisten, dass Natur per se etwas Schlechtes sei, sondern es müsse darum gehen, die gesellschaftlich zugewiesene Inferiorität des *Natürlichen* aufgrund des Natur-Kultur-Dualismus zu kritisieren.

3. Etappe: Material turn

Eine dritte und noch andauernde Phase macht Holland-Cunz am Ende der 2000er-Jahre aus. Diese wird mit dem sogenannten *material turn* eingeleitet und ist von der Queer Ecology und Neuem Materialismus geprägt: Karen Barad (2014) beispielsweise, die sich unter anderem auf Donna Haraway bezieht, denkt mit ihrem posthumanistischen Konzept des ›agentiellen Realismus‹ Materialität, Körperlichkeit, Diskurs und Natur in einer Machtanalyse zusammen. Barad denkt auch Judith Butlers Begriff der ›Performativität‹[53] weiter und formuliert den Ansatz der ›posthumanistischen Performativität‹. Dieser stellt nicht den Menschen allein ins Zentrum, sondern verschiebt und überwindet die Grenzen zwischen Mensch, Technologie, Subjekt und Objekt. All diese ›Entitäten‹ beeinflussen sich und können miteinander verschmelzen – nichts wird mehr als fix angenommen, sondern es ist alles im Prozess (Barad 2007).

Die Queer Ecology wird von der Tiefenökologie (Verbundenheit mit der Umwelt), dem Queerfeminismus (Hinterfragen und Überwinden von binären Geschlechtern) und dem Ökofeminismus (Verbindung von Ausbeutung von Menschen und Mehr-als-Menschen) beeinflusst und bringt diese zusammen. Besonders die in der Phase des *linguistic turn* unterbelichteten Themen wie Natur, Materialität und Körperlichkeit werden in dieser Phase wieder verstärkt aufgegriffen – auch bedingt durch die Klimakrise – und wissenschaftlich bearbeitet.

Diese verschiedenen feministischen Wendepunkte schlagen sich also stets auch in den jeweiligen ökofeministischen Strömungen nieder. Ökofeminismen bewegen sich in einem Spektrum, das von spirituellen und theologischen Überlegungen zur Erweiterung des Konzepts der Mensch-Natur-Beziehungen bis hin zu queeren Ökologien und Neuen Materialismen reicht. Die Philosophin Julie Cook erklärt, dass es ebenso, wie es nicht nur *den einen* Feminismus gibt, auch nicht nur einen Ökofeminismus geben kann (2016: 285).

---

53 »Performativität« und nicht eine innere Essenz oder eine natürliche Geschlechtsidentität stellt laut Judith Butler Geschlecht her (Butler 2014: 205). Geschlecht sei performativ und identitätsstiftend. Das bedeutet, dass Geschlecht durch wiederholte Bewegungen, Gesten und Stile inszeniert wird. Der Körper wird zu einem »kulturellen Zeichen« für Geschlecht gemacht. Erst durch diese Inszenierung werde eine geschlechtliche Identität hergestellt. Drag Shows sind laut Judith Butler ein gutes Beispiel, um sich diesen Prozess vorzustellen.

Mit der sozialistischen Feministin Ariel Salleh fassen wir die verschiedenen Feminismen noch einmal zusammen:

> »Der Mainstream des ›Feminismus‹ hat viele Nebenflüsse mit unterschiedlichen Zielen und Strategien. Die fundamentalste Form des Feminismus kommt zum Ausdruck, wenn radikale Feministinnen die Widersprüche der alltäglichen Erfahrung von Frauen unter männlicher Herrschaft hervorheben. Kulturelle/spirituelle Feministinnen hingegen zelebrieren das befreiende Potenzial ›weiblicher Werte‹, auch wenn sie anerkennen, dass viele dieser Haltungen den Frauen historisch aufgezwungen wurden. Sozialistische Feministinnen untersuchen die besondere Form der wirtschaftlichen Ausbeutung von Frauen als unbezahlte Hausarbeit auf dem globalen Markt. Liberale Feministinnen streben schlicht die Chancengleichheit für Frauen an und lassen diese unsere kapitalistische Gesellschaft intakt. Poststrukturalistische Feministinnen untersuchen, wie Frauen durch die Sprache in den populären Medien, der Literatur, der Religion, dem Recht usw. sozial konstruiert und verortet werden.« (Salleh 1997: 384, eigene Übersetzung)

Was für den Feminismus allgemein gilt, trifft auch auf den Ökofeminismus zu, dessen verschiedene Strömungen sich in ähnlicher Weise differenzieren lassen. Im Folgenden wollen wir dieses bunte Gemüsebeet der verschiedenen Strömungen des Ökofeminismus vorstellen, die sich teils gegenseitig befruchten und zum Wachsen verhelfen, sich teils wie Unkraut oder Giftpflanzen gegenseitig zu ersticken drohen.

Ökofeminismus? Ökofeminismen! Verschiedene Strömungen

Kultureller Ökofeminismus

Carolyn Merchant[54], Françoise d'Eaubonne, Susan Griffin, Mary Daly, Carol Christ, Charlene Spretnak, Rosemary Radford Ruether

Der kulturelle Ökofeminismus ist stark von den feministischen Strömungen des kulturellen Differenzfeminismus und des Radikalfeminismus geprägt. Letzterer vermutet einen grundlegenden Unterschied

54 Carolyn Merchant ist nicht klar zuordenbar. Barbara Holland-Cunz zufolge vertritt sie keine klassische Differenzposition und sympathisiert zugleich stark mit dem sozialistischen Ökofeminismus (Holland-Cunz 1994: 36).

zwischen Mann und Frau, der sich in einer biologischen und kulturellen/sozialen Differenz ausdrückt. Dies hat auch einen entscheidenden Einfluss auf die Erklärung einer vermeintlichen Nähe zwischen Frau und Natur: Im kulturellen Ökofeminismus wird die spezielle Beziehung von Frauen zu Natur ebenfalls kulturell und biologisch (z.B. aufgrund potenzieller Gebärfähigkeit) begründet. Da Männer biologisch und kulturell anders verfasst und geprägt seien, hätten sie eine andere Beziehung zu Natur:

> »Physiologisch bringen Frauen Leben aus ihren Körpern hervor, indem sie die Freuden, Schmerzen und Stigmata erleiden, die mit Menstruation, Schwangerschaft, Geburt und Stillen verbunden sind, während die Physiologie der Männer es ihnen ermöglicht, freier zu reisen, zu jagen, Krieg zu führen und sich an öffentlichen Angelegenheiten zu beteiligen. In sozialer Hinsicht haben Kindererziehung und häusliche Pflege verheiratete Frauen zum Herd hin- und vom Arbeitsplatz weggetrieben. Psychologisch gesehen werden Frauen größere emotionale Kapazitäten mit großer Bindung an das Besondere, Persönliche und Gegenwärtige zugeschrieben als Männern, die als rationaler und objektiver mit einer größeren Fähigkeit zum abstrakten Denken angesehen werden.« (Merchant 2005: 202, eigene Übersetzung)

Die Theoretiker*innen dieser Strömung machen vor allem das Patriarchat und das damit einhergehende politische und wirtschaftliche System für ökologische Zerstörung und Ausbeutung verantwortlich. D'Eaubonne spricht beispielsweise vom nekrophilen (also von der Lust am Toten angetriebenen) Patriarchat als Gegenstück zu Leben schaffenden Frauen. Weiter beschreibt sie mit ihrem Konzept der *phallocratie* die herrschenden Verhältnisse als männlich geprägte, wobei sie Männlichkeit mit der bestimmenden biologischen Bedingung, dem Penis bzw. Phallus, verknüpft. Kulturelle Differenzfeminist*innen beschreiben die Gesellschaft als männerzentiert, sprechen von einer maskulinistischen Kultur und machen diese für Umweltzerstörung, Krieg und Gewalt verantwortlich. D'Eaubonne geht sogar so weit zu mutmaßen, dass eine Welt ohne Männer ökologisch besser dastehen würde: »Vielleicht hätten wir weder die Jukebox noch ein Raumschiff, das auf dem Mond gelandet ist, kennengelernt, aber die Umwelt hätte nie das aktuelle Massaker erlebt« (d'Eaubonne 1994: 209, eigene Übersetzung).

Um diese unökologischen und patriarchalen Strukturen zu überwinden, fordern kulturelle Ökofeminist*innen mehr Weiblichkeit beziehungsweise weibliche Werte, die sie mit mehr Sorgsamkeit, Sorge für und um Natur gleichsetzen. Der Abwertung von Weiblichkeit und weiblich konnotierten Fähigkeiten im patriarchalen System wird die Forderung nach Aufwertung derselben bzw. der Ausrichtung der Gesellschaft nach weiblichen Prinzipien entgegengesetzt. Mittels einer deutlichen Differenzierung und Überhöhung wird sich einer Unterdrückung durch Männer entgegengestellt. Beispielhaft sind hier Denker*innen wie Susan Griffin oder Mary Daly. Griffins Text *Frau und Natur. Das Brüllen in ihr* (im Original: *Woman and Nature: The Roaring Inside Her*, 1987 erschienen) ist ein mehr als 200-seitiger Prosatext über die Naturalisierung, die Frauen und nicht-menschliche Lebewesen erfahren. Sowohl die lesbische katholische Theologin Mary Daly als auch Susan Griffin fordern in ihren Texten eine schwesterliche Relation mit nicht-menschlicher Natur. Bei dieser klassischen ökofeministischen Forderung geht es darum, in ein anderes Verhältnis mit der Natur zu treten – etwa in ein dialogisches Verhältnis anstelle eines einseitigen menschlichen Monologs gegenüber der Natur. Der ›Dialog‹ zwischen Frauen und Natur ist dabei metaphorisch und symbolisch gemeint, seine Bedeutung liegt mehr in der Art der Beziehung als in einer tatsächlichen verbalen Kommunikation. Es geht um die Anerkennung der wechselseitigen Abhängigkeit. Bei Daly und Griffin findet außerdem eine positive Neubesetzung der zugeschriebenen Verbindung zwischen Frau und Natur statt. Hieraus könne auch eine emanzipatorische Kraft im Sinne von ›Frauen und Natur gegen Männer‹ entstehen. Viele Anhänger*innen dieser Strömung schöpfen aus der weiblichen Biologie und der reproduktiven Rolle in der Gesellschaft kollektive Identität und persönliches Empowerment. Nicht zuletzt fungierten solche Herleitungen als Antrieb für Umweltaktivismus, indem Frauen als diejenigen, die das Leben geben und verteidigen, porträtiert werden und Männer als Zerstörer. Insbesondere im Kontext von Krieg und Aufrüstung findet eine Verknüpfung von zerstörerischen Technologien und Waffen mit Männlichkeit statt. Dies zeigt sich beispielsweise am Buchtitel Joyce Cheneys, *The Boys Got Us into This Mess* (1979), an dem Slogan von Greenham Common »Take away the toys from the boys« oder an folgendem Zitat: »Mich ärgert es, dass ich mich gezwungen sehe, mich dem Chaos, das die Jungs in dieser Welt angerichtet haben, zu stellen. Es ist so schon Kampf genug, zu überleben und eine lebensbejahende Kultur aufzubauen und zu erhalten« (Cheney 1979: 38, eigene Übersetzung). Im kulturellen Ökofeminismus wird das Ausbeutungs-/Dominanzverhältnis zwischen Mensch und Natur mit dem Verhältnis zwischen Mann und Frau parallelisiert. Dass eine solche Betrachtungsweise auf biologischen Determinismus (durch bestimmte biologische Merkmale ist eine bestimmte soziale Rolle festgelegt), Essentialismus (es gibt eine unveränderbare, allen dem jeweiligen Geschlecht Angehörigen gemeine Essenz des Weiblichen oder Männlichen) und Universalisierung (z.B. alle Frauen machen die gleichen Erfahrungen) hinauslaufen kann, wird im nachfolgenden Kapitel aufgegriffen. Der Radikalfeminismus war in der Frauenbewegung der westlichen Länder in der Zeit von Daly, d'Eaubonne und Griffin eine starke feministische Strömung, die sich explizit von den liberalen Feminist*innen abgrenzte und sich mit bloßen gleichstellungspolitischen Maßnahmen nicht zufrieden gab, sondern die Geschlechterordnung an sich radikal infrage stellte. Diese Denker*innen entwickelten in ihren Texten eine radikale Gesellschaftskritik und setzten politische Impulse mit dem Ziel der Irritation.

Spiritueller Ökofeminismus

Starhawk, Charlene Spretnak, Vandana Shiva, Carol Christ, Lorena Cabnal

Die spirituellen Feminist*innen waren insbesondere in der US-amerikanischen Antimilitarisierungsbewegung äußerst präsent und sind fester Bestandteil ökofeministischer Organisierung. Neopaganische (neuheidnische) Rituale und Praktiken trugen nicht unmaßgeblich zum Zusammenhalt innerhalb politischer Gruppen und Bezugsgruppen bei. Ohne jene spirituelle Komponente des Ökofeminismus wären viele der kreativen Aktionsformen, die viele ökofeministische Bewegungen ausmachten, wohl nicht möglich gewesen (Gesang, Tänze, Maskottchen bei der Women's Pentagon Action). Zur ökofeministischen Hochzeit koexistierten linksradikaler Aktivismus und spirituelle Praxis nebeneinander. Die Umweltaktivistin und Hexe Starhawk verbindet Feminismus und (naturverbundene) Spiritualität in einer radikalen Praxis. Starhawks Gruppenrituale stehen im Dienste des Aktivismus und sind eine gezielte Taktik und ein Instrument zum Erreichen politischer

Ziele: Im Aktivismus solle die Verbindung zwischen Erde und Menschen erlern- und erfahrbar werden. Die bekannteste Praktik ist wohl Starhawks sogenannter »Spiral Dance«, ein neopaganischer Gruppentanz, der viel von der Wicca-Bewegung[55] praktiziert wurde. Spiral Dance und spiritueller Ökofeminismus beeinflussen spirituelle (auch queere) Gemeinschaften bis heute, etwa die Wicca-Bewegung und die *Radical Faeries* (siehe Kapitel 5). Dem *einen* Gott setzen die spirituellen Ökofeminist*innen machtvolle, widerständige Frauen wie Priesterinnen, Hexen und Heilerinnen entgegen und sie verbreiten ihre spirituellen Praktiken wie Fruchtbarkeitsrituale, Weinrebentänze oder Voodoo. Dabei leisten sie eine wichtige Erinnerungsarbeit an die Geschichte von Hexen. Besonders in den 1980er-Jahren werden durch New Age spirituelle Praktiken weiterverbreitet. Doch der neopaganische Trend mit seiner Vermarktlichung wirft auch Fragen der kulturellen Aneignung und des Whitewashings auf.

Vandana Shiva entwickelt aus der Philosophie und Methodologie der Chipko-Bewegung heraus ihr Konzept des weiblichen Prinzips. Damit setzt sie dem kapitalistischen lebenszerstörenden Paradigma und der auf Profit und Wachstum ausgerichteten Wirtschaftsweise das lebensfördernde und nach Prinzipien der Nachhaltigkeit und Regeneration ausgerichtete Paradigma des *Prakriti* entgegen. Das sanskritische Wort Prakriti ist sowohl ein Begriff im Umgang mit der Natur, »den jede Bäuerin kennt« (Shiva 1989b: 51), als auch ein Konzept in der indischen Kosmologie.

> »Es handelt sich also gleichzeitig um ein ökologisches und feministisches politisches Projekt, das die Art des Wissens und Seins legitimiert, die Reichtum durch die Förderung von Leben und Vielfalt schafft, und das das Wissen und die Praxis einer Kultur des Todes als Grundlage für Kapitalakkumulation entwertet.« (Shiva 1989a: 12, eigene Übersetzung)

55 In dieser neopaganischen Religion werden verschiedene Rituale praktiziert, um mit den göttlichen Kräften in Verbindung zu treten, spirituelle Energien freizusetzen oder die Natur zu ehren. Viele Anhänger*innen feiern die Zyklen der Natur – z.B. Jahreszeiten und Mondphasen – als wichtige spirituelle Ereignisse. So gibt es zum Beispiel Vollmondrituale, Einweihungsrituale und Altararbeit. Wicca-Anhänger*innen praktizieren zudem auch Beschwörungen und Zauber, um ihre Absichten zu manifestieren oder um Heilung, Schutz oder andere positive Veränderungen herbeizuführen.

In Shivas spiritueller Weltanschauung ist die Natur (Prakriti) eine lebendige und aktive Kraft, mit der alles Weitere verbunden ist (Interdependenz). Folglich gibt es auch keine Dualismen: »Da das Leben in all seinen Formen aus dem weiblichen Prinzip hervorgeht, gibt es weder eine Trennung von Mensch und Natur, noch von Frau und Mann« (Shiva 1989b: 53). Letztlich finden sich in dieser Sichtweise wichtige ökofeministische Grundgedanken wie die Verbundenheit von Mensch und Natur, Ganzheitlichkeit, Kosmovision oder Zirkularität wieder. Die spirituelle Strömung des Ökofeminismus verortet die Wurzeln des westlichen dualistischen Denksystems in den monotheistischen Religionen und ihrer hierarchischen Vision sowie im Aufkommen der modernen Wissenschaft und ihrer rationalen Wertezentrierung. Die darin eingeschriebene Überlegenheit von Kultur über Natur unterbricht die eigentliche Verbindung zwischen Menschen und dem Mehr-als-Menschlichen. Vertreter*innen dieser Strömung stellen die heilige und spirituelle Weisheit der Natur heraus. Sie suchen nach neuen Definitionen von ›Heiligkeit‹ – jenseits eines religiösen Verständnisses. Die Erde selbst wird als lebendig verstanden und teilweise mit Weiblichkeit (›Mutter Erde‹) assoziiert. Der Kapitalismus wird kritisch betrachtet: Die klare Verbindung zwischen der Zerstörung der Lebensgrundlagen und kapitalistischen Aktivitäten ist auch in dieser ökofeministischen Strömung präsent. Starhawk betont zudem die Entfremdung, die durch den Kapitalismus entstehen kann:

> »Denn die menschliche Psyche ist ein Spiegel der Kultur. Die Beziehungen, die wir kennen, und die Institutionen unserer Kultur beruhen auf Macht-über-andere. Unsere inneren Landschaften sind also die Geschichten der Entfremdung, und sie sind bevölkert von Kreaturen, die dominieren oder dominiert werden müssen.
>
> Aber die Macht-von-innen ist die Macht der Tiefe, der Dunkelheit, der Erde; der Macht, die aus unserem Blut, unserem Leben und unserem leidenschaftlichen Verlangen nach dem lebendigen Fleisch des anderen entspringt.« (Starhawk in de l'Horizon 2022: 117)

Ähnlich wie im radikalfeministischen Verständnis gesellschaftlicher Veränderung geht es auch im spirituellen Ökofeminismus darum, einen Wandel durch Persönlichkeitsentwicklung, neue kulturelle Praktiken des Mensch-Natur-Verhältnisses (Fürsorgeethik) und Formen des gemeinschaftlichen Lebens (mit Menschen und nicht-menschlichen Entitäten), aber auch durch permakulturelle und agroökologische Praktiken des landwirtschaftlichen Anbaus hervorzubringen.

Sozialer Ökofeminismus

Ynestra King, Chaia Heller, Janet Biehl, Judith Plant

Der soziale Ökofeminismus strebt die feministische Erweiterung der Sozialen Ökologie[56] an, die maßgeblich auf den Arbeiten des Aktivisten und libertären Sozialisten Murray Bookchin beruht. Während die Soziale Ökologie geschlechtliche Hierarchien nicht explizit behandelt, rücken soziale Ökofeminist*innen wie Janet Biehl, Chaia Heller und Ynestra King Sexismus aus der Peripherie ins Zentrum der Sozialen Ökologie. Die Soziale Ökologie ist stark von den sozialen Bewegungen der USA der 1980er-Jahre geprägt, in die auch ihre zentralen Denker*innen involviert waren. Ynestra King organisierte erste ökofeministische Konferenzen sowie die Women's Pentagon Action mit. Bookchin selbst war Mitbegründer des Instituts für Soziale Ökologie (ISE) in Vermont und Teil der *Clamshell Alliance*[57]. Wir finden in dieser Strömung starke Einflüsse aus dem Anarchismus – genauer gesagt aus der antimilitaristischen Direct-Action-Bewegung der USA der 1970er- und 1980er-Jahre. Chaia Heller (die dem sozialen Ökofeminismus seinen Namen gab) und Janet Biehl (die mit Bookchin verpartnert war) erarbeiteten den Strang des sozialen Ökofeminismus auch als Reaktion und in Abgrenzung zu einem sich entwickelnden liberalen Ökofeminismus. Im Unterschied zu den kulturellen Ökofeminst*innen sahen sie eine Verbindung zwischen der

56 Die Soziale Ökologie ist eine radikale ökologische Theorie, welche die Beziehung zwischen Umweltproblemen, kapitalistischen Arbeitsverhältnissen und sozialen Hierarchien in den Blick nimmt. Sie geht auf die Arbeiten von Murray Bookchin zurück. Der Einfluss Bookchins und der Sozialen Ökologie auf ökofeministische Bewegungen wird zum Beispiel anhand der Durchführung politischer Aktivitäten in Form von Bezugsgruppen deutlich, an deren Verbreitung Bookchin maßgeblich beteiligt war. (Nicht zu vergessen ist jedoch, dass diese Praxis zunächst auch bei den Quäkern und der Bürgerrechtsbewegung vorkam.)

57 Bookchin und andere Mitglieder des ISE waren Teil dieser ersten antinuklearen Gruppe, die im Jahr 1976 den Bau des Atomkraftwerks in Seabrook in New Hampshire zu verhindern versuchte. Hierfür griffen sie auf Bezugsgruppen sowie Konsensverfahren zurück und führten gewaltfreie direkte Aktionen durch. Diese Aktionen und Organisationsformen waren Vorläufer der ersten ökofeministischen antimilitaristischen Aktionen wie der Women's Pentagon Action (siehe S. 58).

Natur und allen Menschen. Sie versuchten sich insbesondere von essentialisierenden Auffassungen abzuwenden und lehnten jegliche Art von Hierarchien (zwischen Geschlechtern und zwischen Mensch und Natur) ab. Sie betonten darüber hinaus die soziale Konstruiertheit der menschlichen und nicht-menschlichen Natur.[58] Am ISE gab es zudem zu jener Zeit das Ziel, linke Theorie um das Zusammendenken von Feminismus und Ökologie zu erweitern und somit die Verstrickung verschiedener Herrschaftsverhältnisse zu berücksichtigen. Als Kolleg*innen am ISE inspirierten sowohl Chaia Heller und Ynestra King Murray Bookchin mit ihrem Denken, als auch wurden sie selbst wiederum in ihrem ökofeministischen Denken von Murray Bookchin beeinflusst. Auch wenn sich King zeitweise vom Institut abwendete, gab sie dort die ersten Kurse und Kolloquien zu Ökofeminismus.

Während sich Janet Biehl zu Beginn noch selbst als Ökofeministin bezeichnete, grenzte sie sich im Laufe ihres Lebens immer wieder vom Ökofeminismus ab und lehnte ihn zeitweise sogar komplett ab. Wie in *Rethinking Ecofeminist Politics* (1991) ausführlichst nachzulesen, warnt sie insbesondere vor dem reaktionären Potenzial holistischen Denkens, dem biologistischen Kurzschluss, dass Frauen der Natur näherstünden, sowie der Wiederentdeckung von Göttinnenkulten durch die spirituellen Ökofeminist*innen. Diese scharfe Ablehnung von Spiritualität in feministischen aktivistischen Kreisen teilten King und Heller nicht. Biehl zieht in ihrem Buch eine scharfe Grenze zwischen dem Ökofeminismus, den sie aufs Äußerste verurteilt, und der Sozialen Ökologie. In diesem Bruch Biehls mit dem Ökofeminismus (und somit der Sozialen Ökologie) wird ein Großteil des gemeinsam beschrittenen Wegs im theoretischen Denken sowie im Aufbau des ISE ausgeblendet. Auch wichtige Denker*innen ihrer Zeit lässt Biehl in ihrer drastischen Kritik am Ökofeminismus komplett außen vor. Auf den über 150 Seiten ihres Buches finden ihre ökofeministischen radikalen Zeitgenossinnen Maria Mies, Veronika Bennholdt-Thomsen, Claudia von Werlhof, Vandana Shiva, Ariel Salleh und Mary Mellor keine Erwähnung.

Der unter anderem vom libertären Kommunalismus inspirierte soziale Ökofeminismus verortet die Möglichkeit des gesellschaftlichen

58 Mehr dazu siehe Seite 181.

Wandels im Aufbau einer dezentral organisierten Gesellschaft, in der die Geschlechter gleichberechtigt sind. Im Gegensatz zu stärker materialistisch ausgerichteten Ansätzen liegt der Fokus der Sozialen Ökologie weniger auf der Veränderung der Produktion und der Ökonomie, als auf dem Aufbau demokratischer Teilhabestrukturen, in denen Menschen als aktive Bürger*innen kollektiv Wirksamkeit erfahren können. Die Möglichkeiten der gesellschaftlichen Veränderung werden im Aufbau von Versammlungsstrukturen, durch direktdemokratische Elemente, gegenseitige Hilfe und fürsorgliche Infrastrukturen gesehen. Dabei geht es insbesondere um die Überwindung der Trennung von privater und öffentlicher Sphäre. Die Individuen werden als emotionale, mündige, fürsorgliche Bürger*innen betrachtet, die ihre Bedürfnisse in gemeinschaftlichen Strukturen organisieren und aushandeln (Ethik des Sorgens).

Zwischen sozialistischem, marxistischem und materialistischem Ökofeminismus[59]

Ariel Salleh, Mary Mellor, Maria Mies, Claudia von Werlhof, Veronika Bennholdt-Thomsen, Vandana Shiva, Carolyn Merchant

In diesem Abschnitt nehmen wir sozialistische[60], marxistische und materialistische Perspektiven auf Ökofeminismus zusammen, da sie allesamt eine politökonomische Analyse der gesellschaftlichen Verhältnisse teilen. Der ökofeministische Blick der Denker*innen dieser Strömung war im Unterschied zu dem der sozialen, spirituellen und kulturellen Ökofeminist*innen stärker auf die Politische Ökonomie gerichtet – sprich auf die gesellschaftlichen Verhältnisse und materiellen Bedingungen, unter denen re/produziert wird.

59 Zum Zwecke einer einfachen und zugänglichen Einordnung nehmen wir diese Begriffe hier zusammen und zeigen Gemeinsamkeiten zwischen Denker*innen auf, die durchaus ihre Differenzen haben. Diese Einordnung ist eine Zusammenfassung von Kategorisierungen, die in ökofeministischer Sekundärlitertaur verbreitet sind, und entspricht nicht unbedingt der Selbstbezeichnung dieser Feminist*innen. Zum Beispiel legte uns Veronika Bennholdt-Thomsen nahe, dass sie sich eher mit dem Begriff der Subsistenzfeminist*innen identifiziert.

60 Die sozialistische Strömung des Ökofeminismus ist mit einer Spaltung innerhalb der feministischen Bewegungen verwoben. Die sozialistischen Feminist*innen standen den Radikalfeminist*innen ab den 1960er-Jahren insofern gegenüber, als dass ihre Auffassungen von gesellschaftlicher Transformation, gar Revolution, voneinander abwichen. Während Radikalfeminist*innen und spirituelle Feminist*innen eher einen kulturellen Wandel, (lesbischen) Separatismus sowie den Aufbau von Gemeinschaften als Gegenmacht propagierten, forderten die Sozialist*innen einen radikalen Umsturz der ökonomischen Verhältnisse.

Die Produktionsverhältnisse – wer die Produktionsmittel besitzt, Zugang zu ihnen hat oder über sie verfügen kann, und wer nicht – sind eng verbunden mit dem Geschlechterverhältnis. Feministische Materialist*innen bezeichnen auch das Geschlechterverhältnis als ein Re/Produktionsverhältnis, da es Aufschluss darüber gibt, wer die Ware Arbeitskraft – und Leben überhaupt – produziert (Reproduktionsarbeit). Wer welche Arbeit leistet, ist ungleich entlang von *race*, gender und class verteilt. Die Analysen der materialistischen Ökofeminist*innen teilen zwar die Auseinandersetzung mit Marx, erweitern seine Analyse aber unterschiedlich. Viele von ihnen bilden zum Beispiel eigene Konzepte, um über Marx' Grenzen ökofeministisch hinauszugehen (vgl. die Subsistenzproduktion der Bielefelderinnen oder Sallehs Konzeptualisierung der meta-industriellen Klasse in Kapitel 4).

Materialistische, marxistische und sozialistische Ökofeminist*innen beleuchten, wie Frauen, Natur und die Kolonisierten im Kapitalismus als Ressourcen fungieren. Um das kapitalistische Akkumulationsregime am Laufen zu halten, werden Frauen, Natur und die Kolonisierten ausgebeutet, abgewertet und zerstört. Kosten und Belastungen werden auf sie abgewälzt (Umweltkosten und mentale Belastungen zum Beispiel). Materialistische, marxistische und sozialistische Ökofeminist*innen machen die vergeschlechtlichte, rassifizierte Arbeitsteilung nicht daran fest, dass etwa Frauen besonders fürsorglich seien oder dies in irgendeiner Art in ihrer Natur läge. Die materialistische Perspektive geht vielmehr davon aus, dass der Kapitalismus eine (vergeschlechtlichte, rassistische und internationale) Arbeitsteilung hervorbringt, die dann dazu führt, dass Frauen, weitere Geschlechter, rassifizierte oder migrantisierte[61] Menschen abgewertet werden, sodass ihnen die nicht oder nur gering entlohnte Reproduktionsarbeit aufgebürdet werden kann. Der Fokus dieser Ökofeminist*innen liegt also insbesondere auf der Sphäre der

61 Diese Ökofeminist*innen verwenden zu ihrer Zeit und in ihren Texten nicht diese Begriffe. Es ist weder von weiteren Geschlechtern die Rede, noch werden Worte wie ›rassifizierte‹ oder ›migrantisierte‹ Personen verwendet. Wir möchten mit dieser Begriffswahl auf weitere Geschlechter fernab von cis Frauen und cis Männern hinweisen. Auch möchten wir veraltete Begriffe nicht reproduzieren und Rassifizierung als systemische Dimension von kapitalistischer Gewalt aufnehmen. Damit erfolgt die Einordnung der ökofeministischen Strömungen aus unserer Perspektive und mit unseren Worten.

Reproduktion, zu der sie auch die Natur, also Ökosysteme und mehr-als-menschliche Entitäten, zählen (so etwa Salleh). Ihr Fokus liegt mehr auf der kapitalistischen Ausbeutung von Frauen, Kolonien und Natur als auf dem Lohnverhältnis (etwa bei Mies, von Werlhof, Bennholdt-Thomsen). Sie kritisieren grundlegend, dass im kapitalistischen System die Produktion der Reproduktion übergeordnet wird, und analysieren den patriarchalen und kolonialen Charakter des kapitalistischen Systems. Globalisierungskritische Ökofeminist*innen wie Shiva und Mies kritisieren zudem die Industrialisierung und Technologisierung und zeigen die ökologischen Grenzen des kapitalistischen Systems auf. Sie verdeutlichen die materiellen Gemeinsamkeiten von Arbeiter*innen, Kleinbäuer*innen, Indigenen Gruppen und allen Unterworfenen. Damit führt der materialistische Ökofeminismus nicht nur feministische und ökologische Perspektiven zusammen, sondern kritisiert auch den patriarchalen Kapitalismus.

Queerer Ökofeminismus, Neuer Materialismus und queere Ökologien

Donna Haraway, Sandra Harding, Stacey Alaimo, Catriona Sandilands, Bruce Erickson

Der queere Ökofeminismus, befruchtet von queeren Ökologien, hat die Frage nach Natur(en), Sexualität_en, Begehren und Gender als zentralen Fokus. Er kritisiert die Konstruiertheit des Naturbegriffs und damit unsere Vorstellung von Natur. Der Ausgangspunkt dieser Strömung ist folglich weniger das maskulinistische System, der Arbeitsbegriff oder die soziale Reproduktion, sondern die Frage nach Natur(en). Queere Ökologien interessieren sich für jene Schnittstellen zwischen Sexualität und Natur: queere Tiere, lesbische und schwule Rückzugsorte oder Communitys in der Natur (siehe die *Radical Faeries* in Kapitel 5) sowie queeres Begehren bis hin zu Ökosexualität. »Eine Analyse der Sexualität wird wahrscheinlich eine ergiebige Geschichte über Beispiele von und Reaktionen auf Konstruktionen von Natur und Kultur sowie deren diskursive Assoziationen liefern« (Cuomo 1998: 151).

Der Naturbegriff (gemeint wieder jener, der in der westlichen Neuzeit hegemonial wurde) wird von den Theorien der queeren Ökologie grundlegend infrage gestellt. Insbesondere kritisiert diese Strömung die Darstellung der Natur als passives und stabiles Objekt. Natur sei hingegen ein Akteur, gar Subjekt. In diesem Punkt bricht diese Strömung teilweise mit dem Naturbegriff kultureller oder spiritueller Ökofeminist*innen, die je ihren eigenen romantischen, reinen Naturbegriff haben. Der Anspruch des queeren Ökofeminismus besteht darin, mit einem Bild von Natur als etwas Pures und Reines zu brechen und Nicht-Menschliches (oder: Mehr-als-Menschliches) und Materialität als aktiv beteiligt an der Konstitution der (sozialen) Welt zu sehen. Mit Wortneuschöpfungen wie zum Beispiel *naturecultures* will Haraway (2003) den Natur-Kultur-Dualismus überkommen und wechselseitige Bezogenheit aufzeigen. Wechselseitige Beziehungen verhandeln queere Ökofeminist*innen mit Begriffen wie ›Relationalität‹ und ›Interdependenz‹. Sie beschreiben heterogene Beziehungsgefüge zwischen menschlichen und nicht-menschlichen Akteuren.

Diese Strömung schafft eine Verbindung zwischen poststrukturalistischen – insbesondere queeren – Theorien und Ökofeminismus. Die Ökofeministin Greta Gaard verbindet bereits im Jahr 1997 Plumwoods Dualismus-Konzept mit queerer Theorie und zeigt, dass die oben vorgestellten Mechanismen von Backgrounding, Instrumentalisation und Homogenisation (usw.) mithilfe queerer Theorie erweiterbar sind. Als Beispiel für Homogenisierung nennt sie die Zuschreibung an alle queeren Menschen, dass sie schrill und laut seien oder dass ihre Sexualität besonders befreit oder sogar pervers sei. Gaard ergänzt außerdem die dualistischen Trennpaare Heterosexualität und Homosexualität, *weiß* und nicht *weiß*, Vernunft und Erotik.

Queerer Ökofeminismus bearbeitet die Essentialismuskritik, die den ökofeministischen Theorien allgemein vorgeworfen wurde (wenn auch nur beim kulturellen und spirituellen Strang teils berechtigterweise). Die Naturalisierung von bestimmten Herrschaftsverhältnissen wie der Heterosexualität oder der Cis-Geschlechtlichkeit, des Frau-Mutter-Natur-Nexus oder gewissen normierten sexuellen Praktiken wird im (queeren) Ökofeminismus hinterfragt und dekonstruiert. Dabei entstehen Begrifflichkeiten wie »Heterosexualisierung von Natur« (Sandilands 2001: 180). Queerer Ökofeminismus bezieht sich auf Werke von Judith Butler, die die Norm der Heterosexualität in der Gesellschaft und deren Verknüpfung mit einer Norm der Zweigeschlechtlichkeit herausarbeiten. Butler macht auf die Performativität von Geschlecht aufmerksam und löst die Verbindung von (materiellen) Körpern und Geschlechtsidentitäten. Mit dem vermeintlichen Zusammenhang zwischen Weiblichkeit und Fürsorgeverantwortung sowie mit heteronormativen Arrangements im Bereich der sozialen Reproduktion unter den Vorzeichen einer vermeintlichen Natürlichkeit wird hier gebrochen. Es geht darum, bestimmte Eigenschaften oder Praktiken von ihrer ›Unnatürlichkeit‹ zu befreien und sie zu entstigmatisieren. Beim Thema Sexualität ist es daher ein zentrales Anliegen queerer Theoretiker*innen, Fortpflanzung und Reproduktion von Sex zu entkoppeln und die Abwertung von Sex und Sexualitäten jenseits von Fortpflanzung als ›unnatürlich‹ zu beenden. Dies verhandeln Autorinnen wie Catriona Sandilands unter dem Begriff der »Erotophobie«, der Feindlichkeit gegenüber Lust und Begehren, welche tief in die westliche Moderne eingeschrieben ist. Es wird aufgezeigt, dass ›Natur‹ bzw. ein natürlicher Ur-Zustand als solcher konstruierter wird, um als Maßstab und Legitimationsgrundlage (mehr noch: Existenzrecht) für normative Setzungen zu dienen. Queere oder auch deviante – also abwegige, von der Natur-Norm abweichende – Sexualitäten oder Geschlechtsidentitäten werden an ihrer vermeintlichen Distanz zur Natur gemessen und auf dieser Grundlage abgewertet und gewaltvoll ausgeschlossen.[62] In den Beiträgen des queeren Ökofeminismus wird ›die Natur‹ als diverser Raum an Sexualität_en und Geschlechtern herausgestellt: Schwule Pinguine oder männliche gebärende Seepferdchen sind nur einige Beispiele, die gerne angeführt werden, um zu zeigen, dass Sexualität nicht an Heterosexualität und Gebärfähigkeit nicht an Weiblichkeit gekoppelt sein muss. Erinnern wir uns auch an Haraways nicht heterosexuellen Wüstenwurm aus Kapitel 1. Es wird mit der modernen Konstruktion einer monolithischen Vorstellung von Geschlecht gebrochen (etwa mit der angenommenen Deckungsgleichheit von Sexualität, Geschlechtsidentität und Körper). Auch eine universelle Kategorie ›Frau‹ und damit einhergehende Erfahrungen sind aus postmoderner, dekonstruktivistischer Sicht nicht tragbar. Mit der Kategorie ›Frau‹ können *weiße* oder Schwarze Frauen, Frauen aus der Mittel- oder der Arbeiter*innenklasse, heterosexuelle Frauen oder Lesben, able-bodied

62 Das drückte sich beispielsweise immer wieder (und immer noch) in homofeindlicher Rechtsprechung aus, etwa in den Gesetzen der DDR und BRD, die Homosexualität noch 1968 respektive 1969 bestrafen.

oder beHinderte Frauen gemeint sein, die je nach Standpunkt in der Gesellschaft unterschiedliche Erfahrungen machen. Queere Ökologien versuchen, die radikale Kapitalismus-, Wissenschafts- und Herrschaftskritik des Ökofeminismus mit den Erkenntnissen und Beiträgen der Neuen Materialismen zu verknüpfen.

Anti-speziesistischer Ökofeminismus

Greta Gaard, Myriam Bahaffou, Carol Adams, Donna Haraway, Lori Gruen

Wir führen zuletzt noch eine weitere, sich unserer Meinung nach herausbildende Strömung des Ökofeminismus auf, die in gängigen Kategorisierungen meist (noch) nicht vorkommt. Greta Gaard gehört zu denjenigen, die schon früh die Wurzeln eines vegetarischen Ökofeminismus herausarbeiten:

> »Einige vegetarische Ökofeministinnen wurden inspiriert, Speziesismus von ihrer eigenen Unterdrückung als Lesben und Bisexuelle anzugehen, und begannen Verbindungen zwischen der Animalisierung von Homosexuellen und People of Color mit den unterdrückerischen Strukturen des Speziesismus und Heterosexismus herzustellen.« (Gaard 2002: 140)

Heute schließen Philosophinnen wie Myriam Bahaffou daran an, indem sie von veganem oder anti-speziesistischem Ökofeminismus sprechen. Denn auch die Kritischen Tierstudien und Ökokritik sind stark mit dem Ökofeminismus verflochten, auch wenn dies oft nicht explizit benannt wird. Manche postkolonialen und weitere intersektionale Ökofeminist*innen begrenzen den Begriff der Intersektionalität nicht auf verschiedene Menschengruppen, sondern kritisieren auch die Hierarchisierungen in der nicht-menschlichen Welt, zum Beispiel von Tieren. Speziesismus meint diese Diskriminierung aufgrund der Unterscheidung und Hierarchisierung von verschiedenen Spezies – wenn wir also einen Unterschied machen zwischen dem süßen Chihuahua, den wir knuddeln wollen, und den Nutztieren, die wir ausbeuten. Die US-amerikanische Tierrechtlerin Carol Adams beispielsweise bringt in ihrem Buch und Standardwerk des anti-speziesistischen Ökofeminismus *The Pornography of Meat* (2003) Tierbefreiung mit Veganismus und Ökofeminismus zusammen. Die Ökofeministin Greta Gaard macht in ihrem Buch *Ecofeminism: Women, Animals, Nature* (1993) deutlich, wie *race,* Klasse, Geschlecht, Sexualität, physische Fähigkeiten sowie Spezies mit der Unterdrückung von nicht-menschlicher Natur und der Herabsetzung von Bäuer*innen, Frauen und Tieren zusammenhängen. So schreibt sie, dass Frauen und Nutztiere aufgrund ihrer zugeschriebenen Weiblichkeit ausgebeutet und manipuliert werden können. Diese Parallelität in der Ausbeutung von Frauen und Tieren ist Ergebnis der dualistischen Trennung von Kultur/Natur, Mann/Frau, zivilisiert/wild usw., auf welche Ökofeminist*innen jeglicher Strömung immer wieder hinweisen. Laut Myriam Bahaffou ist die Vorherrschaft dieses modernen, dualistischen Denkens der Ausgangspunkt von Hierarchien zwischen menschlicher und nicht-menschlicher Natur. Die Trennung von Mensch und Tier zieht sich allerdings schon durch die gesamte Ideengeschichte der westlichen Philosophie. Der Mensch unterscheidet sich demnach aufgrund seines Verstandes in seiner Essenz von allen anderen Tieren. Auch in der Evolutionstheorie und bereits im Christentum (göttliche Nachfolge) ist diese Hierarchie tief verankert. Diese Ordnung strukturiert nicht nur Mensch und Tier, sondern hierarchisiert auch verschiedene (konstruierte) Menschengruppen durch die Identifikation mit bestimmten Tieren. Es ist also keine Überraschung, dass der Zoo, der Zirkus oder das Feld sowohl menschenfeindliche (wir erinnern an die sogenannten Menschenzoos bzw. Völkerschaun zu Zeiten des Kolonialismus oder die Plantagenwirtschaft) als auch tierfeindliche Orte darstellen. Rassifizierte und marginalisierte Personen werden nach wie vor durch die vorherrschende rassistische Ideologie animalisiert und dehumanisiert.

Doch was bedeutet die Analyse dieser Strömung für die Praxis? »Weltweiter Veganismus!?«, wie Kritiker*innen des Ökofeminismus es ironisieren? Ein antispeziesistischer Ökofeminismus ist keine auf den Menschen zentrierte Sicht, die Tiere und Pflanzen nur als ökonomische Variable sieht. Er schließt Tiere, Pflanzen und weitere Ökologien ein und plädiert für ein relationales Verhältnis – anstatt sich ökonomisch aufeinander zu beziehen. »Der ökofeministische Respekt vor der ewigen Zeit ist zutiefst demokratisch. Er stellt alle bestehenden politischen Schichtungen infrage, einschließlich der speziesistischen Spaltung zwischen der Menschheit und der anderen Natur« (Salleh 1997: 214, eigene Übersetzung). Befreiung bedeutet für die Denker*innen dieser

Strömung nicht weltweiter Veganismus, sondern dass nicht nur eine Gruppe, etwa Frauen, befreit werden muss, sondern mit dem übergreifenden dualistischen System von Trennung, Unterdrückung und Ausbeutung gebrochen werden muss. Tierbefreiung und eine geschlechterbefreite und antirassistische Gesellschaft gehen miteinander Hand in Hand und müssen systemisch zusammengedacht und gemeinsam erkämpft werden.

Strömungen durchfließen oder fluide Strömungen?

In diesem Kapitel sollte deutlich geworden sein, dass Ökofeminismus alles andere als ein einheitliches Feld der feministischen Theorie ist. Die verschiedenen Strömungen überschneiden sich hier und dort, so wie ihre Vertreter*innen im lebendigen Feld des Ökofeminismus manchmal zwischen den verschiedenen Strömungen hin- und herwechselten oder auch abrupt im Laufe ihres Lebens eine komplett andere Richtung einschlugen und ihre Positionen veränderten. So kehrte Janet Biehl dem Ökofeminismus den Rücken, während Ynestra King Ökofeminismus als eine fruchtbare Verbindung von radikalfeministischen und sozialistischen Ideen ansah.

Auch wenn Versuche einer Zuordnung und Kategorisierung immer wieder an Grenzen stoßen, hilft eine Reduktion der Komplexität ökofeministischen Denkens dabei, die verschiedenen Ausrichtungen und Abzweigungen deutlich zu machen. Wir möchten unseren Leser*innen damit das nötige Handwerkszeug an die Hand geben, um sich in ökofeministischen Gewässern[63] zurechtzufinden und zwischen den verschiedenen Begrifflichkeiten zu navigieren. Gemein ist dabei vielen Ökofeminist*innen über alle Strömungen hinweg die Abkehr vom hegemonialen anthropozentrischen Weltbild, die Kritik an der westlichen Moderne, die Ablehnung des neuzeitlichen Mensch-Natur-Verhältnisses und das Hinterfragen des westlichen Wissenschaftsverständnisses. Verschiedene Strömungen üben darüber hinaus eine systemische Kritik an den kapitalistischen und patriarchalen Verhältnissen in der Gesellschaft

63 Ein freundinnenschaftlicher Dank geht an Anouchka Strunden für ihre liebevollen Kommentare und Worte nach der Lektüre dieses Kapitels.

und versuchen, diese zu überwinden. In diesem Kapitel sollte deutlich geworden sein, dass Ökofeminismus mehr ist als die bloße Kombination ökologischer und feministischer Kritiken und eigene Theorieansätze und -erweiterungen hervorgebracht hat.

DREI
Vorbehalte und Fallstricke – zu Recht!: Ein ständiges Hinterfragen der Debatte

»Staying with the trouble«
(Deutscher Buchtitel: *Unruhig bleiben* von Donna Haraway)

Aus den vorangegangenen Kapiteln sollte hervorgegangen sein, dass Ökofeminismus mehr ist als die bloße Addition zweier Betrachtungsweisen – der ökologischen und der feministischen. Die Welt, die Gesellschaft; die Welten, die Gesellschaften sind historisch gewachsen. Komplexe Strukturen[64] haben sich verfestigt, die Veränderung dieser Verhältnisse ist politisch umkämpft und bedarf eines größeren Kraftakts. Oft fragen wir uns als Einzelpersonen, wie wir etwas an den starren, gewaltvollen Strukturen im Kapitalismus verändern können. Laut Ökofeminist*innen werden größere Umwälzungen erst im kollektiven Handeln möglich. Ökofeminismus ist nicht das Gärtnern und Umgraben der Einzelnen im eigenen Vorgarten oder das Kaufen nachhaltiger Produkte durch die *weiße* Mittelstandsfrau nach dem 9-to-5-Job in ihrem Start Up als Girl Boss, wie es uns oft medial präsentiert wird. Ökofeminismus ist mehr als das allseits gepriesene individuelle Handeln, mit dem die Welt in kleinen Schritten vermeintlich zu einem besseren Ort gemacht werden könne. Ökofeminismen wollen verschiedene Herrschaftsverhältnisse in ihrer Verwobenheit betrachten, den Kapitalismus kritisieren und die Gesellschaft radikal – an ihrer Wurzel – greifen und umgraben, so wie es die vielen bereits vorgestellten Bewegungen bereits begonnen haben. Doch der Ökofeminismus hat und hatte mit vielen Kritiken zu kämpfen – teils zu Unrecht, aber teils auch zu Recht! Handelt es sich letztlich bei vielen Ökofeminist*innen doch nur um »essentialistische, ethno-

64 Wir bedanken uns sehr herzlich bei Wiebke Thomas für die Korrekturschleifen.

zentrische, anti-intellektuelle Göttinnenverehrerinnen, die die Erde fälschlicherweise als weiblich darstellen oder totalisierende und ahistorische Mandate für den weltweiten Veganismus erteilen« (Gaard 2011: 32, eigene Übersetzung)? So – erinnern wir uns – fasst Greta Gaard die gängigen Generalisierungen zusammen, um im Anschluss aufzuzeigen, welche Debatten sich aufgetan haben und noch immer im Raum stehen. Es wird in diesem Kapitel in gleicher Weise um jene Kritiken und Generalisierungen gehen, die uns Menschen, die sich unter anderem für Ökologie, Postwachstum, Kommunismus, Marxismus oder Feminismus interessieren, entgegengebracht werden. Wir schreiben dieses Kapitel, um gängigen Verkürzungen entgegenzuwirken, Kritiken anzuerkennen und sie sichtbar zu machen. Nicht Bashing, Kleinreden, Beschämen ist unser Ziel, sondern das gemeinsame VerLernen, Diskutieren und softe Streiten. Verkürzten Adaptionen und zu Recht zu kritisierenden Ausprägungen eines Ökofeminismus stellen wir jene Inhalte gegenüber, die für uns tatsächlich Ökofeminismen ausmachen oder ausmachen sollten.

Von der Straße und der Militärbasis zur Präsident*innenschaftswahl

> »Ökofeminismus ist weit davon entfernt, eine entkörperte Philosophie, ein Marketinglabel oder ein Wahlargument zu sein.« (Bahaffou 2022: Umschlag, eigene Übersetzung)

Im Jahr 2022 kandidierten die Grünen-Politikerinnen Sandrine Rousseau und Delphine Batho mit einem vermeintlich ökofeministischen Programm bei den französischen Präsident*innenschaftswahlen. Im Wahlprogramm der Partei *Génération écologie* wirkt der Ökofeminismus jedoch wie eine bloße Konsumkritik, ohne dass die vergeschlechtlichte Arbeitsteilung auch nur erwähnt würde. Außerdem fehlt es dem Diskurs der Partei an antirassistischen Forderungen sowie einer tiefergehenden Kritik staatlicher Institutionen wie der Polizei. Letztere haben denjenigen Ökofeminist*innen, auf deren Schultern die Parteipolitiker*innen stehen, immer wieder das Leben erschwert (z.B. bei Besetzungen und Aktionen). Wir haben eingangs schon mehrmals angeschnitten, welche Kompromisse und Verkürzungen der Ökofeminismus erfuhr, sobald er die institutionelle Sphäre der Universitäten betrat. Barbara Holland-Cunz schrieb bereits 1994, dass es einen liberalen Ökofeminismus nicht geben könne: »Allenfalls könnten einzelne grüne Realpolitiker*innen oder Mandatsträger*innen hierzulande [in Deutschland] in diesem Sinne etikettiert werden, doch wurde dies bisher weder für sinnvoll noch für notwendig erachtet« (Holland-Cunz 1994: 36). Auch das Eintreten des Ökofeminismus in die parteipolitische Arena in Frankreich hinterließ bei vielen Ökofeminist*innen ein befremdliches Gefühl, da der im Wahlprogramm präsentierte Ökofeminismus ein totaler Gegensatz zu jenem Ökofeminismus war, der vor allem von sozialen Bewegungen oftmals staatskritisch umkämpft wurde. Der Eintritt in die staatliche Sphäre hatte daher seinen Preis, so wie es auch dem Feminismus teuer zu stehen kommt, wenn er auf einmal vermarktet wird: Wo waren die radikalen Inhalte geblieben, die in sozialen Bewegungen geboren wurden? Wo der Anarchismus und die dekoloniale Ökologie?

Ökofeminismus will mehr als Gleichstellung

> »Wer will noch ein gleich großes Stück des Kuchens, wenn der Kuchen giftig ist? Wir müssen einen neuen Kuchen backen.«
> (Ynestra King nach Salleh et al. 2016)

Liberaler (Öko-)Feminismus betritt viele Bühnen – nicht nur die der Parteien, sondern auch jene großer Wirtschaftskonzerne. Durch unsere ökofeministische Brille auf die Gesellschaft können wir jedoch sehen, dass jene Unternehmen, die sich (Öko-)Feminismus auf die Fahnen (ihre Websites) schreiben, weit davon entfernt sind, bewegungsnahe Inhalte umzusetzen. Weibliche CEOs und queere Aufsichtsräte verdienen immer noch x-mal mehr als die Putzkräfte und Sekretär*innen im Unternehmen. Diese Unternehmen werden weiterhin ihren Gewinn nicht unter den Mitarbeitenden (um)verteilen, sondern weiter investieren und wachsen. Von alternativen Organisationsformen wie Kooperativen, Kollektiven und Gewerkschaften, wie Ökofeminist*innen dies in ihren Entwürfen alternativer Ökonomien vorschlagen, ist hier nicht die Rede. Dass wir weitergehen müssen, als H&M-T-shirts zu kaufen, auf denen »Ich bin Feministin« aufgedruckt ist, stellen Cinzia Arruzza, Tithi Bhattacharya und Nancy Fraser bereits in ihrem kämpferischen Manifest *Feminismus für die 99 %* (2019) heraus. Auch wenn dieses Manifest kein ökofeministisches ist, kritisieren auch Ökofeminist*innen den liberalen Feminismus auf ähnliche Weise. Sie geben sich nicht zufrieden mit einem ›Mehr‹ an Frauen, nicht-binären, Schwarzen oder Indigenen Menschen oder People of Colour in Machtpositionen der Politik, Medien oder Wirtschaft. Ökofeminismus ist mehr als liberales Diversitymanagement mit dem Ziel, lediglich die Repräsentanz auf politischen und wirtschaftlichen Bühnen zu diversifizieren, sondern will jene Bühnen umstürzen. Die Auffassung darüber, welche Veränderungen notwendig sind und wie diese herbeigeführt werden können, ist also bei liberalen Denker*innen eine grundlegend andere als bei ökofeministischen. Während der liberale Mainstream-Feminismus vertritt, dass sich das System bequem von innen heraus verändern ließe, wobei seine gewaltvollen Strukturen unangetastet bleiben, setzen Ökofeminist*innen dem eine sozial-ökologische Transformation als eine Befreiung aus allen Unterdrückungsverhältnissen entgegen.

Lohnarbeit für alle oder Emanzipation?

Ein Verhältnis, welches viele Menschen unterdrückt, ist das (Re-)Produktionsverhältnis bzw. das Arbeitsverhältnis – also die Struktur, die formt, wer bezahlte und wer unbezahlte Arbeit leistet.

Liberale Feminist*innen plädieren für gleiche Löhne, gleiche Positionen, die gleichen 40 Stunden. Ökofeminist*innen und insbesondere die Marxist*innen unter ihnen begreifen die Eingliederung von Frauen und weiteren marginalisierten Gruppen in die Lohnarbeit nicht als den notwendigen revolutionären Pfad, der gesellschaftlich eingeschlagen werden müsste. Sie kritisieren solche Vorschläge als reformistisch, auch wenn der Zugang zu Lohnarbeit für das individuelle Leben natürlich eine direkte Veränderung bedeuten kann. Ökofeminismus hat nichts gegen Gleichstellung. Aber Gleichstellung ist Ökofeminist*innen bei Weitem nicht genug. Die Marxistin Ariel Salleh sieht den ökofeministischen Standpunkt als eine Perspektive, die sich nicht so schnell zufrieden gibt und patriarchale kapitalistische Strukturen in einem breiteren (gesellschaftlichen) Verständnis betrachtet, als der liberale Feminismus dies tut. Sie sagt, dass sich die tägliche Materialität des Lebens in diese größeren Strukturen einschreibt und maßgeblich davon bestimmt wird.

Zumal die Tatsache allein, dass Frauen vermehrt Lohnarbeit leisten, aus (öko)feministischer Perspektive noch keine Überwindung der vergeschlechtlichten Arbeitsteilung darstellt. Silvia Federici bezeichnet bestimmte Lohnarbeitsfelder, die oftmals weiblich konnotiert und daher auch überwiegend weiblich besetzt sind (z.B. Tätigkeiten in der Pflege), als eine bloße Verlängerung der Hausarbeit. In der Arbeit von Pfleger*innen, Lehrer*innen oder Sekretär*innen finden sich viele Charakteristika der Hausarbeit wieder. Somit ist die Ausweitung der Lohnarbeit auf bestimmte Bereiche der Care-Ökonomie keine wirkliche Errungenschaft, die das Verhältnis von Produktion und Reproduktion verändern würde.

Für Ökofeminist*innen liegt die Emanzipation im vollständigen Überwinden und Umorganisieren der hegemonialen (Re-)Produktionsverhältnisse, sodass auch die Lohnarbeit an sich (zusammen mit der nicht entlohnten Arbeit) auf den Prüfstand gestellt wird.

Von der Karrierefrau zum Bio-Ei: Nachhaltiger Konsum

»Every time you spend money, you cast a vote – every dollar you spend is a political act.« (Verbreiteter Allgemeinplatz)

Als weiterer Hebel der gesellschaftlichen Transformation wird in breiteren politischen Diskursen oftmals nachhaltiger Konsum angepriesen. Soll frau den selbst erwirtschafteten Lohn also in Bio-Kost und veganen Schmaus investieren und ist es damit getan? Der Glaube daran, dass einzelne Individuen mit ihrem Kauf eines nachhaltigeren Produkts diese starren und starken Strukturen der kapitalistischen Produktion zum Besseren wenden können, ist weit verbreitet. Konsumkritik und Appelle an eine individuelle Verantwortungsethik greifen aber zu kurz und spielen dem Neoliberalismus sogar noch in die Karten. Der Neoliberalismus zersplittert Gesellschaft in die kleinsten Einheiten. Er geht von einem Individuum aus, das auf sich alleine gestellt und aus eigener Kraft heraus quasi alles erreichen kann – auch den Wandel zu mehr Nachhaltigkeit an der Supermarktkasse. Häufig ist dies jedoch die Kasse einer Supermarktkette, die zum Beispiel Erdbeeren verkauft, die von Menschen, die einen extrem niedrigen Tagelohn erhalten, geerntet werden (siehe Kapitel 5).

Ökofeminismus kritisiert diese neoliberale Ideologie und die damit einhergehende Vereinzelung.[65] Er kritisiert die Verhältnisse, unter de-

65 Wir bedanken uns herzlichst bei Anjusch Schmidt für die Ausdauer beim Korrekturlesen vieler Kapitel und das kritisch-liebevolle Hinterfragen.

nen produziert wird (z.B. Arbeitsbedingungen oder internationale und vergeschlechtlichte Arbeitsteilung), und die mit diesen Verhältnissen einhergehende Produktion von Überfluss auf der einen und Mangel auf der anderen Seite. Diese Verteilungsfragen sind nicht mit einer Veränderung im individuellen Handeln zu lösen, sondern bedürfen größerer Umstellungen der Art und Weise, wie die Produktion organisiert wird. Ökofeminismus bedeutet Kollektivität, Organisierung, gegenseitige Hilfe und Widerstand gegen rassistische und vergeschlechtlichte Arbeitsteilung.

Zur problematischen Verbindung von Nachhaltigkeit und Weiblichkeit

Für eine von uns kam das ökologische Bewusstsein aus der Idee der Zero-Waste-Bewegung. Zero Waste ist vor allem eine Lifestyle-Bewegung (ähnlich dem Minimalismus), der es darum geht, im alltäglichen Leben so wenig Müll zu produzieren, dass der Müll eines Jahres in ein kleines Einmachglas passt. Grundlage für diese radikale Praxis ist die Annahme, dass umfassende Lifestyle-Veränderungen der entscheidende Hebel seien, um Umweltzerstörung, Ressourcenknappheit und Klimawandel zu begegnen.

Da wir selbst zuerst über das Umweltbewusstsein politisiert wurden, kennen wir die Erfahrung, unser gesamtes Student*innengehalt im Unverpackt-Laden eines gentrifizierten Viertels zu lassen und uns dabei zu Tode zu schleppen. Inspiriert wurden wir vor allem von reichen, *weißen* US-amerikanischen Frauen, die in Youtube-Videos zeigen, wie sie noch minimalistischer leben und neben diesem super nachhaltigen Lifestyle noch die perfekte Ehefrau, Mutter und begehrenswerte Frau abgeben. Nachhaltige Lebensstile wie Zero Waste werden medial stark mit Weiblichkeit assoziiert. Sie spielen mit dem Bild der fürsorglichen Frau, die Sorge trägt für Umwelt und Mitmenschen. Content Creator*innen erfinden letztlich die Rolle der biederen, altbackenen Hausfrau neu. Die häusliche Frau wird erstrebenswert, sexy. Die Klauen der Hausarbeit werden dank Hochglanz und vielen Einmachgläsern unsichtbar gemacht. Liberaler Feminismus und Nachhaltigkeit gehen hier eine Fusion ein. Das ist kein Ökofeminismus. Es verdeckt, was Ökofeminist*innen schon anhand der Hausfrauen in der BRD analysiert haben. Statt Hausarbeit zu kritisieren, wird sie uns in neuem Gewand schmackhaft gemacht. Viele Frauen in Kleinfamilien übernehmen die mentale Last, für den Einkauf zu sorgen, diesen zu verarbeiten, die Kinder zu ernähren und zu betreuen. In ›nachhaltig‹ sieht dies dann so aus: Sie übernehmen zusätzlich die mentale Last, zu entscheiden, welche Produkte am grünsten, besten und unverpacktesten sind, kochen möglichst viel Marmelade ein, statt Verarbeitetes zu kaufen, und ernähren die Kinder gesünder und ökologischer.

Ökofeminismus hingegen ist keine Lifestyle-Lösung und kein Anstoß zur weiblichen Selbstoptimierung, sondern ein Brechen mit binären Geschlechterrollen sowie eine organisierte gesellschaftliche Veränderung von Subjektivitäten und Strukturen. Weiblichkeit kann vielfältig aussehen.

Nachhaltige Ernährung für alle

Konsum ist und bleibt vergeschlechtlicht, rassifiziert und klassenspezifisch strukturiert. Wer mehr verdient, emittiert auch mehr CO_2. Dass mehr Männer zu Steaks und Autos tendieren, ist statistisch bewiesen. Ferner ist das Konsumverhalten vom sozio-ökonomischen Status der Konsument*innen abhängig. Niemand kann von Menschen, die Sozialleistungen beziehen und 5,31 Euro für Lebensmittel am Tag zur Verfügung haben, ernsthaft erwarten, dass sie biologische, vegane oder fair produzierte Lebensmittel kaufen. Arme, alleinlebende, arbeitslose, wohnungslose Menschen können es sich kaum leisten, während einer Inflation Lebensmittel zu kaufen, und haben zudem den kleineren ökologischen Fußabdruck. In Deutschland sind es ausgerechnet die Wähler*innen der Partei *Die Grünen*, die den größten ökologischen Fußabdruck haben. Das liegt häufig daran, dass diese Gruppe von Wähler*innen mehrheitlich aus Akademiker*innen besteht und überdurchschnittlich viel verdient. Die auseinanderklaffende Schere der sozialen Ungleichheit und wer dabei wirklich den größeren oder eben kleineren ökologischen Fußabdruck hat, wird oft verkannt, wenn es darum geht, dass ›wir alle‹ jetzt kälter duschen oder weniger Fleisch konsumieren müssten. Darüber hinaus sind viele alltägliche Praktiken in bestimmte CO_2-verbrauchende (Infra-)Strukturen eingebettet – aus denen Individuen sich nur bedingt entziehen können. Ökofeminist*innen geht es nicht darum, dass einige wenige einen Tesla fahren können oder dass bestimmte Menschen sich mehr anstrengen – sprich mehr lohnarbeiten –, um verantwortungsbewusster konsumieren zu können.

Ökofeminist*innen waren und sind für eine nachhaltige Mobilität bzw. eine gute Ernährung für alle, die nicht auf fossilen Infrastrukturen, Saatgutpatenten und Rodungen aufbaut und damit den Globalen Süden (räuberisch) im Namen der Nachhaltigkeit plündert.

Essen für die ›reine‹ Seele

Apropos Essen und räuberische Praktiken: Wir schreiben diesen Absatz, während wir in einem Soulkitchen-Café sitzen. Hier gibt es sogenanntes *Soul Food*, vegane Kost, etwas für den glutenfreien Geschmack und sogenanntes Superfood. Doch Matcha, Quinoa und Chia sind nicht die Entdeckung hipper *weißer* Menschen, sondern die Aneignung einer Kulinarik in alter kolonialer Einverleibungsmanier. Superfood boomt auf dem Markt der nachhaltigen Ernährung, während dessen Ursprung in kolonialer Weise unsichtbar gemacht wird. Erst durch die Vermarktlichung von Delis und Biosupermärkten des Globalen Nordens und durch die Aneignung der Lebensmittel durch *weiße* Instagramer*innen oder Sportgurus werden Goji-Beeren und Quinoa sozusagen existent und vor allem: hip! Veganismus und gesundes Essen sind jedoch keine *neue* oder *westliche* Erfindung. Die Ökofeministin Myriam Bahaffou arbeitet heraus, dass viele vietnamesische oder indische Gerichte sowieso vegan sind. Der Hype um Veganismus und der Export von Superfood hat verheerende Konsequenzen auf das Herkunftsland dieser Produkte. Während Quinoa in der Andenregion eigentlich ein Grundnahrungsmittel war, können es sich viele Menschen dort nicht mehr leisten, Quinoa zu essen. Der Profithunger der Wachstumswirtschaft wirkt sich auf lokale Märkte und kleinbäuerliche Strukturen aus. Lokale Märkte werden zerstört, kleinbäuerliche Subsistenzwirtschaft unmöglich gemacht, durch gekauftes Saatgut entstehen Abhängigkeiten und wertvolles traditionelles Anbauwissen geht verloren. Dies sind Entwicklungen, die Ökofeminist*innen seit jeher kritisieren. Ökofeminismus fordert eine (agrar)ökologische Landwirtschaft und stellt sich entschieden gegen multinationale Konzerne, die Saatgut patentieren und Land grabben.

Von Spiritualität(en), Kommerzialisierung und dem Pluriversum

Ähnlich wie mit der Aneignung von Ernährungspraktiken und Lebensmitteln durch ihre kapitalistische Verwertung steht es um das *White-*

washing von spirituellen Praktiken. Wir möchten das ökofeministische Verständnis von Spiritualität entschieden von einem solchen abgrenzen, welches auf das Kaufen von Kristallen in Kalifornien beschränkt ist. Das Problematische an neopaganischen Praktiken und New Age ist die damit verbundene kulturelle Aneignung und ihre auf individualistische Selbstoptimierung ausgerichtete Praxis. In *Webs of Power: Notes from the Global Uprising* (2002) widmet die jüdische Aktivistin Starhawk dem Thema der kulturellen Aneignung ein ganzes Kapitel. Sie beschreibt darin, dass ihre Community der Hexen und neopaganischen Feminist*innen ihre Räucherstäbchen beiseitelegen musste, um sich mit kultureller Aneignung auseinanderzusetzen (Starhawk 2002: 202). Das ökofeministische Verständnis von Spiritualität, wie es Shiva oder Starhawk entwickelten, ist ein ganzheitliches und kämpferisches, eingebettet in einen bestimmten kulturellen Kontext oder eine radikale, organisierte Praxis, die auf der Annahme von Zirkularität aufbaut. Da der Grat zwischen esoterischen Praktiken und Weltanschauungen sowie Verschwörungsideologien und Schwurbelei ein sehr schmaler ist, möchten wir ganz deutlich machen: Wenn wir sagen, dass viele Weltanschauungen in einer ökofeministischen Praxis und Theorie Berücksichtigung finden, meinen wir dabei explizit nicht die der rechten Kräfte! Von Ökofeminist*innen, die Viren als eine rassistische Verschwörung ansehen, und von esoterischen Praktiken und Verschwörungsideologien gilt es, sich entschieden abzugrenzen.

Dem Ökofeminismus geht es darum, herauszuarbeiten und zu kritisieren, dass die westliche, christliche und von der Aufklärung geprägte dominante Weltanschauung weitere Weltanschauungen unterdrückt und unsichtbar macht. Diese epistemische Gewalt (bis hin zu Epistemiziden) deckt der Ökofeminismus mit seiner Wissenschaftskritik auf. Dem ›Universum‹ setzen Ökofeminist*innen wie Ariel Salleh ein ›Pluriversum‹ entgegen, »ein Kompendium alter und neuer, lokaler und globaler Weltanschauungen und Praktiken, die von indigenen, bäuerlichen Gemeinden, Stadtvierteln, Umwelt-, feministischen und spirituellen Bewegungen ausgehen« (Kothari et al. 2022: 22).

Im Namen der Natur – kein Back to (fascist) Nature!

Ideengeschichtlich ist der Naturschutz aus der Romantik entstanden. Im Zuge der Industrialisierung entstanden unter anderem Bewegungen, die menschliche Erholung in Städten, die wenig Grünanlagen hatten, fördern wollten.

Der Naturschutz und das damit verbundene Verständnis von Natur/en ist stark politisch umkämpft. Doch wer unter den Naturschützer*innen erlangt überhaupt erst Bekanntheit? Beate Ahr arbeitet in ihrer historisch-biografischen Arbeit heraus, dass die wenigen Frauen, die sich für Naturschutz engagierten, (*weiß* und) bürgerlich waren und/oder Unterstützungen von Familienmitgliedern oder Netzwerken erhielten. »Bildung, Nicht-Verheiratung oder unkonventionelles Eheleben sowie neue Berufe haben die individuellen Handlungsspielräume von Frauen wesentlich erweitert, damit verbunden ihre Präsenz im öffentlichen Raum erhöht und ihnen ein Engagement für den Naturschutz zum Teil erst ermöglicht« (Ahr 2013: 9). Während zwar auch ihre Geschichten nur wenigen bekannt sind, konnten sie ihr Wissen immerhin aufschreiben, was viele analphabetische Frauen, wie Arbeiterinnen und Bäuerinnen, nicht konnten. Ökofeminist*innen wie Christine Katz und Tanja Mölders machen darauf aufmerksam, dass der Schutz der Natur eng mit dem Verständnis, dass auch Frauen schutzbedürftig sind, zusammenhängt. Im ökofeministischen Sinne ist die Unterordnung der Frau eng mit der von nicht-menschlicher Natur verbunden. Die Figur der bürgerlichen Hausfrau beispielsweise sieht die Frau ausschließlich in der privaten und nicht in der öffentlichen Sphäre tätig sein, alleine und geschützt im eigenen Heim (vgl. ebd.: 67). Die Hausfrau und die Natur gelten im Bürgertum als schutzbedürftig. Diese Schutzkonstruktion birgt auch faschistische Tendenzen. Bis heute ist Umweltschutz in Deutschland eng mit faschistischer Ideologie verbunden. Zum Beispiel stammen viele Gesetze zum Naturschutz aus der Zeit des Nationalsozialismus, so ist zum Beispiel das erste nationale Gesetz zum ›Schutz der Natur‹ im Reichsnaturschutzgesetz von 1935 verankert worden. Aufgrund des Ermächtigungsgesetzes konnte es innerhalb von nur zwei Wochen verabschiedet werden. Hermann Göring war dabei federführend und sicherte sich so durch Enteignung Jagdgebiete. Das Gesetz der Naturdenkmäler, also der Anerkennung und Bewahrung von beispielsweise Bäumen, geht ebenfalls auf die faschistische Ideologie und den Nationalsozialismus zurück. Erst 1976 wurde das Gesetz geändert. Der scheinbar unpolitische Naturschutz wird heute nur selten mit den faschistischen Wurzeln verbunden. Umweltbewegungen und -institutionen haben ihre Geschichte nur teilweise aufgearbeitet.

Es gilt, den Ökofeminismus entschieden von faschistischen Naturkonzeptionen, Bildern von (deutscher) Heimat und rechter Landnahme abzugrenzen – etwa von der Glorifizierung der Kleinfamilie als natürliche und häusliche, arische, vergeschlechtlichte Produktionseinheit, wie sie die Anastasia-Bewegung proklamiert.

Begriffe der puren, reinen, schützenswerten Natur sind Teil einer faschistischen Agenda. Sie dürfen keinesfalls mit Ökofeminismus verwechselt werden. Wenn wir über Natur sprechen, sind wir immer mit dieser Problematik konfrontiert. Ein Zurück zu einer puren und reinen Natur ist keineswegs das Verständnis von Natur von Ökofeminist*innen (mehr zu Naturbegriffen von Ökofeminist*innen siehe S. 184). Die Konstruktion und Einrichtung von sogenannten Naturschutzgebieten deklariert eine passive und unberührte Natur, die es einzuhegen, zu retten und zu schützen gilt. Dass dafür teilweise Menschen und deren Subsistenzarbeit verdrängt und vertrieben werden und sie technologischen wie wissenschaftlichen Lösungen weichen müssen, wird kaum thematisiert. Ein Naturschutz, der nicht Kolonialismus, Kapitalismus und Patriarchat als Wurzel von Zerstörung und zugleich ›Natur‹ und ›Kultur‹ als moderne Konstruktionen begreift, wird aus ökofeministischer Perspektive immer unzureichend sein. Ökofeminismus ist keine Symptombekämpfung der Naturzerstörung des Kapitalismus durch bloßen Naturschutz, sondern fordert ein radikales Hinterfragen des gesellschaftlichen Naturverhältnisses.

Achtung Reproduktionstechnologien! Kampf für das Leben – aber für wen genau und für wen nicht?

Diesen Absatz zu schreiben fiel uns nicht leicht. Wir haben das Thema reproduktive Technologien lange Zeit vermieden. Uns durch die dazugehörige ökofeministische Debatte zu fräsen hat unseren Blick auf den Ökofeminismus nochmal nachdrücklich gewandelt und uns ins Wanken und Verzweifeln gebracht. Als nicht-cis Frauen, teilweise mit und teilweise ohne Kinderwunsch, sowie als queerfeministisch sozialisierte Feminist*innen fällt es uns manchmal schwer, die Worte zu lesen und an uns heranzulassen, die unsere ökofeministischen Idole in einer anderen Zeit zu Papier gebracht haben. Doch worum geht es hier eigentlich?

Im Jahr 1978 wurde Louisa Brown in England als erstes In-vitro-Fertilisations-Baby der Welt geboren. Vier Jahre später erblickte ein weiteres durch die neuen technologischen Methoden gezeugtes Kind in Westdeutschland das Licht der Welt. Die 70er und 80er sind Jahre großer technologischer Innovationen: künstliche Befruchtung, Embryotransfer, pränatale Diagnostik. Viele Feminist*innen vertraten zu jener Zeit eine starke antitechnologische Position, allen voran die Ökofeminist*innen. Im US-amerikanischen Kontext positionierten sich Adrienne Rich, Mary Daly und Susan Griffin entschieden gegen die neuen Technologien, während im deutschsprachigen Raum Maria Mies und Claudia von Werlhof in der ökofeministischen Debatte federführend waren und die neuen Technologien von der Atomenergie bis hin zu den aufkommenden Gen- und Reproduktionstechnologien kritisierten. Technologien jeglicher Art wurden zunächst als männlich und somit als patriarchales Kontrollinstrument verhandelt (mehr dazu vgl. ab S. 104). Dementsprechend wurden auch Reproduktionstechnologien als eine Art der männlichen Kontrolle über weibliche Körper aufgefasst:

> »Jede Frau, die bereit ist, sich von einem ruhm- und geldgierigen Biotechniker ein Kind herstellen zu lassen, muss wissen, dass sie sich damit nicht nur einen individuellen, oft egoistischen Kinderwunsch erfüllt, sondern auch einen weiteren Teil der Autonomie des weiblichen Geschlechts über das Kinderkriegen an die Technopatriarchen abgibt.« (Mies 1987c: 43)

Zu jener Zeit üben viele Ökofeminist*innen eine Kritik am Androzentrismus der Wissenschaft. Sie assoziieren Technik mit Männlichkeit und stellen dieser eine natürliche Weiblichkeit diametral gegenüber: Mit *der* Technik unterdrücken Männer *die* Frauen. Diese Sichtweise vereinheitlicht erstens alle Frauen als potenziell Gebärende, dem ist aus einer queerfeministischen Perspektive zu widersprechen. Zweitens katapultiert diese Sichtweise Frauen in eine passive Opferrolle. Mies zufolge stellen Gen- und Reproduktionstechnologien nicht nur ein Kontrollinstrument des Patriarchats dar, sondern spielen zudem explizit dem Kapitalismus in die Hände. Ökofeminist*innen wie Maria Mies übten eine starke Kritik an der Vermarktlichung und Kommodifizierung der generativen Reproduktion. Genauer gesagt kritisierten sie, dass Spermien, Eizellen, Föten zur Ware und somit objektiviert werden, um ge- und verkauft zu werden. Mies sah in dieser Entwicklung eine Fragmentierung von Natur, was Carolyn Merchant als entscheidendes Charakteristikum des neuzeitlichen Naturverhältnisses herausstellt (siehe S. 174).

Wer zu Ökofeminismus und reproduktiven Technologien recherchiert, stößt schnell und fast ausschließlich auf das 1985 von Maria Mies mitbegründete internationale Netzwerk FINNRET (Feminist International Network on New Reproductive Technologies) und später FINRRAGE. Das Netzwerk rund um Maria Mies organisierte sich entschieden gegen die aufkommenden Gen- und Reproduktionstechnologien. Die Vernetzung stieß auf starken Anklang. Im April 1985 organisierte FINRRAGE gemeinsam mit dem Arbeitskreis Frauenpolitik der *Grünen* die »Women against Genetic and Reproductive Engineering«-Konferenz. Wo zunächst nur ein paar Hunderte Teilnehmende erwartet wurden, kamen am Ende 2.000 Frauen. FINRRAGE breitete sich in den Folgejahren in über 20 Ländern aus, organisierte viele weitere Kongresse in verschiedenen Ländern und veröffentlichte in der Fachzeitschrift *Reproductive and Genetic Engineering: A Journal of International Feminist Analysis.*

FINRRAGE und die Debatten um Gen- und Reproduktionstechnologien fanden in einem Kontext der Debatten um Bevölkerungswachstum statt. Mit dem Buch *La Bombe P* von Paul Ehrlich[66] entfachte in den 1960ern die Debatte darüber, inwiefern wachsende Bevölkerungszahlen die Umwelt belasten. Es ist der Beginn einer Argumentation, die auch noch heute vorzufinden ist. Es geht um den Zusammenhang zwischen weiblicher Gebärfähigkeit, Umweltbelastung und Bevölkerungswachstum, und zwar in einer bestimmten Argumentationslinie: Da die weibliche Reproduktionsfähigkeit maßgeblich mit dem Bevölkerungswachstum zusammenhänge und dieses anrege, welches wiederum zulasten der Umwelt gehe, müsse ebenjene weibliche Gebärfähigkeit kontrolliert werden.[67] Durch die Angst vor der sogenannten ›Bevölke-

66 Und Anne Ehrlich, allerdings ist nur Paul als Autor des Buches genannt und für das Werk bekannt geworden.

67 In dieser Argumentationslinie wird erst mal angenommen, dass alle Frauen gebären können. Wir möchten darauf hinweisen, dass nicht alle Frauen cis-geschlechtlich sind, dass

rungsbombe‹ zielten Bevölkerungskontrollprogramme darauf ab, die Geburtenraten im Globalen Süden niedrig zu halten. Zwangssterilisationsprogramme richteten sich insbesondere gegen Indigene und arme Frauen. FINRRAGE organisierte sich in dieser Zeit dementsprechend verstärkt gegen Zwangssterilisierungen in Indien. Hierbei wird deutlich, inwiefern die Bevölkerungspolitiken jener Zeit eine zutiefst rassistische und sexistische Agenda verfolgen. Die Angst vor zu vielen Menschen, die den Planeten belasten, meint keineswegs die *weißen* Babys aus dem Globalen Norden, sondern zielt explizit auf bestimmte Personengruppen ab. Welche Menschen sollen also Kinder bekommen und welche nicht?[68] Diese rassistische und sexistische Ideologie hinter der Politik der Geburtenraten denunzieren Ökofeminist*innen wie Maria Mies in jener Zeit. Solch (neo)malthusianische Politiken zur Bevölkerungskontrolle sind auch 50 Jahre später noch aktuell. Die ökofeministischen materialistischen Kritiken an der globalen Politischen Ökonomie, in die Gen- und Reproduktionstechnologien eingebettet sind, haben noch heute äußerste Relevanz.[69] Insbesondere an die Kritik an der Kommodifizierung von Körpern und der Industrialisierung des Lebens und den damit verbundenen rassistischen und sexistischen Dimensionen sowie neokolonialen Kontinuitäten kann auch in aktuellen materialistischen feministischen Debatten angeknüpft werden.

Aus heutiger Sicht müsste die vehemente ökofeministische Technikkritik jedoch dringend vor dem Hintergrund queerer Lebensweisen und -realitäten aktualisiert werden. Wir glauben, dass der Ökofeminismus eine Aktualisierung hinsichtlich der Realität pluraler Geschlechteridentitäten und Sexualitäten, diverser Familienkonstellationen und Kinship benötigt. Dafür wären in den *Sciences and Technolgy Studies*, den Neuen Materialismen, dem Xenofeminismus sowie den Queer Ecologies fruchtbare Anknüpfungspunkte zu finden. Da es in einer kapitalistischen

---

cis-geschlechtliche Frauen nicht automatisch gebären können sowie dass nicht nur Frauen, sondern auch nicht-binäre Menschen oder trans Männer über einen Uterus verfügen können.

68 Vielen herzlichen Dank an Charlotte Brommer-Wierig für ihren geduldigen Blick auf dieses Unterkapitel.

69 Wir empfehlen die materialistischen Analysen zu Reproduktionstechnologien in *Sie nennen es Leben, wir nennen es Arbeit. Biotechnologie, Reproduktion und Familie im 21. Jahrhundert* (Kitchen Politics 2015).

Gesellschaft keine einfache Antwort in der Debatte um Gen- und Reproduktionstechnologien gibt, möchten wir diese Ausführungen mit Donna Haraways Worten abrunden:

> »Wir können nicht einfach für oder gegen die Gentechnologie sein. Unser Problem [...] besteht darin, dass viele Menschen wissen wollen, ob sie dafür oder dagegen sein sollen. Sie fragen, wie könnt ihr ohne Klarheit eine politische Bewegung gründen, ohne überzeugende und einfache Positionen, ohne Parolen? Ihnen würde ich entgegen halten, dass wir politische Bewegungen brauchen, für die Komplexität eine Selbstverständlichkeit ist, andernfalls werden wir es gar nicht so weit bringen, politische Bewegungen auf die Beine zu stellen, eben weil es so kompliziert ist.« (Haraway 1995: 121)

Wie essentialistisch ist der Ökofeminismus? Oder: Ökofeminismen!

Der Ökofeminismus ist immer wieder dem Vorwurf ausgesetzt, essentialistisch zu sein. *Der* Ökofeminismus ist allerdings kein monolithischer Block. Aus den vorausgegangenen Kapiteln zu Bewegungen und Definitionen sollte hervorgegangen sein, dass wir es mit vielfältigen Ökofeminismen zu tun haben. Zu behaupten, dass der Ökofeminismus essentialistisch ist, wird der Komplexität des Ökofeminismus daher nicht gerecht. Wir argumentieren, dass der Essentialismusvorwurf sich gegen ein eher eindimensionales, verkürztes Bild des Ökofeminismus richtet. Um die Mehrdimensionalität des Ökofeminismus noch einmal zu unterstreichen, möchten wir bleibenden Vorbehalten mit einer abschließenden theoretischen Einordnung begegnen.

Noël Sturgeon nimmt in ihrem Buch *Ecofeminist natures – Race, Gender, Feminist Theory and Political Action* (1997) eine Einteilung des Ökofeminismus in fünf Positionen vor. Diese Unterteilung verdeutlicht, dass dem Ökofeminismus nicht immer eine essentialistische Analyse zugrunde liegt und es verschiedene Positionen dazu gibt, wie der Zusammenhang zwischen Frau und Natur gedacht werden kann. Frauen werden nicht als per se näher an der Natur gedacht. Es gibt verschiedenste Positionen, die diese vermeintliche Nähe unterschiedlich erläutern.

1) Die *erste Position* besagt, dass das Patriarchat Frauen und Natur gleichsetzt. Um Umweltprobleme vollständig verstehen zu können, müsse auch die Unterordnung der Frau in die Analyse miteinbezogen werden. Dort, wo Frauen unterdrückt werden, wird auch die Natur degradiert und vice versa. Es gibt also ein wechselseitiges Verhältnis von Frau und Natur im kapitalistischen Patriarchat, das es gemeinsam zu betrachten gilt.
2) Die *zweite Position* dreht dieses Vorgehen sozusagen um: Die vollständige Analyse der Frau im Kapitalismus kann demnach nur analysiert werden, wenn ebenfalls das koloniale, patriarchale Mensch-Natur-Verhältnis analysiert wird. Diese Position führt das Frau-Natur-Verhältnis nicht auf eine Essenz, sondern auf die Trennung von Natur und Kultur zurück, die Frauen in der Sphäre der Natur verortet.
3) Die *dritte Position* schließt auf einen materialistischen Zusammenhang zwischen Frauen und Naturen. Die Naturnähe wird zum einen durch die Tätigkeiten, die Frauen einnehmen, artikuliert. Zum anderen sind dadurch, dass Frauen vermehrt landgebundene und/oder Sorgearbeiten verrichten, Folgen und Auswirkungen des Klimawandels (etwa durch Erosion oder Wassermangel bedingte kranke Kinder) für sie unmittelbarer zu spüren als für Männer. Diese erhöhte Betroffenheit von Umweltzerstörung und der Bedrohung der Lebensgrundlagen hat nichts mit einer biologischen Disposition oder Schwäche zu tun. Vielmehr werden diese Ungleichheit und die Nähe zur Natur durch die vergeschlechtlichte Arbeitsteilung bedingt.
4) Der *vierten Position* werden Analysen zugeordnet, die tatsächlich eine biologische Nähe von Frauen zur Natur annehmen, insbesondere aufgrund ihrer vermeintlichen Gebärfähigkeit und damit der Fähigkeit, Leben zu spenden, oder aufgrund der Menstruationszyklen, die sie angeblich mit den natürlichen Zyklen verbinden. Daraus resultierend werden Frauen auch bestimmte Eigenschaften zugeschrieben, z.B. naturverbundener und fürsorglicher zu sein. Diese Position identifiziert Frauen positiv mit Natur, sodass sie besonders die Aufwertung von Frauen und Weiblichkeit befürwortet.
5) Spirituelle Bezüge zwischen Frau und Natur ordnet Noël Sturgeon einer *fünften Position* zu. Das naturverbundene Frauenbild dieser Po-

sition ist durch Kosmologien geprägt und nimmt eine starke Einheit von Frauen und Natur an.

Die Darstellung der verschiedenen Positionen verdeutlicht, dass dem Ökofeminismus nicht immer eine essentialistische Analyse zugrunde liegt und es verschiedene Weisen gibt, wie der Zusammenhang zwischen Frau und Natur gedacht werden kann. Frauen werden keineswegs als per se näher an der Natur gesetzt. Es gibt verschiedene Positionen, die diese Nähe unterschiedlich erläutern und nicht alle davon sind essentialistisch. Ökofeminist*innen lassen sich diesen Positionen nicht eindeutig zuordnen, lassen sich nicht zurechtbiegen und nicht in Schubladen stecken. Ihre Theorie und Praxis veränderte sich oft ihr Leben lang und lebte auch von den Differenzen zwischen ihnen. Oder, um es mit Maria Mies' und Vandana Shivas Worten zu sagen: »Diese gemeinsamen Gedanken und Anliegen haben nicht das Ziel, Uniformität und Homogenität zu demonstrieren, sondern suchen nach einer kreativen Verbindung unserer Differenzen« (Mies und Shiva 2016: 12). Das Hinterfragen und Überbrücken dieser Differenzen ist zugleich ein ständiger Austausch zwischen älteren und jüngeren Ökofeminist*innen sowie zwischen Anhänger*innen verschiedener ökofeministischer Strömungen und Positionen. Es ist eine hitzige Debatte und harmonisches ökofeministisches Schwärmen zugleich. Während wir die Vorbehalte und Fallstricke des Ökofeminismus ernst nehmen, möchten wir abschließend noch einmal herausstellen, was Ökofeminismus für uns in seiner radikalen Form bedeutet.

Für einen radikalen Ökofeminismus

In diesem Kapitel haben wir gängige Kontroversen und Kritiken sichtbar gemacht und, auch wenn wir diesen Ausdruck nicht mögen, ›Grenzen‹ gezogen, denn für uns gilt:

Ökofeminismus ist mehr als Nachhaltigkeit.
Ökofeminismus ist kein liberaler Feminismus.
Ökofeminismus ist intersektional.
Ökofeminismus ist dekolonial.
Ökofeminismus ist queer.
Ökofeminismus ist radikal.

Manchmal lähmen uns Zeilen, die wir lesen, etwa jene zu Reproduktionstechnologien; manchmal läuft es uns kalt den Rücken runter, etwa bei d'Eaubonnes Rassismus; manchmal kriegen wir Gänsehaut, wenn wir von der Radikalität immer wieder aufs Neue überrascht werden. Wir möchten damit sagen: Manchmal zweifeln wir, aber immer bleiben wir unruhig.

VIER
Ökofeministische Gesellschaftskritik: Denken, betrachten, verändern!

»Ecology is feminism is socialism is postcolonial struggle.«
(Salleh 2017: Klappentext)

In diesem Kapitel geht es erstens um Kapitalismus, um jene vorherrschende gesellschaftliche Formation, die sich durch all unsere Lebensbereiche hindurchzieht. Insbesondere geht es darum, wie der Kapitalismus aus ökofeministischer Sicht gedacht, verstanden, betrachtet, kritisiert und verändert werden kann. Durch griffige Fragestellungen decken wir Zusammenhänge zwischen gesellschaftlichen Strukturen und alltäglichen Lebensrealitäten sowie konkrete Berührungspunkte von Bewegungspraxis und Theoriearbeit auf und erläutern sie.

In diesem Kapitel geht es zweitens um Kolonialismus und drittens um das Patriarchat, denn Ökofeminismus ermöglicht es uns, miteinander verwobene machtvolle gesellschaftliche Strukturen – wie diese Herrschaftsverhältnisse – aufzudecken und verständlicher zu machen, sodass daraufhin eine Kritik folgen kann: eine Kritik an der Zentrierung von Kapital statt Leben.

Wenn Ökofeminismus ein bepflanzter Acker wäre, wäre dieser keine Monokultur, sondern eine Mischkultur, denn wir haben bereits gelernt, dass er eine Vielzahl an Strömungen zusammenbringt, die (beispielsweise) von Kämpfen der Ökologie, des Feminismus, Sozialismus, Antirassismus, Anti-Ableismus, Anti-Speziesismus und Postkolonialismus geprägt sind.

Das Kapitel endet schließlich damit, wie Ökofeminist*innen den Acker der Gesellschaft verändern wollen: dass sie ihn durch das Bearbeiten mit der Grelinette[70] – zur besseren Versorgung mit Luft, Nährstoffen

70 Wir danken Manuel Wagner dafür, dass er bei der Korrektur unseres Kapitels genauso sorgsam mit der Grelinette vorgegangen ist, wie er es auch bei seinem Kompost tun würde.

und Wasser – transformieren und ihn durch regenerative, humusaufbauende (landwirtschaftliche) Praxis resilient gestalten wollen. Und auch ein bisschen Brennesseljauche[71] darf nie fehlen!

Ökofeministische Politische Ökonomie: Das Ganze der Wirtschaft betrachten und messen

Die Brille, durch die wir die Gesellschaft zunächst betrachten wollen, ist die der Politischen Ökonomie. Diese nimmt an, dass die Strukturierung des wirtschaftlichen Systems maßgeblich die Strukturierung der Gesellschaft prägt, also alle Bereiche des gesellschaftlichen Lebens und (Da-)Seins. Wir zeigen entlang der Fragestellungen der einzelnen Unterkapitel, wie sich die kapitalistische Gesellschaftsform in unseren persönlichen Beziehungsformen (z.B. Kleinfamilie, Monogamie, ...), in unserer Sexualität (z.B. Cis-Heteronormativität), in unserer Arbeitsteilung (Lohnarbeit, Sorgearbeit, ...) und in unserem Naturverhältnis (mechanisch, instrumentell, ...) niederschlägt.

Die ökofeministische Perspektive auf die Politische Ökonomie geht besonders auf die Rolle und die Arbeit von Frauen, weiteren marginalisierten Geschlechtern und Gruppen sowie der nicht-menschlichen Natur ein. Es geht um Wirtschaft und darum, was (nicht) dazu zählt. Wenn wir über Wirtschaft sprechen, fragen wir uns erst mal ganz grundlegend, was Wirtschaft eigentlich ist oder nicht ist, wie Wirtschaft im kapitalistischen System funktioniert und was Ökofeminist*innen sehen, was oft übersehen wird.[72]

Betrachten wir die Buchtitel einiger feministischer Ökonominnen: *Counting for Nothing: What Men Value and What Women Are Worth* (1988) von Marilyn Waring, oder: *Gender, Development, and Globalization: Economics as if all People Mattered* (2015) von Lourdes Beneria, Günseli Berik und Maria Floro. Es geht um eine Wirtschaft, in der alle zählen (»as if all People Mattered«), und darum, was Männer wertschätzen und was Frauen wert sind (»What Men Value and What Women Are

71 Dies ist eine Anspielung darauf, dass Brennesseljauche als organisches Düngemittel in Frankreich und in vielen weiteren Ländern verboten ist.

72 Vielen Dank an Claudius Engling für die Durchsicht dieses Kapitels.

Worth«). Diese Bücher fragen sich, was in der derzeitigen Ökonomie falsch läuft und was uns eine ökofeministische Perspektive aufzeigen kann. In diesen Büchern blicken Waring, Beneria, Berik und Floro aus feministischer Sicht auf Wohlstand, Wirtschaft und darauf, was einen Wert in der und für die Gesellschaft hat. Dabei zeigen sie, dass gängige Wohlstandsindikatoren die Arbeit von Frauen und den Wert von nicht-menschlichen Naturen nicht berücksichtigen. Auch zeigen sie die Einseitigkeit und Leerstellen der Wirtschaftstheorie auf. Beides schlägt sich auf die Art und Weise nieder, wie Politik auf allen Ebenen gemacht wird, denn jene Unsichtbarkeit ist in Institutionen, Gesetzen und Normen tief verankert. Dies führt zu struktureller Armut von FLINTA*s, Ungleichheit(en) vor dem Gesetz, schlechterer Gesundheitsversorgung und weniger materiellem Wohlstand bestimmter Bevölkerungsgruppen.

Doch was ist eigentlich Wohlstand? Das hat der sogenannte ›Vater der klassischen Nationalökonomie‹ Adam Smith, der in keinem universitären Wirtschaftskurs zu kurz kommt, in seinem Werk *Der Wohlstand der Nationen* (1776) sehr genau dargelegt. Als Quelle dieses Wohlstandes sieht Smith »die jährliche Arbeit eines Volkes« an, womit er, in heutigen Begriffen, ausschließlich die Erwerbsarbeit meint, die für die Herstellung von Waren oder das Erbringen von Dienstleistungen für den Markt geleistet wird. Mit seiner ökonomischen Theorie hat er zusammen mit anderen Gründervätern den Grundstein für das vorherrschende Verständnis von Wirtschaft und Wohlstand gelegt. Um den Wohlstand in dieser Form der Ökonomie zu messen, wurden die Indikatoren des Bruttonationaleinkommens (BNE, früher Bruttosozialprodukt) und des Bruttoinlandsprodukts (BIP) erfunden. Das BIP misst die in einem Wirtschaftsjahr in einer Volkswirtschaft erbrachte gesamtwirtschaftliche Leistung, also den Wert, der durch Waren und Dienstleistungen generiert wurde. Das Wachstum des BIP (à la »Juhu, das BIP ist um 1,9% gestiegen«) wird oftmals damit gleichgesetzt, wie gut, beziehungsweise besser es den Menschen geht. Das BIP berücksichtigt allerdings lediglich (Erwerbs-)Arbeit, die Waren herstellt, sowie Dienstleistungen, die zur formellen Wirtschaft beitragen, und quantifiziert nur diese.

Als formelle Wirtschaft oder Ökonomie bezeichnen feministische Ökonom*innen wie Patricia E. Perkins, Anitra Nelson, Anna Saave und

Corinna Dengler jene Warenproduktion, die über den Markt vermittelt und warenförmig organisiert ausgetauscht wird. Eine (öko)feministische Perspektive auf das BIP macht deutlich, was das BIP nicht misst. Feministische, postkoloniale und ökologische Ökonom*innen kritisieren daran, dass viele feminisierte Aktivitäten nicht miteinbezogen werden: Erziehen, Pflegen und Ernähren der Lohnarbeiter*innen und das Sorgen für den Erhalt lebensnotwendiger Ressourcen – das Erhalten und (Wieder-)Herstellen des Lebens.[73] Das alles sind Tätigkeiten, die eher in der informellen Ökonomie angesiedelt sind und keinen Wohlstand im Sinne des BIP generieren. Sie lassen sich weniger leicht quantifizieren und kommen nicht in Indikatoren wie dem BIP vor. Es lässt sich schlichtweg nicht zählen oder auseinanderrechnen, dass Eltern manchmal während des Zoom-Meetings Fläschchen geben und die Familie im Whatsappchat besänftigen und in der Mittagspause noch schnell Nudeln mit Tomatensoße improvisieren. Viele Sorgetätigkeiten fallen ad hoc an, sind dringend und können nicht aufgeschoben werden. Wann stempel ich mich für die Care-Arbeit ein, wann wieder aus? Die Sorgearbeit ist nie erledigt.[74] Viele Tätigkeiten der informellen Ökonomie sind nicht über den Markt/die soziale Marktwirtschaft vermittelt organisiert – der zentrale Schauplatz der kapitalistischen Produktionsweise. Schauplätze der informellen Ökonomie sind beispielsweise der Haushalt oder die Community. Im BIP sind das Orte, die lediglich dem Konsum zugeschrieben werden und nicht Sphären der Arbeit.[75] Diese Arbeit wird im BIP auch deshalb nicht erhoben, weil sie vermeintlich kein ökonomisches Ziel hat, denn es werden ja ›nur‹ Menschen ernährt und erzogen. Sie hat aber sehr wohl ein ökonomisches Ziel, insofern, als dass dadurch neue Lohnarbeiter*innen reproduziert werden. Dies meint, dass neue zukünftige Arbeiter*innen geboren und aufgezogen werden und Arbeiter*innen

73 Wir danken Evi Schaller für das kleinteilige Lesen und für noch so viel mehr.

74 Wir empfehlen an dieser Stelle Heide Lutoschs Gedanken zu Sorgearbeit, insbesondere »Wenn das Baby schreit, dann möchte man doch hingehen« (2022): https://communaut.org/de/wenn-das-baby-schreit-dann-moechte-man-doch-hingehen

75 Elisabeth Stiefel geht näher auf das Verhältnis von Markt und Haushalt ein und hinterfragt die Rolle des Mannes als Haushaltsvertreter. Nachzulesen unter: https://elisabeth-stiefel.de/wp_Jet1MOgm/wp-content/uploads/2022/11/Arbeit-im-Brennglas-von-Haushalt-und-Familie-2022.pdf

am nächsten Tag wieder zur Arbeit gehen können, da sie genährt wurden und erholt sind. Ökofeminist*innen gehen sogar so weit zu sagen: Es geht um die Regeneration und (Re-)Produktion des Lebens selbst. Die fehlende Berücksichtigung dieser Seite der Produktion spiegelt sich allerdings auch in der gesellschaftlichen Realität wieder, wie dieses Zitat zum US-amerikanischen Kontext deutlich macht:

> »Sauberes Trinkwasser zählt nichts. Eine nicht verschmutzte Umwelt zählt nichts. Sogar manche Menschen – nämlich Frauen – zählen nichts. Das ist zumindest der Fall, wenn man nach dem *United Nations System of National Accounts* geht.« (Waring 1988, eigene Übersetzung)

Viele wachstumskritische Feminist*innen formulieren die Kritik, dass das BIP gar nichts über den *eigentlichen* Wohlstand aussage, da er nur monetäre und messbare Werte berücksichtigt und so nicht das ›gute Leben aller‹, sondern nur einiger Weniger misst. Die Produktion von Wirtschaftswachstum für die nationale Ökonomie wird mit der Zufriedenheit von Menschen gleichgesetzt. Dieser enge Wohlstandsbegriff misst demnach nicht den kulturellen, ideellen oder immateriellen Wohlstand, obwohl er oft implizit als solcher missverstanden wird. Das, was in dieser ökonomischen Denklinie – der neoklassischen – als Reichtum eines Landes angesehen wird, ist nur *eine* mögliche Interpretation von Wohlstand – von einigen wenigen ökonomischen DenkERn oder Vätern der Nationalökonomie. Dass also die Mütter oder weitere Elternteile der ökonomischen Theorien deutlich zu kurz kommen, darauf weisen heterodoxe[76] Ökonom*innen wie Bina Agarwal, Marilyn Power oder Sandra Harding mit ihrer feministischen Arbeit hin. Problematisch ist außerdem, dass das BIP als Orientierungs- und Handlungsgrundlage für politische Entscheidungen verwendet wird. Feministische, postkoloniale und ökologische Ökonom*innen arbeiten heraus, dass das BIP ohne unbezahlte Arbeiten oder die gewaltvolle Aneignung von Ressourcen und Arbeit nicht wachsen würde, noch jegliche Art von Wohlstand möglich wäre. Dass es sich hierbei um eine nicht zu vernachlässigende

76 Heterodoxe Wirtschaftswissenschaft steht der orthodoxen Ökonomie gegenüber. Sie umfasst eine Vielzahl an ökonomischen Denkschulen, wie beispielsweise die feministische, die ökologische und die postkoloniale. Mehr Informationen sind auf der Lernplattform des Netzwerks der pluralen Ökonomik zu finden: http://www.exploring-economics.com/

ökonomische Größe handelt, zeigt in Deutschland die sogenannte Zeitverwendungserhebung (ZVE). Diese macht deutlich, wie viel Zeit für die meist unbezahlte und nicht gemessene Arbeit von Frauen[77] verwendet wird. Während Frauen bei der letzten ZVE angaben, drei Stunden und 49 Minuten täglich für »Haushaltsführung und Betreuung der Familie« aufzuwenden, waren es bei den männlichen Teilnehmenden lediglich zwei Stunden und 24 Minuten. Verschiedene Zeitverwendungsstudien in unterschiedlichsten geografischen Kontexten zeigen an, dass das Gros der Hausarbeit immer noch überwiegend von Frauen geleistet wird. Sie sind zudem einer Doppelbelastung ausgesetzt, da sie neben dem Aufspüren von Staubflusen unter dem Bett und dem Schmieren kreativer Pausenbrote zumeist noch einer Lohnarbeit nachgehen (müssen). Im Folgenden stellen wir ein Modell vor, welches diese Struktur der Wirtschaft leicht zugänglich und bildlich darstellen kann: das Eisbergmodell. Zuvor aber noch ein kleines ökofeministisches Gedankenspiel.

Ein Gedankenspiel aus unseren Workshops: Überlegt einmal, welche Tätigkeiten (ohne Lohnarbeit) ihr täglich oder regelmäßig macht, und schreibt sie hier auf:

—

—

—

—

—

—

Wahrscheinlich habt ihr nun viele Aktivitäten notiert, die ungefähr so klingen: Geschirrspüler ein- und ausräumen, Verhütungsmittel kaufen, an Ärzt*innentermine denken, Medikamente kaufen, versuchen, für eine ausgewogene Ernährung zu sorgen, einen Sitz in der Dusche einbauen, Brennesseljauche ansetzen, neues Klopapier kaufen, ein Zine über Ableismus basteln, ehrenamtlich Wohnungen vermitteln, eine

77 Es handelt sich hierbei um Statistiken, die nur zwischen Männern und Frauen unterscheiden und weitere Geschlechter nicht aufführen.

Waschmaschine anschließen, Pflanzen vorziehen, Kuchen backen, den Gemeinschaftshof aufräumen, das Treppenhaus fegen, Eltern die Briefe vom Amt übersetzen, Tierfutter kochen, dem Freund eine tröstende Nachricht schreiben, mit der Freundin zur queerfeindlichen Ärztin gehen, Saatgut tauschen, Netflix gucken, eine Rampe für die Haustür anbringen, den Überblick im Kühlschrank haben, Briefe reinholen und Rechnungen bezahlen, für das nächste Plenum die Moderation vorbereiten, eine Mahlzeit ausdenken, planen und kochen, Pflanzenzwiebeln vermehren, Kinderkleidung der nächsten Größe organisieren, auf rassistische Aussagen aufmerksam machen, über die Gefühle auf der Demo reden, die Komposttoilettenbehälter wechseln, dem Nachbarn zuhören, die Haare machen, für die Mitbewohnerin mit Corona Essen kochen, mit einem Kind spielen, die Blumen gießen, Musik hören, ein Lamm mit der Flasche großziehen, ein Dankeschön basteln, den Komposthaufen aufschichten, eine Katze streicheln – und viele weitere Tätigkeiten.

Was haben all diese Tätigkeiten mit einem Eisberg und der sogenannten Unterwasserökonomie zu tun?

Von Staubflusen unter dem Bett, Pausenbroten und Eisbergen

Den patriarchalisch-kapitalistischen Eisberg abschmelzen, neue Subsistenz-Lebenswelten aufbauen (Auszug)

Eisberge sind nicht wie andere Gebirge. Sie ›wachsen‹, indem der Frost von der Spitze aus auch die Unter-Wasser-Schichten erreicht und zunehmend vereist. Das ist nicht anders beim kapitalistisch-patriarchalischen Eisberg. Was wir zur Zeit weltweit erleben, ist ein solcher Prozess der sozialen Vereisung, auch der Prinzipien und Beziehungen, die bisher noch dafür gesorgt haben, dass die Menschen selbst im Dienst der kapitalistischen Akkumulation noch einen Rest von Menschlichkeit erfuhren: in Familie, Nachbarschaft, Freundschaften, durch das Solidar- und Gemeinwesenprinzip. Diese Prinzipien, sogar das Sozialstaatsprinzip werden durch die neoliberale Globalisierung und die Verwandlung aller Dinge und Beziehungen in Geld- und Warenbeziehungen ›vereist‹. Am deutlichsten ist dieser Prozess zu beobachten in der Politik, alle

> Menschen zu Aktienbesitzern zu machen. Damit hängt ihr ›Leben‹ buchstäblich vom Wachstum des Eisbergs ab. Eisberge können nicht ›revolutioniert‹ werden. Wenn man versucht, die untersten Schichten nach oben zu kehren und die obersten nach unten, bilden sich stets wieder neue Eisberge. Vielleicht einer der Gründe, warum die bisherigen Revolutionen immer wieder zu einer neuen Ausbeutungs- und Herrschaftsordnung zurückgekehrt sind. Dabei sind Eisberge ganz instabile Gebilde: Sie brechen auseinander. Sie stoßen aneinander. Sie verschmelzen miteinander. In der Eisbergwirtschaft ist es genau so. Man spricht dann von Krisen, Fusionen, Bankrott, Firmenzusammenbrüchen, Rezession, Börsencrashs u.dgl. Bei solchen Krisen wird aber nicht nur Kapital vernichtet, sondern die Menschen, deren Leben – angeblich – vom Wachstum des Eisbergs abhängt, erfahren den plötzlichen Verlust ihrer Existenzbasis: ihrer Altersversorgung, ihres Arbeitsplatzes, ihrer Zukunftsperspektiven. Angst und Hoffnungslosigkeit treten an die Stelle von Lebenszuversicht. Wie wir wissen, ereignen sich solche Zusammenbrüche nicht nur in den ›unterentwickelten Ländern‹ [sic], sondern zunehmend in den kapitalistischen Industrieländern, USA, Europa, Japan. Die ›Hüter‹ der Eisbergökonomie verkünden dann, diese Zusammenbrüche seien die normalen Konjunkturkrisen der Wirtschaft. Im nächsten Halbjahr, im nächsten Jahr werde die Wirtschaft wieder wachsen. Dann gäbe es wieder neue Arbeitsplätze und mehr Reichtum. Die Eisberglogik: Dass das Leben aus dem Geld erwüchse, dass aus dem Geld immer mehr Geld entstehen müsse – kurz, dass Profitstreben und die fortgesetzte Akkumulation von Geld die Triebfeder allen Wirtschaftens sei, diese Logik stellen sie nicht in Frage. Das Fatale ist, dass diese Logik nicht nur die Köpfe der Profiteure an der Spitze des Eisbergs besetzt hält. Sie beherrscht auch – weithin – die Köpfe der Verlierer in den unteren Schichten, auch in der Unter-Wasser-Ökonomie.
> (Mies 2002: 1)

Während die Ökofeministin Maria Mies bereits den Eisberg erklärt, fangen wir noch einmal von vorne an:

Das Eisbergmodell stellt sinnbildlich einen unsichtbaren und einen sichtbaren Teil von etwas dar. Wie viele von euch wahrscheinlich wissen, ist das Besondere an einem Eisberg, dass ein großer Teil davon unter Was-

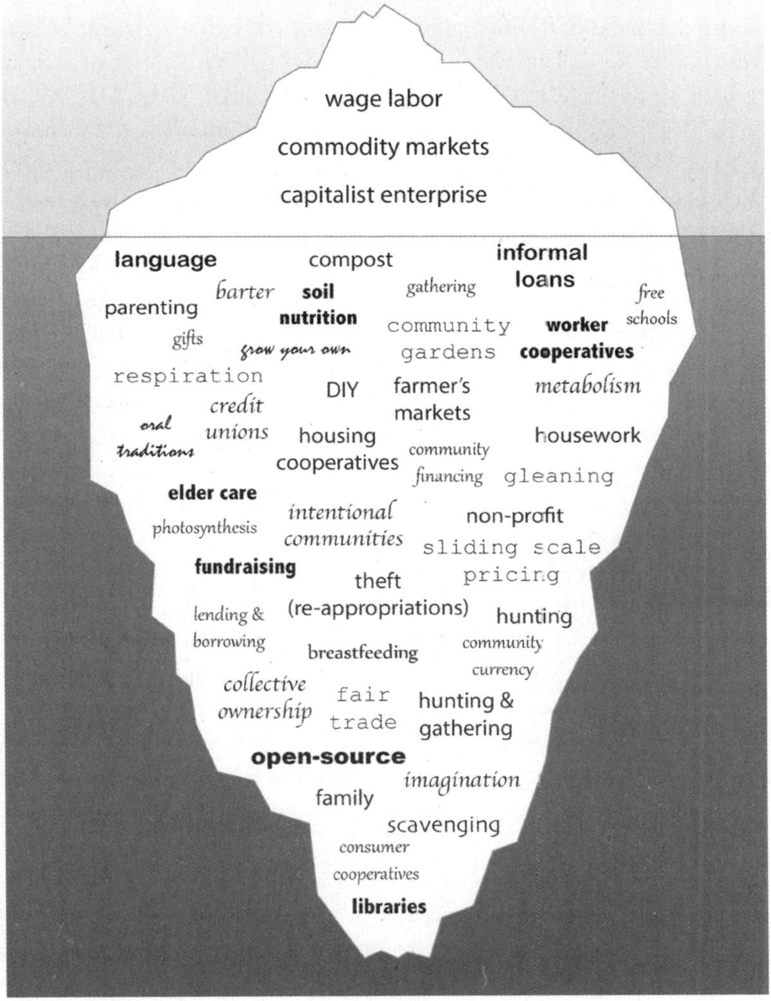

Ökonomie ist mehr als wir denken. Das Eisbergmodell
(Community Economies Collective, lizensiert unter CC BY-SA 4.0 Deed)

ser liegt, demnach vom Wasser aus nicht ersichtlich ist. Dieser unsichtbare Teil ist weitaus größer als der, der aus der Wasseroberfläche hinausragt. Das Eisbergmodell soll somit das Ganze der Wirtschaft aufzeigen. Um die Wirtschaft als Ganzes darzustellen, fügen Ökofeminist*innen dem (etwa durch das BIP) sichtbaren Teil den unsichtbaren Teil unter Wasser hinzu, den sie als Unterwasserökonomie bezeichnen. Dieser ist weitaus größer als der sichtbare Bereich über der Wasseroberfläche. Das Modell zeigt also die ökonomischen Verhältnisse auf, insbesondere das unausgeglichene Verhältnis zwischen den wenigen sichtbaren und den vielen unsichtbaren wirtschaftlichen Aktivitäten und Bereichen. Der unsichtbare Bereich umfasst dabei die versteckten Grundpfeiler (hidden foundations) unseres Wirtschaftssystems, ohne die Wirtschaft, gar Leben, nicht funktionieren könnte. Feministische Ökonom*innen und Ökofeminist*innen wie Jochimsen, Knobloch, Mellor oder Nelson weisen schon lange darauf hin, dass wir, wenn wir die Gesamtheit der wirtschaftlichen Aktivitäten verstehen wollen, auch die Aktivitäten der sogenannten *maintenance economy* berücksichtigen müssen – also jenen Teil der Wirtschaft, der alles Weitere instand hält, nährt und wortwörtlich unterhält. Zu diesen Aktivitäten gehören wahrscheinlich viele der Tätigkeiten, die du oben in deiner Liste aufgeschrieben hast.

Dass in dem Eisbergmodell die Trennungslinie bzw. die Wasseroberfläche, die jene reproduktive Basis von der sichtbaren produktiven Spitze trennt, den unteren, größeren Teil im Verborgenen hält, unterstreicht die jeweiligen Eigenschaften, die den unterschiedlichen Sphären zugeschrieben werden, und stellt die beiden Bereiche einander dualistisch gegenüber: Kapital und Lohnarbeit ragen aus dem Wasser heraus und werden als ›der Wirtschaft‹ zugehörig betrachtet. Dieser Teil wird gesellschaftlich anerkannt und entlohnt. Der Bereich der Unterwasserökonomie ist jener Teil, der nicht anerkannt ist und im BIP nicht gezählt wird. Wie Warings Zitat über das *United Nations System of National Accounts* deutlich machte, werden diese Tätigkeiten als unproduktiv betrachtet und tauchen in Wohlstandsindikatoren nicht auf. Außerdem sind sie oftmals auch deshalb unsichtbar, weil sie zum Beispiel im privaten Raum oder in (marginalisierten) Communitys[78] stattfinden. Die Tätigkeiten werden abgewertet, indem sie wenig gesellschaftliche Anerkennung erhalten und schlecht oder gar nicht bezahlt werden.

78 Wir empfehlen an dieser Stelle die veröffentlichte Dissertation von Francis Seeck (2021), in der Seeck die unsichtbaren Tätigkeiten der Sorge in trans Communitys beleuchtet.

Manche Tätigkeiten lassen sich nicht eindeutig der Über- oder Unterwasserökonomie zuordnen, da sie im ›Dazwischen‹ liegen. Darunter fallen informelle, illegalisierte Arbeiten, Sexarbeit sowie schlecht entlohnte Jobs wie etwa in der Pflege, in industriellen Küchen oder in der Saisonarbeit auf dem Acker.

Das Eisbergmodell ist eine stark vereinfachte Darstellung von Wirtschaft und hat daher seine Grenzen. Bei diesem Modell geht es jedoch vor allem darum, folgende Punkte deutlich zu machen: Ökonomischer Reichtum, Fortschritt und Wachstum bauen auf der Ausbeutung der Unterwasserökonomien auf. Zu der Unterwasserökonomie sickert jedoch das globale Wirtschaftswachstum – metaphorisch gesprochen – nicht durch, sondern führt indes zu immer mehr Reichtum an der Spitze des Eisbergs. Diese Realität verstärkt soziale Ungleichheiten und führt entgegen der Versprechen liberaler Ökonom*innen nicht zu einem Trickle-down-Effekt, bei dem das Wachstum sich auf alle verteilen würde.

Die in der Unterwasserökonomie angesiedelten Tätigkeiten haben gemein, dass sie als natürliche, kostenfreie Ressource betrachtet und gehandelt werden. Auf diese Naturalisierung und Ausbeutung machen viele Ökofeminist*innen mithilfe des Eisbergmodells aufmerksam. Sie verdeutlichen den destruktiven Zusammenhang zwischen der Ausbeutung von Frauenarbeit bzw. weiblich konnotierter Arbeit und Natur. Diese werden als passive Ressource gerahmt und in der kapitalistischen Wirtschaftsweise ausgebeutet. Es findet außerdem eine Verschleierung statt. Die Tätigkeiten, mit denen du womöglich einen Großteil deiner Zeit verbringst und die es dir und deinen Mitmenschen erst möglich machen zu arbeiten, gar zu (über)leben, machen dich also aus der Sicht der klassischen Ökonomik nicht zur*m Arbeiter*in. Um wessen Arbeit geht es also in der (kapitalistischen) Wirtschaft? An was für einem Arbeiterbild orientiert sich *die* Wirtschaft?

Homo oeconomicus: Wer ist das Subjekt der Wirtschaftstheorie?

Nachdem wir die Frage nach dem Ganzen der Wirtschaft und dem Ganzen der Arbeit angerissen haben, stellt sich nun die Frage: Wer wird mitgedacht und wen haben wir vor Augen, wenn wir über Arbeit und Wirtschaft nachdenken? Wer Wirtschaftstheorie verstehen will, begegnet ziemlich schnell dem sogenannten Homo oeconomicus als Erklärungsmuster.[79] Der Homo oeconomicus, wie Jevons, Hobbes, Smith und andere Ökonom*innen ihn beschreiben, meint einen stets rational handelnden wirtschaftlichen Akteur, der auf dem freien Markt freie Entscheidungen trifft. Er ist nicht daran interessiert zu kooperieren, es geht ihm lediglich darum, seinen eigenen Nutzen zu maximieren. In unseren Wirtschaftsseminaren erschloss sich uns der Gedanke nie, dass Menschen immerzu an ihren eigenen Nutzen denkend rein rationale Entscheidungen treffen würden. Geschweige denn, wie wir dann immer zum besten Ergebnis für uns und andere gelangen bzw. dass der Markt oder eine unsichtbare Hand dies schon für uns regeln würde. Wo sind in diesem Modell beispielsweise unsere Emotionen, kulturelle Wertvorstellungen, soziale Zwänge, die materiellen Formen, mit denen wir Entscheidungen treffen, die unser Leben prägen und denen wir als Individuen nicht entkommen können? Die Antwort darauf gaben uns erst später zahlreiche Ökofeminist*innen: Der Homo oeconomicus stellt ein Konzept dar, welches den wirtschaftlichen Akteur par excellence in der klassischen Ökonomietheorie verkörpern soll. Bleiben wir bei dem Wort ›Verkörperung‹, denn genau hier setzt die ökofeministische Kritik an diesem Konzept an: Diese idealtypische ökonomische Figur verkörpert letztlich einen abled cis Mann, der körperlich fit, finanziell abgesichert, erbend und lohnarbeitsfähig ist und keine anderen Verpflichtungen hat. Vergessen wird dabei wahrscheinlich der Schwarm an FLINTA*-Personen um ihn herum, welche für ihn die notwendige Reproduktions- und Subsistenzarbeit übernehmen. Die Ökofeministin Mary Mellor schreibt in ihrem Text über den sogenannten *economic man* – den wirtschaftlichen Mann:

> »Der ›economic man‹ ist fit, mobil, leistungsfähig, unbelastet von häuslichen oder anderen Verpflichtungen. Er ist satt und ausgeruht. Die Güter, die er konsumiert, erscheinen ihm als fertige Produkte oder Dienstleistungen und verschwinden aus seinem Blickfeld, wenn er sie entsorgt oder entlässt. Für den Lebenszyklus dieser Waren oder Dienstleistungen trägt er ebenso wenig Verantwortung wie er sich Fragen stellt über die Herkunft der reinen Luft, die er atmet, oder die Entsorgung seiner Ausscheidungen. Der ›economic

79 Wir bedanken uns bei Anne Löscher für das Teilen ihres Wissens und ihres Humors.

man‹ ist eine Version von Oscar Wildes Dorian Gray. Während er in einer vermeintlich reibungslos funktionierenden Welt zu existieren scheint, stellt das Porträt auf dem Dachboden seinen tatsächlichen sozialen, biologischen und ökologischen Zustand dar. Der ›economic man‹ ist das Produkt eines ahistorischen, atomisierten Ansatzes zum Verständnis der menschlichen Existenz (Feiner 1999; Ferber und Nelson 1993). Was der ›economic man‹ überschreitet, ist die Welt des Körpers und der Natur, d.h. die Welt der ökologischen und biologischen Zeit.« (Mellor 2006: 3, eigene Übersetzung)

Mellor spricht zum einen von einem *disembodiment* dieser Figur, also einem Losgelöstsein von der eigenen Körperlichkeit, physischen Zyklen und Kreisläufen, die einen Einfluss darauf haben, wie wir in der Welt stehen und Entscheidungen treffen – nämlich nicht frei, sondern abhängig von bzw. gebunden an unsere körperlichen Gegebenheiten. Geht es uns beispielsweise psychisch nicht gut, treffen wir wahrscheinlich andere Entscheidungen als in einem mental gesunden Zustand. Darüber hinaus spricht Mellor von einer *disembeddedness* des ökonomischen Mannes. Damit meint sie, dass das Eingebettetsein in historische, soziale und auch ökologische Strukturen nicht mitgedacht wird. Es gibt keine frei herumfliegenden Individuen im luftleeren Raum. Der economic man ist eine atomisierte und ahistorische Figur, die sich nicht um ihre Welt um sich herum sorgen muss, aber »wie durch eine unsichtbare Hand« gut versorgt ist. Nicht nur die vielen Hände, die es wortwörtlich braucht, »um den economic man den economic man sein zu lassen«, kommen in dieser Konzeptualisierung nicht vor, sondern auch die ökologische Basis, die ihn nährt und von der er und die Wirtschaft nicht losgelöst sein können. Der Boden, der ihn trägt, der Sauerstoff, den die Wälder für ihn generieren, das klare Wasser, das seinen Durst stillt. Die feministische Ökonomin Julie A. Nelson weist bereits 1997 auf Aussagen des Philosophen Thomas Hobbes hin, der ökonomische Akteure beschreibt »als ob sie erst jetzt der Erde entsprängen und plötzlich, wie Pilze, zur vollen Reife kämen, ohne jede Art von Bindung aneinander« (Hobbes zitiert nach Nelson 1997: 155, eigene Übersetzung). Mit diesem Vergleich mit den Pilzen sägt Hobbes jedoch an seinem eigenen Ast, denn sein Argument vergisst, wie interdependent Pilze mit ihrem Ökosystem sind. Hobbes' Vergleich zeigt wieder den (Irr-)Glauben an eine völlige Unabhängigkeit wirtschaftlicher Akteure, die keiner Rücksichtnahme bedürfen und keine Abhängigkeit(en) haben. Die Metapher des Pilzes ist vielmehr gar kein inakkurates oder gar schlecht gewähltes Exempel: Pilze sind insbesondere für ihre unterirdischen Flechtstrukturen, ihre Sporen, ihr Eingebettetsein und ihre Kommunikationsrolle im Ökosystem Wald bekannt. Sie bilden ein Myzel. Somit verkörpern Pilze vielmehr ein Verwobensein mit der Umwelt, eine Gemeinschaft oder eine Ökodependenz. Die feministische Anthropologin Anna Lowenhaupt Tsing hat ein ganzes essayistisches Buch, *Der Pilz am Ende der Welt*, darüber geschrieben, wie wir aus nichtmenschlicher Sicht – und zwar aus Sicht der Matsutake-Pilze – unsere kapitalistische Gegenwart erklären und neu denken können.

Thomas Hobbes' Sichtweise auf die (Un-)Abhängigkeiten der Menschen ist die vorherrschende Denkweise in den orthodoxen Wirtschaftstheorien. Diese Hegemonie drückt sich nicht nur in dem, was an den Universitäten gelehrt wird, aus, sondern auch darin, wie die breitere Gesellschaft über Wirtschaft nachdenkt. Nicht zuletzt wirkt sie sich auf die gesellschaftliche Realität und damit auch auf die Arbeiter*innen aus. Sie hat Einfluss darauf, welche Ansprüche beispielsweise Unternehmen an Mitarbeitende in Bezug auf *workload* und körperliche Kapazitäten stellen. Der Kapitalismus basiert auf eben jener Trennung und Atomisierung: Die Arbeit wird getrennt von den Körpern, die diese verrichten und für die diese verrichtet wird. Arbeit wird von Kreisläufen des Alltags, des Lebens, von Körpern, ob menschlich oder mehr-als-menschlich, abgeschnitten. Was versteht der Ökofeminismus demgegenüber als Arbeit?

Das Pausenbrot Schmieren in der Unterwasserökonomie: Was ist (keine) Arbeit?

In einer marxistisch-feministischen Betrachtung zählt das Pausenbrot Schmieren so wie viele weitere (aber nicht unbedingt alle!) im Gedankenspiel gesammelte Tätigkeiten zur sogenannten Reproduktionsarbeit. »Unter Reproduktionsarbeit soll die unter den jeweiligen kapitalistischen Bedingungen zur Reproduktion der Arbeitskraft notwendigen Tätigkeiten verstanden werden, die nicht warenförmig, sondern ausschließlich am Gebrauchswert orientiert in familialen und ehrenamtlichen Bereichen realisiert werden« (Winker 2011: 1). Ohne Mampf kein Kampf! Ohne das Pausenbrot kann der Lohnarbeiter nicht arbeiten – also seine Arbeitskraft gar nicht erst zur Verfügung stellen. Vielmehr noch: Ohne das Pausenbrot, das Staubflusen Entfernen, das Wäschewaschen und die Zuneigung seiner Mitmenschen kann der Lohnarbeiter nicht überleben. Aber auch die kapitalistische Produktionsweise braucht diese Arbeit: »Das Kapital braucht [...] immer wieder neue, lebendige, gesunde, kräftige, satte, gewaschene, sexuell befriedigte Menschen, aus denen es Arbeitskräfte aussaugen kann« (Mies 2009: 263). Sowohl die ökofeministische Soziologin Maria Mies als auch die feministische Philosophin Johanna Oksala unterstreichen die spezifische Funktion, die Reproduktionsarbeit für das kapitalistische System einnimmt: Sie hält es am Laufen bzw. Leben! »Der systemische Charakter der Verbindung zwischen Unterdrückung von Geschlechtern und Umweltzerstörung wird erkennbar, wenn wir die unverzichtbare Funktion erkennen, die die Naturalisierung der reproduktiven Arbeit von Frauen im zeitgenössischen Kapitalismus spielt« (Oksala 2018: 220), oder, um es in den Worten der Marxistin Tithi Bhattacharya zu formulieren:

> »Lassen Sie uns die Frage ›Wer unterrichtet den Lehrer?‹ leicht abwandeln und diese Frage an den Marxismus richten: Wenn die Arbeit der Arbeiter den gesamten Reichtum der Gesellschaft produziert, wer produziert dann den Arbeiter? Oder anders formuliert: Welche Prozesse ermöglichen es der Arbeiterin, jeden Tag an ihrem Arbeitsplatz zu erscheinen, damit sie den gesellschaftlichen Reichtum produzieren kann? Welche Rolle spielt das Frühstück für ihre Arbeitsbereitschaft? Was ist mit einer guten Nachtruhe? Noch unklarer wird es, wenn wir die Fragen auf Prozesse außerhalb des Haushalts dieser Arbeiterin ausweiten. Hat die Schulbildung, die sie erhalten hat, sie nicht auch ›produziert‹, indem sie sie arbeitsfähig gemacht hat? Was ist mit den öffentlichen Verkehrsmitteln, die sie zur Arbeit bringen, oder mit den öffentlichen Parks und Bibliotheken, die ihr Erholung bieten, damit sie sich regenerieren kann, um wieder zur Arbeit zu kommen?« (Bhattacharya 2017: 2, eigene Übersetzung)

Die feministische Politikwissenschaftlerin Joan Tronto und die feministische Ökonomin Nancy Folbre erweitern die Liste an Tätigkeiten, die gesellschaftliches (Über-)Leben erst möglich machen, zudem um Tätigkeiten wie emotionale Sorge: Wer fragt eigentlich nach einem langen

Arbeitstag, wie es dem Arbeiter geht oder wie die Schule für das Kind war? Wer kümmert sich um körperliche Bedürfnisse und Sex? Die feministische Marxistin und »Lohn für Hausarbeit«-Aktivistin Mariarosa Dalla Costa erklärt in ihrem Buch *The Power of Women and the Subversion of the Community* (1972), dass auch das Gebären von Kindern eine Art von kostenloser Arbeit für den Kapitalismus ist, insofern, als dass neue (männliche) lohnarbeitende Generationen entstehen, die Mehrwert für das Kapital produzieren.

Wenn also beispielsweise der Akt des Pausenbrot Schmierens bloß als Akt weiblicher Liebe und nicht als Arbeit verstanden wird, hat das mit dem Verständnis von Arbeit im Kapitalismus zu tun. Da Reproduktionsarbeit keine Waren und somit keinen Wert produziert;[80] da sie anders funktioniert als die Lohnarbeit (unbezahlt und ohne Arbeitsvertrag); da sie an anderen Orten als beispielsweise in der Fabrik stattfindet (Haushalt, in Communitys), wird oft gefolgert, dass sie keine Arbeit sei:

> »Die Arbeit von Frauen in der unbewerteten Wirtschaft basiert auf räumlichen und zeitlichen Grenzen. Als verkörperte und eingebettete Arbeit findet die Arbeit von Frauen in einem begrenzten Raum statt. Sie bleibt in der Nähe des Hauses. Diejenigen, die häusliche Pflichten erfüllen, können sich nicht weit von dieser Verantwortung entfernen, was die Möglichkeiten in der bewerteten Wirtschaft einschränkt. Im Gegensatz zu ihrer räumlichen Begrenzung ist die Frauenarbeit zeitlich unbegrenzt. Die Arbeit der Frauen endet nie. Ihre Routine bedeutet, dass sie sich ständig wiederholt, und sie muss erledigt werden, wenn sie gebraucht wird, bei Tag oder bei Nacht. Die Kranken müssen gepflegt werden, wenn sie krank sind, die Kinder, wenn sie aufwachen.« (Mellor 2006: 142, eigene Übersetzung)

Wir sprechen an dieser Stelle darüber, was in einem kapitalistischen System gesellschaftlich betrachtet Arbeit ist und was nicht, weil – wie wir in Kapitel 2 gesehen haben – besonders marxistische Ökofeminist*innen die Gesellschaft durch die Linse der Arbeit betrachten. Die Bielefelderinnen, auf

---

80 Auf die Frage, ob Reproduktionsarbeit letztlich produktiv ist und inwiefern sie Mehrwert generiert, kann an dieser Stelle nicht eingehend eingegangen werden. Sie ist Gegenstand der sogenannten Werttheorie und theoretischer Debatten in der *Social Reproduction Theory*. Für eine Vertiefung siehe z.B. die Arbeiten von Lise Vogel sowie die Arbeiten der Bielefelderinnen.

die wir weiter unten genauer eingehen, und marxistische Feminist*innen wie Federici, Dalla Costa und Waring formulieren eine feministische Kritik der Politischen Ökonomie, welche jene von Marx[81] erweitert. Feministische Ökonom*innen verorten die von uns eingangs aufgeführten Tätigkeiten wie das Schmieren von Pausenbroten in der informellen Wirtschaft – oder, ökofeministisch formuliert: in der Unterwasserökonomie. Das Pausenbrotschmieren ist ein gutes Beispiel, um das Verhältnis zwischen Lohnarbeit und unentlohnter Arbeit zu verdeutlichen. Maria Mies spricht von einer »Ideologie des Lohnarbeitsregimes« (Bennholdt-Thomsen und Mies 1997: 188) und bezeichnet damit die Fixierung in kapitalistischen Systemen auf die Lohnarbeit, welche die eigentliche Ökonomie außer Acht lässt. Als Beispiel dafür führt sie all die Arbeiten im sogenannten informellen Sektor an, welche de facto keine Lohnarbeit sind, aber mit der ein Großteil der Menschen das eigene Überleben sichert. Sie problematisiert damit also die Gleichsetzung von Arbeit mit Lohnarbeit: »Für unbezahlte Arbeit existiert kein Arbeitsbegriff« (ebd.).

Auch die feministischen ökologischen Ökonominnen Adelheid Biesecker und Sabine Hofmeister thematisieren jene Trennungsstruktur zwischen Produktion und Reproduktion sowie deren Hierarchisierung. Sie fordern die Betonung der Produktivität der reproduktiven Sphäre, da ihnen zufolge auch Reproduktionsarbeit produktiv ist. Dementsprechend fordern sie die Aufhebung der Trennung von Produktion und Reproduktion und formulieren die neue Kategorie der »(Re)Produktivität« (Biesecker 2011: 79). Der Begriff (Re-)Produktivität bezieht sich auf das komplexe Zusammenspiel und die Interdependenz produktiver Prozesse im sozialen und ökologischen Raum. Er dient als Kategorie zur Vermittlung zwischen Reproduktivem und Produktivem sowie zwischen

81 Christine Bauhardt schreibt, dass Marx Arbeit (u.a.) als Modus der Vergesellschaftung versteht, was bedeutet, dass wir Menschen durch Arbeit in Beziehung gesetzt werden. Daher ist die Linse der Arbeit entscheidend, um das historisch gewachsene kapitalistische Vergesellschaftungsverhältnis immer wieder neu zu analysieren. Marx hat zwei Arbeitsbegriffe: einen sehr weiten anthropologischen Arbeitsbegriff, der Arbeit als »Stoffwechsel« und somit jeglichen Austausch mit der Natur beschreibt, und einen sehr engen Arbeitsbegriff der produktiven Arbeit in der kapitalistischen Gesellschaftsform (zum Weiterlesen: Bauhardt 2019: 253).
Wir danken Lola Fischer-Irmler für ihren verlässlichen marxistischen Blick und die Ausdauer bei der Lektüre dieses Kapitels.

Natur und Gesellschaft (die, wie wir im weiteren Verlauf sehen werden, sowieso nicht voneinander getrennt zu betrachten sind).

Die Erfindung neuer Begriffe ist unter Ökofeminist*innen keine Seltenheit und gehört mit zu ihren wichtigen Beiträgen zur feministischen Theoriebildung. Die neuen Begriffe entstehen sowohl aus ihrer Theorie als auch aus ihrer Praxis:

> »Dabei sind im Laufe der Jahre, im Laufe unserer Kämpfe und unseres Darüber-Nachdenkens einige zentrale Begriffe aus der anfänglichen Dämmerung ans Tageslicht getreten. [...] Entweder füllten wir – was uns die orthodoxen Marxisten stets als Sünde wider den Heiligen Geist ankreideten – diese Begriffe mit neuen, erweiterten Bedeutungsinhalten, z.B. indem wir nachwiesen, daß Hausarbeit in jedem Sinne ›produktive‹ Arbeit ist, oder wir schufen auch neue Begriffe und gaben anderen, die bisher in der Marxschen [sic] Analyse eine untergeordnete Rolle spielten, eine zentrale Bedeutung. So betonten wir z.B. die ›Reproduktion‹ vor der ›Produktion‹.« (Mies 1983: 47)

In diesem Zitat von Maria Mies wird deutlich, warum wir zunächst eine marxistische Analyse benötigen, um den Ökofeminismus zu verstehen. Ökofeminist*innen wie Mies waren sowohl maßgeblich an der wichtigen Entwicklung beteiligt, Marx' Arbeit für eine Analyse der Geschlechterverhältnisse fruchtbar zu machen, als auch an den dazugehörigen Streitigkeiten über den Wert der Hausarbeit. Gerade die Hausarbeitsdebatte durchzog die Hochzeit des Ökofeminismus sowohl zeitlich als auch inhaltlich. Die verschiedenen Feminist*innen jener Zeit begegneten sich in universitären und in Bewegungskontexten und waren regelmäßig im Austausch miteinander. Dies erklärt, warum wir im Wechsel von marxistischen Feminist*innen/feministischer Ökonomie und Ökofeminismus sprechen.

Aus ihrer Kritik an den zentralen marxistischen Begriffen[82] erwuchsen insbesondere unter Maria Mies, Claudia von Werlhof und Veronika Bennholdt-Thomsen neue ökofeministische Begrifflichkeiten. Der ökofeministische Begriff der Subsistenz hieß anfänglich noch »Subsistenzre-produktion«:

---

82 Weiter kritisiert Mies unter anderem Marx' Arbeitsbegriff, seinen Begriff der produktiven Arbeit sowie seinen Naturbegriff.

»Wir merkten so bald, daß diese Fetischisierung Marx'scher Begriffe uns nicht weiterhalf. ›Subsistenz-re-produktion‹ war bereits in die Zwangsjacke der kapitalistisch-patriarchalischen Arbeitsteilung gepreßt, woraus wir keinen Ausweg für die Befreiung von Frauen und Unterentwickelten sahen. Wieso sollte die ›Produktion von Leben‹ (Mies 1980) lediglich Reproduktion von Arbeitskraft sein? Wieso akzeptierten wir überhaupt, daß nur das Kapital und die ›ihm‹ real ›subsumierte‹ Arbeit, die Lohnarbeit produktiv sei? Wieso war die Herstellung von Geld und Dingen ›produktiv‹, ›wertvoll‹, die Herstellung von Menschen nicht? (v. Werlhof 1983) Also gaben wir im Verlauf unserer Arbeiten das re auf, wenn es um die Produktion von Leben im weitesten Sinne ging. Wir sprachen hinfort also nur noch von Subsistenzproduktion.« (Mies 1983: 49)

Schließlich wandten also einige Ökofeminist*innen, die ihre Ausführungen zwar aufbauend und angetrieben von marxistischer Analyse entwickelten, sich sogar ganz vom marxistischen Vokabular ab und entwarfen neue Begrifflichkeiten, um Arbeit in der Gesellschaft besser greifen zu können, sodass sogar ein neuer Klassenbegriff entsteht.

Ein ökofeministischer Klassen- und Arbeitsbegriff oder: Was ist denn nun auch noch meta-industrielle Arbeit?

Laut der marxistischen Ökofeministin Ariel Salleh verbindet Frauen auch über Differenzen hinweg (Schwarze Frauen, migrantisierte Frauen, *weiße* Frauen der Mittelklasse usw.) das gemeinsame Verhältnis zur Reproduktion. Das bedeutet nicht gleich, dass sie identische Erfahrungen machen, aber es gibt Überschneidungen, die nicht zu verkennen sind. Dieser gemeinsame Nenner ermöglicht es ihnen, gemeinsam zu sprechen:

»Die Einbettung von Frauen in die Reproduktionsweise ist mehr als üblich, trotz der schuldhaften Behauptung einiger Mittelklasse-Feministinnen, dass Ökofeministinnen kein Recht hätten, ›für‹ die Frauen der Dritten Welt zu sprechen. In Wirklichkeit überschneiden sich die Erfahrungen von Frauen aus dem Zentrum und der Peripherie in ausreichendem Maße, um gemeinsam zu sprechen.« (Salleh 1997: 211, eigene Übersetzung)

Salleh bestärkt in diesem Zitat, dass eine globale Sicht auf weibliche Reproduktionsarbeit durchaus gerechtfertigt ist, weil Frauen – über sonstige Differenzen hinweg – die Erfahrung mit Reproduktionsarbeit teilen. Damit ändert sich auch das politische oder revolutionäre Subjekt.[83] Bisher galt: »Wir werden als meckernde Zicken gesehen und nicht als kämpfende Arbeiterinnen« (Federici 2021: 39). Federici verdeutlicht, wie misogyne Vorurteile gegenüber widerständigen, rebellischen und politischen Frauen immer wieder zu ihrer (nicht nur verbalen!) Abwertung führen, anstatt dass sie als widerständige und aus ihrer Arbeitserfahrung heraus Kämpfende betrachtet werden. Wenn der *economic man* also gar nicht das wahre Subjekte der Wirtschaft ist, da man für eine solche Ansicht viele Akteur*innen unter den (Küchen-)Tisch fallen lassen oder erst die Tür zum Garten öffnen muss, wie Dalla Costa sagen würde, *wer sind dann die tatsächlichen Subjekte der Wirtschaft (und der Revolution)*? Wie wir im Verlauf dieses Kapitels gezeigt haben, erweitern (öko)feministische Perspektiven nicht nur den Arbeitsbegriff, sondern auch den Blick auf die Klasse. Sie denken die vielen weiteren Arbeitenden (unterhalb der Wasseroberfläche, in der Unterwasserökonomie) mit, wenn sie von Klasse sprechen. Ein konkretes Konzept, um den Klassenbegriff zu erweitern, ist das der »meta-industriellen Arbeit« beziehungsweise »meta-industriellen Klasse« von Ariel Salleh (Salleh 2017 [1997]).

Meta-industrielle Arbeit bezeichnet solche Tätigkeiten, die nicht direkt Teil von kapitalistischen Produktionsprozessen sind, sondern Naturstoffe als Gebrauchswerte verfügbar machen. Es ist die Arbeit der Bäuer*innen, Sammler*innen und Sorgetragenden. Sallehs Klassenbegriff meint also auch ein materielles Verhältnis, denn diese Arbeiter*innen haben ein materielles Verhältnis zu Reproduktion. Damit stehen sie aber nur in gewisser Weise außerhalb des Kapitalismus. Salleh schließt sich mit dieser Verortung der oft als äußerlich betrachteten Arbeitsverhältnisse, wie andere Ökofeminist*innen auch, Rosa Luxemburg an. Während Luxemburg allerdings von einem nicht-kapitalistischen Milieu, das Teil des kapitalistischen Verwertungszusammenhangs ist, ausgeht, argumentiert Salleh diesbezüglich, dass die meta-industrielle Klasse aufgrund ihrer

83 Wir bedanken uns sehr bei Lisa-Marie Hauck für ihre hilfreichen Kommentare und Lesefragen.

spezifischen Qualitäten nie vollends im kapitalistischen System aufgehen werde.[84]

Salleh stellt in ihrem Konzept der meta-industriellen Klasse die Produktionsweise des extraktivistischen, kapitalistisch produzierenden Sektors (1) dem Ökosystem (als regenerativem thermodynamischem Sektor) (2) und der Re-Produktionsweise (als regenerativem meta-industriellem Sektor) (3) gegenüber. Sie unterscheidet diese anhand der folgenden Kriterien und Eigenschaften und macht damit auch jene Charakteristika deutlich, die sich menschliche und nicht-menschliche Natur teilen:

Das Konzept der meta-industriellen Klasse nach Salleh 1997 (eigene Übersetzung)

	Produktionsweise des extraktivistischen produzierenden Sektors	Das Ökosystem (unterschwellige Ökonomie als regenerativer thermodynamischer Sektor)	Re-Produktionsweise (unterschwellige Ökonomie als regenerativer meta-industrieller Sektor)
Akteure	Unternehmer, Lohnarbeit	Böden, Wasser, Pflanzen, Tiere	Bäuer*innen, Indigene, Sorgearbeitende
Ziele	Akkumulation, Macht, strukturelle Reform	Regeneration, Reproduktion	Gesundheit, Suffizienz, kulturelle Autonomie
Logik	reduktionistisch, linear, Aktienfokus	relational, zyklisch, stromorientiert, Biokomplexität	relational, zyklisch, stromorientiert Biokomplexität
Nutzen	Tauschwert	metabolischer Wert, Gebrauchswert	Gebrauchswert
Kosten	Ausbeutung des Überschusses der Arbeitnehmer*innen, Erschöpfung bäuerlicher und häuslicher Arbeit, Zerstörung natürlicher Kreisläufe	null	null

84 In *Einverleiben und Externalisieren* (2022b: 47f.) behandelt Anna Saave Rosa Luxemburgs Argumentation tiefergehend und verbindet ökofeministische Begriffe mit ihrem Konzept des »Einverleibens«.

»Meta-industrielle Arbeit ist Arbeit, die umfassender ist als Arbeit im industriellen Kapitalismus, weil sie menschliche und natürliche Zyklen vermittelt. Sie umgibt die industrielle Arbeit und schafft die Bedingungen für ihre Reproduktion und die Absorption der von ihr verursachten Schäden« (Saave 2023a). Die teils großen Differenzen zwischen den verschiedenen Subjekten der meta-industriellen Klasse sind dabei für Salleh weniger entscheidend als die geteilten materiellen Erfahrungen, die sie tagtäglich in ihrer Arbeit mit ihren Händen machen, die sie verbünden und ihnen einen gemeinsamen Kampf ermöglichen.[85]

Die meta-industrielle Klasse ist nach Salleh die zahlenmäßig größte. Dieser Gedanke taucht auch bei den Bielefelderinnen auf. Doch entscheidend ist nicht nur die quantitative Mehrheit, sondern auch ein qualitativer Gedanke: Das Verhältnis, das die meta-industriellen Arbeiter*innen zur sozialen und ökologischen Reproduktion haben, macht sie letztendlich zu einem entscheidenden Faktor für das Leben. Damit werden sie Salleh zufolge zu den eigentlichen »Akteurinnen der Geschichte« (Salleh 2017: 19). Damit meint Salleh allerdings nicht, dass diese Klasse bereits herausgebildet ist – also eine Klasse ›für sich‹ ist. Sie möchte auf die Stärke einer solchen neuen Klassenformation hinweisen, die sich in der Praxis von meta-industriellen Arbeiter*innen bereits andeutet.

Was hat die Arbeit von Hausfrauen in der BRD mit der Arbeit von mexikanischen Kleinbäuer*innen zu tun?

Was hat Hillary Clinton mit Kühen zu tun?

Die folgende Geschichte erzählte Farida Akhter aus Dhaka, Bangladesch, auf der Tagung ›Frauenpower, weltweit‹ (Sommerakademie der Frauenstudien, München, Juli 1996). Im April 1995, einige Monate vor dem Beginn der Weltfrauenkonferenz in Beijing, besuchte die First Lady der USA, Hillary Clinton, Bangladesch. Sie war gekommen, um das Grameen-Bank-Projekt zu besuchen. Die Verantwortlichen hatten alle möglichen Vorkehrungen getroffen, damit Hillary Clinton

85 Wir danken Anna Saave für ihre wertvollen und solidarischen Denkanstöße beim Korrekturlesen dieses Kapitels.

mit den Dorffrauen reden konnte, die einen Grameen-Bank-Kredit bekommen hatten. Ms Clinton wußte, daß diese Frauen vorher alle arm waren, aber das Kreditprogramm hatte sie ›empowered‹ (ermächtigt). Denn ›empowerment‹ heißt für die Grameen-Bank und in der Entwicklungspolitik: eigenes Geldeinkommen und Eigenbesitz zu haben. Hillary besuchte die Frauen aus dem Dorf Maishahati und stellte ihnen Fragen. Die Frauen sagten auch alle ganz stolz: Ja, sie hätten ein eigenes Einkommen und auch ›Eigenkapital‹ in Form von Kühen, Hühnern, Geflügel usw. Ihre Kinder gingen zur Schule. Aber Hillary war nicht auf die nächste Runde vorbereitet, als die Frauen ihr plötzlich dieselben Fragen stellten. Der Austausch von Fragen und Antworten zwischen den Dorffrauen und Hillary verlief wie folgt:

– Apa (Schwester), hast du Kühe?

– Nein, habe ich nicht.

– Hast du ein eigenes Einkommen?

– Ja, früher hatte ich das. Aber seit mein Mann Präsident wurde und ich ins Weiße Haus ziehen mußte, habe ich aufgehört, Geld zu verdienen.

– Wie viele Kinder hast du?

– Eine Tochter.

– Möchtest du mehr Kinder haben?

– Ja, ich wünschte mir noch ein oder zwei weitere Kinder, aber wir sind ganz glücklich mit unserer Tochter.

Da sagten die Dorffrauen: Poor Hillary! Hillary hat keine Kuh, kein eigenes Einkommen, und sie hat nur eine Tochter. Hillary war in den Augen der Dorffrauen aus Bangladesch nicht ›empowered‹, keine ermächtigte Frau. Eigentlich hatten sie Mitleid mit ihr.

(Bennholdt-Thomsen und Mies 1997: 7)

Meine Mutter und die Sau. Das Leben soll weitergehen

Bei mir, Maria Mies, fing die Geschichte der Subsistenzperspektive mit meiner Mutter an. Die Frage nach der Geschichte der Subsistenz führt unvermeidlich zu der Einsicht in die Verwobenheit der eigenen Lebensgeschichte mit der Zeitgeschichte. Als ich mich fragte, wo ich mit diesem Rückblick beginnen sollte, fiel mir meine Mutter und ihre Sau ein. Meiner Mutter zu Ehren möchte ich diese Geschichte erzählen. Es war im Februar oder März des Jahres 1945. Der Krieg ging dem Ende entgegen. Meine Eltern waren Bauern. Unser Dorf lag in der Nähe der Front, in der Eifel. Fünf meiner Brüder waren Soldaten, irgendwo. Um diese Zeit kamen die zerlumpten, verlausten Soldaten der geschlagenen deutschen Armee von Westen zurück und suchten Wärme und ein bißchen Essen bei den Bauern. Mutter kochte jeden Abend einen Topf Milchsuppe und einen Topf Pellkartoffeln. Jeden Abend saßen Soldaten mit uns am Tisch. Die Menschen hatten die Hoffnung aufgegeben. Die meisten Bauern schlachteten ihre Kühe, ihre Schweine, sie dachten nicht mehr daran, ihre Äcker zu bestellen, zu säen. Alle warteten auf das Ende des Krieges, ohne daß sie über das Ende hinausdachten. In dieser Zeit brachte meine Mutter eine Sau zum Eber ins Nachbardorf – Schweine und Ferkelaufzucht war Frauensache. Es war auch eine ihrer Einnahmequellen. Die Nachbarn lachten sie aus und sagten, sie solle lieber ihr Schwein schlachten, ob sie denn nicht sähe, daß alles zu Ende ginge. Da sagte meine Mutter: Das Leben geht weiter! Vielleicht sagte sie auch: Das Leben muß weitergehen. Sie brachte ihre Sau zum Eber. Und Ende Mai, als der Krieg zu Ende war, bekam die Sau zwölf Ferkel. Niemand hatte in dieser Zeit Ferkel oder Kälber oder Fohlen. Da das Geld keinen Wert mehr hatte, tauschte Mutter ihre Ferkel gegen Schuhe, Hosen, Hemden und Jacken für ihre fünf Söhne, die einer nach dem anderen aus dem Krieg zurückkamen. Das Leben ging weiter. Aber ging es von selbst weiter? Meine Mutter hat sich ja nicht einfach hingesetzt und gesagt: Das Leben wird schon weitergehen – oder als christliche Bäuerin: Der Herr wird schon sorgen! Sie wußte, daß sie etwas tun mußte, daß sie mit der Natur mitwirken mußte, wie sie immer sagte, damit das Leben weitergehen konnte. Das Leben sollte weitergehen. Das war ihr Wunsch, ihre Leidenschaft, das machte ihren Lebensmut und ihren Lebenswillen aus. Meine Mutter war keine Feministin, und das Wort Ökologie kannte sie nicht. Aber sie hatte etwas erkannt, das heute so dringend notwendig ist wie das tägliche Brot, nämlich, daß wir Verantwortung für das Leben übernehmen müssen, wenn wir wollen, daß es weitergeht. Heute wissen wir, daß das Leben nicht mehr einfach von selbst, ›von

Natur aus‹ weitergeht. Die zunehmenden ökologischen Katastrophen lehren uns, daß die moderne Industriegesellschaft mit ihrer Jagd nach ständigem Wachstum von Waren und Geld die Regenerierbarkeit der Natur, des Lebens zunehmend zerstört, bis es nicht mehr kann. Das gilt für die menschliche Natur, besonders für die Frauen, die Kinder, wie für die außermenschliche Natur. Denn bislang waren es die Frauen, Frauen wie meine Mutter, die im Alltag, vor allem aber nach Kriegen und anderen Katastrophen die Verantwortung übernahmen, daß das Leben weiterging, für ihre Töchter, Söhne, Männer und für die Natur. Sie räumen nach den Kriegen, die die Männer gegen die Natur und fremde Völker führen, auf. Die Subsistenzperspektive bedeutet für uns Feministinnen jedoch nicht nur, dafür zu sorgen, daß das Leben nach den patriarchalen Kriegen weitergeht, sondern daß solche Kriege nicht mehr stattfinden.
(Bennholdt-Thomsen und Mies 1997: 13f.)

»Wer aber sind diese ›nicht‹-kapitalistischen Produzenten, solche, die also nicht Waren für Lohn produzieren? Es ist die Mehrheit: Hausfrauen in der ganzen Welt, Subsistenzbauern beiderlei Geschlechts vor allem in der Dritten Welt und das Heer männlicher und weiblicher sogenannter ›Marginalisierter‹ vornehmlich ebenfalls in der Dritten Welt. (Leider war Rosa Luxemburg bei den Bauern stehen geblieben.)«
(von Werlhof 1978: 20)[86]

Die Gemeinsamkeit von Arbeit von Hausfrauen in der BRD und der Arbeit mexikanischer Kleinbäuer*innen ist folglich, dass es sich bei

86 In diesem Zitat geht von Werlhof von einer Zweigeschlechtlichkeit aus und übersieht für uns die Vielfalt der Geschlechter fernab von Binarität (Lesben, inter, nicht-binäre, trans und agender Personen). Zwar scheint es ihr um ein Geschlechterverhältnis zu gehen und es ist empirisch belegt, dass mehrheitlich Frauen nicht entlohnte Arbeit leisten, die gesellschaftliche Realität pluraler Geschlechtsidentitäten wird hier aber verdeckt.
Das Konzept der ›Dritten Welt‹ (wie auch die Forderung nach ›Einer Welt‹) wurde in den 1960er-Jahren als herrschaftskritischer Begriff verwendet. Zum Beispiel haben antikoloniale Theoretiker wie Frantz Fanon in den 1950er-Jahren damit Bezug auf den ›Dritten Stand‹ genommen, um die Kolonisierten und Unterdrückten dieser Welt zu benennen. Heutzutage haben sich in der kritischen Entwicklungsforschung Konzepte wie ›Globaler Süden‹ und ›Globaler Norden‹ durchgesetzt, worauf wir auf S. 166 unter der Unterüberschrift »Ob Hausfrau oder Kleinbäuerin: Wie Subsistenzarbeit ausgebeutet wird« genauer eingehen.

beiden um von Werlhofs »nicht-kapitalistische Produzenten« handelt. Diese Antwort auf unsere in der Überschrift gestellte Frage kommt von den ›Bielefelderinnen‹ rund um Maria Mies, Claudia von Werlhof und Veronika Bennholdt-Thomsen. Sie entwickelten den sogenannten Subsistenzansatz. Dieser stellt einen Blick ›von unten‹ dar, wie die Bielefelderinnen es nennen. Damit ist sowohl der Blick der Mutter nach dem Krieg als auch der der bangladeschischen Dorffrauen gemeint. Der Subsistenzansatz betrachtet die Welt vom Lebensnotwendigen her. Er wurde im Zuge der Hausarbeitsdebatte der 1970er von den Forscherinnen jener Bielefelder Gruppe konzipiert und ist zugleich marxistische Analyse und Utopie. Während marxistische Analysen das Verhältnis zwischen Lohn und Kapital diskutieren, betrachten marxistische Feminist*innen auch das Geschlechterverhältnis als ein Arbeitsverhältnis. Die Bielefelderinnen intervenierten damit in marxistische Debatten, stellten in der marxistischen Politischen Ökonomie die ›Frauenfrage‹ sowie die Frage nach den Kolonien. Die Bielefelderinnen intervenierten auch in die Hausarbeitsdebatte der 1970er-Jahre. Sie warfen dieser Eurozentrismus vor und dass sie insbesondere bäuerliche Bereiche der unbezahlten Arbeit nicht miteinbeziehe. Sie verwiesen dabei besonders auf die Arbeit von Subsistenzbäuer*innen und weiteren marginalisierten Arbeiter*innen, insbesondere in Ländern des Globalen Südens. Mit ihrem Begriff der Subsistenzproduktion bezeichnen sie sowohl die produktive Arbeit von Hausfrauen in der BRD also auch die Arbeit von mexikanischen Kleinbäuer*innen, von Marginalisierten sowie weiteren informellen Arbeiter*innen.

Die Subsistenzarbeit – eine reproduktive Tätigkeit – funktioniert nach anderen Logiken als die Lohnarbeit: Den Bielefelderinnen zufolge bricht Subsistenzproduktion mit der Akkumulationslogik, die anderen (produktiven) Tätigkeiten (wie Lohnarbeit) innewohnt. Sie ist auf die Befriedigung von menschlichen Bedürfnissen sowie die »Herstellung und die Erhaltung des unmittelbaren Lebens« ausgerichtet: »Bei der Subsistenzproduktion ist das Ziel ›Leben‹, bei der Warenproduktion ist das Ziel Geld, das immer mehr Geld ›produziert‹, oder die Akkumulation vo[n] Kapital« (Mies 1983: 117). Die Bielefelderinnen schreiben der Subsistenzarbeit die Eigenheit zu, eine nicht-kapitalistische Produktionsweise zu sein. In diesem Punkt führen sie die Argumentation der

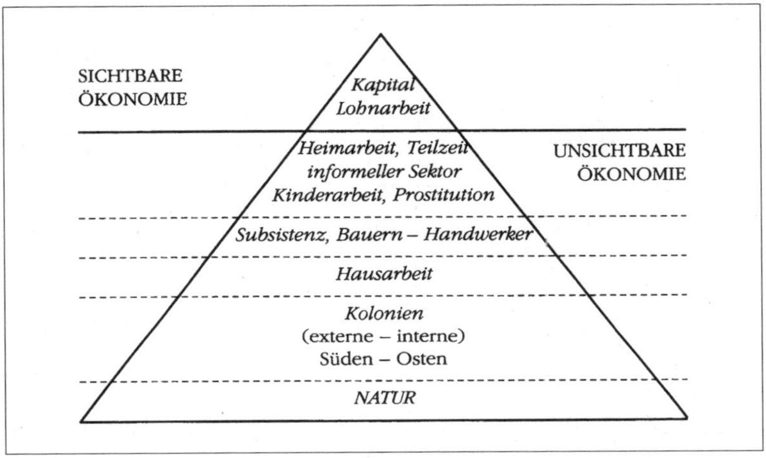

Das Eisbergmodell der Bielefelderinnen (Bennholdt-Thomsen und Mies 1997: 38)

sozialistischen Feministin (und Mutter materialistischer Ökofeministinnen) Rosa Luxemburg weiter: »Das Entscheidende ist, daß der Mehrwert weder durch Arbeiter noch durch Kapitalisten realisiert werden kann, sondern durch Gesellschaftsschichten oder Gesellschaften, die selbst nicht kapitalistisch produzieren« (Luxemburg 1913: 300). Das bedeutet jedoch nicht, dass diese Arbeit außerhalb kapitalistischer Verhältnisse steht oder stattfindet, vielmehr geht es darum, dass zum Beispiel die kleinbäuerliche oder häusliche Produktion unbezahlt Gebrauchsgüter für den direkten, den eigenen Gebrauch oder Konsum herstellt. Damit leisten Kleinbäuer*innen im Globalen Süden und Hausfrauen vielerorts eben jene unmittelbare, zum Erhalt des Lebens notwendige Arbeit. Doch was hat der Kapitalismus von der Arbeit etwa dieser beiden Gruppen? Welches Verhältnis im Kapitalismus wird darin deutlich? Subsistenzarbeit ist überhaupt erst die Voraussetzung und Basis für das Funktionieren des Kapitalismus und den Fortbestand und Erhalt des Lebens: »[D]ie Produktion von Waren ist ohne die Produktion von Leben nicht realisierbar« (Baier 2008: 77). Aus diesem Grund sprechen viele Ökofeminist*innen von ›das Leben zentrieren‹ oder davon, das Leben ins Zentrum zu rücken, und meinen damit, dass die Ökonomie nach der Reproduktionsarbeit, der sozialen Reproduktion oder Subsistenz ausgerichtet werden müsste. Das Verhältnis zwischen der auf Subsistenz ausgerichteten und der auf Waren ausgerichteten Produktion ist ein Abhängigkeits-, gar Ausbeutungsverhältnis, welches die Bielefelder Ökofeministinnen zum Gegenstand ihrer Forschungsarbeit machten und welches historisch gewachsen ist. Schauen wir uns dieses Abhängigkeitsverhältnis genauer an.

Ob Hausfrau oder Kleinbäuerin: Wie Subsistenzarbeit ausgebeutet wird

Mit der Erweiterung der Analyse von Ausbeutung um Frauen, Natur und die Kolonien hebt sich die Bielefelder Schule von vielen vorherigen Denker*innen ab. Die Bielefelderinnen vergleichen das Verhältnis zwischen ›Erster‹ und ›Dritter Welt‹ mit dem Verhältnis zwischen Mann und Frau:

> »In letzter Instanz stehen sich nicht einfach Lohnarbeiter und Kapitalisten antagonistisch gegenüber, sondern die armen Frauen der Dritten Welt und das Monopolkapital der Ersten Welt. Der Lage der Frauen am ähnlichsten ist die Lage der bäuerlichen Subsistenzproduzenten und der ›marginalen Masse‹ der städtischen ›Existenz‹-Produzenten in der Dritten Welt. [...] Nicht die Frauen haben den Status von Kolonien, sondern die Kolonien haben den Status von Frauen. Oder: Das Verhältnis von ›Erster‹ und ›Dritter‹ Welt entspricht dem zwischen Mann und Frau.« (von Werlhof 1978: 28)

In jenem Verhältnis zwischen ›Erster‹ und ›Dritter Welt‹ drückt sich den Bielefelderinnen zufolge auch das spezifisch kapitalistische Verhältnis zwischen Subsistenz- und Warenproduktion aus. Sie werden damit zu Vordenkerinnen von dem, was wir heute als Nord-Süd-Machtgefälle bzw. als Verhältnis zwischen ›Globalem Norden‹ und ›Globalem Süden‹ bezeichnen. Sie zeigen, dass sowohl Kolonien als auch Frauen als weitere Kolonien zum Zwecke der fortgesetzten ursprünglichen Akkumulation im Kapitalismus ausgebeutet werden. Diese Parallelität, gar Analogie, zwischen kolonialen und geschlechtsspezifischen Ausbeutungsverhältnissen bedeutet nicht, dass sich diese Ausbeutungsformen in identischer Weise ausdrücken, sondern dass sie sich materiell in ihrer Funktion für kapitalistisches Wachstum ähneln. Der Begriff der Kolonie meint nicht (mehr), dass es sich um tatsächliche geografische

Orte und Lebensräume handelt, sondern um koloniale Verhältnisse der gewaltvollen Aneignung.

Die Ausbeutung von den Kolonien Frau, Natur und Kolonie im Kapitalismus sieht nicht immer gleich aus, sie erfüllt aber den gleichen Zweck. Alle drei werden in einem fortgesetzten Prozess der ursprünglichen Akkumulation als »kapitalistisches Außen« räuberisch angeeignet. Sowohl Hausfrauen als auch Kleinbäuer*innen als Teil einer (subsistenz-) arbeitenden Klasse werden damit in der Sphäre der Unterwasserökonomie verortet. Diese Unterordnung wird durch rassistische und sexistische Ideologien verfestigt und legitimiert: durch ideologische Glaubenssätze in unserer Gesellschaft, die zum Beispiel (migrantisierte) Frauen in den Haushalt oder die Pflege verfrachten oder uns beibringen, dass FLINTA*s schlechter Maschinen bedienen könnten. So erscheint die Subsistenzarbeit aufgrund einer angeblichen ›körperlichen Essenz‹ als ›natürliche‹ Berufung derart konstruierter Gruppen.

Die Berücksichtigung dieser dreigliedrigen Ausbeutung von Frauen, Natur und Kolonien ist ein Herausstellungsmerkmal ökofeministischer Analyse, das von vielen Marxist*innen, Ökolog*innen und klassischen Ökonomen nicht mitgedacht wurde. Indem Ökofeminist*innen aufzeigen, dass sowohl Kolonien als auch Frauen und Natur als natürliche und kostenfreie (oder günstige) Ressource ver- und behandelt werden, verdeutlichen sie, inwiefern die Ausbeutung von Subsistenzarbeit zutiefst kolonial geprägt ist.

Auf Kosten anderer: Wie der Kapitalismus auf Kosten von Subsistenz entstanden ist und akkumuliert

Die Trennung zwischen Lohnarbeit und Subsistenzarbeit bzw. sozialer Reproduktion im weitesten Sinne ist historisch auf den Übergang der feudalen zur bürgerlichen kapitalistischen Gesellschaft zurückzuführen. Der Eisberg ist sozusagen historisch gewachsen. Er hat sich zu einem spezifischen historischen Moment herausgebildet und – wie dieser Absatz zeigen wird – er wächst immer weiter. Durch die Trennung der Arbeiter*innen von ihren Produktionsmitteln (etwa Land, Boden, Maschinen, Werkzeuge, Wissen) bildete sich erst jene vergeschlechtlichte und rassifizierte Arbeitsteilung heraus, die hegemonial wurde und sich weiter fortsetzt und ausdifferenziert. Das bedeutet nicht, dass es vor der Industrialisierung und Kommerzialisierung keine Hierarchien oder ausbeuterischen Arbeitsverhältnisse gab, die zum Beispiel sexistisch oder rassistisch waren. Auch bevor Bäuer*innen im Zuge der Industrialisierung in europäischen Staaten oder Indigene Gruppen im Zuge der Kolonialisierung von ihren Produktionsmitteln getrennt wurden, war die Arbeitsteilung zwischen den Geschlechtern sehr wohl patriarchal und hierarchisch organisiert. Schließlich gab es Adlige, Lehns- und Kolonialherren, die über versklavte Menschen, Plantagen, männliche und weibliche Bäuer*innen herrschten. Jedoch spielte die Einhegung von Allmenden (Commons) – also die Überführung von Gemeinbesitz in Privatbesitz – eine entscheidende Rolle, um den Kapitalismus voranzutreiben und zu konsolidieren. Dieser Prozess der Trennung, Enteignung und Einhegung zum Zwecke der Kapitalakkumulation wird von Marx als ›ursprüngliche Akkumulation‹ bezeichnet und von Feminist*innen wie Silvia Federici (insbesondere zur Einhegung von Allmenden), Rosa Luxemburg und den Bielefelderinnen als zentrales Moment für die Herausbildung der vergeschlechtlichten Arbeitsteilung benannt. Im Zuge der ursprünglichen Akkumulation entsteht etwa auch der Haushalt als Raum, der vom öffentlichen Raum getrennt wird:

> »Die Maßnahmen des 15. und 16. Jahrhunderts zur Ächtung von Bettlerei, Prostitution, Hexerei und bestimmten religiösen Sekten stärkten den Haushalt als Instrument der sozialen Kontrolle […], trieben die Menschen in die Haushalte, um ihren Lebensunterhalt zu bestreiten, und unterstellten unbemittelte Männer – und alle Frauen – der Herrschaft des ›Hausherrn‹ (engl. Master).« (Ferguson 2020: 25, eigene Übersetzung)

Der Haushalt avanciert im Zuge der Hexenverfolgung zu einem Instrument der sozialen Kontrolle über Körper, Wissen und Praktiken. Diese Domestizierung verlagert bestimmte Tätigkeiten in den häuslichen Bereich. Die historisch gewachsene vergeschlechtlichte Arbeitsteilung, die im häuslichen Bereich überwiegend von Frauen unbezahlt übernommen wird, aber auch informell und prekär vermarktlicht wird, folgt der Logik einer doppelten Privatisierung von Hausfrauen. Ein weiteres zentrales Moment für die Herausbildung der vergeschlechtlichten Arbeitsteilung war die Verallgemeinerung der Warenproduktion und somit im Zuge der

Industrialisierung der Zugang eines breiteren Spektrums der Gesellschaft zur Lohnarbeit. Seither ist der Arbeiter ›doppelt frei‹, da er zum einen nicht mehr Sklave ist und sozusagen seine Arbeitskraft frei verkaufen kann, zum anderen ist er ›befreit‹ von seinen Produktionsmitteln. Ohne Zugang zu und Kontrolle über Produktionsmittel bleibt vielen Menschen nichts weiter übrig, als »ihre nackte Arbeitsfähigkeit« (von Werlhof 1983: 144) auf dem Markt zu verkaufen – was als Proletarisierung bezeichnet wird.

Marx' Verständnis des doppelt freien Lohnarbeiters ist dahingehend begrenzt, dass die Arbeiten im Haus nicht als Arbeit verstanden werden. Das potenziell doppelt gewaltvolle Verhältnis der Arbeit im Haushalt als sowohl ausbeuterisch und unsichtbar, als auch in einem potenziell gewaltvollen Verhältnis zum lohnarbeitenden Partner, bleibt unerwähnt. Seine ›Proletarisierung‹ gilt demnach nicht für alle Arbeiten, Arbeitsfähigkeiten und Arbeiter*innen – weswegen wir den ökofeministischen Begriff der Hausfrauisierung benötigen.

Wir sind alle Hausfrauen!

> »Wir wollen und müssen aber sagen, dass wir alle Hausfrauen sind, dass wir alle Prostituierte sind und dass wir alle homosexuell sind, denn solange wir diese Spaltungen akzeptieren und denken, dass wir etwas Besseres, etwas anderes als eine Hausfrau sind, akzeptieren wir die herrschende Logik.«
> (Federici 2021: 47)

Ein wichtiges Konzept im Denken der Ökofeminist*innen ist der Prozess der Hausfrauisierung:

> »Die Hausfrau entsteht mit dem Bürger und dem Lohnarbeiter. Es handelt sich hierbei um ein grundlegendes und allgemeines kapitalistisches Produktionsverhältnis, das sich auch in der bäuerlichen Ökonomie der sogenannten Entwicklungsländer zusammen mit deren Verwandlung durch die kapitalistische Warenproduktion herstellt.« (Federici 2021: 48)

Mit dem Konzept der Hausfrauisierung wird der zeitgleich mit der oben beschriebenen Proletarisierung stattfindende Prozess der Entstehung der

Hausfrau benannt. So arbeiten etwa die Bielefelderinnen auf Basis ihrer Forschungsarbeiten in Indien, Venezuela und Mexiko die Gemeinsamkeit aller Subsistenzarbeiter*innen heraus, ob diese lohnarbeiten oder nicht – sie produzieren »unbezahlt Gebrauchsgüter für den direkten, den eigenen Konsum«, um überleben zu können. Der Knackpunkt der Bielefelder Analyse ist, dass sich das »im Zentrum des Weltsystems herausbildende Verhältnis zwischen Lohnarbeiter und Hausfrau [...] zum Modell gesellschaftlicher Arbeitsteilung schlechthin« (Baier 2008: 77) entwickelt hat. Federici fragt zudem: »Aber wie viele von uns konnten der Hausarbeit entkommen, trotzdem sie einen bezahlten Job haben?« (Federici 2012: 47). Dieser Analyse folgend kann keine*r der Hausarbeit entkommen, da es sich um ein kapitalistisches Verhältnis handelt, aus dem niemand heraustreten kann. Auch wenn wir (teilweise auch) lohnarbeiten, sind wir alle in gewisser Weise Hausfrauen. Mit ›Hausfrauisierung‹[87] und ›der Hausfrau‹ ist keine Identität[88] gemeint, sondern ein Konzept, das eine systemimmanente kapitalistische Logik aufdeckt: die andauernde strukturelle Entwertung und Unterordnung von allem dem Hausfraulichen Zuordenbaren. Akzeptieren wir die Spaltung in Hausfrauen und ›Bessere‹, so akzeptieren wir, wie Federici im obigen Zitat betont, die Logik der Herrschenden – eine Logik der Individualisierung, Abspaltung und Vereinzelung.

Ursprüngliche Akkumulation: Subsistenzarbeit wird fortlaufend vom Kapitalismus angeeignet

Silvia Federici stellt in ihrem Buch *Caliban und die Hexe* (2012 [1984]) heraus, dass Marx' ursprüngliche Akkumulation, die doppelte ›Befreiung‹ der Arbeitskräfte, die der Industrialisierung und Kommerzialisie-

87 Wir empfehlen an dieser Stelle den Aufsatz von Céline Barry (2023) *Die Produktion der binären Geschlechterordnung in der kapitalistischen politischen Ökonomie*, der das Konzept der Hausfrauisierung kolonialismuskritisch und queertheoretisch aktualisiert.

88 Damit klingt natürlich in gewisser Weise eine weibliche Geschlechtsidentität an. Der Prozess der Hausfrauisierung, den die Bielefelderinnen konzeptualisieren, ist in unserer Lesart aber erst einmal keinem bestimmten Geschlecht vorbehalten. Er beschreibt eine historische Entwicklung sowie einen andauernden Prozess. In unserer Lesart wären insbesondere FLINTA*s in Hausfrauisierungsprozesse involviert, in diese Richtung müsste das Konzept der Hausfrauisierung allerdings noch weiter aktualisiert werden.

rung im Europa des 16. Jahrhunderts vorausging, mit massiver Gewalt an Frauen im Zuge der Hexenverfolgung als zentrales Moment und treibende Kraft für die Akkumulierung von Kapital einherging.[89] Sie betrachtet die Hexenverfolgung zu Zeiten der merkantilistischen Blütezeit im 16. Jahrhundert im Kontext der damaligen Wirtschaftspolitik und deren Bedarfe. Sie beschreibt eine Interessenverschiebung, die zu einem erhöhten Bedarf an Arbeitskraft führte. Die Hexen, die mit ihrem Wissen und ihren Praktiken zu Verhütung, Zeugung und Abtreibung die Kontrolle über die (biologische) Reproduktion in ihren Händen hielten, waren den ökonomischen Interessen somit ein Dorn im Auge. In den Augen der Herrschenden verhinderten sie durch die Kontrolle über das Gebären die Geburt neuer Lohnarbeiter. Die damit eintretende gewaltvolle Phase der Auslöschung ihres Wissens, ihrer Existenzen und Körper war somit entscheidend, um die Herausbildung des kapitalistischen Systems zu zementieren.

Subsistenzfeminist*innen vertreten nun die Perspektive, dass sich die ursprüngliche Akkumulation nicht nur zu einem spezifischen historischen Moment vollzog, sondern dass es sich dabei um einen Prozess handelt, der sich immerzu fortsetzt. Die kapitalistische Produktionsweise weitet sich durch fortlaufende Enteignungen immer weiter und wieder auf die »nicht-kapitalistischen Bereiche« aus und eignet sich diese in einem Raubverhältnis an.[90] So gibt es viele Arbeiten, die im Laufe der Zeit eine In-Wert-Setzung/Kommodifizierung erfahren haben, z.B. die vielen Tätigkeiten in der Care-Ökonomie, die zuvor von Familien und Communitys ausgeführt wurden, bevor sie von öffentlichen oder privatwirtschaftlichen Trägern unter kapitalistischen Bedingungen (mit dem Fokus auf Wertschöpfung) übernommen wurden. Auch Land und Boden werden stetig weiter eingehegt: Dass Flächen für den Anbau von Monokulturen (Kokospalmen, Soja usw.) lokalen Communitys entzo-

89 Silvia Federici macht in einer Fußnote darauf aufmerksam, dass bereits Ökofeminist*innen wie Mary Daly und Starhawk die Hexenverfolgung mit der Geschichte von Frauenbefreiung zusammengedacht und Federici daher stark inspiriert haben.

90 Wie die »Innen-Außen-Beziehung der kapitalistischen Produktionsweise« weiter verstanden werden kann, arbeitet Anna Saave in ihrer Dissertation (2022b) theoretisch auf, indem sie die Verschleierung der Externalisierungs- und Einverleibungsprozesse im kapitalistischen System aufdeckt.

gen und von großen Agribusinesses gerodet werden, ist vor allem im Globalen Süden keine Seltenheit. Federicis These, dass auch heute noch Hexenverfolgungen stattfinden, immer dann, wenn gerade wieder eine ursprüngliche Akkumulation stattfindet, wird insbesondere von dekolonialen Feminist*innen wie Véronica Gago und Françoise Vergès weitergetragen. Sie beziehen sich dabei auf die Arbeit der Bielefelderinnen über die Ausbeutung und systematische Enteignung durch Extraktivismus[91] in Lateinamerika und argumentieren, »dass die extraktivistische Logik eine bevorzugte Produktionsweise in der aktuellen Phase der Akkumulation geworden« ist (Gago 2020: 96). Diese extraktivistische Logik bezieht sich jedoch nicht nur auf Land bzw. Territorien, sondern auch auf menschliche Körper.[92]

In den 1980er-Jahren theoretisierten die Arbeiten der Bielefelder Schule Frauen als Kolonien. Frauenkörper würden für den Wohlstand gewaltvoll geplündert und ausgeraubt. Basierend auf dieser Analogie zwischen dem weiblichen Körper und den Kolonien verbinden sie letztlich Domestizierung und Kolonisierung als eine Art der Ausbeutung, die sowohl heteropatriarchal als auch kolonial ist. Sie stellen die gewaltvollen und fortgesetzten Prozesse der kapitalistischen Aneignung von Frauen, Natur und Kolonien durch das kapitalistische Patriarchat als entscheidenden Teil der kolonialen, kapitalistisch-patriarchalen Produktionsweise heraus. Die dekoloniale Ökofeministin Verónica Gago erweitert die Bielefelder Arbeiten heute gewissermaßen, indem sie nicht

91 Extraktivismus beschreibt das dominante wirtschaftliche Gefälle, bei dem Rohstoffe wie Öl, Kohle, Mineralien oder Holz in großem Maßstab im Globalen Süden abgebaut werden, um sie dann in Länder des Globalen Nordens zu exportieren. Extraktivismus bezeichnet also eine internationale Arbeits- und Produktionsteilung, bei der in bestimmten Ländern überwiegend abgebaut und in anderen profitiert wird. Dieses Gefälle schreibt koloniale Regime fort. Das Konzept wird stetig erweitert und von feministischen Ökolog*innen auch auf Körper oder Care-Arbeit ausgeweitet.

92 Dekoloniale Theoretiker*innen und widerständige Compañeras (im Deutschen am ehesten mit ›Genoss*innen‹ übersetzbar) aus Mittelamerika verwenden den Begriff der ›Territorien‹, der die Grenzziehung zwischen menschlichen und nicht-menschlichen Körpern und Gebieten sowie Individualität und Kollektivität überwindet. Dieser Naturbegriff ist durch widerständige Kämpfe feministischer Kollektive und von Indigenen und Schwarzen Frauen sowie von Frauen mit afrikanischen Vorfahren geprägt. Dieses nicht-westliche Verständnis ist schwierig in westlichen Denkstrukturen zu fassen.

nur Frauenkörper, sondern vielfältige Körper z.B. von trans Personen in ihren Arbeiten zum feministischen Streik in Argentinien mitdenkt.

Das gewaltvolle kapitalistische System basiert auf Ausbeutung und Unterdrückung. Diese Gewalt manifestiert sich nicht nur in ökonomischer Hinsicht, sondern auch in Form von Femiziden[93], »Travestiziden«[94] und geschlechtsspezifischer Gewalt wie Vergewaltigungen. Es ist wichtig zu erkennen, dass diese Formen der Gewalt eng mit der Gewalt verbunden sind, die der nicht-menschlichen Natur angetan wird – den sogenannten Ökoziden. Aus ökofeministischer Perspektive betrachtet das kapitalistische System besonders feminisierte, rassifizierte oder migrantisierte Körper als auch die nicht-menschliche Natur als Ressourcen, die ausgebeutet werden können. Bestimmte Personengruppen werden objektiviert und ihrer Rechte beraubt, während die nicht-menschliche Natur durch Raubbau und Umweltverschmutzung zerstört wird. Diese Formen der Gewalt dienen letztendlich dem Profitstreben und der Aufrechterhaltung von Unterdrückungsverhältnissen. Indem wir Femizide und Vergewaltigungen mit Ökoziden zusammendenken, erkennen wir die gemeinsame Wurzel dieser Gewaltakte im gewaltvollen kapitalistischen System. Mit ihrer dekolonialen Sicht drückt Gago die spezifische kapitalistische Beziehung aus, die sowohl Arbeitskraft, vermittelt durch Körper, als auch Land ausbeutet. Das dekoloniale Konzept des »Körper-Territoriums« ist eine Art und Weise, die Zusammenhänge zwischen Enteignung und Ausbeutung von Commons, Communitys und Territorien zu denken: »Sie erweitert unsere Art zu sehen – auf der Grundlage von Körpern, die als Territorien erlebt werden, und Territorien, die als Körper erlebt werden« (Gago 2022: 105). Das Zusammendenken von Körper und Territorium beinhaltet, dass der (menschliche) Körper nicht vom (nicht-menschlichen) Territorium zu trennen ist. Dementsprechend drückt die in lateinamerikanischen feministischen Debatten favorisierte

93 Sehr lesenswerte Analysen zu den Femiziden in der mexikanischen Ciudad Juárez liefert Rita Laura Segato in *Wider die Grausamkeit* (2021).

94 Verónica Gago verwendet diesen Begriff, um die spezifische Gewalt gegen trans Personen zu benennen. Diese wollen auch wir nicht unbenannt lassen und übernehmen daher ihren Begriff, der jedoch dem argentinischen Kontext entnommen und an das spanische Wort *travesti* angelehnt ist. Nach Gago handelt es sich dabei um eine Selbstbezeichnung und politische Identität mit einer großen Geschichte kollektiver Mobilisierung (Gago 2022).

Benennung des Mordes an der honduranischen Aktivistin Berta Cáceres als *territorial femicide* aus, dass die Gewalt an einem (weiblichen) Körper auch Gewalt an einem Territorium (mit einer kollektiven Geschichte und vielen individuellen Körpern) darstellt. Körper sind also eingebettet in gewisse Territorien (und vice versa), sowohl individuell als auch kollektiv.

Ein solches, die Dichotomie von Körper und Land überwindendes Verständnis ist weit von Mellors *economic man* und dem vorherrschenden Verständnis in der Wirtschaftstheorie entfernt. Es geht hier um Verkörperung und Eingebettet-Sein. In dieser Sichtweise ist weder der kollektive Körper vom individuellen Körper zu trennen, noch der Körper vom Land. Diese dekoloniale Perspektive auf Körper-Territorium entstand aus der Erinnerung an kollektive Kämpfe, die in die Körper der Frauen und der Territorien eingeschrieben sind. Dieses grundlegend antidualistische Verständnis wurde im Zuge kolonialer Prozesse und mit dem Aufkommen und gewaltvollen Verbreiten des mechanischen Weltbildes an vielen Orten gewaltsam verdrängt.

Wie der Westen das mechanische Weltbild auf die Äcker der Frauen in den Kolonien brachte

Im Uganda der 1920er-Jahre entschieden die kolonialen europäischen Landwirtschaftsdirektoren, dass der Baumwollanbau fortan nicht mehr den Frauen und alten Menschen überlassen werden dürfe. Obwohl sie bis dahin einen Großteil dieser Arbeit geleistet haben, wurden Frauen als nicht für sie geeignet dargestellt. Stattdessen wurde fortan der Baumwollanbau als Männerarbeit konstruiert. Die Männer wurden zudem in europäischen mechanischen Landwirtschaftsmethoden geschult. Damit instruierten die Kolonialherren ein bestimmtes Naturverhältnis sowie Geschlechterverhältnis. Dieses Beispiel verdeutlicht den kolonialen Verdrängungsprozess von traditionellen, Indigenen Anbaumethoden im Zuge der Einführung eines sogenannten modernen Ackerbaus, der mit einer von den Kolonialherren durchgesetzten Verweiblichung Ersterer (woraus sich dann ebenfalls die Notwendigkeit der Verdrängung ergibt) und Vermännlichung Letzterer einherging. Die Frauen arbeiteten fortan statt im Baumwollanbau im Haushalt: »Die Frauen werden von der selbstständigen Bäuerin zur Familienhilfskraft« (Boserup 2016

[1970]: 59). Mit dem neuzeitlichen gesellschaftlichen Naturverhältnis ging also eine vergeschlechtlichte Arbeitsteilung einher (Hausarbeit vs. ›moderner Baumwollanbau‹). Dass eine bestimmte Arbeit Männern bzw. FLINTA*s zugeschrieben wurde, verschlechterte den produktiven Status der Frau (verdrängt von der Baumwollarbeit) und dadurch auch den relativen Status der Frau in der Gesellschaft. In der Folge wurden Frauen in die häusliche Sphäre verdrängt oder sie mussten in die Städte abwandern. Siedler, Kolonialverwalter und technische Berater, die im Gegensatz zu den Frauen gar keine Erfahrungen mit den landwirtschaftlichen Gegebenheiten vor Ort hatten, sorgten dafür, dass diese Arbeit Frauen fortan ›nicht mehr zugetraut‹ wurde. Sie priorisierten ihr mechanisches Weltbild gegenüber den traditionellen Anbaumethoden und entwerteten das agrarökologische Wissen der Frauen. Dahinter steckt die europäische, sexistische und rassistische Geschlechterideologie, die, vermittelt durch die Siedler und Kolonialherren, im Zuge der Kolonisierung systematisch durchgesetzt wurde. Vandana Shiva und Maria Mies formulieren bereits in ihren frühen gemeinsamen ökofeministischen Arbeiten, dass es insbesondere die Aufgabe des Globalen Nordens sei, sich selbst zu entkolonisieren.

Warum wir über Kosmologien, karibische Standpunkte und Welten reden müssen und nicht über das Universum, die Moderne und das Anthropozän

Im Namen der Aufklärung wurden viele neue Namen über die sogenannte Neue Welt gebracht: etwa die australischen Städte Fremantle (nach Captain Fremantle) oder Perth (nach der schottischen Stadt) oder der Murray River (nach Sir George Murray). Anhand dieser Beispiele macht die Ökofeministin Val Plumwood eine koloniale Politik deutlich: die eurozentrische und anthropozentrische Namensgebung, die die gewaltvolle Geschichte des Kolonialismus bis heute auf den meisten Landkarten und in vielen Köpfen fortschreibt. Es zählt zu den Praktiken der Kolonisierung, Orte umzubenennen und Benennungen Indigener Menschen (etwa der Aborigines in Australien) auszulöschen. Durch das Aufdrücken christlicher Namen oder von Namen, die sich europäische Eroberer beispielsweise in der Karibik ausgedacht haben, werden auch die

Vorstellungswelten und Geschichten der Kolonisten institutionalisiert. Damit werden die kollektiven Geschichten, Identitäten, Namen von Menschen, Lebensräumen, Orten, Tieren und Praktiken sowie kollektive Erinnerungen und somit ganze Welten unsichtbar gemacht und in weiten Teilen sogar zugunsten einer universellen modernen Weltanschauung verboten, gewaltsam bekämpft und durch Landgrabbing, Massaker und Rodung gar ausgelöscht. Diese gewaltsamen Prozesse bezeichnet Malcom Ferdinand als »koloniale Bewohnung der Welt«: Diese

> »erlaubt es einem nicht, mit jemandem zusammenzuleben, der nicht derselben Gruppe, demselben Clan, derselben Hautfarbe oder derselben Religion angehört: Es ist eine Art, auf der Erde zu leben, die die anderen nicht als Mitbewohner*innen auf der Erde anerkennt. Das ist ein großes Versäumnis, und das gilt sowohl für Menschen als auch für Nicht-Menschen.« (Ferdinand 2021, eigene Übersetzung)

Ausgehend von den gewaltvollen Geschichten der kolonialen Umbenennung können Ökofeminist*innen marginalisierte Geschichten der Ökologie und der Welt(erzeugung) erzählen: ›Ayiti‹ ist der Indigene Name für Haiti und bedeutet in der Sprache der Taíno, die bereits vor der Ankunft der Kolonisatoren auf den Antillen lebten, »Land der hohen Berge«. Die Umbenennung Ayitis (und der Dominikanischen Republik) nach der Ankunft Kolumbus' in den Amerikas in *Isla española/Hispaniola/The Spanish Island/spanische Insel* wurde von einem gewaltsamen Prozess der Versklavung und Vernichtung der Taínos begleitet. Die Revolutionäre der Haitianischen Revolution (1791–1804) entschieden sich, Teile der Insel wieder in Haiti umzubenennen, um der haitianischen vorkolonialen Geschichte Rechnung zu tragen. Mit dem wiederaufgegriffenen Namen der Taíno werden sowohl die Menschen benannt, die durch die Kolonisierung gewaltsam unterworfen wurden, als auch nicht-menschliche Entitäten, wie hier die Berge. Die Namen, mit denen Indigene Gruppen in der Karibik die Inseln benannten, sind mehr als eine bloße Bezeichnung:

> »Die Bedeutung von Namen und Benennungen wird im modernen Westen oft unterschätzt. Verschiedene Kulturen haben unterschiedliche Grundlagen für den Besitz von Land: Diese Unterschiede können so radikal sein,

dass sie verschiedenen Paradigmen der Landbeziehung entsprechen, die für diejenigen, die aus einem anderen Kontext kommen, unverständlich sind.« (Plumwood 2002: 23, eigene Übersetzung)

Sie drücken eine bestimmte Beziehung *zur* und *mit* nicht-menschlicher Natur aus. So werden in dem Namen Haiti auch die Berge vergegenwärtigt: »Von eben diesen hohen Bergen aus haben die Maroons[95] die Kolonialisten vertrieben« (Ferdinand 2021, eigene Übersetzung).

Aus befreiungskämpferischer Sicht ist Ayiti ein wichtiger Ort, da mit der Haitianischen Revolution von den Maroons Demokratie aus versklavten und kolonialen Verhältnissen heraus erkämpft wurde. Dies wird in der eurozentrischen Geschichtsschreibung von Demokratie und ökologischen Kämpfen selten berücksichtigt: Wenn Menschen an Demokratie denken, denken sie meist an Aristoteles oder die Französische Revolution und nicht an die Maroons. Und wenn in eurozentrischer Geschichtsschreibung von Christopher Kolumbus' ›Entdeckungen einer neuer Welt‹[96] berichtet wird, wird die Geschichte der kolonialen Bewohnung ausgelassen. Ebenso wenig wird erzählt, wie katastrophal sich die Kolonisierung auf die kolonisierte Natur auswirkte, etwa, dass Haiti zu 80 Prozent aus Wald bestanden hatte und heute nach langen Zeiten der Kolonialisierung und Entwaldung nur noch 30 Prozent seiner Wälder hat. Indes wird Kolumbus als Held der Verbindung von sogenannter Alter und Neuer Welt gefeiert. Dahinter verbirgt sich die Weltsicht, dass mit seinen Eroberungen ein Ganzes hergestellt wurde, im Sinne einer Weltkugel, eines Globus, einer kosmologischen Ganzheit, die zu einer Homogenisierung von Welten geführt hat: »Warum die Karibik? Erstens, weil hier die Alte Welt und die Neue Welt zum ersten Mal miteinander verbunden wurden, in dem Versuch, die Erde und die Welt zu einer Einheit zu machen« (Ferdinand 2022: 12, eigene Übersetzung). Die neu entdeckte, runde Welt erscheint als *ein* Universum, in dem

95 Die sogenannten Maroons haben aktiven Widerstand gegen die Versklavung geleistet, z.B. in Form von Aufständen. Bekannt sind sie außerdem für ihre Flucht aus der Versklavung und das Bilden selbstverwalteter Gemeinschaften. Die widerständige Geschichte der Maroons wird in Malcolm Ferdinands Dissertation *Dekoloniale Ökologie: Denken aus der Karibischen Welt heraus* (2021) umfassend herausgearbeitet.

96 Vgl. auch hierzu die Dissertation von Malcolm Ferdinand.

Welten (gewaltsam!) verknotet werden und nicht auf die politischen und sozio-ökonomischen Dimensionen der jeweiligen Kontexte geblickt wird. Dieser ›koloniale Knoten‹ der Moderne führt dazu, dass die widerständigen Kämpfe und die jeweiligen lokalen Kosmologien übersehen und ihre Vorstellungswelten durch die der kolonialen Bewohnung ersetzt wurden. Ferdinand bezieht sich in seinem Denken explizit auf Ökofeminist*innen wie Carolyn Merchant und Vandana Shiva. Er stellt heraus, dass sie ebenfalls analysiert haben, wie die Idee dieser sogenannten modernen Welt auf kolonialen Auslassungen beruht. Wer Geschichten erzählt und auf welche Weisen dabei Welten verknotet, ist auch Donna Haraway zufolge entscheidend:

> »Es ist von Gewicht, mit welchem Anliegen wir andere Anliegen denken. Es ist von Gewicht, mit welchen Erzählungen wir andere Erzählungen erzählen. Es ist von Gewicht, welche Knoten Knoten knoten, welche Gedanken Gedanken denken, welche Beschreibungen Beschreibungen beschreiben, welche Verbindungen Verbindungen verbinden. Es ist von Gewicht, welche Geschichten Welten machen und welche Welten Geschichten machen.« (Haraway 2018: 23)

Diese Auslassung von Kolonialität in modernen (Selbst-)Konzeptionen setzt sich bis heute und in den verschiedensten Bereichen fort, so etwa auch in derzeitigen umweltwissenschaftlichen Gegenwartsanalysen, etwa in dem Konzept des Anthropozäns.

Mit dem Begriff des ›Anthropozäns‹ wird argumentiert, dass mit der Industriellen Revolution ein neues geologisches Zeitalter eingeläutet wurde. Der Auslöser für die vielfachen ökologischen Krisen – den Klimawandel – sei der Mensch. Bei dieses Sicht werden zwei Dinge verkannt, die wir von Ökofeminist*innen wie Stefania Barca, Donna Haraway oder Val Plumwood lernen können:

Erstens geht der Begriff des *anthropos* von einer ahistorischen männlichen/menschlichen Figur als entscheidender geologischer Kraft aus. Das Konzept suggeriert damit, dass eine homogene Menge an Menschen für den Klimawandel verantwortlich sei. Es gibt aber kein solches *Wir*, das auf gleiche Art für den Klimawandel verantwortlich ist: »Der Anthropos ist eine Abstraktion, die sich auf ein *weißes*, männliches und heterosexuelles historisches Subjekt stützt, das im Besitz der Vernunft (qua Wissenschaft, Technologie und Recht) und der Produktionsmittel ist, mit denen es berechtigt ist, Arbeit und Wert aus dem zu extrahieren, was es als das Andere definiert« (Barca 2020: 5, eigene Übersetzung). Der Anthropozän-Begriff verdeckt somit die Tatsache, dass es eine plurale Masse an Menschen gibt, die z.B. vom Kapitalverhältnis, durch Gender, *race* usw. stratifiziert wird. Oder anders formuliert: Zum einen tragen die Industrieländer eine größere Verantwortung für den Klimawandel, zum anderen macht aber auch das nicht alle dort lebenden Menschen in gleicher Weise verantwortlich. Wer von sozialstaatlicher Grundsicherung lebt, ist anders verantwortlich als jemand, der zu den reichsten zehn Prozent gehört. Und selbst diese Kritik geht nicht weit genug: In die Verantwortung genommen werden müssen letztlich nicht das Individuum und sein Handeln, sondern die kapitalistischen und kolonialen Strukturen, in die das Individuum eingebettet ist.

Zweitens wird im Begriff des Anthropozäns verschleiert, dass es der Kolonialismus war, der die Bedingungen für das Aufkommen der kapitalistischen Produktionsweise erst geschaffen hat. Bloß das industrielle Zeitalter und ›die Menschen‹ als Ausgangspunkt für den Klimawandel zu nennen, verkennt jene Prozesse der ursprünglichen Akkumulation (siehe S. 170), die der Industrialisierung vorausgingen und maßgeblich auf Genoziden weiblicher (Hexenverfolgung), Schwarzer oder Indigener (Kolonialherrschaft) und nicht-menschlicher Körper (Ökozide) beruhten. Die Marxistin Stefania Barca übt dementsprechend in ihrem Buch *Forces of Reproduction* (2020) umfangreiche Kritik an der Erzählung des Anthropozäns, die eine Erzählung der Herrschenden ist. Laut Barca verkörpert das Anthropozän nichts anderes als Plumwoods Master-Modell (vgl. S. 95). Die von Barca genannten »Kräfte der Reproduktion« würden in dieser hegemonialen, kolonialen, patriarchalen Erzählung verschleiert. Nehmen wir zum Beispiel den Standpunkt der Karibik, der Sklav*innenboote »Espérance« und »Justice« oder der Plantagen ein, so nehmen wir eine dekoloniale Perspektive auf die Entstehung der kapitalistischen und sogenannten modernen Welt nach Malcolm Ferdinand ein. Donna Haraway und Anna Lowenhaupt Tsing lenken den Blick mit dem Konzept des *Plantationozäns* darauf, dass lange vor der industriellen Revolution die Plantage als *das* Herrschaftsmodell der Moderne und der Zivilisierung das koloniale Bewohnen der

›Welt‹ und das Universum der Kolonialisten erst ermöglichte. Dies war letztlich ausschlaggebend für das zerstörerische Bewohnen der Erde und die Klimakatastrophe.

Im Ökofeminismus herrscht kein Konsens zu *einem* Begriff, der dem Anthropozän entgegengesetzt werden kann. Während die Marxistin Stefania Barca den Begriff des Kapitalozäns nach Jason Moore verwendet, schlagen Bahaffou und Gorecki in ihrem Vorwort zu d'Eaubonnes *Feminism or Death* (2022) den Begriff des Androzäns[97] vor. Zwar weist das Androzän epistemologisch auf die Herrschaft des Mannes hin, jedoch liegt dem Konzept eine intersektionale Analyse zugrunde und d'Eaubonne verweist darauf, dass es die vorausgegangenen Theoretisierungen von Kapitalozän, Plantationozän sowie Ferdinands aktuelle Erweiterung um das Négrocène[98] aufgreift. In vielen dieser Alternativvorschläge kristallisiert sich aber ein zentraler Kritikpunkt heraus: Eine kollektive Verantwortung aller Menschen wird kritisiert und abgelehnt. Es wird hingegen auf die Herrschaftsverhältnisse hingewiesen, die den Klimawandel hervorbringen: Kapitalismus, Patriarchat, Kolonialismus. Donna Haraway erweitert die Begrifflichkeitsdebatte rund um den Anthropozänbegriff um Alternativbegriffe wie den des Chthuluzäns. Mit diesem soll nicht unbedingt eine weitere, noch fundiertere Gegenwartsdiagnose geleistet werden, sondern er dient eher einem Storytelling als Form (öko)feministischer Wissensproduktion.[99] Haraway erzählt die Geschichte des Anthropozäns aus der Sicht einer kalifornischen Spinne, der *Pimoa cthulhu*, die für das Chthuluzän namensgebend ist. Der Begriff ist zugleich eine Referenz an die *Chthonischen* – Erdgöttinnen oder Kräfte der Erde, die in animistischen Spiritualitäten verehrt werden. Haraway spielt mit der Idee, »einen Namen für ein Anderswo, für

97 Andro ist ein griechisches Präfix, das im Deutschen benutzt wird und für Mann/männlich steht.

98 Das Konzept des Négrocènes bezieht sich auf die Ära, in der die produktive Arbeit von versklavten Menschen eine entscheidende Rolle bei den ökologischen und umweltbezogenen Veränderungen spielte, um das koloniale Bewohnen auszuweiten. Das heißt, ohne die Versklavung wäre keine Expansion des zerstörerischen Kapitalismus möglich gewesen (mehr hierzu in Ferdinand 2019).

99 Wir empfehlen an dieser Stelle den Film *Donna Haraway: Story Telling for Earthly Survival*, um Haraways Denken, Sein und Storytelling mit Augen und Körper besser zu verstehen.

ein Anderswann, das war, immer noch ist und sein könnte« (Haraway 2018: 49) zu finden.

Als Marxistin lehnt Haraway andere Kritiken, wie sie etwa im Begriff des Kapitalozäns zum Ausdruck kommt, gar nicht ab. Zumal sie, wie bereits erwähnt, selbst mit Lowenhaupt Tsing das Plantationozän konzeptualisiert. In ihrem Denken und Schreiben, insbesondere in ihren Kritiken an vorherrschenden Epistemologien und Wissensproduktionen weist sie jedoch immer wieder auf die Gefahren einer einzigen Geschichte hin. Mit solchen konzeptuellen Spielereien wie dem Chthuluzän will sie den großen Erzählungen von Anthropozän und Kapitalozän eine Vielschichtigkeit entgegensetzen, die von unzähligen anderen Seiten der subversiven Herrschaft erzählt. Sie wählt dafür auch eine neue Erzählart, aus der Perspektive jener terrestrischen Wesen heraus, die dem Erdboden zugehörig sind, um somit auf viele Arten zu erzählen. Diese terrestrische Verwobenheit mit nicht-menschlichem Anderen und Kosmologien kommt im Anthropozänbegriff nicht vor: »Wenn das Anthropozän versucht, dieses Zeitalter als ein Zeitalter zu definieren, in dem Landschaften und nicht-menschliche Elemente im Vergleich zum vorhergehenden Zeitalter tiefgreifend gestört sind, ist es widersprüchlich, einen Begriff zu verwenden, der die Präsenz eben dieser nicht-menschlichen Elemente verschleiert« (Ferdinand 2021: 47, eigene Übersetzung).

Dies bringt uns zurück an den Anfang dieses Buches, wo Haraway bereits als junge Aktivistin den nicht heterosexuellen Wüstenwurm bastelte (siehe S. 36) und gemeinsam mit ihren Genoss*innen das nichtmenschliche Leben im Boden verteidigte.

Warum Würmer und Cyborgs »matter«[100]

»Die Natur existiert in drei Zuständen: der Freiheit, dem Irrtum oder der Knechtschaft.« (Merchant 1987: 181)

Es ist wahrscheinlich auffällig, dass wir in diesem Buch oft von ›nichtmenschlicher‹ Natur oder Ökologie(n) sprechen. Beim Schreiben dieses

100 Wir nutzen hier das englische Verb *to matter*, was erstens ›eine Rolle spielen‹ bedeutet und welches zweitens etymologisch der Materie (*matter*) ähnelt. Explizit spielen wir damit auf den Titel *Matters of Care* der lesenswerten Arbeit von María Puig de la Bellacasa (2017) an.

Buches haben wir viel darüber gestritten, inwiefern wir überhaupt die Begriffe ›Natur‹ oder ›Umwelt‹ verwenden wollen. In diesem Absatz werden wir nochmal verdeutlichen, was hinter der Kritik an der Vorstellung einer Umwelt, aber vor allem dem Naturbegriff steckt und warum wir eher von ›nicht-menschlicher‹ Natur oder Ökologie(n) sprechen, wo diese Begriffe herkommen und was sie bedeuten. Die Transformationsforscherin und Ökofeministin Andrea Vetter sagte zu einer von uns: »Schreibe doch direkt auf, was du meinst, wenn du von Nicht-Menschen oder Mehr-als-Menschen sprichst!«.[101] Dementsprechend schreiben wir in diesem Kapitel auf, was wir im ökofeministischen Sinne meinen, wenn wir vom Nicht-Menschlichen reden: Es wird um Würmer, Bäume und Pilze gehen.

Viele Menschen genießen es, ›raus‹ in die Natur zu fahren, und denken dabei eher an einen See mit üppigen Wäldern drumherum als an einen Plattenbau im Ruhrgebiet. Denn wenn im Alltagsgebrauch von ›Natur‹ die Rede ist, wird von einer von der Gesellschaft abgegrenzten Natur ausgegangen – einer Umwelt, die uns umgibt, von der ›wir‹ aber nicht Teil sind. Es sind Bilder einer passiven, unberührten Natur, wie sie sich im 15. und 16. Jahrhundert herausgebildet haben (siehe S. 89). Sie herrschen bis heute vor und finden sich zum Beispiel in zutiefst kolonial geprägten Vorstellungswelten von Wildnis. Das sind Orte, die als ›wild‹ und ›unberührt‹ verstanden werden, etwa romantisierte Regenwälder in einem fernen Land oder auch Nationalparks. Dass die Entstehung dieser Parks oft mit gewaltsamer Vertreibung nicht-*weißer* Communitys einhergeht, wissen nur wenige (das war z.B. beim Yosemite Park, Yellowstone Park und Central Park in New York der Fall).

Ökofeminist*innen stellen diesen Naturbegriff auf verschiedene Weisen infrage. Dort, wo die kulturellen Ökofeminsit*innen einen eher romantischen, ›reinen‹ Naturbegriff haben, sprechen Haraway und dekoloniale Denker*innen von einer schmutzigen, unreinen und widerständigen Natur: »Jeder trägt eine Geschichte der Verunreinigung in

---

101 Wir verwenden im Wechselspiel die Begriffe ›nicht-menschlich‹ und ›mehr-als-menschlich‹. Keiner dieser Begriffe schafft es zwar, die Relation zum Menschen aufzugeben, jedoch wertet letzterer das allgemein abgewertete Natürliche, welches meist ›weniger‹ gilt als das Menschliche, auf. Wir möchten uns außerdem nicht für einen Begriff entscheiden, da verschiedene Autor*innen die Begriffe unterschiedlich benutzen.

sich; Reinheit ist keine Option« (Lowenhaupt Tsing 2022: 45). Anna Lowenhaupt Tsing zum Beispiel begeistert in ihrem Buch *Der Pilz am Ende der Welt* (2022) sogar für die radioaktive Natur – sie nimmt uns mit in das widerständige (Über-)Leben des Matsutake-Pilzes rund um den Reaktor in Fukushima. Denn sogenannte (Pilz-)Gefüge »können sich nicht vor dem Kapital und dem Staat verbergen; sie sind Orte, an denen zu beobachten ist, wie politische Ökonomie funktioniert« (Lowenhaupt Tsing 2022: 41).

Die Ökologien von Ferdinand, Plumwood, Merchant und weiteren ökofeministischen und dekolonialen Denker*innen sind widerständige und dekoloniale Ökologien, die Nicht-Menschliches und Kolonialität mitdenken, wie wir anhand der Geschichte von Haiti oder anhand der Green-Belt- und der Chipko-Bewegung (Kapitel 1) zeigen. Warum sprechen wir an dieser Stelle von ›Ökologie‹ und nicht von ›Umwelt‹? Ferdinand zufolge »verbergen die Begriffe ›Planet‹, ›Natur‹ oder ›Umwelt‹ die Vielfalt der Ökosysteme, geografischen Orte und nicht-menschlichen Wesen, die sie ausmachen« (Ferdinand 2022: 4f., eigene Übersetzung). Der Diskurs, der in vielen Bereichen, etwa der Politischen Ökologie, der Umweltgeschichte usw., vorherrschend ist, ist einer des *environmentalism* und *conservationism.* Oft werden dort Geschichten des Umweltschützens erzählt, in denen ›der Mensch‹ die Rolle des Retters einer starren, verwundbaren Natur (ohne eigene Agency) einnimmt. Es sind Geschichten, die Herrschaftsverhältnisse ausblenden und Gewalt, Konflikte, Unterwerfung, Versklavung, Ausbeutung etc. nicht sehen wollen/können/müssen.

> Die dekoloniale Ökologie ist *ein Aufstand aus der Umklammerung durch die moderne Welt.* […] Es handelt sich um eine doppelte Heilung, die sowohl durch eine andere Art des Denkens über Dekolonisierung als auch durch eine andere Art des Denkens über Kämpfe gegen die Umweltzerstörung zum Ausdruck kommt.« (Ferdinand 2021: 175, eigene Übersetzung)

Die dekoloniale Ökologie, wie sie viele Ökofeminist*innen unterschreiben würden, ist eine Ökologie des Kampfes, die sich vom Umweltbegriff und *environmentalism* abgrenzt (siehe S. 72). Der Ausgangspunkt ökofeministischen Denkens ist also überwiegend kein harmonischer Ort, keine ›göttinnengleiche‹, unberührte Natur, die es zu schützen gilt, sondern eine schmoddrige, queere, cyborgsche Natur, die keinen Beschützer braucht. Der hegemoniale Naturbegriff ist im Ökofeminismus nicht tragbar, sondern wird dekonstruiert.

Donna Haraway ist bekannt für die Herausstellung ihrer Beziehungen mit Cyborgs, Hühnern, Kraken und vor allem ihrem *Companion*, dem Hund. Sie kritisiert zutiefst die Trennung von Natur und Kultur und spricht lieber von einer komplexen Verbindung von Natur-Kulturen, die sie in dem Begriff ›NaturKulturen‹ (*naturecultures*) zum Ausdruck bringt. Diese Öffnungsbewegung ermöglicht es, Natur zu denaturalisieren, das heißt, diese zu ent-essentialisieren. Damit wirft sie Fragen wie »was ist natürlich?« über den Haufen. Laut Haraway gibt es nur ›unreine‹ Identitäten sowie eine Vermischung von Natur und Kultur. Dabei gehen Natur und Kultur nicht vollends ineinander auf: Natur wird als kulturell geprägt beschreibbar und Kultur ist ein Konstrukt, um sich von Natur abzugrenzen. Es gibt zwar sowohl historisch als auch kulturell verschiedene Arten und Weisen, wie Kultur und Natur sich aufeinander beziehen (zum Beispiel mit neuen Technologien), jedoch ist jene vermeintliche Trennschärfe, wie sie ideologisch im modernen neuzeitlichen gesellschaftlichen Naturverhältnis fest verankert ist, nicht tragbar. Mit Begriffen wie *naturecultures* wird ein Möglichkeitsraum eröffnet, der die Dichotomie überkommen möchte und die historischen Veränderungen berücksichtigt. Dieser Raum der NaturKulturen überwindet zwar die Dichotomie, aber trägt immer noch einen Dualismus in sich. Der Begriff drückt eine wechselseitige Bezogenheit aus. Haraway beschreibt die Tier-Mensch-Beziehungen, indem sie weitere artefaktische Kollektive, in denen Hierarchien vorherrschen, durch Figuren wie den Cyborg und Hunde erläutert. Diese sind genauso Akteure und lösen überraschende Momente aus, wie Menschen das tun. Sie sind keine abgegrenzten, allein dastehenden modernen Einheiten, sondern sie sind auf etwas oder jemanden bezogen. Haraways »Fadenspiele mit Art-GenossInnen« (Haraway 2018: 19) verdeutlichen das Wechselspiel zwischen Natur und Kultur: NaturKultur meint kein einfaches Addieren, sondern ein Spiel, bei dem sich beispielsweise Schulkinder gegenseitig die Fäden aus der Hand nehmen und Muster aus den Mustern der vorherigen Personen spinnen. Haraway zeigt auf, wie die Spielenden miteinander verbunden, gar verwoben sind, da sie ohne die Arbeit der vorherigen Personen am

Faden die eigene Spielerei nicht machen könnten. Damit veranschaulicht Haraway *Intertwining* und Verwoben-Sein. Das Beispiel der hohen haitianischen Berge mit ihren Mangroven, Geistern und befreiten (vormals versklavten) Menschen könnte letztlich auch ein solches Fadenspiel der Verwebung darstellen. All diese Entitäten oder Art-Genoss*innen hielten, gaben und nahmen sich einen Faden im widerständigen Spiel gegen die koloniale Herrschaft.

Auch Vandana Shiva stellt diese Interdependenzen zwischen Menschen und Nicht-Menschlichem immer wieder anhand der konkreten Kämpfe um Wälder in Indien heraus. Sie zeigt, wie beispielsweise ein Eichenwald Körbe voll Getreide füllen kann:

> »›Gebt mir einen Eichenwald und ich gebe euch Töpfe voller Milch und Körbe voller Getreide‹. Die Verbindung zwischen Wald und Nahrung ist für die Frauen, die in Partnerschaft mit Bäumen und Tieren Nahrungsmittel produzieren, offensichtlich. Das patriarchalische Modell hingegen betrachtet die Forstwirtschaft als unabhängig von der Landwirtschaft und reduziert die vielfältigen Leistungen des Waldes, einschließlich Dünger und Futter, auf ein einziges Produkt – kommerzielles Holz.« (Shiva 1989a: 93, eigene Übersetzung)

Damit weist Shiva auf die Vielzahl an verbundenen Beziehungen hin, die es braucht, um Nahrung in Partner*innenschaft mit Tieren und Bäumen herstellen zu können. Shiva vertritt die Ansicht, dass Natur aktiv und niemals abgetrennt vom Menschen ist. Dabei wird nichts unterworfen, sondern nach indischen Kosmologien und der mit diesen einhergehenden dekolonialen Analysen ein »harmonischer Einklang« angenommen (Shiva 1989: 53). Auch im Haraway'schen Denken soll mit Ideen gebrochen werden, die Nicht-Menschliches als passiv und stabil voraussetzen. Diese Absicht verfolgen seit den 2000er-Jahren auch die sogenannten Neuen Materialismen. So stellen auch die Neuen Materialist*innen wie Karen Barad und Rosi Braidoitti heraus, dass Mehr-als-Menschen aktiv sind und über *agency* (Handlungsmacht) verfügen. Nicht nur Menschen konstituieren die soziale Welt: »Welterzeugung ist nicht nur dem Menschen vorbehalten«, so Lowenhaupt Tsing (2022: 38). Stattdessen sind wir von »zahlreichen welterzeugenden Bestrebungen umgeben, ob menschlicher oder nicht-menschlicher Natur« (ebd.). Mehr-als-

Menschen sind selbstständig (und nicht abhängig vom Menschen!) und maßgeblich an der Herstellung der sozialen Welt beteiligt. Ihre Seinsweisen ändern sich laut Lowenhaupt Tsing genauso wie die menschlichen im Laufe der Geschichte. Sie sind lebendig und eingebettet in eine sich wandelnde Welt, ob durch Reaktorunfälle, industrielle Landwirtschaft oder Waldbrände. Das heißt, der Mensch steht nicht im Zentrum der Geschichtsschreibung oder, wie Lowenhaupt Tsing es nennt, der »Welterzeugung«.

Auch Würmer und Pilze zum Beispiel entfalten die Welt und werden in ihr entfaltet. Pilze räumen nach Reaktorunglücken hinter uns auf. Sie und die vielen Mikroorganismen und Würmer gestalten und graben unsere Böden als erste um; sie regenerieren und reparieren die durch Extraktivismus in unsere Landschaften gerissenen Kluften; sie setzen neue Netzwerke des Lebens in Kraft. »Durch jahreszeitliche Wachstumsimpulse, lebenslange Fortpflanzungszyklen und geografische Verbreitungsmuster gestaltet jedes Lebewesen die Welt immer wieder um« (ebd.: 37).

Nicht nur Menschen verändern den Boden, das Wasser, gar die Luft, die so viele Erdlebewesen atmen. Womöglich sind viele nicht-menschliche Wesen besser darin, sich einen funktionierenden Lebensraum zu schaffen, als die Menschen im Kapitalismus dazu in der Lage sind, welche sich ihrer eigenen Lebensgrundlage stetig berauben. »Bakterien erzeugen unsere Sauerstoffatmosphäre und die Pflanzen tragen zu ihrer Erhaltung bei. Pflanzen können an Land leben, weil Pilze ihnen den Boden bereiten, indem sie Gestein zersetzen. Wie diese Beispiele zeigen, können sich welterzeugende Bestrebungen überlappen und Raum für mehr als nur eine Art bieten« (Lowenhaupt Tsing 2022: 39). Letztlich sagt nicht nur Lowenhaupt Tsing, sondern auch Haraway mit ihrem Fadenspiel mit den Art-Genoss*innen, dass sowohl Menschen als auch nicht-menschliche Entitäten in das (Faden-)Spiel der Welterzeugung verwickelt sind. Jenes Kollaborieren ist allerdings nicht einfach ein Spiel: »Kollaboration heißt, trotz der Unterschiede zusammenzuwirken, was letztlich zur Kontamination führt. Ohne Kollaboration sterben wir alle« (ebd.: 45).

Wenn wir die soziale Welt vom Pilz her denken, können verschiedene Erzählpfade eingeschlagen werden. Das Mikrobiom im Darm des Menschen besteht zu großen Teilen aus Bakterien, aber wird auch manchmal von Pilzen besucht. Die Kommunikation von Bäumen ist erst durch die vielen unterirdischen Pilzgeflechte möglich. Pilze befinden sich überall: überirdisch, unterirdisch, in menschlichen Körpern. Und in vom Menschen angesetzten Gärungsprozessen wie dem Fermentieren von Kefir oder Kombucha[102] – ein Prozess mit Hefepilzen, in dem Menschen aber eigentlich nur Handlanger*innen bzw. Kollaborateur*innen sind. »Wenn wir uns als Herren und Mikroorganismen als unsere Diener betrachten, verleugnen wir unsere gegenseitige Abhängigkeit« (Katz 2011: 11, eigene Übersetzung). Eva von Redecker bringt ihre Interdependenz mit Pilzen zum Ausdruck, indem sie sie als »Patinnen meiner ökofeministischen Entschlossenheit« bezeichnet (in: von der Haide und quEErEcologiEscollEctivE 2023: 63): »Sie haben mich gewissermaßen die Hexerei gelehrt« (ebd.). Von nicht-menschlichen Lebewesen aus zu denken sowie Interdependenzen – also gegenseitige Abhängigkeit – sichtbar zu machen, ist ein ökofeministischer Beitrag, den es nicht erst seit dem *material turn* (siehe S. 102) mit seinen Vordenker*innen Lowenhaupt Tsing, Ferdinand oder Eva von Redecker gibt. Auch andere Hexen, die schon die Hochzeit des Ökofeminismus prägten – wie die Hexe Starhawk – sprechen von nicht-menschlichen Entitäten wie Würmern im Kompost und weisen auf die Interdependenz von Mensch und Wurm hin:

> »Würmer im Kompost – manche Menschen haben Wurmeimer in ihren Küchen – sind ein gutes Beispiel für die nicht-menschlichen Lebewesen, mit denen wir leben und auf die die Permakultur-Ethik aufmerksam macht, aber nicht das einzige: ›Jeder, der isst, sollte sich um die Mikroorganismen im Boden kümmern‹.« (Starhawk 2004: 8)

> »Hier ist die Natur-Kultur-Interdependenz nicht nur mehr als ein moralisches Prinzip, sondern auch mehr als eine Selbstverständlichkeit – oder Technik –, die uns bewusst wird.« (Puig de la Bellacasa 2017: 146)

Würmer kompostieren die sogenannten Abfälle, eigentlich die Reste der Lebensmittel, Grünschnitte etc., von Menschen. »Aber Menschen

102 Wer mehr über das Fermentieren von Feminismus, Kombucha und Mikroben lesen will, dem empfehlen wir die folgende Essaysammlung: https://e-artexte.ca/id/eprint/28709/1/FERMENTINGFEMINISM_FOURNIER.pdf

gedeihen durch Abfälle. Alles Leben tut das« (Laboratory for Aesthetics and Ecology 2017: 8, eigene Übersetzung).

Insbesondere im Feld der Neuen Materialismen passiert aktuell insofern viel ökofeministische Arbeit, als dass dort die Trennung von Kultur und Natur weiter theoretisch überwunden und die Kritik an theoretischen Begriffen von Natur fortgesetzt wird. Im Zuge dessen entwickeln viele Ökofeminist*innen neue Begrifflichkeiten wie »nicht-menschliche Natur« (Holland-Cunz, Lowenhaupt Tsing), »NaturKulturen« (Haraway, Bauhardt), »more than human world« (Puig de la Bellacasa), »nichtmenschliche Kreaturen« (Alaimo) oder »ökologische Kollaborateure« (Common Ecologies). Sie versuchen so, das Naturverhältnis umzuwälzen, umzugraben und zu kompostieren. Wir glauben, dass derzeit insbesondere in den Neuen Materialismen wichtige Anknüpfungspunkte entstehen, um den Ökofeminismus zu aktualisieren und jene Perspektivverschiebung hin zur nicht-menschlichen Welterzeugung voranzubringen. Nach dem *material turn* der 2000er-Jahre und mit der kritischen Auseinandersetzung mit dem Anthropozän (siehe S. 179) wird eine feministische, ökologische und dekoloniale Kritik des Anthropozentrismus immer zentraler. Die Dringlichkeit der ökologischen Krisen verdeutlicht, was Ökofeminist*innen schon lange angesprochen haben, aber stetig weitergedacht werden muss. Dabei sollten jedoch auch die älteren, stark polit-ökonomischen Analysen nicht außer Augen gelassen werden. Ein Verweben verschiedener ökofeministischer Zugänge erscheint uns derzeit als besonders fruchtbar: Wir brauchen sowohl eine knallharte marxistische Analyse als auch einen queeren widerständigen Naturbegriff!

Was haben sexende Schnecken, BDSM und die Kleinfamilie miteinander zu tun?

> »Wenn die Natur ungerecht ist, müssen wir eben die Natur verändern.« (Laboria Cuboniks 2019: 9)

Nacktschnecken verfügen sowohl über einen Penis als auch über eine Vulva. Ihr Fortpflanzungsakt ist ein schleimiges Spiel, bei dem sie sowohl Samen als auch Eizellen produzieren können. Ihr Sex ist alles, was Sexualität nicht sein darf: eklig, pervers und unnatürlich. Rufen wir uns zudem den nicht heterosexuellen Wüstenwurm[103] von Haraway in Erinnerung. Wieso ist es so wichtig, dass er nicht heterosexuell ist und dass Nacktschnecken schleimigen Sex haben?

Queere Ökologien in Aktion: Nacktschnecken beim Sex (von Catharina Brinkmeier und Anne Zehrer)

Die durch den Ökofeminismus geleistete Kritik an gesellschaftlichen Naturverhältnissen und das Aufbrechen des Naturbegriffs ermöglichen es uns zu sehen, dass sich queere Lebensweisen auch in der nicht-menschlichen Natur wiederfinden. Auch die ökofeministische Professorin Christine Bauhardt macht in ihren Arbeiten zu Queer Ecologies und Ökofeminismus deutlich, dass es sexuelle Praktiken bei Tieren[104] gibt, die der Annahme einer biologisch verankerten Heteronormativität widersprechen (siehe S. 113). Ökofeminismus ist queer! Natur ist queer!

Ökofeminist*innen wie Greta Gaard, Catriona Mortimer-Sandilands und Bruce Erickson erlauben uns, dominante Sichtweisen auf Sexualität_en zu dekonstruieren und jene heterosexuellen Vorannahmen infrage zu stellen, die uns ein modernes Universum und der Kapitalismus

103 Ob Clownfische, rote Kängurus oder Hyänen: Weitere liebevoll dargestellte queere Tiere sind im Buch *Evolution's Rainbow* (Roughgarden 2013) zu finden.
Wir danken besonders an dieser Stelle Theresa Renkamp dafür, dass man sich beim Korrekturlesen immer auf sie verlassen kann.

104 Wie lesbische Möwen an der kalifornischen Küste zusammenleben und gemeinsam ihre Jungen großziehen und warum Wissen über queere Tiere es nur schwer in wissenschaftliche Arenen schafft, kann in diesem ausgezeichneten Podcast nachgehört werden: https://radiolab.org/podcast/seagulls

vermittelt haben. Durch den Blick auf queere Ökologien wollen wir uns damit beschäftigen, was als ›deviant‹, ›unnatürlich‹ und ›pervers‹ gilt und sich jenseits binärer Geschlechterbilder und straighter Sexualitäten abspielt. Die Feindlichkeit gegenüber Erotik und nicht-prokreativen sexuellen Praktiken in westlichen Kulturen ist laut Greta Gaard Teil des Master-Modells. Sie erweitert Plumwoods Dualismen um die Gegensatzpaare Verstand/Erotik und hetero/queer. Das Herrschaftsmodell, welches bestimmte Formen der Sexualität (mit bestimmten Sexpositionen) präferiert, wertet andere Praktiken als pervers und unnatürlich ab. So wurden und werden beispielsweise Hexen und BIPoC auch aufgrund ihrer (vermeintlichen) Sexualität abgewertet, angeklagt, gar getötet. Jegliche Abweichung (Devianz) vom Plumwood'schen Master-Modell wird als animalisch, wild und unzivilisiert degradiert. Hexen waren letztlich deviante Frauen, die abtrieben (und damit die Kontrolle über ihren Körper behielten) oder nicht für Männer zur Verfügung standen. Die Geschichte der Hexenverfolgung ist eine der sexuellen Devianz und der Neuordnung der Sexualität im Zuge der Etablierung einer »kapitalistischen Sexualdisziplin« (Federici 2018: 240). Dieser hegemonialen Sexualdisziplin zufolge galt nicht-reproduktives Vergnügen als Sünde und widernatürlich. Eine (zu) sexuelle Frau stellte (und stellt bis heute) eine Gefahr für die Gesellschaftsordnung dar: Sie könnte den Mann mit ihrer Sexualität von der Arbeit abhalten – dabei ging es in dieser Zeit doch darum, mehr Arbeitskraft zu mobilisieren. Männer um den Verstand zu bringen, ist in jenem cartesianischen Weltbild, von dem Merchant und Federici sprechen, besonders verwerflich. Die oberste Regel lautet »Kopf über Körper«, bzw. Verstand über Erotik/Körper/Emotionen. Ähnlich wie die Natur musste auch die Sexualität besonders rein sein (also nicht schleimig) – sprich der Fortpflanzung dienen. Einige nicht-prokreative sexuelle Praktiken wie zum Beispiel die Sodomie waren zu Zeiten der Hexenverfolgung verboten (während die Sodomie zu Zeiten der Renaissance in vielen Teilen Europas erlaubt war). Nicht nur deviante sexuelle Praktiken, sondern auch Praktiken der Abtreibung und Verhütung wurden mit dem Teufel gleichgesetzt. Federici beschreibt, dass Hebammen, Heilerinnen und Bettlerinnen ein ähnliches Schicksal erlitten wie die Kolonisierten der ›neuen Welt‹. Die koloniale Dimension der Zeit der Hexenverfolgung ist nicht zu unterschätzen: Jegliche Wissensformen und Praktiken, die an Indigene Traditionen angelehnt waren, wurden verteufelt, praktisch verboten und teilweise sogar ausgelöscht.

Bis heute zerrütten (zu) sexuelle Frauen vermeintlich harmonische Bilder von Weiblichkeit.[105] Redewendungen wie »jemanden um den Verstand bringen« wirken bis heute in unseren Sprachgebrauch hinein.

Queerer Ökofeminismus dekonstruiert die Vorstellung, dass nicht-reproduktives Vergnügen sündhaft sei und stellt überwiegend Lust ins Zentrum. Jedoch divergieren auch hier wieder die Positionen von Ökofeminist*innen. Susan Griffin sticht in ihrem *Frau und Natur* (1987) durch antipornografische Positionen heraus. Auch Starhawk kritisiert in ihrem *Dreaming the Dark* (1982) Praktiken des BDSM (Bondage, Disziplin und Sado-Masochismus), die mit Dominanz und dem Gebrauch von Leder, Ketten und Latex spielen, weshalb Starhawk sie als künstlich einordnet. Bahaffou weist darauf hin, dass Starhawk dabei in die Falle einer puren, harmonischen Sexualität tappt, was Bilder einer reinen Natur reproduziert. Bahaffou grenzt sich von diesen reinen Bildern von Natur und Sexualität ab: »Mein Ökofeminismus besudelt die ökologische Reinheit. Er färbt sie ein mit Gedanken an queere Körper, trans Sexarbeiter*innen, Mütter aus der Nachbar*innenschaft, alle diese Körper, die nicht in den politischen Diskurs eintreten konnten« (Bahaffou 2021: 151, eigene Übersetzung).

Die Feindlichkeit gegenüber Erotik ist fest in die westliche rationale Moderne eingeschrieben. Ökofeminismus stellt dem nicht nur eine Erotik des Denkens gegenüber, wie Veronika Bennholdt-Thomsen es nannte, sondern meint Erotik auch als Ausdruck von Sinnlichkeit und Lebendigkeit. Erotik durchzieht kleine Momente zwischen Menschen und Mehr-als-Menschen: das Gefühl von Wasser auf der Haut durch Regen, beim Schwimmen im See oder beim Formen von Schneebällen. Es meint auch das Beobachten von Faltern beim Sammeln von Blütenstaub oder von Ameisen, die eifrig die Krümel eines Brotes in ihren Bau tragen.

Mit dem Begriff der *Éropolitique* bezeichnet Bahaffou eine Erotik, die mehr ist als Sinnlichkeit und Sex. Es geht nicht um Genitalien oder

105 Sehr anschaulich analysiert das *MF3000 Kollektiv* in seinem lesenswerten Büchlein zu materialistischem Feminismus, wie die Schwarze Rapperin Cardi B. damit schockiert, dass sie, deren Sexualität und Körper von der *weißen*, cis-heterosexuellen Norm abweichen, in expliziten Worten über ihre Lust rappt (2023: 34).

individuelle sexuelle Befriedigung, sondern um eine kollektive Erotik im politischen Kampf. Es geht um jene gefühlvollen Momente des gemeinsamen Tanzens, Singens und Schreiens in Momenten des Protests als Ausdruck widerständiger Gefühle. Eine Erotopolitik ist eine Politik, die den Körper in den Mittelpunkt stellt. Der Körper ist kein Opfer von Politik, sondern wird aktiv im Aktivismus. Für Bahaffou ist ein radikaler Ökofeminismus:

> »Wiederaneignung unserer Körper. Wir sprechen von Genuss, Sex und Fleisch. Das ist in unsere Gene eingeschrieben, dieser vitale Impuls des Widerstands, der Liebe und des Vergnügens. Wir machen Liebe, aber wir ficken auch, wie Tiere. Wie Hündinnen, Säue, Kaninchen und all die anderen Beleidigungen, die wir aufgenommen und mit denen wir uns schließlich hybridisiert haben.« (Bahaffou 2021: 156, eigene Übersetzung)

Von Ökosex-Aktivist*innen wie Annie Sprinkle und Beth Stephens können wir ebenfalls lernen, Liebe zu machen und zu ficken – jedoch auch *mit* der nicht-menschlichen Natur oder, wie sie es nennen, mit ihrer mehr-als-menschlichen Geliebten: »Wie wäre es, wenn wir uns die Erde als unsere Geliebte und nicht als unsere Mutter vorstellen würden? Oder beides?« (Sprinkle et al. 2021: xiii, eigene Übersetzung). Die Geliebte ist dabei nicht in einer starren cis-geschlechtlichen Identität verhaftet: »Als Bad Grrrl-Feminist*innen waren wir gegenüber binären Konstruktionen der Erde als Mutter/Andere skeptisch. Als Queers waren wir eifrig, das Konzept der Erde als nicht-binär oder trans zu umarmen« (ebd: 16, eigene Übersetzung). Die zwei Performance-Künstlerinnen repräsentieren die sexpositiven Abzweigungen des ökofeministischen Baumstammes. Ihre Konzepte der Sexökologie (Überschneidungen von Ökologie und Sexologie) und Ökosexualität sind Theorie und Praxis zugleich. »Ökosexualität ist eher eine punkige, queere, Drag- und Pin-up-Version des Umweltaktivismus denn das oft auf uns geworfene New-Age-Stereotyp. Wir identifizieren uns mit der AIDS-Aktivistengruppe ACT UP, sexpositivem Feminismus, Ökofeminismus, Fluxus-Performancekunst und manchmal auch der Hippie-Bewegung« (ebd: 2, eigene Übersetzung). Mit ihrer Ökosex-Bewegung und -Community wollen sie Räume, in denen sie sie selbst sein können, schaffen. Es sind Räume für Drag Kings und Queens, Sexarbeiter*innen, Genderqueers, PoCs, die sie im Mainstream ökologischer Bewegungen nicht gefunden haben. Doch was bedeutet Ökosexualität in der Praxis? Kreative Demonstrationen, ökosexuelle Spaziergänge und Workshops, Kunst-Performances und das Lieben der Erde! In ihrem Manifest *Assuming the Ecosexual Position* (2021) inspirieren Sprinkle und Stephens mit 25 Arten, die Erde zu lieben: »Mache dirty talk mit ihren [der Erde] Pflanzen«, »Toppe sie, dann lass sie dich toppen«, »Küsse und lecke sie« (ebd.: 89f., eigene Übersetzung), sind nur einige Beispiele. Im Nachwort zum Buch unterstreicht der Philosoph Paul Preciado, dass gerade dann, wenn konservative, naturalistische und queerfeindliche Stimmen lauter werden, diese ökosexuellen Praktiken als »Neudefinition von Praktiken der Produktion und Reproduktion des Lebens eine Art sind, gegen *weiße* Vorherrschaft sowie neonationalistische, homophobe, transphobe und rassistische Normen und Praktiken zu kämpfen« (ebd.: 212, eigene Übersetzung).

Ökofeminismus macht deutlich, wie sich die Verwicklung von Kolonialismus, Cis-Hetero-Patriarchat und Kapitalismus auf den verschiedensten Ebenen ausdrückt. Neben der Sexualität ist das auch das der sexuellen Norm entsprechende Familienmodell: die heterosexuelle Kleinfamilie, die aus jenem kapitalistischen, patriarchalen und kolonialen Verhältnis heraus überhaupt erst entstanden und daraufhin zur gesellschaftlichen Norm avanciert ist. Alternative Care-Arrangements und Familienkonstellationen, Kinship, Wahlverwandtschaften – sie alle liegen fernab dieser Norm und werden als unnatürlich abgewertet. Dies drückt sich zum Beispiel in der Überzeugung aus, dass queere Familien das Kindeswohl gefährden würden oder dass ein Kind unbedingt eine Mutter und einen Vater brauche. Ökofeminismus zeigt mit seiner Kritik am Naturbegriff auf, dass die Frage, was natürlich ist und was nicht, zutiefst kolonial und patriarchal geprägt ist. Ökofeminismus ist queer und verdeutlicht, dass die queeren Lebensweisen von Menschen und Mehr-als-Menschen Natur sind:

Das heterosexuelle Paar und die Kernfamilie sind im Kapitalismus die kleinste Zelle – die kleinste Einheit der sozialen Organisation oder auch eine Produktionseinheit – mit klarer vergeschlechtlichter Arbeitsteilung. Dass diese Art der Elternschaft und familiären Beziehungsweise von Kapital und Staat privilegiert wird (zum Beispiel durch Ehegattensplitting, Privilegierung der Institution Ehe usw.) führt strukturell zu unbezahlter Sorgearbeit und einer vergeschlechtlichten Arbeitsteilung innerhalb des Paares. Elternschaft führt damit zu unbezahlter Sorgearbeit, die in heterosexuellen Paaren oft an die Frau delegiert wird. Das bedeutet nicht, dass Paare Sorgearbeit nicht vereinzelt anders verteilen können, dabei müssen sie dann aber gegen die Strukturen ankämpfen. Die vorherrschende Geschlechterordnung im Kapitalismus strukturiert die Zuordnung von Aufgaben wie Fürsorge, Reproduktion und Erziehung an FLINTA*s. Ein queerer Ökofeminismus lehnt jene Heteronormativität ab und kritisiert die Annahme der natürlichen Heterosexualität. Queerer Ökofeminismus stellt Trennungen zwischen Heterosexualität/Queersein, *weiß*/nicht-*weiß*, Vernunft/Erotik heraus und kritisiert diese. Mit dem Brechen dieser Normen müssen auch die vergeschlechtlichten (und rassifizierten) Zuweisungen der Care-Arbeit neu gedacht und praktiziert werden. Zum Beispiel, indem nach Care-Arrangements, die über die Kleinfamilie hinausgehen, verlangt wird: (queere) Wahlverwandtschaften, Co-Parenting, Kinship und Commoning Care. Ökofeminist*innen denken seit jeher darüber nach, wie Care-Arbeit in gesellschaftliche Verantwortung genommen werden kann und Strukturen gestärkt werden können, die Care-Arbeit der heterosexuellen Kleinfamilie entziehen. *Die Familie abschaffen* (2023) will auch Sophie Lewis. In ihrem Werk plädiert sie für eine Umdeutung von Verwandtschaft, in der wir füreinander Genoss*innen sind und zugleich Sorgestrukturen aufbauen, auf die wir uns unabhängig von Verwandtschaften verlassen können. Wir sehen hier wertvolle Anknüpfungspunkte mit dem Ökofeminismus, auf den sich Lewis selbst auch immer wieder aktiv bezieht.

Letztlich geht es bei den Nacktschnecken, BDSM und dem Abschaffen der Kleinfamilie doch um Folgendes: sowohl Geschlechtergerechtigkeit als auch ökologische Gerechtigkeit voranzubringen. Was queere (Care-)Kämpfe mit Klimagerechtigkeit zu tun haben, zeigt Cy Lecerf Maulpoix' radikaler Ausruf: »All diese Trennungen sind, wie LGBTQI Kämpfe, grundlegend mit Antikapitalismus und Klimagerechtigkeit verbunden, insofern als dass ihre Wurzeln in der gleichen Erde schlagen: Es sind Kämpfe gegen Ausbeutung und Zerstörung des Lebendigen« (Maulpoix 2021: 16).

Was haben Eichhörnchen mit Zugänglichkeit und Ökoableismus zu tun?

Entgegen der wahrscheinlich vorherrschenden Vorstellung klettern viele beHinderte[106] Aktivist*innen, seilen sich ab, blockieren und/oder tragen Plakate. Eine beHinderte Aktivistin ist das Eichhörnchen. So nennt sich die Kletterkünstlerin Cécile Lecomte. Sie behindert mit ihren Performances in erheblichem Maße Castortransporte. Das ›renitente Eichhörnchen‹ hat mit ihren Kletter-, Baum- und Abseilaktionen viele Kampagnen begleitet und beispielsweise Bäume, Baum-Erntemaschinen und Autobahnbrücken besetzt. Dabei stellte sie sich mit ihrem Körper gegen die Zerstörung der Lebensgrundlagen durch das Atom- und Kohlegeschäft sowie durch Flughafenausbau. Ihr Körper gilt nur am Boden als beHindert, dort, wo ihr die Gesellschaft dieses Label aufdrückt und viele Zugänge verwehrt: »Ich habe irgendwie Bodenangst« schreibt Cécile Lecomte,

> »unten, das ist nicht meine Welt. Ich kann mich nicht so, wie ich es mir wünsche, bewegen. Was auch einer gewissen Realität entspricht. Ich leide an der Auto-Immun-Krankheit Arthritis oder chronischer Entzündung der Gelenke. Die Krankheit beeinträchtigt mein Leben und meinen Alltag sehr. Insbesondere das Gehen fällt mir schwer. Im Sinne der Horizontalgesellschaft bin ich schwerbehindert. Nach oben bewege ich mich dagegen flink wie ein Eichhörnchen.« (Lecomte 2014: 101)

Disability-Forscher*innen kritisieren den Ökofeminismus für seine Leerstelle hinsichtlich des Feldes BeHinderung. Viele Ökofeminist*innen beziehen sich auf ihre Naturerfahrungen, wenn sie darüber sprechen, wann ihnen die Bedeutung der Ökologie deutlich geworden ist: Val Plumwood

106 BeHinderung ist kein Zustand, sondern ein Prozess: Die Frage ist, ob jemand behindert ist oder nicht vielmehr an gesellschaftlicher Teilhabe behindert wird. Die Schreibweise ›BeHinderung‹ mit einem großen ›H‹ soll verdeutlichen, dass Letzteres entscheidend dafür ist, ob jemand behindert ist/wird oder nicht. Gesellschaftlicher Zugang wird beispielsweise durch die Infrastrukturen in Räumen verhindert, so fehlen Rampen, Fahrstühle, Untertitel, Übersetzungen in Gebärdensprache, vielfältige Sitzgelegenheiten, Inhaltsangaben von Filmen und Texten und vieles mehr. Zudem bezeichnen sich manche beHinderte Menschen selbst als ›Krüppel‹ und nehmen so die als Beleidigung gemeinte Bezeichnung aufwertend für sich an. So bezeichnet sich die Selbstermächtigungsbewegung im Kampf für die Rechte von beHinderten Menschen ab den 1960er-Jahren selbst als Krüppelbewegung.

bei ihren Kajakfahrten, Karen Warren beim Klettern am Fels, Anna Lowenhaupt Tsing beim Pilze Sammeln. Gemeinsames Wandern in den Bergen, Schwimmen im See, Laufen auf unbefestigten Wegen – das sind alles Erfahrungen in und mit nicht-menschlicher Natur, die nicht allen in gleicher Weise zugänglich sind. Nicht nur die vermeintlich unberührte Natur (siehe S. 182), sondern auch die als berührt geltende Natur ist nicht für alle gleichwertig zugänglich. Einen Berg zu bezwingen, ist meist eine *abled fantasy*, ein Merkmal sozialer Distinktion und der sportlichen Selbstoptimierung. Der Idee, einen Berg zu bezwingen, wohnt zugleich der Gedanke der Naturbeherrschung inne sowie das Verständnis einer unberührten Natur, die bezwungen werden kann. Wo beginnt die Erfahrung mit der Natur – dem Nichtmenschlichen? Wo hört sie auf? Wenn wir Naturerfahrungen vollends entmystifizieren wollen, ist dann nicht schon das Treffen auf einem Parkplatzgrünstreifen oder das kühlende Wasser auf der Hand unter dem Chrom-Wasserhahn (anstatt im plätschernden Bergbach) eine Naturerfahrung? Wenn Naturerfahrungen von Menschen nur dann zählen, wenn sie auf eine bestimmte (abled) Art passieren, werden vielfältige Erfahrungen exkludiert. In *Hiking Boots and Wheelchairs* kritisiert Alison Kafer (2005) den Ökofeminismus dafür, dass er seine Einsichten auf den Erfahrungen von *abled bodies*, also Körpern ohne BeHinderung, aufbaut. Da der Körper im Ökofeminismus allerdings zentral ist, ist es notwendig, auch den Blick und die Erfahrung beHinderter Körper als Grundlage für ökofeministische Erkenntnisse heranzuziehen.

Die Debatte, ob und wie Ableismus, Disability Studies, Disability Animal Studies und Umweltwissenschaften oder Kämpfe für ökologische Gerechtigkeit zusammenhängen, ist im wissenschaftlichen Kontext bisher wenig ausgearbeitet. Das Wenige, was es dazu gibt, bleibt oft unsichtbar. Wenn wir aber Intersektionalität auch im Ökofeminismus ernst nehmen wollen, dann sollte unser Blick in Richtung der Disability Studies gehen. Hier passiert eine Menge ökofeministische Arbeit, die aber wenig als solche sichtbar gemacht wird. Mit diesem Unterkapitel wollen wir nicht nur ökofeministische Eichhörnchen sichtbar machen, die die Dominanzgesellschaft nicht in den Bäumen der Klimagerechtigkeitsbewegung erwartet, sondern auch Veröffentlichungen, die theoretisch-konzeptionelle Anknüpfungspunkte zwischen Ökofeminismus, sozial-ökologischer Gerechtigkeit und BeHinderung bieten.

Wie können also Verbindungslinien zwischen ökologischen Belangen und den Disability Studies gezogen werden? Die feministische Theoretikerin Alison Kafer schlägt drei solcher Anknüpfungspunkte vor. Erstens die Gemeinsamkeit, gegen die Gewalt genetischer und eugenischer Versuche anzugehen, die BeHinderungen (und Menschen!) ausradieren wollen. Zweitens sieht sie Anknüpfungspunkte in der Ökologisierung und Reorganisation des Gesundheitswesens und der adaptiven Technologie. Sie sieht drittens eine wichtige gemeinsame Aufgabe darin, »sich mit den komplizierten Beziehungen zwischen Armut, *race*, Krankheit und Umweltverschmutzung zu befassen«, einschließlich der Betonung darauf, »wie die Auswirkungen von Boden- und Wasserverschmutzung und Giftmüll am stärksten von armen Communitys zu spüren sind, die überproportional häufig aus PoC bestehen« (Kafer nach Nocella 2017: 144, eigene Übersetzung). In diesem letzten Punkt schlägt Kafer eine Brücke zur Umweltgerechtigkeitsbewegung (siehe Kapitel 1) – eine zentrale Bewegungswurzel des Ökofeminismus und damit wichtige Schnittstelle von Ökofeminismus und Disability Studies. Doch nehmen die Studien zu Umweltrassismus und Umweltgerechtigkeit bisher zu wenig den Zusammenhang zwischen Umweltbelastung und BeHinderungen in den Blick bzw. buchstabieren diesen nicht vollends aus. Dabei erfahren manche Menschen etwa durch Giftmüll – also Umweltverschmutzung – überhaupt erst solche körperlichen Einschränkungen, dass sie beHindert werden. Den dominanten Anti-Toxik-Debatten ist eine gewisse Angst vor einer Veränderung des »›Natürlichen‹: natürliche Biologien/Ökologien, natürliche Körper, natürliche reproduktive Prozesse« (di Chiro 2010: 201) gemein. Die ökofeministische Professorin Giovanna di Chiro weist darauf hin, dass diese Angst vor einer Destabilisierung von Körpern, Gender, Naturen vor allem kulturell geprägt ist. Implizit steckt in diesem Diskurs also, dass Queerness und Abweichungen von körperlichen Normen unerwünscht sind und deswegen gegen chemische Verschmutzungen vorgegangen werden müsse. Diese chemischen Verunreinigungen führen einfach ausgedrückt auch zu ›verunreinigten‹ oder ›verschmutzen‹ Identitäten. Diese Logik birgt also trans- und queerphobe und ableistische Potenziale, die es stets im Hinterkopf zu behalten gilt, wenn von Naturen und den Auswirkungen von Umweltverschmutzung auf Körper die Rede ist. Im Umkehrschluss bedeutet dies jedoch nicht, dass es keinen anti-toxischen Widerstand geben soll, sondern dass Umweltgerechtigkeit ein ökologisches, antirassistisches, feministisches und antiableistisches Anliegen ist.

Auch in vielen aktuellen Debatten um die Folgen des Klimawandels spielt die Betroffenheit beHinderter Menschen kaum eine Rolle. Während ein Strang des Ökofeminismus die erhöhte Betroffenheit von Frauen und BIPoC ist, herrscht eine Leerstelle in Bezug auf direkte und indirekte Folgen für beHinderte Menschen, die es auszufüllen gilt: Wie sehen die Folgen des Klimawandels für die Lebensrealitäten von Menschen im Rolli aus? Was bedeutet BeHinderung im Kontext von Flucht? Und wie gehen Menschen mit ADHS mit Klimaangst um? Das Beispiel der Hochwasserkatastrophe im Jahr 2021 im Rheinischen Ahrtal beispielsweise ist besonders bezeichnend: Zwölf in einer Behinderteneinrichtung lebende Menschen ertranken, da sie nicht rechtzeitig gewarnt und evakuiert wurden. Dies ist weder ein Zufall noch eine Tragödie. Vielmehr ist es ein Beleg dafür, dass beHinderte Menschen im Katastrophenschutz nicht mitgedacht werden.

Die Frage des Zugangs stellt sich auch im aktivistischen Protest. *Fridays for Future*-Initiatorin Greta Thunberg wird in einem Artikel zitiert: »Ihre ›mangelnden‹ Fähigkeiten im ›Socializing‹ seien der entscheidende Grund dafür, anfangs allein protestieren gegangen zu sein. ›Wenn ich ›normal‹ und gesellig gewesen wäre, hätte ich mich einer Organisation angeschlossen oder selbst eine gestartet‹« (BUNDJugend 2022: 47). Greta Thunberg macht damit deutlich, dass es nicht allen leicht fällt, sich ›einfach‹ einer Gruppe anzuschließen, wenn man für Klimagerechtigkeit kämpfen möchte.[107] Die *BUNDJugend* stellt in ihrem Sammelband *VerRücktes[108] Klima* den Grundriss eines (bisher nur hypothetischen) barrierearmen Klimacamps vor. Dort gäbe es dann sogenannte ›No-Judgement-Parkplätze‹ für Menschen, die mit dem Auto anreisen müssen, Komposttoiletten mit Rampen, Infotafeln in leichter Sprache und

107 Wie empfehlen hierzu auch Valerie Ann Johnsons Essay *Bringing together feminist disability studies and environmental justice* (2011), in dem sie Überlegungen zu Zugängen zu politischen Feldern der Umweltgerechtigkeit anstellt.

108 Um die VerRückten Zustände in unserer Gesellschaft zu verstehen, empfehlen wir Franziska Hilles Text zu *Depathologisierung, Intersektionalität und Revolution* (2022: 254f.).

vieles mehr (ebd.: 38). »Klimagerechtigkeit heißt ein Kämpfen für eine gerechtere Welt für alle. Das muss eine anti-ableistische Welt sein, in der wir alle mit unseren Fähigkeiten und Bedürfnissen ernst genommen werden« (BUNDJugend o. J.).

Ableismus ist natürlich nicht nur ein Problem der Klimagerechtigkeitsbewegung, sondern ist in diese Gesellschaft, die sich am *abled economic man* (S. 143) orientiert und mehr an Wirtschaftswachstum als an sozialer Gerechtigkeit interessiert ist, eingeschrieben. Wie Ökologie und Disability gegeneinander ausgespielt werden, lässt sich sehr schön am Beispiel des verpönten Plastikstrohhalms veranschaulichen. Die einen beglückwünschen sich, dass der kleine Störenfried aus Plastik nun endlich durch eine Nudel oder ein Äquivalent aus Papier ersetzt wurde, bei anderen lösen die Öko-Alternativen Allergien aus. Der verteufelte Plastikstrohhalm ist für viele Menschen unverzichtbar und lebensnotwendig. Dabei war er noch nie die Wurzel des Plastikproblems, denn das liegt in der Art und Weise begründet, wie mit Ressourcen gewirtschaftet wird, um das Plastik auf ausbeuterische, lebensverachtende Weise herzustellen und im Überfluss in die Regale zu spülen. Anstatt dass die kapitalistische Gesellschaft jedoch ihre Wirtschaftsweise ändert, stört sie sich nach wie vor an allem, was dieser Produktionsweise im Wege steht: an Differenz und Normabweichungen – am langsam Sein, länger Brauchen, am übersetzen Müssen: »Die ›Differenz‹ ist eine Bedrohung für das Voranschreiten der Normalität, die die philosophische Grundlage für soziale Kontrolle und Disziplinierung ist« (Nocella 2017: 144, eigene Übersetzung).

Queere Krüppelfeminist*innen verweben sich zum einen stark mit Ökofeminist*innen wie Greta Gaard, Sandra Harding und Carolyn Merchant, aber sie stellen auch weitergehende Fragen, die bislang nicht beantwortet wurden. Wir möchten dieses Kapitel mit solchen offenen Fragen, die Alison Kafer formuliert hat, abschließen und damit zum öko-anti-ableistischen Nachdenken anregen:

> »Wie könnte eine gehörlose Ökofeministin ihre Position innerhalb der natürlichen Welt anders verstehen als eine hörende? Was können Erzählungen über die Überwindung von Wanderwegen auf Krücken über die Art und Weise aussagen, wie alle Wanderwege, nicht nur die ›barrierefreien‹, angelegt und

unterhalten werden? Wie verändern sich Konzepte von Natur, Wildnis und Ökofeminismus, wenn sie von einer Ökofeministin ausgearbeitet werden, die die nicht-menschliche Natur in erster Linie durch Geräusche, Gerüche und Berührungen und nicht durch das Sehen erlebt, oder von einer Ökofeministin, die sich mehr auf Geräusche und Empfindungen als auf Worte stützt? Auf welche Weise würde der ökofeministische Aktivismus durch eine Person verändert werden, deren chronische Müdigkeit und Schmerzen sie daran hindern, mehr als ein paar Häuserblocks von ihrem Haus wegzugehen, die aber ihre Bemühungen um Umweltorganisation, Lobbyarbeit und Fundraising nicht behindern? Wie könnte sich der Einsatz eines Begleithundes auf das Verständnis einer Ökofeministin für ihre Beziehung zur nicht-menschlichen Natur auswirken?« (Kafer 2017: 212, eigene Übersetzung)

Eine Strömung des queeren Krüppelökofeminismus, die auch die ökonomischen Zusammenhänge von Ableismus im Kapitalismus mitdenkt, gilt es demnach noch zu theoretisieren. Und auch für die Praxis gilt, dass Cécile Lecomte, Greta Thunberg und der *Bunte Finger*[109] von *Ende Gelände*, der 2019 Kohleschienen in der Lausitz besetzte, erst ein Anfang für solch eine rebellische Praxis sind.

Von ökofeministischen Epistemologien und vom Brüllen

Es wurde deutlich, dass der Ökofeminismus meist aus der Position der jeweiligen Praktizierenden und Schreibenden gedacht wird: aus ihrem Körper, ihrem Alltag und ihren gelebten Erfahrungen heraus. Die Frage, wie wir Wissen produzieren, ist also eng damit verknüpft, aus welcher Position heraus wir die Welt wahrnehmen und wo wir in ihr stehen:[110] Von wo spreche und denke ich, wer spricht und was kann ich aufgrund dieser Positionierung wissen (z.B. als *weiße*, akademisierte cis Frau)? Ökofemi-

109 »Der Bunte Finger ist offen für Menschen mit und ohne körperliche Einschränkungen oder Be_hinderungen, für Rollstuhlfahrer*innen und Menschen, die gerade nicht die Kapazitäten haben, kilometerlang über Felder zu wandern oder Abbruchkanten runterzuspringen.« (Ende Gelände 2020)

110 Dies ist eine Anspielung auf bell hooks' *Die Bedeutung von Klasse* (2020), ein Buch, in dem hooks Klassenzugehörigkeit, Geschlecht und Rassifizierungen zusammendenkt. Für ihre intersektionale Gesellschaftskritik geht hooks vom Alltag, von sozialen Bewegungen und von ihrer Autobiografie aus.

nismus hinterfragt die männlich konnotierten Prinzipien der Rationalität, Objektivität und Universalität. Wie wir in Kapitel 2 gezeigt haben, ist Ökofeminismus auch Wissenschaftskritik und bezieht sich dabei auf die breiten und diversen Felder der feministischen Epistemologie(n) – insbesondere auf die Standpunkttheorien (u.a. von Sandra Harding und Patricia Hill Collins) und die Debatten um »situiertes Wissen« (Donna Haraway) –, die herausarbeiten, dass Wissen immer in einem bestimmten Kontext produziert wird. Dieser Kontext wird in der gängigen Wissenschaft und Wissensproduktion nicht sichtbar gemacht, sondern als objektiv und universell dargestellt. Diese kritisierte Wissenschaft geht von einer »Faktizität und/oder Notwendigkeit einer Reihe von Dualismen« (Harding 1999) aus, wie wir ebenfalls in Kapitel 2 deutlich gemacht haben.

Patricia Hill Collins beschreibt in ihrem Standardwerk *Black Feminist Thoughts – Towards an Afrocentric Feminist Epistemology* (1990) ihre Kritik an eurozentrischer, männlich dominierter Wissenschaft. Sie stellt die Auslassung von Erfahrungen von Schwarzen (im US-Kontext: ›African-American‹) Frauen mit Arbeit, Familie, Mutterschaft, politischem Aktivismus und sexuellen Politiken heraus. Auch weitere afrozentrische feministische Perspektiven kritisieren, dass die Wissenschaft besonders die Perspektive *weißer* Männer (re)produziert, da dieses Wissen traditionell als valide angesehen wird. Diese Interpretation der Welt schließt weitere Perspektiven aus und stellt laut Hill Collins nur einen »single process« dar. Nach Haraway findet hier nicht nur ein Ausschluss vermeintlich invalider Perspektiven statt: Das Wissen, das durch den Körper des *weißen* Mannes generiert wird, ist außerdem unmarkiert und wird zum »erobernden Blick von nirgendwo« (Haraway 1995: 80). Laut Hill Collins sind dementsprechend auch die (Güte-)Kriterien der wissenschaftlichen Methoden zu kritisieren – und überhaupt der starre Fokus auf die Einhaltung eines strengen methodischen Vorgehens. Beide Aspekte verunmöglichen die Erschließung »unterjochten Wissens« (*subjugated knowledge*):

> »Indem sie strenge methodische Regeln befolgen, versuchen die Wissenschaftler, sich von den Werten, Interessen und Emotionen zu distanzieren, die durch ihre Klasse, ihre *race*, ihr Geschlecht oder ihre besondere Situation

> entstehen. Indem sie sich selbst dekontextualisieren, werden sie angeblich zu distanzierten Beobachtern und Manipulatoren der Natur.« (Hill Collins 1990: 205, eigene Übersetzung)

Unterjochtes Wissen wird eher durch Musik, Literatur und tägliche Gespräche geteilt und geprägt als in den Sphären der Universität, zu denen vor allem historisch Frauen und BIPoC der Zugang verwehrt blieb. Wir denken zum Beispiel an die *all-black-female* A-Capella Band *Sweet Honey of the Rock.* Oder an das seit Plantagenzeiten über Generationen weitergegebene (Körper-)Wissen des brasilianischen Kampfspiels Capoeira mit seinen Bewegungen und Gesängen.

Erinnern wir uns an die Entstehungsgeschichte der neuzeitlichen Wissenschaft und an das mechanische Weltbild nach Merchant (siehe S. 89), so wird die enge Verknüpfung von ›Wissenschaft‹ und vermeintlicher Objektivität offenbar: Informationen werden aus ihrem Kontext herausgenommen, als losgelöste Objekte betrachtet, der Forschende distanziert sich von seinem Untersuchungsgegenstand, seine Gefühle und eigene Motivation werden verdrängt und unsichtbar gemacht. Entgegen der Betrachtung des positivistischen Wissenschaftsverständnisses, das von Forschungs*objekten* ausgeht, brechen die feministischen Epistemologien von Harding, Haraway und Hill Collins sowie die forschungsmethodischen Gedanken von Maria Mies mit der Subjekt-Objekt-Trennung in der Wissensproduktion.

(Öko-)Feministische Wissensproduktion wendet sich gegen diese Vorstellung der Möglichkeit von Neutralität und Objektivität in der Wissensproduktion. Eine Erkenntnistheorie braucht nach Sandra Harding weder Dualismen noch Wertfreiheit oder Objektivität. Haraway argumentiert hingegen, dass feministische Objektivität nur durch situiertes Wissen und partiale Perspektiven möglich ist. Situiertes Wissen bedeutet, »dass das Wissensobjekt als Akteur und Agent vorgestellt wird« (Haraway 1995: 95) und nicht etwa als bloße Ressource. Jegliche Art von Wissen bleibt eine situierte Auseinandersetzung. Demnach ist Wissen immer eine partiale und verortete Perspektive von widersprüchlichen, aufgespalteten sowie heterogenen Subjekten. »Das erkennende Selbst ist in all seinen Gestalten partial und niemals abgeschlossen, ganz, einfach da oder ursprünglich, es ist immer konstruiert und unvollständig zusammengeflickt, und *deshalb* fähig zu Verbindung mit anderen und zu einer gemeinsamen Sichtweise ohne den Anspruch, jemand anderes zu sein« (Haraway 1995: 86). Diese Art der Objektivität bezeichnet Haraway als positionierte Rationalität.

Ökofeministische Wissensproduktion hinterfragt Herrschaftswissen sowie das Herrschaftsverhältnis zwischen Forschungssubjekten und -objekten kritisch. In ihren *Methodische[n] Postulate[n] zur Frauenforschung* (1978) spricht Maria Mies von einer »bewussten Parteilichkeit«. Erst durch jene »kritische und dialektische Distanz« könne eine wirkliche Objektivität erlangt werden. Die Bielefelderinnen brechen mit den starren Normen des universitären Apparats und der akademischen Forschung. Ihre »Sicht von unten« soll die vertikale Beziehung zwischen Forschungssubjekten und -objekten aufheben. Mies plädiert dafür, Forschung letztlich als ein Instrument zur Umwälzung der bestehenden gesellschaftlichen Verhältnisse zu sehen. »Die Teilnahme an Aktionen und Kämpfen und die Integration von Forschung in diese Kämpfe bedeutet ferner, dass die Veränderung des Status quo als Ausgangspunkt wissenschaftlicher Erkenntnis angesehen wird« (Mies 1978: 44). Zur Erlangung dieser wissenschaftlichen Erkenntnis gilt es jedoch nicht, ein stupides methodisches Vorgehen zu erfüllen, sondern die Methoden an die Praxis anzupassen und »in die Richtung fortschreitender Emanzipation und Humanisierung voranzutreiben. Dieses Potential wird jedoch nicht im Elfenbeinturm der Universitäten erworben, sondern in der Teilnahme an Praxisprozessen und der Reflexion dieser Prozesse« (ebd.). Mies' Überlegungen wurden in den 1970er-Jahren für die Frauenforschung formuliert, ihre Grundideen haben aber auch mit dem *linguistic turn* und der Queer Theory nicht an emanzipatorischer Schlagkraft verloren.

Ihre Radikalität inspiriert uns noch heute: Selbst die Wahl des Forschungsgegenstandes sollte »nicht mehr der Beliebigkeit der einzelnen Sozialwissenschaftlerin oder ihren subjektiven Karriereinteressen überlassen bleiben« (ebd.: 45), sondern sich in ein übergeordnetes emanzipatorisches Projekt einschreiben (nach Mies das der »Aufhebung und Unterdrückung von Frauen«) und an dessen taktischen Bedürfnissen ausgerichtet sein.

Mies' Postulate sind nicht nur eine theoretische Abhandlung darüber, wie Frauenforschung einen Beitrag zu emanzipatorischer Politik leisten kann, denn die Bielefelderinnen standen stets mit einem Bein in der Universität und mit dem anderen in den sozialen Bewegungen. Ihre Involviertheit in die feministischen Bewegungen in Deutschland sowie ihre Forschungsaufenthalte in Mexiko, Venezuela und Indien legten den Grundstein für eine feministische Forschungspraxis. Aus diesem Zwischenspiel von Theorie und Praxis entstand letztlich das erste Frauenhaus Deutschlands in Köln, welches Mies zusammen mit ihren Studentinnen gründete.

Zur gleichen Zeit erfand Ariel Salleh eine ökofeministische Epistemologie, die sie »barfüßige Epistemologie« nennt und die aus der Position der Subalternen formuliert ist. Sie formuliert die Idee der »geerdete[n] Solidarität« (*grounded solidarity*), womit sie eine aus verkörperten Prozessen begründete, zyklische Wissensproduktion meint (Salleh 2017 [1997]: 201). Diese Epistemologie nimmt an, dass menschliches Bewusstsein immer aus einer Interaktion zwischen menschlicher und nicht-menschlicher Natur heraus entsteht. Dies ist mit ihrem Konzept des *embodied materialism* (verkörperter Materialismus) verknüpft. Sie sieht die Notwendigkeit, dass sich jene verbinden, die in ihrer Arbeit die Trennung von Kopf und Körper überkommen. Ihr geht es um jene verkörperten Fähigkeiten, die in verweiblichter Arbeit erlangt werden, etwa wenn beim Erdbeerpflücken ein (verkörpertes) Wissen über den Boden, die Wetterbedingungen und die Pflanze selbst erlangt wird.

Fast fünfzig Jahre nach Mies und Salleh beschreibt Myriam Bahaffou die Wissensproduktion von Ökofeminismus als BDSM-Beziehung. Der Umgang mit und das Artikulieren von Ökofeminismus sei für sie ein intensiver und andauernder körperlicher und geistiger Prozess. Sie beschreibt, dass sie ihre Sätze malträtiert und dominiert. Am Ende ist sie selbst von dem Prozess vollkommen ausgelastet. Ihre ökofeministischen Schreibprozesse sind von Krisen, Verzweifeln und Widersprüchlichkeit geprägt – Gleiches können wir von unseren Schreiberfahrungen berichten. In ihrem Buch *Des paillettes sur le compost* (2022) (Von Glitzerpailletten auf dem Kompost) erarbeitet sie ökofeministische Konzepte ausgehend von ihrer alltäglichen Lebenssituationen. Dabei entsteht eine bunte Collage aus autobiografischen Elementen, Storytelling, Schreibgesprächen und prosaischen Fetzen. Das erinnert uns an die Anfänge des

Ökofeminismus: Viele Ökofeministinnen verfassten Texte aus ihrem Alltag, ihrer Wut, ihrer Sorge und ihrem Nicht-gehört-Werden heraus. 1962 bereits schrieb Rachel Carson[111] in ihrem Buch *Der stumme Frühling* gegen die Chemieindustrie in den USA an. Ihre revolutionäre Literatur löste Kontroversen aus: Sie wurde für ihr unwissenschaftliches Schreiben und nicht zuletzt als Frau kritisiert, gar diskreditiert.

Ein weiteres Beispiel für die Besonderheit ökofeministischen Schreibens sind Susan Griffins Texte. Ihr Werk *Frau und Natur. Das Brüllen in ihr* (1987) erinnert an das poetisch anmutende ›weibliche Schreiben‹ der *écriture feminine*.[112] Das heißt, es sprengt die normative Form des Schreibens, indem es sich kaum Formalien unterwirft oder unterordnet. In dem Buch gibt es der Autorin nach zwei Erzählstimmen: eine passive patriarchale Stimme und eine aktive Ich-Erzählerin, die beispielsweise mit ihrem verständnisvollen Hund redet und das Rascheln der Bäume versteht – ein Leben zwischen zwei Existenzen. Zudem geht der Text assoziativ vor. So findet sich im Kapitel »Transformation« das lange Gedicht »Erosion«, in dem Griffin in alphabetischer Reihenfolge Begriffe und Satzteile aneinanderhängt – was schließlich in dem Satzteil endet, den der Untertitel des Buches aufgreift:

> »Wir lassen es zu, überwältigt zu sein. Wir erlauben uns Ekstase, Schreie, Hysterie, Gelächter, Schluchzen, Wut, Verwunderung, Scheu, Weichheit, Schmerz, wir weinen laut. (Es ist ein Brüllen ins uns, flüstern wir.) WIR BRÜLLEN.« (Griffin 1987: 226, Hervorhebung im Original)

Griffin widmet das Buch ihrer Freundin Adrienne Rich – einer lesbischen Dichterin und Feministin – und erweitert ihre Widmung folgendermaßen:

> »Diese Worte gelten denjenigen unter uns,
> deren Sprache ungehört bleibt, deren Worte
> gestohlen oder ausgelöscht wurden,

111 Rachel Carson war die letzten elf Jahre ihres Lebens in einer lesbischen Beziehung mit Dorothy Freeman.

112 *Écriture feminine* bezeichnet Ariel Salleh »als Inspirationsquelle des Ökofeminismus der 80er-Jahre« (Salleh: 997: 40, eigene Übersetzung). Eines der bekanntesten Werke der *écriture feminine* ist *Das Lachen der Medusa* von Hélène Cixous.

die der Sprache beraubt sind, die als sprachlos oder
stumm bezeichnet werden, selbst den Würmern,
selbst den Muscheln
und den Schwämmen, denjenigen unter uns, die
eine uns eigene Sprache sprechen, und …«
(Griffin 1987: Widmung)

Die Ökofeministin Susan Griffin schreibt für die marginalisierten menschlichen und nicht-menschlichen Naturen. Das hat sie in mehreren literarischen Werken zum Ausdruck gebracht, etwa in *Rape* (1979), *The Eros of Everyday Life* (1996) oder *What Her Body Thought* (1999).

Ökofeministische Inspiration können wir auch aus der Science-Fiction ziehen.[113] Einige Werke von Ursula K. Le Guin ließen sich als ökofeministisch einordnen, da sie sowohl vehemente Kritik an Umweltzerstörung und Kapitalismus als auch an den Geschlechterrollen übt, während sie antikapitalistische, geschlechtslose Gesellschaften skizziert. Zum Beispiel werden in ihrem Roman *Das Wort für Welt ist Wald* (1975) zwei unterschiedliche Perspektiven aufgezeigt: eine männliche, lineare und extraktivistische, die den Planeten Athshe als Ausbeutungsquelle betrachtet, und eine weibliche, die eine umweltfreundliche und gemeinschaftliche Sichtweise auf das Leben als ein verwobenes Netzwerk vertritt, in der alle Lebewesen wertvoll sind und zum Wohl des Ganzen beitragen. »Von Ursula Le Guin habe ich die Tragetaschentheorie des Geschichtenerzählens und der NaturKulturgeschichte gelernt« (Haraway 2018: 59). Damit weist Donna Haraway auf Le Guins »Knüpfen von Lebensgeschichten« (Haraway 2021: 8) hin, das auch sie in ihrem ökofeministischen Storytelling inspiriert hat.

NaturKulturgeschichten finden wir auch in den Büchern *Das Sammeln von Moos* (2022) und *Geflochtenes Süßgras* (2021) von der Pflanzenökologin, Professorin und Indigenen Aktivistin Robin Wall Kimmerer. Sie verflechtet die Indigenen Wissensformen der Gemeinschaft der Potawatomi mit den Geschichten von Süßgras. Sie zeigt auf, wie eine

113 Hier sind unsere Aufzählungen keineswegs vollständig. Wir möchten lediglich die Tür zu ökofeministischer Literatur jenseits der wissenschaftlichen Standardwerke einen Spalt weit öffnen und davon berichten, wie hier Gesellschaft ökofeministisch erzählt wird und wie ein ökofeministisches Schreiben aussehen kann. Im Handbuch *Science Fiction and Ecofeminism* (Byrne 2023) wird Science-Fiction explizit mit Ökofeminismus zusammengebracht.

intime Form der Wissenschaft möglich ist, die nicht-menschliche Natur als lebendig begreift und die ihre Geschichten respektvoll und dankbar erzählt.

Die Zentrierung von Natur führt in der Literatur also unter anderem zu Büchern über Moos, Pilze und Süßgras – und aktuell auch über Blutbuchen. Kim de l'Horizons Schreiben in *Blutbuch* (2022) ist durch die kindlichen Erfahrungen der Hauptfigur geprägt, die entlang der Geschichte der Blutbuche im Garten der ›Großmeer‹ (Großmutter) und der mütterlichen Linie (Matrilinearität) erzählt. Horizons queere Geschichten aus dem neoliberalen Stadtalltag in einer österreichischen Vorstadt hangeln sich an den Wurzeln und Erinnerungen eines Baumes – der Blutbuche – entlang. Ist das ökofeministisches Schreiben im Jahr 2022?

Gesellschaft ökofeministisch verändern: Was wollen Ökofeminist*innen? Wie sehen ökofeministische Welten aus?

»Ökofeminismus verbindet Überleben mit der Frage danach, wie wir gut in und mit Natur und unseren Mitmenschen leben können.« (Saave 2022: 338, eigene Übersetzung)

»The call is for degrowth, commoning and Buen Vivir.« (Salleh 2014: xi)

Bis hierher haben wir analysiert, wie wir durch Ökofeminismus kritisch auf die Gesellschaft blicken und sie analysieren. Jetzt wollen wir schauen, wie Ökofeminist*innen Gesellschaft verändern wollen.

Nach dem ausführlichen *Denken* und *Betrachten* von Gesellschaft stellt sich nun die Frage, was Ökofeminist*innen mit dieser Analyse verändern wollen. Wie eine sozial-ökologische Transformation oder Revolution oder eine ökofeministische Gesellschaft, die in sozialer, politischer und ökonomischer Dimension transformiert ist, im Kleinen und Großen aussehen kann, das fragen wir uns immer wieder. Eine Traumreise dorthin, wie wir uns eine ökofeministische Gesellschaft wünschen, ist gar nicht so leicht. Es braucht ein umfassendes VerLernen, ein Fühlen von Wut und Freude, um sich vorzustellen, wie es sein könnte und welchen Wandel Ökofeminist*innen im Blick haben: eine sorgsame Mutation bestehender Strukturen durch ein Zusammenfinden in Gemeinschaft(en), Praktiken des Commonings – oder doch die radikale, alles umwälzende Revolution?

Wie eine ökofeministische Gesellschaft aussehen könnte, das fragte sich bereits die französische Ökofeministin Françoise d'Eaubonne in den 1970er-Jahren. Auch Maria Mies entwarf die Konturen einer ökofeministischen Gesellschaft im Jahre 1978. Aus Bielefelder Perspektive gibt es jedoch keinen fertigen Gesellschaftsentwurf, da dies dem demokratischen Verständnis des Ökofeminismus widersprechen würde. Es gibt keine Lösung für alle und alle Kontexte, kein ökofeministisches Abziehbild für eine bessere Gesellschaft. Dennoch bekommen wir bei vielen Ökofeminist*innen oft zwischen den Zeilen einen Eindruck, wie und wohingehend Ökofeminist*innen die Gesellschaft verändern wollen.

Ökofeminist*innen wollen Macht verändern

Für Françoise d'Eaubonne wäre eine weibliche Gesellschaft eine Gesellschaft des »non-pouvoir« (dt: Nicht-Macht, d'Eaubonne 2020: 251). D'Eaubonne meint damit mehr, als bloß den Frauen die Macht zu geben, sondern die Zerstörung jeglicher Machtverhältnisse.

Starhawk wiederum konzeptualisiert zwei Begriffe von Macht: »Macht über« (*power over*) und »Macht-von-innen« (*power-from-within)* (Starhawk 2002: 7). Bei Ersterem handelt es sich um Macht zwischen Menschen und Macht gegenüber der Natur. Um zu veranschaulichen, wie Macht in patriarchalen Gesellschaften konzentriert und missbraucht wird, zieht Starhawk einen Vergleich zum Aufbau eines Baumes. Hierarchien seien wie Zweigstrukturen, welche in der Natur äußerst häufig vorkommen. In der Natur aber führten die komplexen Verästelungen, das Zusammenspiel zwischen oben (Blätter) und unten (Wurzeln) zu nachhaltig funktionierenden Kreisläufen. In menschlichen Gesellschaften sei dieser Baum jedoch dysfunktional. Die Äste dienten nur der Anhäufung von Profit und Ressourcen und nicht der Verteilung in alle Richtungen. Die Arbeiter*innen würden ihrer Entscheidungsmacht darüber beraubt, was mit dem Produkt ihrer Arbeit passiert. Der produzierte Mehrwert wird in der Starhawk'schen Analogie des Baumes nicht von oben nach unten verteilt oder dorthin, wo es gerade Wasser oder Nährstoffe braucht. Hierarchien bedeuten in menschlichen Gesellschaften »Macht über«.

Eine ökofeministische Wunschliste? Erinnerungen an das Frauenfriedenscamp in Greenham Common. (Archiv der *Women's Library: London School of Economics*, Greenham Women Everywhere)

Dieser »Macht über«, die letztlich auch keinen Halt vor militärischer Gewalt macht, stellt Starhawk ihre Idee der »power-from-within« gegenüber. Die Ausgestaltung dieser Macht in ihrer Vorstellung von direkter Demokratie vergleicht sie mit einem Netzwerk (*web*): Wie in einem Spinnennetz seien die Fäden der »power-from-within« horizontal und vertikal zu einem komplexen Netzwerk verbunden. Diese seien flexibler als die Äste eines Baumes und im ständigen Austausch mit dem Zentrum. Starhawk verknüpft direkte Demokratie auch mit Empowerment: Veränderungen in uns selbst müssen dem kollektiven Handeln vorausgehen. Diese Art der Ermächtigung ist nicht auf das Ergreifen politischer oder gar staatlicher Macht aus, sondern auf eine Veränderung von Macht an sich, die beim Individuum beginnt. Wenn der Ökofeminismus dafür kritisiert wird (insbesondere durch Janet Biehl), ›bloß auf Persönlichkeitsentwicklung aus‹ zu sein, sind vor allem solche Ansätze wie jener von Starhawk im Visier der Kritik. In *Webs of Power: Notes from the Global Uprising* (2002) entwickelt Starhawk jedoch einen prinzipiengeleiteten »Dritte-Weg-Aktivismus«, den sie als *empowered direct action* versteht und in dem individuelles und kollektives Empowerment sehr wohl mit Organizing und direkter Demokratie zusammengeführt werden. Starhawks Ansatz, individuelle Entwicklung und politische Veränderung zusammenzudenken, trifft indes nicht auf alle ökofeministischen Vorschläge zu gesellschaftlicher Transformation zu.

Abschließend möchten wir hier noch einen weiteren Machtbegriff aufführen, den die Ökofeministin Verónica Gago eingebracht hat. Aktivistin und Sozialwissenschaftlerin Gago verwendet den Begriff der *potentia* (dt: Handlungsmacht). Mit ihrem Konzept der feministischen Handlungsmacht setzt sie sich von einem Machtbegriff ab, der statisch und entkoppelt von Körpern ist. Gagos Konzeption von Macht hingegen bezieht den Körper (gar ein Territorium) mit ein. Ihr Machtbegriff ist dynamisch und wird durch die vielfältigen Möglichkeiten zu handeln bestimmt. So können Gago zufolge in ›unserem Handeln‹ immerzu neue Handlungsspielräume entdeckt werden, die das Potenzial haben, eventuelle Barrieren, die bisher unüberwindbar schienen, zu umgehen. »Was wir uns im Hier und Jetzt als möglich wünschen«, verleiht der feministischen Handlungsmacht ihren Antrieb (Gago 2022: 10).

Ökofeminist*innen wollen mit einer anderen Ethik Dualismen überkommen und dadurch das gesellschaftliche Naturverhältnis verändern

> »Außerdem müssen wir die hierarchischen und dualistischen Abspaltungen zurückweisen, durch die der weiße Mann die Welt aufgeteilt hat. Es gibt nicht drei Welten, sondern eine, es gibt nicht ›Kopf‹ oder ›Bauch‹, sondern ganze Frauen, es gibt nicht ›Produktion‹ oder ›Reproduktion‹, sondern die Herstellung und Erhaltung des Lebens.« (Mies 1987: 40)

Die Kritik an Dualismen, die bei fast allen Ökofeminist*innen auftaucht, ist zugleich ein Appell an das Auflösen und Überkommen jener Trennstrukturen. Die ökofeministischen Philosophinnen Val Plumwood und Carolyn Merchant fordern hierfür eine neue Ethik. Damit meinen sie einen Wandel jener kulturellen Werte, die von einer Trennung von Mensch und nicht-menschlicher Natur ausgehen. Mit dem Konzept der *partnership ethics* machen sie einen Vorschlag, wie ein partner*innenschaftliches Verhältnis zwischen Mensch und Natur aussehen könnte. Hierbei geht es zunächst darum, uns als *embodied* und *embedded,* also als verkörpert und in einen ökologischen Kontext eingebettet zu betrachten. Menschliches Leben sowie tierisches Leben ist somit gleichsam in der natürlichen Sphäre angesiedelt. Das eine ist dem anderen keineswegs überlegen. Ähnlich wie die Neuen Materialist*innen sprechen Plumwood und Merchant Tieren und der nicht-menschlichen Natur Geist, Kultur und Handlungsmacht (*agency*) zu. Letztere sei unabhängig vom Menschen und oftmals nicht in einer Linie mit menschlichen Interessen. Dementsprechend sei es unangemessen, ließe man den Menschen weiterhin im Zentrum unserer Sichtweise auf Mensch-Natur-Verhältnisse stehen. Auch das gängige Rationalitätsverständnis müsse zugunsten einer ökologischen Vernunftkultur weichen. In Plumwoods Vorstellung von Partner*innenschaft mit der Natur ist diese keineswegs überall gleich. Sie ist situiert und kontextabhängig. Das heißt, die Partner*innenschaft kann sich in verschiedenen kulturellen Kontexten verschieden ausdrücken. Plumwood sagt, »insbesondere die dominante Kultur des Monologs kann von der Weisheit Indigener und anderer nicht-westlicher Kulturen viel über die Möglichkeit des Dialogs und der Verhandlung mit der nichtmenschlichen Natur lernen« (Plumwood 2018: 111, eigene Übersetzung).

Plumwood bezieht sich dabei auf Merchants Ausführungen zu einer *partnership ethic of earthcare*, die diese in ihrem Buch *Earthcare* (1996) vorstellt.

Partnership Ethic of Earthcare

Merchant entwickelte diesen Ansatz im Kontext der 1970er- bis 1990er-Jahre. In dieser Zeit fanden eine Reihe wichtiger supranationaler Ereignisse rund um das Thema Frauen und Umwelt statt – etwa die UN-Dekade der Frau (1975–1985), der auch als ›Brundtland- Bericht‹ bezeichnete Bericht *Our Common Future* der Vereinten Nationen (1987) oder der Erdgipfel in Rio de Janeiro (1992). Merchant stellt ihre ökofeministische Ethik den ethischen Verständnissen gegenüber, die in den großen internationalen Abkommen wie z.B. GATT oder NAFTA zum Ausdruck kommen. Die bisher vorherrschenden umweltethischen Verständnisse seien:

Egozentrisch: Sie gehen davon aus, dass das, was gut für das Individuum ist, auch gut für die menschliche Gesellschaft als Ganzes ist. Diese Ethik ist individualistisch und am Eigennutz interessiert. Das Interesse des einen geht auf Kosten der vielen.

Homozentrisch: Die Natur wird als eine Ressource für den Menschen betrachtet und kann für den globalen Handel genutzt werden. Diese Ethik ist utilitaristisch und privilegiert den ökonomischen Nutzen von nichtmenschlicher Natur. Das instrumentelle Interesse der Mehrheiten geht auf Kosten von Minderheiten und führt z.B. zu Umweltrassismus oder einer Tyrannei der Mehrheit.

Diesen stellt Merchant eine ökofeministische Ethik gegenüber. Diese ist:

Ökozentrisch: Sie nimmt an, Natur habe einen intrinsischen Wert – einen Wert an sich. Dieser ist darauf zurückzuführen, dass nichtmenschliche Natur Menschen überdauert, denn viele Lebewesen existieren bereits seit Millionen von Jahren. Dieser holistische Ansatz, der das Ganze fokussiert, kann allerdings auf Kosten der menschlichen Individuen gehen.

Partner*innenschaftlich: Sie basiert auf der Annahme einer gegenseitigen Beziehung (relational) zwischen der menschlichen Gemeinschaft und der biotischen Gemeinschaft. Diese Ethik geht von Interdependenz aus.

Merchant bevorzugt den Begriff der *partnership* (Partner*innenschaft), der im Englischen nicht gegendert ist und somit erstens Natur nicht als Mutter oder Göttin verweiblicht und zweitens weder Männern noch Frauen eine hervorgehobene Beziehung mit der Natur zuschreibt. Partner*innenschaft impliziert für sie, dass sowohl Männer als auch Frauen wechselseitige Beziehungen miteinander und mit der Natur eingehen können. Diese Ethik »macht die Frauen nicht allein dafür verantwortlich, das ›Chaos‹ zu beseitigen, das die von Männern dominierte Wissenschaft, Technologie und der Kapitalismus angerichtet haben« (Merchant 1996: 217).

Wie kann solch eine partner*innenschaftliche Ethik also in der Praxis etwas verändern? In einer partner*innenschaftlichen Ethik umweltbezogene Entscheidungen zu treffen, würde zum Beispiel bedeuten, dass dort, wo Fluten, Erdbeben und Waldbrände wahrscheinlicher sind, nicht trotzdem Staudämme, Atomkraftwerke oder Siedlungen gebaut werden. Stattdessen muss anerkannt werden, dass die Mehr-als-Menschen über Autonomie verfügen und wir in diesem Raum menschliche Vorhaben limitieren und aushandeln müssen:

> »Jede dieser schwierigen, zeitaufwändigen ethischen und politischen Entscheidungen wird von einer menschlichen Gemeinschaft an einem bestimmten Ort ausgehandelt werden, aber das Ergebnis wird von der Geschichte der Menschen und der Natur in diesem Gebiet abhängen, von den Erzählungen, die sie sich selbst über das Land machen, von den lebenswichtigen menschlichen Bedürfnissen, von früheren und gegenwärtigen Landnutzungsmustern, vom größeren globalen Kontext und von der Fähigkeit oder Unfähigkeit, etwas vorherzusagen.« (Merchant 1996: 221)

Andere Ökofeminist*innen, wie die Philosophin Karen Warren, schlagen eine Care-Ethik vor, um die doppelte Unterdrückung von Natur und Frauen verbindend aufzulösen:

> »Eine ökofeministische Ethik, so argumentiert sie [Karen Warren], würde die traditionelle Ethik, die auf Rechten, Regeln und Nützlichkeit beruht, durch Überlegungen ersetzen, die auf Fürsorge, Liebe und Vertrauen basieren. Eine Ethik der Fürsorge, wie sie von einigen Feministinnen vertreten wird, fällt jedoch der essentialistischen Kritik zum Opfer, dass es in der Natur der Frauen liege, zu nähren.« (Merchant 1996: 8)

Die Bielefelderinnen wiederum gelangen über den Arbeitsbegriff und das sich in der Arbeit ausdrückende Verhältnis zu Natur zu einem kooperativen Naturverhältnis. Ein neuer Arbeitsbegriff würde auch das Naturverhältnis grundlegend aufbrechen:

> »Ein neuer Arbeitsbegriff kann außerdem nicht mehr von der Herrschaft des Menschen über die Natur ausgehen, sondern muß dieses Verhältnis durch eins der Mitwirkung mit der Natur, durch ein reziprokes Verhältnis ersetzen. [...] Im Begriff der Mitwirkung mit der Natur ist auch angedeutet, daß die Natur nicht nur toter Rohstoff ist, sondern etwas Lebendiges, das eine eigene ›Seele‹ hat.« (Mies 1987a: 8)

Somit sprechen auch die Bielefelderinnen – mit dem Wort der Seele – Natur einen Geist zu. Das wechselseitige Verhältnis steht dem der kolonialen Ausbeutung entgegen. Es bedeutet, dass dort, wo etwas entnommen wird, auch wieder etwas hinzugefügt werden bzw. Zeit für Regeneration gegeben werden muss. Für die Bielefelderinnen braucht es Kooperation mit der Natur *in uns* und *um uns*, um unser Leben erzeugen zu können.

Andere Ökofeminist*innen wiederum kreieren neue Kategorien, etwa ›NaturKulturen‹ (siehe S. 184) oder ›Reproduktivität‹ (siehe S. 155), um die dualistischen Trennungen ausgehend vom Natur-Kultur-Dualismus zu überwinden.

Ökofeminist*innen wollen für und mit Naturen sorgen

Ökofeministinnen wie Sabine Hofmeister, Tanja Mölders, Michaela* Deininger und Katharina Kapitza sprechen sich für eine vorsorgende Perspektive auf Natur/en aus (2019). Ziel ist es dabei, anstelle der herrschafts- oder machtförmigen sorgenden Verhältnisse zu Natur/en vorsorgende Sorgebeziehungen zu konzeptualisieren. Die Nutzung der Begrifflichkeit der Vorsorge anstelle von Fürsorge macht die Auflösung der Schutz-Nutzen-Dichotomie möglich, wodurch zukünftigen Generationen Nutzungsoptionen möglich gemacht werden, aus denen sie im Sinne des guten Lebens selbstbestimmt wählen können. »Caring with« Naturen konzipieren Daniela Gottschlich und Christine Katz als ein relationales Konzept (2018: 195). Es löst die Vorstellung einseitiger Beziehungen zu Naturen und macht verständlich, dass beide Seiten Sorge erhalten und geben. Dabei soll die Verwendung der Mehrzahl ›Naturen‹ deutlich machen, dass Natur erstens »als personenbezogene Pflege- und Versorgungstätigkeiten auf die Körper-Natur von Menschen« und zweitens der gesellschaftliche Umgang mit nicht-menschlicher/n Natur/en wie Tieren, Pflanzen sowie Ökosystemen gedacht wird (Hofmeister et al. 2019: 126).

Ökofeminist*innen wollen den patriarchalen Eisberg abschmelzen und eine neue Perspektive einnehmen: die Subsistenzperspektive

Den patriarchalen Eisberg abzuschmelzen, wie Maria Mies es formuliert, bedeutet, die Wirtschaft radikal zu verändern. Dafür bräuchte es den Bielefelderinnen zufolge einen grundlegend anderen Blick auf Wirtschaft: »eine Umkehr des Blicks, eine andere Perspektive, die nicht mehr Waren- und Geldreichtum ins Zentrum allen Wirtschaftens stellt, sondern ›ein gutes Leben‹ für alle auf dem Planeten, für Tiere, Pflanzen und alle Wesen« (Mies 2002: 3). Der Subsistenzbegriff fungiert dabei nicht nur als Analysekategorie, »sondern [ist] bereits der Vorschein einer besseren antikapitalistischen Gesellschaft« (Reuschling 2019: 51). Der Subsistenzansatz dient der Erkenntnis und der Formulierung einer kritischen Gesellschaftstheorie. Er beinhaltet außerdem ein utopisches Potenzial, um das es im Folgenden gehen soll.[114] Die Bielefelderinnen nehmen Subsistenz als Ausgangspunkt für eine Veränderung und radikale Infragestellung der gegenwärtigen Verhältnisse. Wie können wir uns also durch das Konzept der Subsistenz von der Eisberglogik und aus der Eisbergwirtschaft befreien?

Die Subsistenzperspektive setzt zunächst ein anderes Verständnis von Politik-Machen voraus. Politik findet in keiner speziellen Sphäre – dem Parlament, den geschlossenen Räumen der Lobbyisten, fernab vom Feld oder der Küche – statt: »Politik ist nicht vom Alltag, von der Subsistenz getrennt. Die Politik wird während der Arbeit gemacht« (Bennholdt-Thomsen und Mies 1997: 232). Das Paradigma der Subsistenzperspektive basiert zudem auf neuen ethischen philosophischen Axiomen, etwa gegenseitiger Fürsorge, Kooperation, Gegenseitigkeit und direkter Befriedigung menschlicher Bedürfnisse. Es wird anerkannt, dass Bedürfnisse nicht unendlich sind. Aber sie sind an ökologische Grenzen gekoppelt anstatt an künstliche Nachfrage. In einer ökofeministischen Gesellschaft nach Mies rückt die Subsistenz ins Zentrum. Diese Arbeit würde in den Dienst des Lebens gestellt. Das bedeutet auch, dass wieder Kontrolle über die Lebensgrundlagen erlangt werden muss, etwa über Allmenden wie Wasser, Land und Wälder. Diese Kontrolle ist keine private oder staatliche Kontrolle, sondern eine kollektive und demokratische Verfügung über das Gemeinwesen.

Der Entwurf einer ökofeministischen Gesellschaft basiert zudem auf Prinzipien der Regionalisierung, Lokalisierung und Dezentralisie-

114 Für diese Zweischneidigkeit werden die Bielefelderinnen allerdings auch kritisiert. Vgl. dazu Reuschling 2019.

rung, aber nicht auf dem Prinzip des globalen Handels. Die Dezentralisierung zielt nicht nur auf ökonomische Strukturen ab, sondern auch auf politische. Entscheidungsprozesse sollen wahrlich demokratisiert werden. Auch wenn die Bielefelderinnen sich vielfach auf gemeinschaftliche Kontexte und Subsistenzarbeit im Globalen Süden beziehen, heben sie explizit hervor, dass sie diese weder romantisieren wollen, noch eine Rückkehr zu etwas Vorindustriellem beabsichtigen. Mit ihren Konturen gibt Mies eine Richtung vor, die an die jeweiligen gesellschaftlichen Verhältnisse angepasst und kontextabhängig umgesetzt werden muss.

Ökofeminismus will kleine Schritte und Veränderung im Hier und Jetzt

»We don't locate the revolution in some mythical future – we are the revolution, now.« (Starhwak 2010: 231)

In ihrer Herangehensweise an gesellschaftliche Transformation sind Ökofeminist*innen deutlich anarchistischer denn sozialistisch geprägt. Viele von ihnen lehnen die großen Erzählungen, wie die des Sozialismus, ab. Die ökofeministischen Gruppen waren stark von anarchistisch inspirierter Organisierung geprägt: Direkte Aktionen, das Bilden von Bezugsgruppen oder das Arbeiten mit Konsensentscheidungen, beispielsweise bei der Women's Pentagon Action. In ihren Aktionen und im Alltäglichen tasteten sie sich in ihrem kollektiven Handeln an eine bessere Gesellschaft heran. Eine Revolutionierung des Alltagslebens ist für Ökofeminist*innen unabwendbar, da Politik machen für sie nicht vom alltäglichen Leben trennbar ist. Das bedeutet, dass die Utopie für sie nicht in weiter Ferne liegt, es sind »die kleinen, pragmatischen Schritte im Hier und Jetzt. Diese Entgegensetzung von Utopie und kleinen Schritten ist unehrlich. Denn auch die Pragmatiker/innen folgen einer Utopie, die sie aber nicht aussprechen« (Mies 1987a: 9).

Zu diesen Gehversuchen im Sinne eines anderen Verständnisses von Politik und Macht zählt Mies

> »z.B. alle Versuche, die Männer schon jetzt, und nicht erst nach Erreichung der 35-Stunden-Woche, an Hausarbeit und Kinderaufzucht zu beteiligen. Dazu gehören auch alle Initiativen, die durch ihre Kaufentscheidungen und anderweitig die Kleinbauern und die Ökobauern in ihrem Kampf unterstüt-

zen. Hier sind auch die Erzeuger-Verbraucher-Gemeinschaften ebenso zu nennen wie Boykottaufrufe gegen die Chemie- und Pharmamultis. Viele der Aktionen, die Frauen zum Jahrestag von Tschernobyl machten, sind Schritte in die Richtung dieser Utopie, denn sie gehen von der Erkenntnis aus, daß wir unseren Alltag ändern.« (ebd.)

Ökofeminist*innen wollen Mutation, nicht Revolution

Viele Ökofeminist*innen sprechen sich gegen die alles umwälzende, große Revolution aus. Sie misstrauen den großen Erzählungen des Kapitalismus, aber auch, basierend auf ihren Erfahrungen mit den real existierenden Sozialismen, des Sozialismus. Letztere sind in ihren Augen ebenso abhängig von Wirtschaftswachstum, linearem Fortschrittsdenken und der Industrialisierung, wie es der Kapitalismus ist. Françoise d'Eaubonnes Entwurf einer ökofeministischen Gesellschaft im post-industriellen Zeitalter basiert daher auf der Vorstellung einer Mutation und baut auf drei zentralen Elementen auf: *Erstens* soll die Kleinfamilie abgeschafft werden. *Zweitens* sollen als feminin abgewertete Werte zurückerobert und wiederaufgebaut werden. Damit meint sie Werte wie Pazifismus, Sensibilität, Genuss und Wissen um Grenzen. *Drittens* schlägt d'Eaubonne vor, dass jegliche regierende Autorität abzuschaffen ist und sich alle in kleinen selbstorganisierten Gemeinschaften organisieren. Weiter formuliert sie noch konkretere ökofeministische Ziele: So schlägt sie die Verwendung sanfter Technologien, die Rekonvertierung von Fabriken und Zerstörung einzelner Industriezweige (z.B. der Atomindustrie) vor. Sogenannte parasitäre Gebäude wie Kirchen oder Kasernen sollen zerstört oder in gemeinschaftliche Räume, Wohnungen, Spielplätze, Kinos umfunktioniert werden. Auch Autos würden für sie überwiegend überflüssig, da Zeit und Raum allen gehören und wir uns nicht mehr unter dem Zwang der Lohnarbeit fortbewegen würden. Diese würde abgeschafft, unsere Arbeit sei das Leben. D'Eaubonne skizziert eine dezentralisierte Gesellschaft, in der es ein Recht auf Nomadentum und diverse Lebens- und Wohnformen gibt. Ganz konkret findet sie, dass auf der Champs Elysées Landwirtschaft betrieben werden sollte.

Mutation begreift sie dabei nicht im Sinne von sanftmütig oder gewaltfrei. Mutation kann durchaus revolutionäre Züge annehmen: »Aber die

Mutation übertrifft die Revolution, so wie diese den Geist der Reformen überwunden hat. Sie ist nicht der neue Name für die Reform. Sie widerspricht der Revolution nicht, sondern ergänzt sie, geht über sie hinaus und vollendet sie« (d'Eaubonne 2023 [1978]: 310, eigene Übersetzung). Mutation würde allerdings nicht von den Proletarier*innen angeführt werden, diese sind ihrer Meinung nach zu sehr in den Industrien und der Profitlogik verhaftet. Die Akteur*innen der Mutation hingegen sind d'Eaubonne zufolge die Frauen.

Ökofeminist*innen wollen Emanzipation und Befreiung

Die Bielefelderinnen legen dar, was die Frauenfrage mit der Ökologiefrage und was beide mit der Kolonialfrage zu tun haben. Dies müsse auch in der Praxis in Form von emanzipatorischen Vorschlägen berücksichtigt werden. Der Französin d'Eaubonne sowie den Bielefelderinnen zufolge geht es nicht um die bloße Gleichstellung von Mann und Frau. Ihr Ökofeminismus will eine emanzipierte und befreite Gesellschaft. Eine ökofeministische Vorstellung von Befreiung kann nicht *eine* Kolonie (wenn wir im Sinne der Bielefelderinnen Frauen oder die Kolonisierten als solche betrachten) auf Kosten der *anderen* entkolonisieren. Das heißt, wenn der Aufstieg *weißer* Mittelklassefrauen auf dem Rücken migrantischer Frauen stattfindet, so handelt es sich den Bielefelderinnen nach nicht um tatsächliche Emanzipation:

> »[D]arum können wir Frauen in den Industrieländern unsere Befreiung auch nicht auf der Basis der Aufrechterhaltung der weiteren Ausbeutung der Dritten Welt betreiben. Andererseits dürfen die Industrieländer die Lösung ihrer Ökologiefrage nicht auf Kosten ihrer Frauen und der Dritten Welt suchen. Es kann aber auch keine Befreiung der Dritten Welt auf Kosten ihrer Frauen und ihrer Ökologie geben.« (Mies 1987b: 41)

Wenngleich die Wortwahl Mies' heute überholt ist, trifft sie damit immer noch den Punkt: Viele der vermeintlichen Lösungen auf die drängenden ökologischen Fragen gehen auf Kosten anderer Frauen, Weltregionen oder Personengruppen. Sei es, wenn beim Bau einer Tesla-Fabrik in Brandenburg viele migrantisierte Menschen prekär angestellt werden, damit reiche *weiße* Menschen sich das ökologische Gewissen mit einer grünen E-Auto-Lüge reinfahren können, oder sei es, wenn vielerorts sogenannte

Flüssiggasterminals (LNG-Terminals) gebaut werden, die Wasserstoff extraktivieren und damit koloniale Kontinuitäten fortschreiben. Demgegenüber meint der Freiheitsbegriff der Bielefelderinnen Freiheit aller von Ausbeutung und Unterdrückung.

Ökofeminist*innen wollen Buen Vivir

Buen Vivir (dt.: das gute Leben) ist eine südamerikanische Perspektive und eine Vorstellung von Wandel, die das Verhältnis zwischen Menschen und Mehr-als-Menschen tiefgehend verändert. Buen Vivir ist eine plurale Kategorie, die sich in verschiedenen geografischen, sozialen und ökologischen Zusammenhängen – zum Beispiel in Ecuador, Peru oder Chile – ausgestaltet. So unterscheidet sich die ecuadorianische Ausgestaltung von Buen Vivir namens *sumak kawsay* zum Beispiel von der Form der Mapuche (*küme morgen*). Auch aufgrund der Vielfältigkeit von Buen Vivir erweist es sich als Herausforderung, seine Bedeutung in westliche Worte und Verständnisse zu übersetzen und mit den westlichen Kategorien zu fassen. Zumeist wird vom ›Guten Leben‹ gesprochen, wenn auf Buen Vivir Bezug genommen wird. Ein gemeinsamer Nenner vieler Vorschläge vom Buen Vivir ist das Ablehnen der Vorstellung einer einzigen universellen Geschichte, das Hinterfragen der Idee eines ewigen Fortschritts sowie das Anerkennen von offenen, parallelen, nicht-linearen, gar zirkulären historischen Prozessen. Es ist somit eine radikale Infragestellung des Entwicklungsparadigmas. Außerdem erkennt Buen Vivir den intrinsischen Wert nicht-menschlichen Lebens an.

Ökofeminist*innen wollen die Landwirtschaft verändern

Ein zentrales Element des Wandels ist für viele Ökofeminist*innen die Veränderung der Landwirtschaft. Zunächst geht es ihnen um ein verändertes Stadt-Land-Verhältnis, welches den abgewerteten ländlichen Raum als zentralen Ort der Lebens(mittel)- bzw. Subsistenzproduktion in den Fokus rücken würde. Aber auch die Arbeits- und Organisationsstruktur der Landwirtschaft gehört für Ökofeminist*innen grundlegend umgewälzt. Zum Beispiel schlagen sie eine Dezentralisierung der Produktion sowie eine Re-Ruralisierung bzw. Re-Lokalisierung der Märkte entgegen der globalisierten Lebensmittelmärkte und dem kapitalistischen Agribusiness vor. Zudem sehen sie eine Stärkung der Kleinbäuer*innen

(Stichwort Ernährungssouveränität, siehe S. 227) vor, in deren Händen die Kontrolle über Land und landwirtschaftliche Produktion liegen sollte und nicht in denen von profitgetriebenen multinationalen Konzernen. Darüber hinaus schätzt die ökofeministische Landwirtschaft traditionelle, ökologische und permakulturelle Anbaumethoden. Darin schwingt auch die Art und Weise, wie wir uns auf Land, Boden und Leben beziehen, mit. Agrarökologische Prinzipien stellen dabei immer wieder einen zentralen Bezugspunkt dar. Konkret denken Ökofeminist*innen wie Maria Mies an sogenannte Konsumenten-Produzenten-Vereinigungen, was heutzutage auch unter ›Solidarischer Landwirtschaft‹ (Solawi) bekannt ist und umgesetzt wird.

Ökofeminist*innen wollen Eigentum und Gemeinschaft anders denken und leben

Marxistische Feministinnen wie Silvia Federici haben die Enteignungen und den Verlust der Verfügungsgewalt über die sogenannten Allmenden eingehend untersucht. Doch wie können die Subsistenzmittel zurückgewonnen werden? Schon Mies schlägt vor, die Subsistenzmittel in Frauenhand bzw. in gesellschaftliche Kontrolle zu überführen. Ökofeminist*innen sympathisieren mit Praktiken des Commoning (dt.: Vergemeinschaftung) und navigieren dabei zwischen den Sphären von Markt und Staat. Federici bezeichnet Commons als Samen für eine Gesellschaft fernab von Markt und Staat. Commons sind eine kooperative, nicht-hierarchische Form der demokratischen Kontrolle und Verwaltung von Gemeingütern. Die demokratische Verfügung über Allmenden geht vor allem auf die Nobelpreisträgerin Elinor Ostrom zurück und wird mittlerweile in vielen feministischen Transformationsvorschlägen angeführt. Commons setzen sich aus drei Elementen zusammen: (1) dem Gemeingut, das gemeinsam verwaltet wird (von der Gemeinschaftsküche über den Acker bis hin zur Solawi), (2) der Gemeinschaft und (3) der sozialen Praktik des *commoning*, also wie diese Gemeinschaft dieses Gemeingut verwaltet. Die Logik der Commons bricht mit der exklusiven Verfügungsgewalt über Ressourcen und Güter im auf privates Eigentum aufbauenden Kapitalismus. Damit greift der Gegenentwurf der Commons das kapitalistische System an der Wurzel an und setzt ihm eine nachhaltige und gerechtere Organisation der Lebensgrundlagen oder lebenswichtigen Aufgaben (z.B. Care) entgegen. Ökofeminist*innen sehen in Commons das Potenzial, nicht nur Eigentumsverhältnisse, sondern auch Beziehungen grundlegend zu transformieren.

Ökofeminist*innen wollen Erddemokratie

Wie so ein Mensch-Natur-Verhältnis gelebt werden kann, beschreibt Shiva in ihrem Konzept der Erddemokratie, welches zwölf Prinzipien beinhaltet. Die Philosophie der Erddemokratie formte die ökofeministische Organisation *Navdanja* (dt.: ›neue Samen‹ oder ›neue Gaben‹), die Menschen und Mehr-als-Menschen als Erdfamilie ansieht. Diese bewegungsstiftende Organisation wurde von Vandana Shiva gegründet, die ihr bis heute als Präsidentin vorsteht. *Navdanja* zentriert die Erde, Frauen und bäuerliche Bewegungen, führt gemeinschaftlich Saatgutbanken und wehrt sich gegen jegliche Hierarchisierung zwischen und innerhalb von Spezies. In der eigenen Erduniversität bildet sie ihre Teilnehmer*innen zu der Philosophie der Erddemokratie aus. Diese Philosophie fordert die Demokratie aller als gleichberechtigt angesehenen und als wertvoll betrachteten Lebewesen. Der Schutz von Ökosystemen steht im Vordergrund und jegliche lebenszerstörende Prozesse werden abgelehnt. Gleichzeitig gilt es, für alle, auch für zukünftige Generationen, Lebensunterhalt bereitzustellen, sodass die Grundbedürfnisse befriedigt werden können. Nahrungsmittel werden nicht als Ware angesehen und lokale Ökonomien gestärkt. Es sollen Frieden, Sorgearbeit und Leidenschaft global positiv konnotiert sowie kulturelle und biologische Vielfalt erhalten und bestärkt werden.

Ökofeminist*innen wollen feministisches Degrowth

Um die integrale Einarbeitung von Feminismen in Degrowth theoretisch voranzubringen, gründete sich auf der Degrowthkonferenz in Budapest 2016 die *Feminisms and Degrowth Alliance* (kurz: FaDA, dt.: Feminismen- und Degrowth-Allianz). Diese zentriert Geschlechtergerechtigkeit im Konzipieren einer sozial-ökologischen Transformation. Ziel ist es, ungleiche Geschlechterbeziehungen im kapitalistischen System analytisch zu reflektieren. Anstelle eines permanenten Wirtschaftswachstums fordert die internationale Allianz den Aufbau einer Wirtschaft, die die Endlichkeit des Wachstums und der ökologischen Ressourcen anerkennt und die Vorstellungen und Ziele einer kolonialen, kapitalistischen und patriarchalen Wirtschaft überwinden will. Die ökofeministischen Bielefelderinnen gelten somit als Vorreiterinnen des feministischen Degrowth. Wachstumskritik ist integraler Bestandteil von Ökofeminismus. Sogenannter Fortschritt findet auf Kosten anderer statt, denn diese Fortschritts- und Wachstumslogiken bedeuten, dass neo-koloniale Verhältnisse der gewaltsamen Aneignung von Frauen, Natur und Kolonien andauern. FaDA fordert zudem eine Problematisierung intersektionaler verschränkter Herrschaftssysteme wie Patriarchat, Kolonialismus und Klassenverhältnisse. In ihrer Degrowth-Utopie gibt es außerdem eine gerechte Verteilung von (un)bezahlter Arbeit in allen Welten. Während der Pandemie formulierte FaDA einige zentrale Forderungen, um die Gesellschaft geschlechtergerechter zu gestalten und an der Nachhaltigkeit des Lebens zu orientieren:

> »1. die Anerkennung und Stärkung der Sphären der sozialen und ökologischen Reproduktion;
>
> 2. die Abschaffung des heteronormativen Verwandtschaftsbegriffes, die Unterstützung bestehender gemeinschaftlicher Strukturen und die Förderung von Haushalten, die in sozial gerechte und ökologisch nachhaltige Gemeinschaften eingebettet sind;
>
> 3. ein vorsorgendes Wirtschaften, das eine Demokratisierung aller Dimensionen des Lebens fördert, Existenzsicherung und Lohnarbeit entkoppelt, bezahlte und unbezahlte Sorgearbeit gesellschaftlich aufwertet und (z.B. durch ein Care-Einkommen) ihre geschlechtergerechte Verteilung fördert;
>
> 4. Nord-Süd-Solidarität, die Umsetzung von UNDRIP, einen globalen Green New Deal und Widerstand gegen Austeritätspolitik und neoliberale Strukturanpassungsprogramme.« (FaDA 2020)

Um dorthin zu gelangen, haben Wissenschaftler*innen und Aktivist*innen, die zu feministischem Degrowth forschen, bereits verschiedene Überlegungen angestellt, wie Care-Arbeit nicht nur gerechter zwischen den Geschlechtern verteilt, sondern auch grundlegend reorganisiert werden kann. Die feministischen Ökonominnen Corinna Dengler und Miriam Lang diskutieren in ihrem Paper *Commoning Care: Feminist Degrowth Visions for a Socio-Ecological Transformation* (2022), inwiefern Care-Arbeit durch Commoning und Kollektivierung geschlechtergerechter organisiert werden könnte, während Anna Saave mit ihrem Konzept einer Care-Abgabe (2023b) aufzeigt, wie ein vorsorgendes Wirtschaften durch gezielte Besteuerung möglich wäre.

Wie sieht also eine utopische ökofeministische Gesellschaft aus?

»Ecofeminism is not a solution for everything, but it is for most things.« (Anna Saave 2022a: 335)

Dieses Kapitel hat eine Auswahl aus dem breiten Repertoire ökofeministischer Transformationsvorschläge präsentiert. Diese Vorschläge decken ein breites Spektrum an Radikalität ab, sie sind unterschiedlich konkret und sie adressieren verschiedene Ebenen. Ökofeminist*innen sind unzufrieden mit den Machtverhältnissen, wollen aber nicht die Macht ergreifen, sondern diese umgestalten. Sie träumen von Dezentralisierung, Gemeinden, Gemeinschaften, Rätestrukturen und Versammlungen. Ihre Gesellschaftsentwürfe sind geprägt von Autonomie, Selbstverwaltung und Selbstversorgung, Geschlechtergerechtigkeit und Antikolonialismus. Dabei stellen sie stets die Frauen- und die Landfrage und beziehen Körper und Territorien mit ein. In ihre ökofeministische Gesellschaft kommen wir langsam, beginnend im Hier und Jetzt. Die Politiken des Alltäglichen bedienen sich vielfältiger Mittel, derer es bedarf, um das koloniale und patriarchale System zu demontieren. In dieser Gesellschaft sind Menschen nicht die einzigen Akteur*innen, und nicht-menschliche Naturen sind dabei die Verbündeten der Menschen. Wenn wir also das Ackerland umwälzen, dann tun wir das mit einem agrarökologischen Ansatz und permakulturellen Methoden, die Biodiversität erhalten und nachhaltig ernähren.

Eine intersektionale feministische Utopie ist eine Gesellschaft, die von sozial-ökologischer Gerechtigkeit durchzogen ist. Patriarchale, koloniale und kapitalistische Verhältnisse werden überwunden und gleichberechtigte Beziehungen zwischen Menschen sowie mit Mehr-als-Menschen werden etabliert. Eine ökofeministische Gesellschaft ist eine emanzipierte und befreite Gesellschaft, die ein Gutes Leben für alle in einer Erddemokratie organisiert. Ökofeministische Politiken kritisieren Wachstum und fordern Postwachstum. Die ökofeministische Gesellschaft ist eine Degrowth-

Gesellschaft. Kaum eine Ökofeminist*in kommt ohne einen Verweis auf planetare ökologische Grenzen sowie den Verweis auf ökologische Krisen aus. Ökofeminist*innen arbeiten in ihrer materialistischen Perspektive Gleichberechtigung integral ein, sodass (Sorge-)Arbeit und Eigentum grundlegend anders organisiert und praktiziert werden. Damit verändern wir auch unsere Beziehungen zueinander, indem wir nicht nur die Subsistenzmittel, sondern auch uns selbst in Gemeinschaften kollektivieren.

Damals in Greenham: Zäune sabotieren. Wie könnte ökofeministische Praxis heute und morgen aussehen?
(Archiv von Bridget Boudewijn, Greenham Women Everywhere)

FÜNF
Von der Theorie zurück zur Praxis: Ökofeminismus heute und morgen

Wie wurden und werden die im vorangegangenen Kapitel herausgearbeiteten, auf eine Utopie ausgerichteten theoretischen Konzepte in den letzten Jahren und derzeit bereits in der Praxis durch Anti-Kohle-Aktivist*innen, Care-Arbeiter*innen, Hexen, Gärtner*innen und Agrarökolog*innen, Pilze und Würmer erkämpft? Wie kann Ökofeminismus heute in der Praxis aussehen?

Manchmal fragen wir uns, ob die Ökofeminist*innen von heute jene Menschen sind, die die roten, goldenen oder lilanen Finger von *Ende Gelände* bilden, die Tagebauten, Schienen und Pipelines besetzen. Dort stellen sie sich mit ihren Körpern dem fossilen Kapitalismus in den Weg. Mit zivilem Ungehorsam widersetzen sie sich friedlich, aber entschlossen der Logik der Profite und Gewalt. Vielleicht sind die Ökofeminist*innen von heute auch die migrantischen Arbeiter*innen in Andalusien, die *Jornaleras de Huelva en Lucha* (mehr dazu weiter unten in diesem Kapitel), die sich gegen die für Mensch und Natur ausbeuterische industrielle Landwirtschaft organisieren? Oder sind es die kurdischen Frauen in Rojava?

In diesem Kapitel möchten wir Geschichten ökofeministischer Praxis *heute* aufschreiben. Damit schließen wir an ein *Gestern* an, wie wir es in Kapitel 1 beschrieben haben, und lassen uns von der ökofeministischen theoretischen Pluralität anleiten, die wir in Kapitel 2 und 4 dargelegt haben. Wie sieht diese Vielfalt in der Praxis aus? Wir werden zeigen, inwiefern wir die ökofeministische Analyse in vielen aktuellen Kämpfen verkörpert und praktiziert sehen. Und dass viele aktuelle Kämpfe um Land und Leben, gegen fossilen Kapitalismus und ausbeuterische Lohn- und (Re-)Produktionsarbeit Ökofeminismus *heute* sein können.

Gesellschaft kompostieren! – Von Saatgut über Atommüll bis hin zu radikalen Feen und Frauenrevolution

Wir wollen uns nicht nur ansehen, *wer* die heutigen Ökofeminist*innen sind, sondern auch fragen, *wie* und *um was* sie kämpfen. Unsere Beispiele politischer Praxis wollen die Gesellschaft auf verschiedenen Ebenen verändern und setzen dafür an verschiedenen Stellen an. Sie setzen an gesellschaftlichen Strukturen, an Hierarchien, am Verhalten zueinander sowie miteinander an oder daran, wie der Staat agiert. Sie setzen bei sich selbst an, indem sie Normen oder Regeln brechen. Sie wollen das große Ganze verändern oder durch Veränderungen im Kleinen das große Ganze zumindest berühren. Dies tun selten einzelne Individuen allein, sondern Menschen sind auf sehr vielfältige Art und Weise organisiert und handeln kollektiv. Dabei sind sie unterschiedlichen Repressionen ausgesetzt und stehen manchmal auch selbst miteinander im Konflikt in ihren unterschiedlichen Verständnissen. Auf unserer Suche nach ökofeministischer Praxis im Hier und Jetzt sind wir auf die folgenden Praktiken gestoßen, die dieses Kapitel strukturieren sollen: Netzwerken, Besetzen, Landwirtschaften, (Ver-)Gemeinschaften, Syndikalisieren, Revolutionieren.[117]

Bevor wir in die konkreten Praxisbeispiele von heute und für morgen eintauchen, möchten wir drei Punkte zu unserer Auswahl deutlich machen:

Erstens bezeichnen sich nicht alle diese Projekte selbst als ökofeministisch. Sie kämpfen für die Zentrierung des Lebens und gegen den patriarchalen Kapitalismus, fördern Praxen der Subsistenz und kollektiven Organisierung. Damit möchten wir Anschlüsse möglich machen und die Vielseitigkeit von Ökofeminismus verdeutlichen, aber nicht den Begriff aufdrücken, sondern vielmehr erklären, wie Ökofeminismus in Praxis aussehen kann.

Zweitens entstammen die Beispiele, die wir im Weiteren anbringen, unserer Positionierung und unseren Erfahrungen, dem daraus entstehenden und entstandenen Interesse. Damit fangen wir lediglich unseren momentanen Interessens- und Wissensstand ein, der sich mit jedem Gespräch, jeder Begegnung und jeder Lektüre erweitert. Mit dem fertigen

117 Wir danken Manuela Zechner für ihren solidarischen Blick auf dieses Kapitel.

Buch werden wir uns in viele weitere kollektive Prozesse einhaken, um so hoffentlich von weiteren ökofeministischen Praxen zu lernen, die sicherlich noch viele weitere Bücher füllen könnten. Dieses Buch ist somit ein Einblick und Ausblick: ein Fenster, durch das wir derzeit blicken.

Drittens möchten wir mit dem Einbringen einer Zeitlichkeit – ›heute und morgen‹ – keinesfalls eine Trennung zwischen den Bewegten des ersten Kapitels und Ökofeminismus heute kreieren. Viele der hier aufgeführten Kämpfe schreiben Geschichten fort und sind inspiriert worden von ihren zahlreichen Wegbereiter*innen. Sie beziehen sich aufeinander und sind, unabhängig von ihrer linearen Zeitlichkeit, einander zum Teil sehr nahe in ihrer jeweiligen Analyse und Praxis.

Ökofeministisch netzwerken bei *La Via Campesina*, dem *Emanzipatorischen Landwirtschaftsnetzwerk* und dem *Netzwerk Care Revolution*

La Via Campesina: Ein internationalistischer Kampf gegen ausbeuterische Landwirtschaft und für feministische Ernährungssouveränität

La Via Campesina (kurz: LVC, auf Deutsch: Der bäuerliche Weg) ist ein solidarisches und internationalistisches Netzwerk, welches über 200 Millionen Menschen aus 182 Gruppen in über 81 Ländern dezentral organisiert, um global und widerständig gegen neoliberale Politik, Globalisierung des Handels, industrielle Landwirtschaft und Landgrabbing vorzugehen. LVC organisiert jene, die die Welt ernähren. Entgegen des Diskurses agrarindustrieller Konzerne sind das nicht Bayer und Co., sondern die vielen (Klein-)Bäuer*innen, landlosen Arbeiter*innen, Frauen, Migrant*innen, Indigenen Menschen und Fischer*innen im Globalen Süden wie Norden. *La Via Campesina* ist die laute Stimme der Bäuer*innen[118] weltweit, die in einem vom Agrarbusiness dominierten, kapitalistischen und patriarchalen Ernährungssystem oft überhört, marginalisiert und verdrängt werden. Diese weltweite Bäuer*innenbewegung vereint Netzwerk-, Kampagnen- und Bildungsarbeit und bespielt dabei

118 Auch wenn wir zusammenfassend von Bäuer*innen sprechen, soll dies keinesfalls die diversen politischen Subjekte und Gruppen unsichtbar machen.
Ein herzlicher Dank geht an Lea Zentgraf für ihre Expertise und die wertschätzenden Kommentare zu diesem Kapitel.

auch die institutionalisierte Ebene, indem sie als Interessenvertretung kritischen Einfluss auf die Arbeit internationaler Organisationen (z.B. der Ernährungs- und Landwirtschaftsorganisation der Vereinten Nationen, *Food and Agriculture Organisation*, kurz: FAO) nimmt. Dabei ist sie keinesfalls eine NGO, sondern wird oft als ›Bewegung der Bewegungen‹ bezeichnet, denn es geht hier nicht darum, *über* Bäuer*innen zu sprechen, sondern *selbst* zu sprechen. Diese direkte Repräsentation bedeutet, dass diejenigen, die mit ihren Händen die Erde bearbeiten, auch das Mikrofon in nationalen, überregionalen oder internationalen Räumen ergreifen. Alle vier Jahre findet die internationale Konferenz der Bewegung, die höchste Entscheidungsebene von LVC, statt.

Im Kontext der strukturellen Anpassungspolitiken in den 1990er-Jahren, die insbesondere die ländlichen Räume und die Landwirtschaft des Globalen Südens betrafen, fanden sich 1992 zunächst acht bäuerliche Organisationen in Managua, Nicaragua, zusammen. Ein Jahr später waren es bereits 46 Gruppen, die sich im belgischen Mons trafen, um gemeinsam ins Handeln zu kommen. Die Konferenz in Mons wurde zum Gründungsmoment von LVC. Daraus sollten nicht nur eine kollektive Analyse und Antwort auf neoliberale Politiken und Freihandelsabkommen in der Agrar- und Ernährungspolitik entstehen, sondern auch eine bäuerliche Stimme, die auf internationaler Ebene mitbestimmen kann. In Mariarosa Dalla Costas Aufsatz »Die Tür zum Garten« (2002) beschreibt die feministische Marxistin ihre Zusammenarbeit mit *La Via Campesina* und stellt das Netzwerk als zentralen Akteur in der Landfrage heraus. Gemeinsam mit den globalisierungskritischen Ökofeministinnen Vandana Shiva, Maria Mies und Farida Akter organisierte Dalla Costa 1996 einen Gegengipfel in Rom als Antwort auf die neoliberale Lebensmittelpolitik der FAO. Seit 30 Jahren kämpft LVC nun nicht nur *gegen* etwas, sondern auch *für* etwas: Ernährungssouveränität.

> »Ernährungssouveränität ist das Recht der Menschen überall auf der Welt, Lebensmittel lokal und nachhaltig mit agrarökologischen Methoden zu produzieren, die den klimatischen, kulturellen und geografischen Kontext jeder Region berücksichtigen. Sie stellt uns in den Mittelpunkt der Lebensmittelsysteme und nicht die mächtigen Konzerne, indem sie auf den Grundsätzen der Solidarität, Kollektivität und sozialen Gerechtigkeit aufbaut.« (LVC.org, eigene Übersetzung)

Ernährungssouveränität stellt nicht Märkte und Großkonzerne, sondern die (re)produzierenden und konsumierenden Menschen sowie den Respekt gegenüber Mehr-als-Menschen in den Mittelpunkt. Im Gegensatz zu dem von Regierungen und internationalen Organisationen häufig verwendeten Begriff ›Ernährungssicherheit‹ liegt beim Begriff ›Ernährungssouveränität‹ die Macht explizit bei den Produzent*innen, Verarbeitenden und Vertreibenden, die Nahrungsmittel nach ihren Bedürfnissen, den Bedürfnissen der Böden, des Wassers und der lokalen Gegebenheiten wie zum Beispiel des Klimas produzieren. LVC geht es um ein selbstbestimmtes (Land-)Wirtschaften statt landwirtschaftliche Richtlinien und Politiken von Organisationen wie der Welthandelsorganisation diktiert zu bekommen. Diesem industriellen Diktat setzt LVC einen bäuerlichen Weg (wörtlich übersetzt), genauer gesagt, eine agrarökologische Vision entgegen. Agrarökologie setzt an der Wurzel an – im Boden –, dort, wo alles Leben beginnt. Agrarökologie sieht Boden und Land (im Sinne von Erde, *Terre, Tierra, Terra*, als Boden und Planet) als einen lebendigen Organismus an, der die Grundlage allen Lebens darstellt. Die Agrarökologie weiß um die Abhängigkeit des Planeten Erde von der Erde im Boden, eine Verbundenheit, die sich auch in der sprachlichen Übereinstimmung ausdrückt, und berücksichtigt diese Verbundenheit in ihren Praktiken. In der Agrarökologie wird die Interdependenz zwischen Lebewesen anerkannt. Folglich sind Mensch und Natur im agrarökologischen Verständnis nicht voneinander getrennt, sondern stehen in einer stoffwechselartigen und kreislaufhaften Beziehung zueinander. Dies wird auch in der Praxis umgesetzt: Um aus dieser Vision heraus Bäuer*innen durch Bäuer*innen zu stärken und agrarökologische Praktiken zu vertiefen, hat *La Via Campesina* über 70 Schulen aufgebaut sowie Methoden und Trainings entwickelt, um Wissen zusammenzutragen, zu erhalten, zu erschaffen und weiterzugeben.

Die Stimme von *La Via Campesina* ist feministisch, antikapitalistisch und antirassistisch. Die Organisierung von Bäuer*innen in den 1990er-Jahren ist auch die Frucht eines Saatguts, welches bereits vor 500 Jahren gesät wurde: die Organisierung Indigener, PoC und Schwarzer Menschen zu gemeinsamem Widerstand gegen Sklaverei und koloniale Ausbeutung. LVC steht für bäuerlichen und Indigenen Feminismus, denn es sind größtenteils Frauen, die 70% der Nahrungsmittel weltweit produzieren.

Seit der Konferenz in Bangalore (2000) hat LVC Geschlechterparität fest in seinen Grundprinzipien verankert und visiert an, verschiedene Vertretungen paritätisch zu besetzen.

LVC greift rassistische und sexistische Ideologien in der Landwirtschaft an. Diese Ideologien betrachten bäuerliche Arbeit und Kulturen entweder als rückständig oder neigen dazu, sie zu idealisieren und zu romantisieren. Dass es nicht um Rückständigkeit oder Romantik geht, sondern um das (Über-)Leben von Menschen und Mehr-als-Menschen hat diese Bewegung in ihren Kampf integriert. *La Via Campesinas* bäuerlicher, Indigener, populärer Feminismus verkörpert für uns die transformative Kraft der Subsistenzarbeiter*innen, der *Forces of Reproduction* (siehe Seite 179) und der *meta-industriellen Klasse* (siehe Seite 157).

Die Praxis von LVC ist eine Antwort auf ökofeministische Ansätze wie jene von Vandana Shiva. Shivas Analysen kritisieren die einseitige Denkweise in der Landwirtschaft – die Monokulturen des Geistes – und den Reduktionismus in der Wissenschaft, welche zur Patentierung und Vernichtung von Saatgut führen und plurales Wissen auslöschen oder marginalisieren. LVC hingegen stellt ein pluriverses Netzwerk dar, in dem Menschen vieler Kulturen und ethnischer Gruppen, zahlreiche Wissensformen und Praktiken Platz haben und sich gemeinsam rund um Land, Wasser, Saatgut und Wald organisieren. LVC plädiert für »unity in diversity« (dt: Einheit in der Vielfalt).

Darüber hinaus begreift LVC die Gewalt gegen Frauen und Queers als mit ökologischer Gewalt zusammenhängend. So rief *La Via Campesina* am 8. März 2023 dazu auf, auf die Straßen zu gehen: »Indem wir Widerstand leisten, säen wir bäuerlichen Feminismus, schaffen Ernährungssouveränität und organisieren uns gegen Krisen und Gewalt!« Kampagnen gegen häusliche Gewalt und für Rechte von LGBTQI+ oder migrantisierten Arbeiter*innen sind heute fester Bestandteil der politischen Arbeit. Im Jahr 2018 fand beispielsweise ein Vernetzungstreffen zum Thema Geschlechtervielfalt in der Landwirtschaft im spanischen Galizien statt, bei dem insbesondere nicht-binäre Menschen aus der Landwirtschaft in den Austausch kamen. Bei LVC geht es darum, die vielen Geschichten von Menschen und Mehr-als-Menschen zu erzählen, die tagtäglich den Kampf gegen die Gewalt des ökozidären, patriarchalen sowie kolonialen Systems führen und dabei an der Wurzel ansetzen.

Macker wegdreschen – im Netzwerk ELAN organisieren sich FLINTA*s in der Landwirtschaft. (ELAN)

Das *Emanzipatorische Landwirtschaftsnetzwerk*: Macker weg vom Acker oder wie queere Netze in der Landwirtschaft gewebt werden

In einem Artikel in der Zeitschrift *Oya* sagt eine queere Person: »In den queeren Räumen in der Stadt fühle ich mich mit meiner Begeisterung für die Landwirtschaft einsam, auf dem Land mit meinen queeren Träumen« (Thomas 2021). Damit ist diese Person nicht allein. Nur wenige Frauen und Queers führen landwirtschaftliche Betriebe oder lernen in der Ausbildung, Traktor zu fahren. Von einer Landwirtschaft, in der Diversität Platz hat, sind wir weit entfernt. Sexismus und Rassismus sind an landwirtschaftlichen Arbeitsplätzen und in ländlichen Räumen gang und gäbe. Das queerfeministische Netzwerk ELAN organisiert sich wie Spinnen, die Fäden ziehen, um aktiv das Leben auf dem Land umzugestalten. Im *Emanzipatorischen Landwirtschaftsnetzwerk* kommen Frauen, Lesben sowie inter, nichtbinäre, trans und agender Personen zusammen, die auf vielfältige Weise in der Landwirtschaft leben und arbeiten. Sie wollen dort Strukturen schaffen, sich gegenseitig empowern, gemeinsam Ideen schmieden, sich vernetzen, Wissen und praktische Fähigkeiten teilen.

Die Wurzeln des ELAN sind eng mit denen von LVC und der (jungen) AbL (*Arbeitsgemeinschaft bäuerlicher Landwirtschaft* und ihr Jugendverband) verwoben. Die AbL vertrat von Anfang an geschlechterparitätisch die Interessen von kleinen und mittelgroßen Bauernhöfen, Gärtnereien und anderen landwirtschaftlichen Betrieben (aber zweigeschlechtlich). Die junge AbL ist zum Beispiel für das mehrjährige Besetzen von Ackerflächen in Neu-Eichenberg im Jahr 2019 bekannt. Das ELAN entstand aus einem AbL-Frauen*-Treffen Anfang 2019 im Wendland und ist mittlerweile ein offener Zusammenschluss von FLINTA*s aus unterschiedlichen Bereichen und Regionen der Landwirtschaft. Sowohl Einzelpersonen als auch bereits bestehende Gruppen kommen hier zusammen, darunter die *Witzenhäuser Ackerfeminist*innen.*

Dass sich Frauen in der Landwirtschaft organisieren, ist nichts Neues: Es gibt seit 1946 dokumentierte Treffen von Frauen in der Landwirtschaft in verschiedenen Landesverbänden. Zeitgleich mit der Hochphase des Ökofeminismus gab es von 1983 bis Mitte der 1990er-Jahre zum Beispiel regionale Landesfrauengruppen der AbL. Jedoch geht es dem ELAN darum, Lebens- und Arbeitsrealitäten fernab der Zweigeschlechtlichkeit zu thematisieren. Das ELAN setzt dort an, wo gängige landwirtschaftliche Organisierung zu kurz greift, und bringt den Queerfeminismus auf die Äcker und Trecker. Das ELAN verkörpert einen Teil der vielfältigen Realität landwirtschaftlichen Lebens und Arbeitens. Bislang ist das ELAN ein sehr *weiß* geprägter Zusammenschluss an Menschen. BeHinderte Menschen, die zum Beispiel in der Sozialen Landwirtschaft mit Werkstattlöhnen ausgebeutet werden, sind in der Organisierung noch nicht vertreten. Den patriarchalen und konservativen Strukturen setzt es linke und queere Entwürfe entgegen. Der Slogan »Es gibt ein queeres Hinterland« kommt nicht von ungefähr, denn gerade dort sieht das ELAN es als wichtig an, sich gegen konservativen Backlash und Cis-Heteronormativität zu stellen. Das Netzwerk organisiert sich zudem gegen die geschlechtsspezifischen Hierarchien und die sexistische sowie rassistische Arbeitsteilung in der Landwirtschaft. So werden regelmäßig Netzwerktreffen und verschiedene technische Skillshare-Workshops veranstaltet. Das Programm reicht vom gemeinsamen Flicken von Kleidung bis hin zur Reparatur von Sägen, Autos oder Traktoren. Dabei ist eine Kultur der Fehlerfreundlichkeit und des Spaßes genauso wichtig wie die Wissensvermittlung selbst. Durch technisches Empowerment für FLINTA*s geht das ELAN vergeschlechtlichte Wissenshierarchien an. Das Netzwerk organisiert sich intern in verschiedenen Arbeitsgruppen.

Darüber hinaus ist das Zine *queere Landlust* an das ELAN angedockt und wurde von Menschen aus dem ELAN initiiert. Es erzählt queere Geschichten vom Alltag auf dem Land und macht so die Community sichtbar.

In ihrer Organisierung legen die Aktiven besonderen Wert auf das Lernen aus der Bewegungsgeschichte. In ihrer Auseinandersetzung mit der Frauenorganisierung in der Landwirtschaft geht es darum, Vorbilder für FLINTA*s zu schaffen und heutige emanzipatorische Potenziale auszuloten. Zum Beispiel vernetzt sich das ELAN auch mit größeren sozialen Bewegungen wie *La Via Campesina* oder der Klimabewegung. Im Rahmen der großen »Wir haben es satt«-Demo, die jährlich in Berlin stattfindet, tritt das Netzwerk kraftvoll mit einem eigenen Block auf die Straßen und fordert:

> »Lebenswerte ländliche Räume – auch für People of Color und Queers! Selbstbestimmte Arbeitsteilung! Sichere Ausbildungs- und Lernräume für Frauen und Queers! Sorge-Arbeit sichtbar machen, wertschätzen und gerecht verteilen! Gleicher und gerechter Lohn für alle! Soziale Absicherung für alle! Gesunde Lebensmittel nicht nur für die Mittel- und Oberklasse! Für eine antikapitalistische Landwirtschaft!« (ELAN)

Das ELAN öffnet uns Türen in die queeren Gärten und Hinterländer, auf die Äcker und Höfe, in denen wertvolle und viel zu unsichtbare Subsistenzarbeit passiert. Es zeigt, wie Ökofeminist*innen mit queerfeministischem Anspruch sich rund um die Erde – im wahrsten Sinne des Wortes – für die Erde organisieren können.

Care Revolution als Transformationsstrategie und (öko)feministisches Netzwerk

Wie können wir Sorgearbeit ins Zentrum der Gesellschaft stellen? Das ist die Leitfrage des *Netzwerks Care Revolution* sowie der dazugehörigen theoretischen Arbeiten der Sozialwissenschaftlerin und Care-Aktivistin Gabriele Winker.[119] Die Transformation hin zu einer solidarischen

119 Wir danken Gabriele Winker für den herzlichen Austausch und ihr wertvolles Feedback.

Gesellschaft will Winker durch deutlich veränderte gesellschaftliche Rahmenbedingungen erreichen, die Sorgebeziehungen ebenso unterstützen wie die Einhaltung der ökologischen Belastungsgrenzen. Wie dies realisierbar ist, entwickelt Winker anhand ihres Konzepts der ›Care Revolution‹, das primär entlang folgender Transformationsachsen umgesetzt werden könnte: Verkürzung der Erwerbsarbeitszeit, Aufbau einer solidarischen Unterstützungsstruktur, Entwicklung demokratischer Beteiligungsformen und Unterstützung vielfältiger Lebensentwürfe.

Um die Idee der Care Revolution in einer konkreten Praxis rund um das Thema Sorgearbeit zu verankern, gibt es das im Jahr 2014 gegründete feministische *Netzwerk Care Revolution*. Von Hausarbeit, Gesundheit, Pflege, Assistenz, Erziehung und Bildung bis hin zu Wohnen und Sexarbeit verbindet das Netzwerk circa 80 Gruppen und Initiativen sowie Einzelpersonen, die im Bereich der sozialen Reproduktion arbeiten, kämpfen und sich organisieren wollen. Das Netzwerk selbst verfügt über einen Koordinierungskreis, sowie Orts- und Regionalgruppen (z.B. in Freiburg, Dortmund, Berlin, Leipzig, Frankfurt/Main) in Deutschland, Österreich und der Schweiz. Intern finden regelmäßige Treffen statt, die der Bestandsaufnahme zur laufenden Arbeit und zu aktuellen gesellschaftlichen Verhältnissen sowie dem Austausch zu Care-Debatten dienen.

In der Praxis leistet das Netzwerk hauptsächlich Organisations-, Vernetzungs- und Bildungsarbeit. Das bedeutet unter anderem das Organisieren von Aktionen, Kundgebungen und Demonstrationen, zum Beispiel rund um bestimmte Aktionstage (etwa Internationaler Tag der Pflegenden, 8. März oder 1. Mai). Dabei ist es dem Netzwerk besonders wichtig, dass Menschen in unterschiedlichen Sorgebeziehungen gemeinsam aktiv werden. Dies gilt beispielsweise für Erzieher*innen und Eltern sowie für Pflegekräfte und (potenzielle) Patient*innen, insbesondere während Streiks.

Das *Netzwerk Care Revolution* zielt auf Kritik, aber auch auf diskursive und insbesondere materielle Veränderung der (Re-)Produktionsverhältnisse ab. Es prangert vor allem die Organisation der Daseinsvorsorge durch den Staat und die im Care-Bereich herrschenden Verhältnisse an (zum Beispiel in der Pflege und in Krankenhäusern). Dabei thematisiert und politisiert es Sorgelücken. Das Netzwerk zeigt, dass Zeitmangel, prekäre Arbeitsverhältnisse in Care-Berufen oder Überforderung im

Haushalt keine individuellen Probleme sind, sondern ein Politikum. Damit knüpft es an theoretische Arbeiten aus der feministischen Ökonomie, dem Ökofeminismus sowie materialistischen und marxistischen Feminismen an. Die Veränderung der materiellen Verhältnisse bedeutet für das *Netzwerk Care Revolution*, Sorgearbeit ins Zentrum der gesellschaftskritischen Analyse und des politischen Handelns zu stellen. Daher stellt seine politische Arbeit und theoretische Einbettung für uns ein Beispiel für ökofeministische Veränderung dar. Wir sehen darin den Weitblick auf das große Ganze der Ökonomie und die gesellschaftlichen (Re-)Produktionsverhältnisse im Sinne einer feministischen marxistischen Analyse. Nicht zuletzt, weil es auch die Trennung von professioneller Sorgearbeit, der privatisierten Hausarbeit im Haushalt und der ökologischen Reproduktion überkommen will, indem die Vision einer Care-Ökonomie gezeichnet wird:

> »Langfristig streben wir neue Modelle von Sorge-Beziehungen und eine Care-Ökonomie an, die nicht Profitmaximierung, sondern die Bedürfnisse der Menschen ins Zentrum stellt, und die Sorgearbeiten sowie Care-Ressourcen nicht nach rassistischen, geschlechtlichen oder klassenbezogenen Strukturierungen verteilt.« (Netzwerk Care Revolution)

Wie solch eine Care-Ökonomie konkret aussehen kann, hat Gabriele Winker in mehreren Werken theoretisch vorgedacht. Zentral ist dabei die Gebrauchswertorientierung gegenüber der derzeit vorherrschenden Tauschwertorientierung (vgl. Kapitel 4). Eine Care Revolution müsste außerdem mit einer drastischen Reduktion der Erwerbsarbeit etwa durch Modelle des *worksharings*, der Arbeitszeitverkürzung oder des bedingungslosen Grundeinkommens einhergehen.

> »Um der Abwertung und Überbeanspruchung der unentlohnten Sorgearbeit sowie der Stoffkreisläufe im Kapitalismus zu begegnen, muss die Trennung der gesellschaftlichen Arbeit in entlohnte und unentlohnte Arbeit beendet werden, [...] entlohnte Arbeit [sollte] zurückgedrängt und [...] unentlohnte Arbeit verallgemeinert werden.« (Winker 2021: 92)

Mit dieser Verallgemeinerung meint Winker letztlich eine Vergesellschaftung von Sorgearbeit – also mitunter eine Übergabe wichtiger Care-Bereiche in gesellschaftliche Hand – entgegen dem vorherrschenden Trend zur Privatisierung von Care-Institutionen und -Infrastrukturen. Folglich würden staatliche oder genossenschaftliche Organe Care-Dienstleistungen wie z.B. Kinderbetreuung übernehmen. Ebenso stellen Praktiken des Commoning einen wichtigen Pfeiler der Care-Ökonomie dar, um die Sorgearbeit aus den Händen von Frauen und weiteren marginalisierten Gruppen in gesellschaftliche Hand zu geben. Außerdem schlägt Winker eine Entkopplung der Erwerbsarbeit von der existenziellen Absicherung bzw. dem Recht auf Daseinsvorsorge (Wohnen, Gesundheit, Energie) vor. Das heißt, vereinfacht gesprochen, niemand muss lohnarbeiten, um ein Recht auf Wohnen, Strom oder fließend Wasser zu haben. Niemand muss sich sein Überleben erst verdienen.

Um alle Existenzen absichern zu können, werden kollektive Formen der gesellschaftlichen Organisierung zum Beispiel rund um das Thema Wohnen und neue Arten der Sorge-Beziehungen und -Ökonomien gefordert, die zum Beispiel mit der ausschließlichen Organisierung von sozialer Reproduktion in Form von Kleinfamilien brechen. Dabei stehen die Bedürfnisse derjenigen, die Sorgearbeit leisten und/oder empfangen, im Zentrum der gesellschaftlichen Aushandlung, was wiederum basisdemokratische Prozesse und Strukturen erfordert. Vorbilder hierfür sind Räte-Systeme und überregionale Abstimmungen. Ausgangspunkt ist die Feststellung, dass wir alle Sorgearbeit leisten und von ihr zehren: Sorgearbeit geht uns alle etwas an. Daher geht Winkers Care-Begriff weiter, als er im gängigen Common Sense verwendet wird: Das Bildungs- und Gesundheitssystem, Wohnraum und Mobilität sind ebenfalls Teil einer Care-Ökonomie, da sie die soziale Infrastruktur bilden, die Sorge für uns selbst und andere erst ermöglicht. Nicht zuletzt benötigt dies eine Umverteilung von gesellschaftlichem Reichtum, eine Veränderung der Eigentumsverhältnisse und eine bessere Entlohnung von Menschen, die in Care-Berufen lohnarbeiten. Das Konzept der Care Revolution, auf dem die Arbeit dieses Netzwerks fußt, setzt eine umfassende Umgestaltung der Reproduktionsverhältnisse voraus. Dabei steht nicht nur die soziale, sondern auch die ökologische Reproduktion (wie Winker sie nennt) im Fokus. Letztlich geht es bei einer Care-Ökonomie im Sinne Winkers darum, sowohl Sorgebeziehungen zwischen Menschen umzugestalten, als auch Care als eine Haltung in Bezug auf Ökosysteme und deren Belastbarkeit und Grenzen zu verstehen. Die Analyse Winkers und des Netzwerks ist eine materialistisch-feministische, wie sie auch von Ökofeminist*innen vorgenommen wird, von denen Winker explizit inspiriert ist. Auch wenn das Netzwerk in der Praxis bisher kaum sichtbar mit Klimagruppen oder landwirtschaftlichen Initiativen zusammenarbeitet, gibt es immer wieder Vorstöße, jene Verbindungen in der Praxis zu verstärken: So wurden etwa auf der großen Klimastreik-Demonstration im September 2019 in verschiedenen Städten Gesundheits- oder Care-Blöcke eingerichtet. Immer wieder gibt es Vorstöße, Kämpfe um Care mit Klimagerechtigkeit zu verbinden. Nicht nur in der Theorie, sondern auch in der Praxis muss es im Sinne einer Care Revolution also heißen: Care bedeutet immer, auch für Klimagerechtigkeit einzutreten bzw. Sorge zu tragen und auch gegenüber der nicht-menschlichen Natur eine Care-Haltung einzunehmen!

Queere Ökologien in der Praxis: Folleterre, ein ökofeministischer Zufluchtsort für radikale Feen

Harry Hay war ein bekannter und wichtiger Schwulenrechtsaktivist und -organizer in den USA der 1930er-Jahre und der Co-Gründer der sogenannten radikalen Feen. Die Vorkriegszeit war eine Zeit, in der das Wort ›Homosexueller‹ nicht laut ausgesprochen wurde – eher war vom ›temperamentvollen Mann‹ oder Ähnlichem die Rede. Als Mitglied der kommunistischen Partei CPUSA hoffte Hay, der Marxismus könne der homosexuellen Unterdrückung entgegenwirken, und er begann, Schwulen und Lesben zu organisieren. Er gilt gemeinsam mit seinem Partner John Burnside als Gründer der *Radical Faeries*. Mit den *Radical Faerie Sanctuaries* verfolgte er seinen Traum, ein Netzwerk an Orten zu schaffen, von denen aus Schwule und Lesben sich organisieren und ausschwärmen konnten, um Dinge zu bewegen und zu verändern. Diese Sanctuaries waren permanente oder temporäre Orten, in denen queere Menschen ihre eigenen Arten des Kreativ-Seins, Sich-aufeinander-Beziehens und Lebens ausprobieren konnten. Die Radical Faeries entstanden in den 1970er-Jahren aus der Symbiose der New-Age-Bewegung und der Lesben- und Schwulenbefreiungsbewegung. Auf dem ersten spirituellen *Gathering*[120]

120 Gathering bedeutet übersetzt Treffen. Diese Bezeichnung für ein Zusammenkommen taucht häufig im Zusammenhang mit der Hippie-Bewegung (z.B. Rainbow Gatherings) oder weiteren spirituellen Zusammenkünften auf.

im US-amerikanischen Kontext in den 1970ern kamen circa 200 schwule Männer zusammen.

»›Verzeihung‹, fragte die Stimme und klopfte mir sanft auf die nackte Schulter. ›Aber hättest du Lust auf noch mehr Schlamm?‹ Es war Harrys Lebensgefährte, John Burnside, und wir standen in einer flachen Schlucht mit fünfzig anderen nackten Männern, die alle mit rötlicher, nasser Erde bedeckt waren und Stücke von Chaparral in den Haaren hatten. Das Schlammritual fand am zweiten Tag des Treffens statt, und es war Johns Aufgabe, dafür zu sorgen, dass genug Schlamm für alle da war. Er bot nicht nur einen Eimer mit sandigem Schlamm an, sondern so viel schwule Liebe und Freiheit von Hemmungen, wie man an einem Sommertag nur ertragen konnte. Das war Johns höchste Berufung im Leben: schwule Männer von Zweifeln und Selbsthass zu befreien und so hoffentlich andere dazu zu inspirieren, das Gleiche zu tun. Ein immerwährendes Lächeln, ein verschmitzter Witz und die Neugier auf alles – vor allem auf andere Menschen – waren die Werkzeuge, die er sein ganzes Leben lang einsetzte (einschließlich Schlammklumpen).« (RADFAE, eigene Übersetzung)

Doch wer waren die Radical Faeries? Zeitgenoss*innen und Texte aus jener Zeit berichten, dass selbst damals niemand wirklich wusste, wer und was Radical Faeries tatsächlich sind:

»Die radikalen Feen lassen sich, wie ihre mythologischen Vorläufer, nicht leicht definieren oder festmachen. Als eine Mischung aus politischer Alternative, Gegenkultur und spiritueller Bewegung wurden die Faeries als wichtige Figur in der schwulen Kultur zu Harrys ›zweitem Wind‹ und verstrickten ihn in eine neue Art der Organisierung – ein Netzwerk sanftmütiger Männer, die sich den Prinzipien der Ökologie, der spirituellen Wahrheit und, in den Begriffen des New Age, der ›Schwulenzentriertheit‹ verschrieben hatten.« (RADFAE, eigene Übersetzung)

Und was haben die Radical Faeries, in einer Tradition der Schwulenbefreiungsbewegung stehend, mit Ökofeminismus zu tun? Zunächst ist der Begriff ›Faerie‹ allem voran eine Selbstbezeichnung, die über die Jahre und die vielen Feen, die sich diesen Namen geben, veränderbar und beweglich ist. Obwohl die Radical-Faerie-Bewegung ursprünglich eng mit den Kämpfen schwuler Männern verflochten war, sind die Radical

Faeries von heute lange nicht mehr nur schwule Männer. Auf zahlreichen Faerie-Webseiten steht geschrieben, dass es sich bei Faeries mittlerweile um eine hohe Bandbreite an queeren Identitäten und Sexualitäten handelt. Die Radical Faeries brechen mit Geschlechterstereotypen und spielen mit devianten Praktiken. Wir führen die Radical Faeries auch deswegen hier auf, weil sie bis heute eine radikale Praxis queerer Gemeinschaften darstellen, bei denen Ökologien ein integraler Bestandteil sind. Und andersherum war und ist spirituelle Praxis oftmals ein Teil von bestimmten Ökofeminismen. Die Radical-Faerie-Bewegung verbreitete sich über die USA hinaus auch in Europa. Der Traum eines dauerhaften Ortes, an dem regelmäßig Gatherings stattfinden können, wurde in den Wäldern des französischen Département Haute-Saône erfüllt. Dort liegt Folleterre (übersetzt bedeutet dies ›verrückte Erde‹) – ein sogenanntes ›Sanctuary‹. Es handelt sich dabei um eine Art Zufluchtsort, einen Ort, an dem Feen zusammenkommen können, um sich mit Schlamm einzuschmieren, nackt zu tanzen, an Verstorbene zu erinnern, Sex zu haben, Sterne zu schauen, Konsensentscheidungen zu treffen, Drag zu performen – kurz gesagt: eine queere, anarchistische, spirituelle Gegenkultur auszuprobieren.

Folleterre ist, wie viele andere Sanctuaries, kein Ort, an dem Menschen dauerhaft leben, sondern an dem Menschen zu Gatherings oder für zeitlich begrenzte Aufenthalte vorbeikommen. Folleterre ist auch als gemeinnütziger Verein eingetragen, welcher Eigentümer und Betreiber des Grundstücks ist. Ein Kreis von Feen leitet diesen Verein und einmal jährlich findet ein Treffen mit *Les Amis de Folleterre* (dt: die Freunde von Folleterre) statt, also mit allen, die aktiv an der Entwicklung des Ortes teilhaben wollen, was als ›Großer Kreis‹ benannt ist. Dieser Große Kreis sowie der Ort an sich ist für Feen jeglichen Geschlechts geöffnet und lädt queere Menschen ein, die ihrer Sexualität eine spirituelle Dimension geben wollen. Feminismus, der Anspruch, möglichst hierarchiefrei zusammen zu sein, sich in spiritueller Art auf Natur zu beziehen oder in sogenannten *Heart circles* (Herzkreisen) Emotionen miteinander zu teilen, sind nur einige zentrale Pfeiler der Faerie-Praxis. In Folleterre wird auch Queer Ecology ganz konkret in die Praxis umgesetzt, zum Beispiel beim *Queer Ecology Gathering* im Jahr 2018. Für viele französische Ökofeminist*innen ist Folleterre ein wichtiger Bezugspunkt innerhalb einer überschaubaren Anzahl von ökofeministischen Orten. Hier können sie sich vorübergehend von den alltäglichen, gewaltvollen Verhältnissen zurückziehen, sich der Selbstsorge oder kollektiven Beziehungsarbeit widmen und sich so gegenseitig für die vielen weiteren Kämpfe empowern.

Von Notre Dame des Landes über Lützerath bis Bure: Ökofeministisch besetzen, autonome Zonen errichten!

Von FLINTA*s auf Bäumen und Äckern – autonomer Ökofeminismus in Notre Dame des Landes und Lützerath

Wenn wir von ökofeministischen Kämpfen erzählen, stoßen wir immer wieder auf Besetzungen als ökofeministische politische Strategie: von den Friedensfrauen in Plogoff und Greenham Common bis hin zu heutigen autonomen Zonen und Waldbesetzungen. Wir könnten hier viele Besetzungen aufgreifen, stellen aber nur jene vor, zu denen wir auf die eine oder andere Weise in Beziehung stehen.

In ihrem bewegenden Buch *We Are ›Nature‹ Defending Itself* (2021) beschreiben die Kunstaktivist*innen Isabelle Fremeaux und Jay Jordan – ermüdet von den oft periodischen Kämpfen in sozialen Bewegungen – ihr Bedürfnis danach, anzukommen, eingebettet zu sein und den politischen Kampf zu ihrem Alltag zu machen. Also lassen sie sich in der *Zone à défendre* (ZAD) Notre Dame des Landes (NDDL) nieder. Die Geschichte dieser ZAD ist die Geschichte eines fast 50 Jahre langen Kampfes um 1.650 Hektar Acker- und Weideland, welches einem Flughafenprojekt weichen sollte. Dieses Bauvorhaben scheiterte im Jahr 2018 endgültig.[121] Wir möchten die ZAD NDDL als ein Beispiel für ökofeministischen Kampf hervorheben, da uns die gemeinsame politische Organisierung von Bäuer*innen, Aktivist*innen, Handwerker*innen und weiteren im Kampf *um* und *mit* Natur bewegt. Die ZAD ist außerdem beispielhaft dafür, wie sich Bewegungen aufeinander beziehen (z.B. die Zapatistas auf

121 In diesem kurzen Absatz können wir der kämpferischen Geschichte der ZAD in all ihren Facetten nicht würdig Rechnung tragen und weisen daher auf die zahlreichen bereits bestehenden Arbeiten hin. Insbesondere: Fremeaux, Isabelle, & Jordan, Jay (2021): We Are ›Nature‹ Defending Itself. Entangling Art, Activism and Autonomous Zones. Pluto Press.

die ZAD NDDL), voneinander lernen oder sich gegenseitig befruchten (z.B. orientierte sich die Besetzung im Rheinischen Braunkohledorf Lützerath an den französischen ZAD und bezeichnete sich auch als solche).

Die Zadist*innen von NDDL beschreiben ein Phänomen der ›Ansteckung‹, in welchem sich sicherlich viele Besetzer*innen wiedererkennen. Alle würden sich gegenseitig verändern: Bäuer*innen werden zu Besetzer*innen, Besetzer*innen werden Bäuer*innen. Locals werden radikalisiert und Radikale werden Locals. Durch die zahlreichen Waldspaziergänge in Lützerath (gestartet zu Zeiten des Hambacher Forsts) wurden viele ansässige Menschen (erst)politisiert oder gar radikalisiert und unterstützten die vermeintlich Radikalen vor Ort mit ihren Infrastrukturen: von Handylademöglichkeiten, Waschmaschinen und Duschen bis hin zu Lebensmitteln während der Räumung. Mit ›Radikalisierung‹ meinen wir vor allem ein ›in Bewegung kommen‹ – also (vielleicht erstmalig) Teil einer sozialen Bewegung oder einer politischen Gruppe zu werden, mit basisdemokratischen Strukturen in Berührung zu kommen und zu experimentieren, eigene Subjektivierungsweisen zu verändern, auf verschiedene Diskriminierungsformen und -erfahrungen aufmerksam zu werden, Sprache und Handeln zu (ver)lernen, alternatives Leben aufzubauen, zu scheitern und gemeinsam weiterzumachen, mit keinem festen Ziel, sondern einem immer wieder neu zu verhandelnden. Wir sehen die ZAD NDDL und die Besetzung Lützeraths als Beispiele für *eine* Strategie, um die Theorie zur Praxis werden zu lassen. Diese Besetzungen sind oftmals anarchistisch inspiriert und vom Handeln und Verändern im Hier und Jetzt angetrieben, dementsprechend begreifen wir sie als Fortsetzung der vielen vorangegangenen Direkten Aktionen und Besetzungen (vgl. Kapitel 1). Wir sehen in ihnen auch eine Praxis des Hinterfragens des Naturverhältnisses und sich ›anders‹ auf Natur Beziehens:

> »Vergötterung und Ausbeutung wurzeln in der gleichen Vorstellung einer klaren, tiefen Trennung zwischen dem Menschen und seiner ›Umwelt‹. Unsere größte Herausforderung besteht darin, zu lernen, mit dem Lebendigen zusammenzuarbeiten und daran zu partizipieren, anstatt es zu beherrschen.« (Fremeaux und Jordan 2021: 104, eigene Übersetzung)

In der Praxis sieht das in der ZAD NDDL zum Beispiel so aus: Im Wald »Abrakadabois« (Wortspiel aus »Abrakadabra« und dem französischen

Wort für Wald) wurde von den Aktivist*innen mit einer bestimmten Art von Waldbau gearbeitet, die den inhärenten Dynamiken des Waldlebens und des Ökosystems Wald gerecht wird. Nach Recherche und Austausch mit Menschen überall in Frankreich wurde eine bestimmte Art von Forstwirtschaft betrieben, die den Wald als Verbündeten ansieht und nicht als Ressource:

> »Dieser sanfte Waldbau zielt darauf ab, mit und nicht gegen ihn zu arbeiten, seine Grenzen und Ökosysteme zu respektieren, Holz zu gewinnen und gleichzeitig den Boden und die Gesundheit der Bäume zu erhalten oder sogar wiederherzustellen und die Mikrobewohner*innen mit einem sorgfältigen, ganzheitlichen Ansatz zu respektieren, der anerkennt, dass wir nicht im Wald sind, sondern dass wir ein Teil von ihm sind und er ein Teil von uns ist. Es geht darum, allmählich eine ›Allianz der Bedürfnisse‹ zwischen Menschen und Mehr-als-Menschen zu schmieden, die durch die Vielfalt der Ansätze und Sichtweisen ermöglicht wird: Naturforscher*innen und Holzfäller*innen, Amateur-Baumliebhaber*innen und professionelle Förster*innen, Sägearbeiter*innen und Bewohner*innen.« (Fremeaux und Jordan 2021: 107, eigene Übersetzung)

Natürlich können auch bei dieser Art der Forstwirtschaft Bäume nicht für sich sprechen. Beachtenswert ist aber, dass die Bewohner*innen der ZAD andere, nicht rationale Kriterien entwickelten, die für sie valide Gründe darstellten, um bestimmte Bäume nicht zu fällen: etwa ein besonders gewachsener Baum oder eine kollektive Geschichte *mit* dem Baum. Die Schreiner*innen, Tischler*innen und alle anderen, die sowohl in Lützerath als auch in der ZAD NDDL mit Bauen beschäftigt waren, waren vor allem in einem gut: mit dem zu bauen, was das Holz hergab (das kein industriell gefertigtes, perfektes Holz war), und dabei ein Stück weit mit der Fragmentierung des Kapitalismus zu brechen. Vielleicht haben sie den Baum, dessen Holz sie verarbeiten, selbst gefällt und dann bearbeitet, vielleicht kannten sie die Menschen, die das Holz zurechtgesägt haben, und die, die die Reste verbrannten. Durch dieses In-Beziehung-Stehen wird ein sorgendes Mit- und Füreinander auch mit Ökosystemen praktiziert.

In dem Slogan der ZAD NDDL »We are nature defending itself« kommen die vielen symbiotischen Beziehungen zum Ausdruck, die die

Waldbesetzer*innen, die jahrelang in Baumhäusern wohnen, über die Zeit zu den Bäumen aufgebaut haben. Indem die Aktivist*innen jeden Tag den gleichen Waldboden entlanglaufen, der dabei mal mehr, mal weniger matschig wird, setzen sie sich in Beziehung mit dem Mehr-als-Menschlichen. In dem Slogan stecken auch die Gefühle des Schmerzes und des Verlusts, die mit den Räumungen und Zerstörungen der ZADs Notre Dame des Landes und Lützerath einhergehen, die für die einen temporäre oder langjährige Wohnorte waren, für die anderen Orte des Zusammenkommens der Bewegung und des Protests. Die Gefühle der Wut und Trauer, wenn diese Bäume, die nicht nur die Besetzer*innen und die vielen nicht-menschlichen Waldbewohner*innen über lange Zeit getragen haben und mit den Besetzer*innen gemeinsam Teil des Ökosystems Wald waren, auf einmal gewaltvoll und mit laut kreischenden Motorsägen innerhalb weniger Minuten zerstört werden. Nicht zuletzt sind sowohl die ZAD NDDL als auch Lützerath ein Beispiel für den staatlichen Kampf gegen die Subsistenz, gegen kollektive Organisierung und gegen gemeinschaftliches Eigentum von Land.

Über das veränderte Naturverhältnis und den Aktivismus für den Erhalt von Ökosystemen (als dessen Teil sich die Aktivist*innen begreifen) hinaus sehen wir in Besetzungen wie Lützerath auch deshalb eine Fortsetzung ökofeministischer Kämpfe, da hier neue Organisationsweisen des Miteinanders erprobt werden. In Teilen organisieren sich FLINTA*s eigenständig (wenn auch nur in bestimmten physischen Räumen, etwa den FLINTA*-Barrios oder dem besetzten Haus Paulahof, oder in temporären Räumen, wie zum Beispiel auf FLINTA*-Plena oder in FLINTA*-Workshops). Auch das Zusammenleben im besetzten Dorf und Wald mit seinen basisdemokratischen Strukturen (Plena, Aufteilung in Barrios und Delegationsstrukturen) sowie der Anspruch an ein herrschaftskritisches Miteinander (Sprechverhalten, Repräsentanz und Sichtbarkeit von FLINTA*s) tragen dem Ökofeminismus Rechnung.

Zudem weisen die Aktivist*innen immer wieder auf die gesellschaftlichen Verhältnisse hin, welche Extraktivismus und Ausbeutung der Ressourcen im Tagebau Garzweiler, aber auch entlang der Lieferketten festschreiben. Auch diese Kritik begreifen wir als eine ökofeministische Analyse. Es wird ein Zusammenhang zwischen den nimmersatten Baggern von RWE mit der Zerstörung der Lebensgrundlagen in Ländern des Globalen Südens herausgestellt.

Und nicht zuletzt sind Lützerath und die ZAD NDDL für uns Beispiele gelebter ökofeministischer Utopie, weil dort auch die Verteilung von Reproduktionsarbeit Teil des feministischen Umdenkens war. So gab es zum Beispiel kollektive Putz-Montage in der ZAD NDDL. Natürlich ändern diese nicht die hegemonialen Reproduktionsverhältnisse in der breiteren Gesellschaft, und sicherlich gab es auch in diesen Besetzungen Fehler, Reproduktion von Machtverhältnissen, Lücken, schwierige Auseinandersetzungen und Ausschlüsse, die innerhalb der Bewegung noch aufgearbeitet werden müssen. Aber hier werden und wurden konkrete Orte geschaffen, an denen ökologische und feministische Praktiken im Kleinen ausprobiert werden – und dies als Teil von und in Verwebung mit größeren sozialen Bewegungen wie etwa der Klimabewegung in Deutschland oder der in der ZAD äußerst präsenten bäuerlichen Bewegung in Frankreich. Die Taktiken der Besetzer*innen und ihre Organisierungsformen reihen sich in ökofeministische Kämpfe ein und führen diese im heutigen Kontext und für die heutigen Verhältnisse weiter.

Bure und *Bombes Atomiques*: Von 25 Jahren organisiertem Kampf und neuen ökofeministischen Kollektiven

»FièrEs, déter' et antinucléaires«
(dt.: Stolz, entschlossen und gegen Atomkraft)
»Sorcières, vénères, antinucléaires!«
(dt.: Hexen, sauer, gegen Atomkraft)
»Ni nuke ni mari ni famille«
(dt.: Weder Atom noch Ehemann noch Familie)
(Demosprüche aus Bure)

50 Gerichtsverfahren, 28 Einreiseverbote, mehrere Haftstrafen und zusammengenommen insgesamt mehrere hundert Monate auf Bewährung. Die Militarisierung der Region, ständige Überwachung und das Verbot, den Wald Bois Lejuc zu betreten: Was passiert(e) im ostfranzösischen Bure?

Seit 25 Jahren organisieren sich Aktivist*innen gegen die Errichtung eines Atommüllendlagers in Bure, einem Ort in der entlegenen, wenig bewohnten Region namens Meuse et la Haute-Marne. Nachdem in den 90er-Jahren – ohne jegliche Konsultation der lokalen Bevölkerung – beschlossen wurde, diesen Ort als Endlager einzurichten, fanden eine Reihe von Enteignungen von Bäuer*innen statt. Ab 2004 aber wurden diverse Orte und Häuser von Aktivist*innen gekauft (etwa die von Aktivist*innen gekaufte *Maison de la Résisistance*, Haus des Widerstands), um jenen, die sich dem Widerstand verschrieben haben, ein Zuhause zu geben.

Staatliche Repressionen sind aus dem Alltag der dort Aktiven nicht mehr wegzudenken, mehrere journalistische Reportagen berichten von den langjährigen, unrechtmäßigen Überwachungsmaßnahmen. Als die ANDRA (l'Agence nationale de gestion des déchets radioactifs, dt.: Nationale Agentur für die Entsorgung radioaktiver Abfälle) 2016 mit den Bauarbeiten der unterirdischen Galerien für Atommüll begann, löste dies eine rege Protestwelle mit anschließender Besetzung des Waldes Bois Lejuc aus. Die Waldbesetzung wurde mehrmals geräumt, eine Mauer wurde erbaut und diese wiederum von Aktivist*innen erfolgreich zerstört, bis die Waldbesetzung 2018 endgültig ihr Ende fand.

Blicken wir auf die Geschichte der Anti-Atom-Bewegung (siehe Kapitel 1), so war eine feministische separatistische Organisierung oft Teil dieser Kämpfe. Auch in Bure bildete sich 2019 das feministische Kollektiv *Bombes Atomiques* (dt.:Atombomben), welches explizit die Herrschaftszusammenhänge innerhalb der französischen Anti-Atom-Bewegung anprangerte und temporäre Räume des Zusammenkommens und -kämpfens ohne cis Männer initiierte. *Bombes Atomiques* möchte den Mythos der vermeintlich *sauberen* Atomenergie zerschlagen und sich gegen das kapitalistische patriarchale System auflehnen, das diese tödliche Industrie erst hervorgebracht hat und weiter vorantreibt.

> »Schon viel zu lange entscheiden, organisieren und sprechen cis Männer ohne uns und an unserer Stelle – sowohl an Orten der Bewegung als auch anderswo. Wir wollen kreative, lustige und emanzipatorische Momente und Kämpfe erfinden und dabei die vielfältigen Herrschaftsverhältnisse, die uns durchdringen, beachten und versuchen, sie in unserer Praxis und an unseren Lebensorten zu überwinden und zu bekämpfen.« (BureBureBure 2019a, eigene Übersetzung)

Mit der Idee der *non mixité choisie* – also sich bewusst ohne cis Männer zu organisieren – führt *Bombes Atomiques* den separatistischen Gedanken aus früheren ökofeministischen Anti-Atom- und anti-militaristischen Bewegungen fort.

> »Eine ›mixité choisie‹, die wir mit Kraft und Freude tragen, wobei wir an die 40.000 Frauen des Greenham-Common-Camps in England denken, die 1981 eine Atomraketenbasis umzingelt haben, an die Frauen der Green-Belt-Bewegung, die seit 1977 in Kenia 51 Millionen Bäume gepflanzt haben, aber auch an die Zehntausenden argentinischen feministischen Aktivistinnen, die 2018 für die Anerkennung ihres Rechts auf Abtreibung auf die Straße gingen, oder an die Frauen, die für Gerechtigkeit kämpfen, nachdem ihr Bruder, ihr Sohn oder ihr Neffe in den Arbeitervierteln in Frankreich von der Polizei ermordet wurden.« (BureBureBure 2019a, eigene Übersetzung)

Sie kritisieren in der Tradition ihrer teils vergessenen Wegbereiter*innen das autoritäre, koloniale, ökozidäre, technokratische und korrupte System. Als Symbol für intergenerationale Solidarität und ökofeministische Erinnerungskultur organisierte *Bombes Atomiques* 2019 einen ersten Demonstrationszug durch Bure und Umland. Die Aktivist*innen beziehen sich in ihrer Praxis auf die ökofeministische Hexe Starhawk und ihr Konzept der Macht-von-innen (vgl. S. 208).

Die Aktivist*innen wollen auf kreative Weise Kämpfe gegen Atomenergie neu erfinden, *Artivismus* praktizieren, lokal kämpfen, über Ökofeminismus schreiben, sich treffen, Ressourcen teilen und gemeinsame Aktivitäten organisieren. Insbesondere über das Wochenende vom 21. bis 22. September 2019, an dem sich 500 Frauen, Lesben, trans Personen, nicht binäre und queere Menschen trafen, um gemeinsam gegen das Atommüllendlager zu demonstrieren, gibt es zahlreiche, fabelhaft geschriebene Berichte,[122] die von der Strahlkraft dieser Begegnung berichten. Bei jenem *Rassemblement antinucléaire et féministe** defilierten die Teilnehmer*innen entlang der nuklearen Infrastrukturen, stets begleitet von Helikoptern und der Omnipräsenz staatlicher Repressionsorgane. Sie tanzten und sangen vor den Pforten des Labors der ANDRA und

---

122 Auf Französisch zum Beispiel hier zu finden: https://www.terrestres.org/2022/12/09/sorcieres-veneres-et-antinucleaires/#identifier_3_15760

setzen somit der patriarchalen Gewalt das bunte Leben in Form eines Demonstrationszuges entgegen, der kraftvolle Demosprüche skandierte: »Ihr könnt unsere Wut nicht endlagern«, oder: »Wir strahlen stärker«. Neben der Demonstration bot das Wochenende einen Raum der Begegnung, der ökofeministischen Vernetzung und des gemeinsamen (Ver-) Lernens: Autogynäkologie, Selbstverteidigung, kollektives Podcast Hören, Filme Schauen, Workshops zu Ökofeminismus und feministischer Politischer Ökologie sind nur einige der Programmpunkte.

> »Für die Dauer des Wochenendes ergreifen wir das Wort, bauen Zelte auf und kümmern uns um die Stromversorgung. Wir geben uns Kraft und Zuversicht, um danach in ein gemischtes Leben (Anm. der Autorinnen: mit cis Männern, das Gegenteil getrennter Räume) zurückzukehren, in dem wir uns jeden Tag mit Sexismus, ungleicher Aufgabenteilung und der Gewalt einer patriarchalen Gesellschaft auseinandersetzen müssen.« (BureBureBure 2019b, eigene Übersetzung)

Aus dem Wochenende gingen weitere ökofeministische Kollektive hervor, die *Bombes Atomiques Toulouse*, *Bretagne* und *Île-de-France*, sowie der Elan, weitere selbstorganisierte Camps und Veranstaltungen ohne cis Männer stattfinden zu lassen.

Vom Beerenpflücken zu (öko)feministischem und antirassistischem Syndikalismus: *Jornaleras de Huelva en Lucha*

Die Geschichte der *Jornaleras de Huelva en Lucha* (dt.: Tagelöhnerinnen von Huelva im Kampf) beginnt auf den Beerenfeldern von Huelva. Die 700 Hektar großen Felder sind nicht nur die Hochburg des industriellen Beerenanbaus – des ›roten Goldes‹ –, sondern auch eine Hochburg der Menschenrechtsverletzungen, der ausbeuterischen Ökonomie und der Gewalt an Frauen. Unter den Plastikplanen des industriellen Anbaus in Andalusien arbeiten zu einem Großteil migrantische und rassifizierte Frauen unter menschenunwürdigen Bedingungen, damit zu jeder Jahreszeit Erdbeeren in europäischen Supermarktketten bereitstehen. 300.000 Tonnen Erdbeeren jährlich werden in der Region im Wert von 920 Millionen Euro für den Export geerntet. Wessen Hände diese ernten, bleibt dabei unsichtbar. Diese entmenschlichende Unsichtbarkeit verschleiert auch die Arbeitsbedingungen der Beerenpflücker*innen. Sie, die 100.000 Arbeiter*innen, arbeiten jedes Frühjahr saisonweise auf den Feldern Andalusiens. Einige von ihnen verlassen dafür ihre Wohnorte und Familien in Ländern wie Rumänien, Bulgarien oder Marokko. Eine Saison lang sind diejenigen, die nicht in der Region wohnhaft sind, in Baracken und halber Gefangenschaft auf den Erdbeerhöfen oder privaten Unterkünften untergebracht. Dort gibt es teilweise keine Küchen und keine regelmäßige Duschmöglichkeit und bis zu zehn Personen teilen sich eine Wohnung.

Zwei Frauen – Ana Pinto und Najat Bassit – begannen mit dem Verteilen von Flugblättern, um weitere Tagelöhner*innen über ihre Rechte zu informieren und eine selbstorganisierte Gruppe aufzubauen. Dabei haben die Frauen ›im gemeinsamen Gehen‹ zu kämpfen gelernt und schließlich eine feministische, antirassistische, ökologische Gewerkschaft aufgebaut, die an die (Arbeits-)Bedingungen und Bedürfnisse ihres alltäglichen Lebens in Huelva angepasst ist. Mit den klassischen Gewerkschaften war dies nicht möglich, da die Jornaleras in ihrer konkreten Situation aus deren Strukturen ausgeschlossen sind. Die Organisierung von Menschen in informellen und unrechtmäßigen Arbeitsverhältnissen, die zudem als migrantisierte und illegalisierte Arbeiter*innen nur für ein paar Monate nach Huelva kommen, erfordert eine andere Herangehensweise, als die klassischen Gewerkschaften sie haben.

Die Organisierung stand von Anfang an vor großen Herausforderungen. Die Privatgrundstücke, auf denen die Menschen leben und arbeiten, dürfen nicht von Gewerkschafter*innen betreten werden und die Frauen sind damit extrem schwer erreichbar. Sie sind weitgehend abgeschottet von der lokalen Bevölkerung, die ihnen aufgrund rassistischer Vorurteile nicht selten misstrauisch gegenübersteht. Zudem herrscht auch in Huelva die medial befeuerte Angst, dass die Arbeiter*innen den Leuten aus der Region die Jobs wegnehmen würden.

Die Organisierungsweise der Jornaleras unterscheidet sich nicht nur von klassischen Gewerkschaftsstrukturen, in denen sie ihre Arbeitskämpfe als migrantisierte Frauen im informellen Sektor nicht vertreten fühlten. Sie wollten sich zudem feministischer als ihre anarchosyndikalistischen Pendants organisieren, da sie insbesondere Machthierarchien und *Machismo* innerhalb ihrer Organisierungsform abbauen wollen. Die Jornaleras wollen vor allem für sich selbst sprechen und nicht von Menschen repräsentiert werden, die noch nie Blaubeeren gepflückt haben. Sie kämpfen nicht *für* sondern *als* und *mit* Feldarbeiter*innen. Seit 2018 haben die Jornaleras diese Stimme formalisiert und wurden zu einem eingetragenen Verein.

Die Jornaleras sind in der Unterwasserökonomie (siehe Kapitel 4) genau an der Stelle tätig, wo der Eisberg die Wasseroberfläche schneidet. An dieser Schnittstelle von formaler und informeller Ökonomie werden Menschen schlecht bezahlt und ihre Arbeit bleibt ungesehen. Dementsprechend ist auch die informelle Arbeit der Jornaleras durch prekäre Anstellungsverhältnisse, teils durch Unterverträge, charakterisiert. Die damit einhergehenden menschenunwürdigen Arbeitsbedingungen werden nicht ohne Grund hinter den Zäunen von Privatgrundstücken, Fincas und großen Plantagen versteckt. Unter dem Vorwand, dass Frauen geschicktere Hände hätten, um die kleinen Beeren zu pflücken, versteckt sich ein Profitinteresse, das nach billigeren Arbeitskräften giert, welche sich leicht und ohne großen Widerstand ausbeuten lassen. Diese gewaltvolle Ökonomie benötigt vulnerable Gruppen in schwierigen ökonomischen Verhältnissen – Arbeitskräfte, die vermeintlich leichter auszubeuten sind und vermeintlich fügsamer sind, weil daran nicht weniger als ihre Existenz hängt. In Huelva wurden nach den slawischen Frauen vorzugsweise marokkanische Frauen angestellt, da diese angeblich weniger trinken und weniger Dreck machen. Diese Arbeiter*innen kennen ihre Rechte oftmals nicht, haben keinen Zugang zu medizinischer Versorgung und können in einem Klima, in dem sexualisierte Gewalt Alltag ist, schwer für sich einstehen und ihre Stimme erheben. Bei den Tagelöhner*innen handelt es sich um eine feminisierte, rassifizierte Arbeitskraft, die Subsistenzarbeit in einer räuberischen Landwirtschaft der Pestizide, Chemikalien und Hitze unter Plastikfolien leistet. Organisiert als *Jornaleras de Huelva en Lucha* erheben einige von ihnen nun aktiv ihre Stimme dagegen.

Es ist Teil der täglichen Arbeit der Jornaleras auf dem Feld, nicht nur ihr eigenes Ausbeutungsverhältnis zu spüren, sondern auch die Ausbeutung der Erde, von der sie die Erdbeeren pflücken. Sie sind dabei mit dem Wassermangel in der Region (unter anderem durch das illegale

Abpumpen des Grundwassers durch die Agrarindustrie) und regelmäßigen Bränden konfrontiert. Der Boden, die Würmer, die Beerenpflanzen und -samen sind Wassermangel, intensiver Bearbeitung und Insektiziden ausgesetzt. Die Jornaleras sind zudem der ständigen Gefahr sexualisierter Gewalt, der Angst vor Bränden und der Verletzungen bei der Arbeit ausgesetzt und mit den gesundheitlichen Folgen der Arbeit in der industriellen Landwirtschaft konfrontiert.

Als Arbeiter*innen dieser intensiven, extraktivistischen und ausbeuterischen Landwirtschaft stehen die Jornaleras simplen umweltschützerischen Forderungen wie dem Boykott der Produkte, die sie ernten, ablehnend gegenüber. Diese Arbeit bedeutet ihre direkte Lebensgrundlage und ist die einzige Arbeit in dieser Region. Doch ihre Organisierung nicht nur für bessere Arbeitsbedingungen, sondern auch für bessere Anbaubedingungen zeigt, dass sich auch die Arbeiter*innen in der industriellen Landwirtschaft organisieren wollen, um die dort herrschenden unökologischen Verhältnisse umzuwälzen. Für uns ist ihr Aktivismus daher kein Umweltaktivismus im Sinne von *environmentalism* (siehe S. 72), sondern ein ökologischer Aktivismus: Ihre Organisierung, die sich gegen die Ausbeutung ihrer Arbeit, ihrer Körper und der Böden einsetzt, greift das Problem an der Wurzel und zeigt, wie ökologische Kämpfe und Kämpfe um Arbeit zusammenhängen – sowohl in der Theorie als auch in der Praxis. Die Jornaleras vernetzen sich zudem aktiv mit anderen sozialökologischen Bewegungen und leisten Bildungsarbeit (zu Arbeitsrecht oder Agrarökologie). Die gewaltvolle Realität eines patriarchalen und rassistischen Kapitalismus, die unter anderem in Huelva zum Ausdruck kommt, bekämpfen die Jornaleras mit ihrem Syndikalismus – sie sind der widerständige Syndikalismus vom Acker aus.[123]

123 Nicht nur die *Jornaleras de Huelva en Lucha*, sondern auch viele weitere widerständige Praktiken und Taktiken gegen die Agrarindustrie und für eine agrarökologische Transformation sind in diesem Online-Buch zu finden: Common Ecologies (2023): Transforming Agriculture and Beyond. Infrastructures, Tools and Tactics for Agroecological Struggles and their Allies. http://commonecologies.net/texts/transforming-agriculture-book/

Ökofeminismus von unten und von links: Die autonome Regierung der Zapatistas in Chiapas

Während wir dieses Buch schreiben, sind die autonomen Gemeinden der Zapatistas akut von Paramilitärs, gedeckt vom mexikanischen Staat, bedroht. Megaprojekte wie Flughäfen, Autobahnen, Bahnstrecken oder Ökotourismus von transnationalen Unternehmen verdrängen Indigenes Land und Gemeinschaften. Wir blicken auf den über 30-jährigen Kampf einer kleinbäuerlichen und rebellischen Autonomiebewegung, in der über 100.000 Menschen organisiert sind.

Ausgehend von einem bewaffneten Aufstand im Süden von Mexiko vertrieben Indigene mehrerer ethnischer Gruppen am 1. Januar 1994[124] die *weißen* Großgrundbesitzer und besetzten staatliche Verwaltungsgebäude in verschiedenen Städten. Mit dem Ausruf »¡Ya Basta!« (dt.: Es reicht!) lehnten sie sich gegen Kolonialherrschaft und Neoliberalismus auf. Daraus folgte der Aufbau eigener politischer Strukturen, die bis heute unabhängig vom mexikanischen Staat andauern und funktionieren, jedoch immer wieder von ihm bedroht werden.

Die Beteiligung von Frauen ist ein Herausstellungsmerkmal dieses revolutionären Kampfes und war es schon lange vor dem zapatistischen Aufstand. Sie ist tief in die zapatistische Bewegung eingeschrieben. Bereits 1993, also noch vor dem zapatistischen Aufstand, entstand die *Ley Revolucionaria de la Mujer*, ein revolutionäres Frauengesetz, welches 1996 noch erweitert wurde. In einem mehrjährigen Partizipations- und Austauschprozess in Form von Frauenversammlungen auf dem Land und in den Städten wurde dieses Gesetz maßgeblich von Indigenen Frauen entwickelt. Darin wird unter anderem gefordert, dass Frauen vollständig als Rechtssubjekte anerkannt werden, sie Land besitzen und aktiv an Entscheidungsprozessen teilhaben dürfen. Außerdem fordert das Gesetz körperliche Selbstbestimmung, physische Integrität sowie sexuelle und reproduktive Rechte. Damit schaffen die zapatistischen Frauen etwas, was dem mexikanischen Feminismus in den urbanen Zentren oftmals nicht gelang: einen Dialog unter Indigenen Frauen bzw. zwischen Indi-

124 Zeitgleich mit der Unterzeichnung des Freihandelsabkommens NAFTA zwischen Kanada, Mexiko und den USA.

genen und Nicht-Indigenen zu etablieren. Den zapatistischen Frauen ist es durch das revolutionäre Frauengesetz und das ständige Hinterfragen der patriarchalen Ordnung in den eigenen Gemeinden gelungen, ein eigenständiges politisches Selbstbewusstsein als Indigene und/oder Bäuerinnen zu entwickeln. Dabei ergeben sich jedoch auch Herausforderungen – etwa durch den vorherrschenden *Machismo* und sexistische Rollen- und Aufgabenverteilungen.

Die zapatistischen Frauen haben dabei zwar durchaus feministische Forderungen formuliert, würden sich aber oftmals nicht als Feministinnen bezeichnen, da sie sich nicht in dem Feminismus der mexikanischen Hauptstadtfeminist*innen wiederfinden. Ihr Ökofeminismus ist vor allem ein praktischer. Er entsteht in der Bewegung und alltäglichen Praxis auf den Maisfeldern, in den Schulen, in den Kooperativen und auf den Kaffeeplantagen – überall dort, wo sich die Arbeitsteilung zwischen Männern und Frauen verändern muss, autonom Politik gemacht wird und geschlechtsspezifische Gewalt noch viel zu oft zum Alltag gehört. Das Verbot von Alkohol in den zapatistischen Gemeinden und die Frauenstrukturen stellen einen wichtigen Hebel dar, um die Sicherheit von Frauen zu erhöhen und kollektiv Verantwortung für die Prävention von Gewalt zu übernehmen. Zapatistische ökofeministische Politik ist ein lebendiger, andauernder, zirkulärer Lernprozess, in dem die Beteiligten »fragend voranschreiten« (spanisch: preguntando caminamos).

Das zapatistische System der Selbstorganisation[125] der autonomen Gemeinden beruht auf Dezentralisierung und Basisdemokratie. Die zapatistischen Gebiete sind in verschiedene Verwaltungseinheiten eingeteilt, entgegen der vom mexikanischen Staat auferlegten Ordnung. Die Gremien ihrer Versammlungs- und Verwaltungszentren werden *caracoles* genannt (dt.: Schneckenhäuser[126]). In jedem *caracol* sitzt ein

---

125 Im November 2023 haben die Zapatistas bekanntgegeben, dass sie ihre autonomen Strukturen umorganisieren. Zum Beispiel wird in den neuen autonomen Strukturen die Unabhängigkeit der Basisgemeinden gestärkt.

126 Warum denn eigentlich Schneckenhäuser? Die Münsteraner Gruppe *Ya Basta* zitiert die Zapatistas wie folgt: »Die ersten Menschen dieser Länder liebten die Figur der Schnecke (...), sie sagten, dass die Schnecke den Eingang zum Herzen darstellt, was die ersten Menschen Wissen nannten. Und sie sagen, dass sie sagen, dass die Schnecke auch dafür steht, aus dem Herzen herauszugehen, um in die Welt zu gehen.« (Gruppe B.A.S.T.A Münster 2023)

»Rat der guten Regierung« (*Junta de Buen Gobierno*), die im Gegensatz zu »der schlechten Regierung« des mexikanischen Staates stehen und die Hauptorgane der zapatistischen Selbstverwaltung darstellen. Das Prinzip »Regieren durch Gehorchen« (spanisch: mandar obedeciendo) leitet die autonome Selbstverwaltung und drückt sich in folgenden Grundsätzen aus:

» – dienen und sich nicht bedienen
– repräsentieren und nicht ersetzen
– aufbauen, nicht zerstören
– gehorchen, nicht befehlen
– vorschlagen und nicht aufzwingen
– überzeugen und nicht besiegen
– nach unten gehen, nicht nach oben«
(Subcomandante Insurgente Galeano 2016)

Die Zapatistas haben ein eigenes Gesundheits-, Bildungs- und Justizsystem aufgebaut. Letzteres basiert nicht auf Bestrafung, sondern orientiert sich an Methoden der Konfliktlösung, wie sie seit langer Zeit in Indigenen Gemeinschaften praktiziert werden. Das zapatistische Gesundheitssystem ist auf Prävention ausgerichtet. Es zeichnet sich insbesondere durch das Anerkennen traditioneller pflanzlicher Heilkünste aus. Damit hat dieses Gesundheitssystem dafür gesorgt, dass die Säuglings- und Müttersterblichkeit reduziert wurde und wichtige Aufklärungsarbeit über sexuelle und reproduktive Rechte geleistet wird. Zum Beispiel gibt es seit dem 8. März 2018 eine autonome Frauenklinik namens *Comandanta Ramona* in Caracol III, in La Garrucha.

Die zapatistischen Gemeinden sind also nach Prinzipien der Selbstverwaltung, Geschlechtergerechtigkeit, Basis- und Rätedemokratie organisiert. Die verschiedenen Ämter sind dabei unbezahlt und rotierend, kollektiv sowie paritätisch besetzt. Im Jahr 2018 stellten die Zapatistas sogar eine Compañera als Kandidatin für die mexikanische Präsidentschaftswahl. Dies galt als ein symbolischer Akt gegen die systematische Unterdrückung von Indigenen Frauen und für den Kampf Indigener Gemeinschaften. Dadurch erlangten die Debatten um Indigene Kämpfe eine neue Stufe in der medialen und politischen Aufmerksamkeit.

Bei den Besetzungen von staatlichen Verwaltungen in den 90er-Jahren durch die Befreiungsarmee EZLN (*Ejército Zapatista de Liberación Nacional*) hatten von Anfang an auch Frauen das Kommando inne. So sind zum Beispiel Kommandantinnen wie Comandanta Ramona bereits in den ersten Jahren des Aufstandes das Gesicht der zapatistischen Frauen. Dass es sich bei den Zapatistas um eine bewaffnete Bewegung handelt, steht in einem Spannungsverhältnis zum teilweise pazifistischen und stark anti-militaristisch geprägten (Öko-)Feminismus. Dennoch werden die autonome Regierung und kleinbäuerliche Organisierung der Zapatistas oft als Beispiel für Ökofeminismus genannt. Letztlich verkörpern diese Diskrepanzen nur, was der Ökofeminismus auch aussagt: Es gibt nicht nur den *einen* Pfad der Emanzipation bzw., um es in den Worten der Zapatistas auszudrücken, »Wir wollen eine Welt, in der viele Welten Platz haben« (spanisch: El mundo que queremos es uno donde quepan muchos mundos). Damit setzen sie dem Eine-Welt-Narrativ plurale Welten und dem Universum Kosmologien entgegen.

Mit ihren Maya-Kosmologien ist die Befreiungsbewegung maßgeblich an Indigenen Lebensweisen orientiert. Zapatismus basiert auf vielfältigen Traditionen, die stets den Kosmos im Sinne eines kreislaufhaften Zusammenspiels von Mensch und Mehr-als-Menschlichem einbeziehen. In den zapatistischen Kooperativen, die die (Re-)Produktionsbedingungen radikal umorganisieren, sind auch Tiere in demokratischen Prozessen vertreten, da sie das »Fleisch des Diskurses« darstellen (Tuider 2017: 519). In dieser animistisch geprägten Weltanschauung sind Tiere demnach gleichwertig am (Re-)Produktionsgeschehen beteiligt. In den Indigenen Kosmovisionen wird die Natur nicht als etwas Außenstehendes wahrgenommen, sondern Land und Wasser werden als ein Teil des eigenen Seins verstanden. Der zapatistische Kampf verschiedener Maya-Gruppen (z.B. der Tzotzil, Tzetzal, Chol oder Tojolabal) ist beispielhaft für Kämpfe um Körper-Territorien (siehe S. 174) sowie gegen die dreifache Unterdrückung als Frauen, Arme und Indigene. Er ist damit zudem ein Beispiel für Intersektionalität in der Praxis, da sich spezifische Formen der Gewalt und Unterdrückung in den Erfahrungen der Indigenen und bäuerlichen zapatistischen Frauen überlagern.

Ein aktueller Ausdruck der Unterdrückung, Vertreibung und Ausbeutung von Indigenen Gemeinschaften und Körper-Territorien ist das

Infrastrukturprojekt *Tren Maya*, an dem auch deutsche Firmen wie die Deutsche Bahn, TÜV Rheinland und Siemens mit mehreren Milliarden beteiligt sind. Ein neues, 1.500 km langes Zugstreckennetz soll sich durch sieben Bundesstaaten fräsen, in denen unter anderem die Indigenen Gebiete auf der Halbinsel Yucatán und in Chiapas liegen. Dies ist nur *ein* schillerndes Beispiel für das Greenwashing neokolonialer Infrastrukturprojekte von Großkonzernen, die sich als nachhaltig vermarkten (Ökostromwerbung der Deutschen Bahn), während sie 600 Hektar Kohlestoffspeicher zerstören.[127] Dieses Großprojekt stellt Profit vor (Indigenes) Leben. Die lokale, teils Indigene Bevölkerung wurde in diese Entscheidung nicht miteinbezogen, sondern wird bei der Umsetzung dieses Projektes vertrieben werden. Das Zusammengehen von extraktivistischen Politiken sowie Profitinteressen im Globalen Norden mit dem Angriff auf das Leben im Globalen Süden wird hier augenfällig.

Die Zapatistas reihen sich in die vielen Bewegungen ein, die die Logik des Kapitals herausfordern, Widerstand gegen den Staat leisten, den Wandel selbst in die Hand nehmen und, entsprechend des eigenen Kontextes, eigene Lebens- sowie Organisierungsformen entwickeln. Sie rebellieren gegen die Kolonisierung und »für das Leben«. Sie setzen sich auf nicht ausbeuterische Art in Beziehung zu nicht-menschlichem Leben.

Im Jahr 2007 fand das *1. Treffen der zapatistischen Frauen mit den Frauen der Welt* in Chiapas statt, welches über 3.500 Frauen zusammenbrachte. Darauf folgte 2018 ein *Internationales Treffen der Frauen, die kämpfen*. Mit ihrer Parole »Tod@s somos iguales – tod@s somos diferentes« (dt.: Wir sind alle gleich, wir sind alle unterschiedlich) richteten sie sich an alle rebellischen Frauen weltweit, die als »unterschiedliche und gleiche« zusammenkam, um sich zu vernetzen und im Kampf für das Leben zusammenzuschließen.

Im Jahr 2021 trat eine Delegation der Zapatistas die »Reise für das Leben« auf allen fünf Kontinenten an. Mit dieser Reise hatte es sich die Delegation zum Ziel gemacht, bestehende Kämpfe zu verbinden, Allianzen zu schaffen, Welten zusammenzubringen und Bewegungen »von links und von unten« zu vernetzen:

127 Ein neueres Projekt ist die Idee eines *canal seco* (trockenen Kanals), um die Landenge an der Grenze zu Guatemala zu überwinden.

> »Wir sind Frauen, Lesben, Schwule, Bisexuelle, Transgender, Transvestiten, Transsexuelle, Intersexuelle, Queers und mehr, Männer, Gruppen, Kollektive, Vereinigungen, Organisationen, soziale Bewegungen, *Pueblos originarios* / ursprüngliche Völker, Stadtteil-Zusammenschlüsse, Gemeinden und ein langes Etcetera, das uns Identität gibt.
>
> Uns unterscheiden und uns entfernen voneinander: Erden, Himmel, Berge, Täler, Steppen, Dschungel, Wüsten, Ozeane, Seen, Flüsse, Bäche, Lagunen, Ethnien, Kulturen, Sprachen, Geschichten, Alter, Geographien, sexuelle Identitäten und Nicht-Identitäten, Wurzeln, Grenzen, Organisierungsformen, soziale Klassen, Kaufkraft, gesellschaftliche Stellung, Ruhm, Popularität, followers, likes, Währungen, Schulbildung, Art und Weisen zu sein, Arbeiten, Stärken, Schwächen, die Pro, Contra, Aber, Trotzdem – Rivalitäten, Feindschaften, Konzeptionen, Argumentationen, Gegenargumentationen, Debatten, Streitigkeiten, Anzeigen, Beschuldigungen, Verachtungen, Phobien, Vorlieben, Lobpreisungen, Ablehnungen, Pfeifkonzerte, Applaudieren, Gottheiten, Dämonen, Dogmen, Ketzereien, Gefallen, Missfallen, Modi – und ein langes Etcetera, das uns unterschiedlich macht und – nicht selten – gegensätzlich.« (o. N. 2021)

Mit ihrem Aufruf zur »Reise für das Leben« setzte die Delegation der Zapatistas ein queerfeministisches Zeichen. Der Fokus der Zapatistas lag dabei nicht auf dieser Gegensätzlichkeit, auf der Verschiedenheit der Identitäten, Erfahrungen und Kämpfe, sondern auf dem, was verbindet. Der zapatistische Kampf und die autonome Selbstverwaltung sind ein Beispiel kosmopolitischer, dekolonialer, antipatriarchaler, kapitalismuskritischer und ökologischer Praxis, welche einen Gegner hat, der die vielen eint: »Der Verantwortliche für diese Schmerzen ist ein System. Den Henker stellt ein ausbeuterisches, patriarchales, pyramidenförmiges, rassistisches, räuberisches und kriminelles System dar: der Kapitalismus« (o. N. 2021).

Ökofeministische Revolution: Ökologie, Feminismus und Demokratie in Nord- und Ostkurdistan

»Was bedeutet revolutionäre Politik in einem Zeitalter, in dem Theorien des Wandels in den Büros der Staatsmacht sprießen, in dem Aktivismus zu einer Fähigkeit wird, die in Schulungen vermittelt werden kann, die von Institutionen mit Verbindungen zu Staaten gesponsert werden?« (Dirik 2022: 5, eigene Übersetzung)

»Die Erfahrungen und Analysen der revolutionären kurdischen Frauenbewegung sind wertvoll für alle, die sich für antikoloniale und antikapitalistische Politik, Feminismus von unten, revolutionären sozialen Wandel, Klimagerechtigkeit, systemkritische Theorie und Demokratie ohne Staat interessieren.« (Dirik 2022: xxi, eigene Übersetzung)

Wenn wir ein praktisches Beispiel dafür suchen, wie Ökologie, Feminismus und Demokratie in einer revolutionären Art miteinander verbunden werden können, kommen wir nicht um den demokratischen Konföderalismus als Theorie, aber vor allem in seiner praktischen Umsetzung in Nord- und Ostkurdistan herum. Die zentralen Pfeiler desselben bilden, inspiriert von den Ideen Abdullah Öcalans, radikale Demokratie, Soziale Ökologie und Frauenbefreiung.[128] Öcalans zahlreiche Schriften sind maßgeblich von Ökofeminist*innen wie Maria Mies oder Janet Biehl, aber auch vom Begründer der Sozialen Ökologie Murray Bookchin beeinflusst. Insbesondere für Öcalans Theorien der Frauengeschichte und Kolonialisierung war Mies eine entscheidende Quelle. Nicht nur theoretisch wurden Brücken geschlagen, auch persönliche Bande wurden geknüpft, indem die kurdische Frauenbewegung im Jahr 2000 mit Mies in den Austausch trat.

Wir möchten diese revolutionäre Bewegung in Nord- und Ostkurdistan vorstellen, da Kapitalismus, Patriarchat, ökologische Zerstörung

128 Der kurdische Freiheitskämpfer Öcalan sitzt seit 1999 in Isolationshaft auf der Gefängnisinsel Imrali in Haft, seit dem 25. März 2021 gibt es aufgrund konsekutiver Besuchsverbote (auch für seine Anwält*innen) kein Lebenszeichen des Begründers der kurdischen Arbeiterpartei (PKK) mehr.

und (national)staatliche Zentralisierung dort integral zusammengedacht und in einem organisierten Prozess der (Selbst-)Verteidigung bekämpft werden. Der Ausdruck dessen ist der Aufbau einer Gesellschaft, die auf Autonomie, Suffizienz sowie ökologischer und kooperativer Wirtschaft basiert. Die revolutionäre Praxis wird in Form von Kooperativen, Kommunen, Versammlungen gegen, trotz und in den Zwischenräumen der Nationalstaaten umgesetzt. Auf diesem Weg zu einer neuen Gesellschaft wird die Emanzipation der Frau als Voraussetzung für eine Emanzipation der gesamten Gesellschaft betrachtet. Nicht nur ideologisch gelten Frauen als die revolutionären Subjekte, Frauenbefreiung drückt sich auch in den Organisationsstrukturen aus. Autonome Frauenstrukturen sind ein zentraler Pfeiler des revolutionären Kampfes, etwa durch Selbstverteidigung, die Bildung eigener militärischer Einheiten oder die autonome Selbstverwaltung von Frauen namens *Kongra Star*. In *Kongra Star*, dem konföderalen Dachverband, sind alle Frauen, die Teil der Selbstverwaltung in Nord- und Ostsyrien sind, Mitglied. Auf diese Weise haben Frauen im demokratischen Konföderalismus eigene Strukturen herausgebildet. Ein weiterer wichtiger Pfeiler ist die politische Bildung von Frauen in der kurdischen Freiheitsbewegung. Da es im Ökofeminismus immer auch um Wissenschaftskritik geht, ist besonders ein Blick auf die *Jineolojî* – die ›Wissenschaft der Frauen und des Lebens‹ – hier nennenswert. *Jineolojî* ist die Kombination aus einer emanzipatorischen Wissenspraxis, einem herrschaftskritischen Wissenssystem und militanter Pädagogik, die das Leben als Ganzes betrachtet. Wissensproduktion dient hier nicht individuellem Fortkommen, zum Beispiel dazu, eine Sprosse auf der Karriereleiter zu erklimmen oder eine intellektuelle Wirksamkeitserfahrung Einzelner zu ermöglichen. Das Ziel der Wissensproduktion ist Leben und Befreiung, beziehungsweise besteht darin, Stärke im Kampf gegen das System zu erreichen. Das inspiriert uns: »Die Jinergie zu spüren, Kraft im Kampf gegen das System zu gewinnen – diese Gefühle sind in jeder Frau aufgetreten, die Jineolojî kennengelernt und an den Studien teilgenommen hat, die auf der Grundlage des jineologischen Denkens und Lebens durchgeführt wurden« (ANF 2022, eigene Übersetzung). Entgegen der in der westlichen Wissenschaft vorgenommenen Trennung zwischen Denken, Wissen, Gefühlen und Intuition, spielen Gefühle in der Jineolojî eine entscheidende Rolle: »In der Lage sein, Emotionen zu wecken, während wir Gedanken produzieren und uns auf unsere Intuition verlassen, während wir nach Wissen streben« (ebd).

Außerdem ist ein essentieller Teil dieser revolutionären Wissenschaftsproduktion und -praxis das Aufschreiben der Geschichten von Frauen in Widerstandskämpfen (z.B. in Palästina, Kolumbien, Indien, Chiapas und auf den Philippinen) sowie das Lernen vom Matriarchat. Es gilt, aus diesen Kämpfen für die Gegenwart zu lernen, indem dieses Wissen auf den eigenen Kontext angewendet wird. Jineolojî wird von der kurdischen Bewegung mit einem Fluss verglichen, der sein eigenes Bett findet. Damit ist gemeint, dass sie im Dienste der Gesellschaft und ihrer Bedürfnisse steht, dass sie kleine Nebenflüsse ausbildet, aber Teil eines großen Stroms der Befreiung von Patriarchat, Staat, Kolonialismus und Kapitalismus ist. Unabhängig von staatlichen Bildungseinrichtungen und als integraler Teil der Selbstverwaltung hat die Jineolojî über die Jahre ihre eigenen Institutionen herausgebildet – auch über die Universität Rojava hinaus, etwa das Andrea Wolf-Institut in Brüssel oder die FLINTA*-Jineolojî-Camps im Wendland. Theorie und Praxis ausgehend von Kurdistan auch in andere Teile der Welt zu bringen, ist Teil der internationalistischen Vernetzungsarbeit der kurdischen Frauenbewegung, die an vielen Orten revolutionäre Bildungsangebote durchführt.

Somit lebt die Bewegung in unseren Augen jene Verbindung von Theorie und Praxis vor, die auch Ökofeminist*innen wie Maria Mies und viele weitere immer wieder hervorhoben und selbst in ihrem Leben ausgelotet haben oder ausloten. Dem Nachruf der *Firat News Agency* (ANF) zufolge stellte die kurdische Frauenrevolution in Rojava für Maria Mies »eine neue Hoffnungsquelle in einer Zeit, in der sie immer mehr eine kritische Haltung zu den Frauenorganisierungen in Deutschland und Europa entwickelt hatte« dar (ANF 2023).

Die kurdische Bewegung ist keine abstrakte revolutionäre Utopie, sondern gelebte Realität im Hier und Jetzt[129], in der Kollektivität entfaltet wird. Beim kurdischen Paradigma der gesellschaftlichen Revolution geht es nicht nur um die Veränderung der materiellen Verhältnisse durch kollektive, selbstverwaltete und demokratische Strukturen, sondern

129 Vielen Dank an Anne Fuchs, Paul Fuchs und Miran Aymaz für ihr hilfreiches und reflektiertes Feedback zu diesem Kapitel.

auch um eine Veränderung persönlicher Mentalitäten. Dies meint eine Veränderung der Subjektivitäten, um Menschen nicht bloß zu freien und neoliberalen Individuen zu machen, sondern zu befreiten revolutionären Subjekten. *Xwebûn/Ewebûn* als Praxis der Selbstreflexion zur Entwicklung eines Verständnisses der eigenen Rolle in der Gesellschaft ist dabei von großer Bedeutung. Kollektivität bedeutet auch das Aufbrechen klassischer Beziehungsgefüge und das Praktizieren von (Wahl-) Verwandtschaft jenseits der Kleinfamilie. Das wohl bekannteste Konzept ist *hevaltî,* was revolutionäre Genossinnen- oder Freundinnenschaft, die sich das Ziel der Befreiung der Gesellschaft und des Selbst gesetzt hat, bedeutet (auch als *heval* oder *hevala* bekannt).

> »Hevaltî ist das unzerstörbare Band der Genoss*innenschaft, das die Mitglieder der Bewegung miteinander verbindet, eine tiefe spirituelle und persönliche Verpflichtung. Selbst inmitten intensiver Bombardierungen beschreiben kurdische Guerillas, wie diese Hevaltî ihnen die Entschlossenheit gibt, den Kampf gegen die ansonsten überwältigende Macht der zweitgrößten NATO-Armee fortzusetzen.« (Sarican und Dirik 2022, eigene Übersetzung)

Die kurdische Frauenbewegung wurzelt in dem Verständnis, dass Individuum, Gesellschaft und Natur in einem Ganzen miteinander verbunden sind. Mit der Langzeitkampagne *Make Rojava Green Again* eignet sich die revolutionäre Bewegung nicht nur rechte Slogans wieder an, sondern zeigt die Verbindungslinien zwischen Internationalismus, Sozialer Ökologie und Demokratischem Konföderalismus auf. Insbesondere in Rojava verdeutlicht sich die Herausforderung, ökologische Vorhaben zwischen dauerhaftem Krieg und Embargos voranzutreiben. Die militärischen Operationen durch Nationalstaaten sind nicht zuletzt auch Angriffe auf die Natur. Die systematische Rodung von Waldflächen, das Auslöschen von Community-Wissen oder der Bau von Staudämmen, durch den die lokale Bevölkerung ihren Zugang zu Wasser verliert, sind auch ein Teil des türkischen Krieges gegen die PKK und die gesamte kurdische Zivilbevölkerung. Damit wird Ökologie zum internationalistischen Kampf. Nicht selten sind ökologische Initiativen, Baumschulen oder nachhaltige Landwirtschaft in Rojava an kriegsbedingte Sachzwänge und Widersprüche gekoppelt. Das ökologische Verständnis der Bewegung geht über vereinzelte Maßnahmen wie erneuerbare Energien, internationale Verträge oder Plastikverbote hinaus. »Wenn wir von Ökologie sprechen, dann meinen wir damit nicht nur das Bäume pflanzen. ›Hevjiyana Azad‹, das freie Zusammenleben, verstehen wir auch als eine Form der Ökologie, eine Ökologie der Liebe. Ökologie bedeutet für uns das Gleichgewicht zwischen Gesellschaft und Natur. [...] Es ist eine wechselseitige fruchtbare Beziehung. Ein Gleichgewicht von den Wolken bis hin zum allerkleinsten Atom« (Rûmet Heval in Herausgeber_innenkollektiv des Andrea Wolf-Instituts 2020: 364). Es gilt, den grünen Kapitalismus zu bekämpfen und die vielen fragmentierten Abwehrkämpfe in einen gemeinsamen Horizont – ein neues Paradigma – einzubetten. Diesen Paradigmenwechsel, der sich von Individuen verkörpert in alle kollektiven Kämpfe und Praktiken einschreibt, können wir von Rojava lernen.

In einer Broschüre des Andrea Wolf-Instituts zur *1. Revolutionären Bildung* wird die Beziehung zum Garten mit den Beziehungen untereinander im Gemeinschaftsleben und in der revolutionären Praxis verglichen:

> »Der Garten war ein Schwerpunkt für die Zeit außerhalb des Unterrichts. Wenn wir Bäume pflanzen, brauchen wir ein Verständnis davon, was für ein Engagement dies erfordert und wie viel Arbeit wir in den folgenden Jahren leisten müssen, um uns um einen Baum zu kümmern. Das kann eine Metapher dafür sein, wie wir mit Projekten oder dem Leben im Allgemeinen umgehen. Eine Freundin gab ein Abendseminar über Permakultur. Permakultur bedeutet ›permanente Landwirtschaft‹, da es sich um ein System handelt, das dazu bestimmt ist, zu überdauern, zu wachsen und sich selbst zu erhalten. Es basiert auf Vielfalt und Sorgfalt, und seine Selbstverteidigung ist die einzigartige Fähigkeit, als Ganzes zu funktionieren. Wir begannen, in der gleichen Weise über unsere revolutionären Praktiken zu sprechen wie über das Anlegen eines Gartens, der in Harmonie mit der Erde ist. Anstatt das Pflanzen von Bäumen oder die politische Organisation als eine einmalige Aktion zu sehen, sollten wir eine ganzheitliche Revolution anstreben.« (Andrea Wolf-Institut der Jineolojî Akademie 2020: 21)

Dieser kurdische Garten wäre also nach den Prinzipien der Permakultur angelegt. Im Frauendorf Jinwar zum Beispiel wird mit traditionellen (An-)Baumethoden, ökologischer Energiegewinnung und nachhaltiger Landwirtschaft gearbeitet. Hier wird kommunales und ökologisches

Zusammenleben mit Frauenbefreiung verbunden. In den Veröffentlichungen von *Make Rojava Green Again* werden Parallelen zwischen Permakultur und politischer Organisierung gezogen. Von der Permakultur seien der holistische Ansatz, die polykulturellen Anbaumethoden (im Gegensatz zur Monokultur) und die nicht herrschaftsförmigen Beziehungen mit Natur und untereinander zu lernen. Diese Prinzipien können auch für den politischen Kampf inspirieren: »Auf diese Weise kann die Revolution auf fruchtbarem Boden wachsen, da viele Stimmen in den Prozess einfließen und die Vielfalt, die einem revolutionären System Nachhaltigkeit verleiht, berücksichtigt wird« (Qerecox 2022: 76, eigene Übersetzung).

Diese ganzheitliche Revolution wird in Nord- und Ostkurdistan insofern umgesetzt, als dass die Bewegung in ihren zahlreichen lokalen Praktiken, traditionellen Kosmologien und Spiritualitäten eine Beziehung zu Natur pflegt, die diese nicht als Ressource betrachtet. Die ökologische Komponente der Befreiungsbewegung ist nicht eine bloße Haltung zu Natur, vielmehr fungiert Ökologie als integraler Bestandteil der Bewegung und der Beziehungen zueinander. Nicht zuletzt, weil Ökologie für das Überleben und den gemeinsamen Kampf unabdingbar ist:

> »Die kurdische Frauenbefreiungsbewegung definiert die Revolution nicht als einen zerrüttenden ›Tag im Kalender‹, sondern als einen langfristigen Kampf zur Beseitigung aller Formen von Herrschaft in der Gesellschaft, um so befreite soziale Beziehungen zu ermöglichen. Die Revolution wird als Demokratisierung der alltäglichen Lebensbeziehungen zwischen Gruppen innerhalb der Gesellschaft, zwischen Gesellschaften und zwischen menschlichen Gesellschaften und der Natur verstanden.« (Dirik 2022: 8, eigene Übersetzung)

Schluss: Was sind heutige ökofeministische Kämpfe?

Ökofeminismus heute ist, wie es beispielsweise die kurdische Frauenbefreiungsbewegung verdeutlicht, ausgehend von den heutigen gesellschaftlichen Verhältnissen und den heutigen sozialen Praktiken widerständig gegen (National-)Staat, Kapitalismus, Patriarchat und (Neo-)Kolonialismus. Ökofeministische Organisierung kann gemeinschaftlich, kollektiv, selbstverwaltet, (direkt)demokratisch sowie vernetzend sein. Ökofeminismus in der Praxis ist selbstorganisiert, in Bezugsgruppen organisiert, bewaffnet, ungehorsam, besetzend. Dabei ist Ökofeminismus kleinbäuerlich, queer, freund*innenschaftlich und genoss*innenschaftlich. Die konkreten Utopien und hier vorgestellten Praxen können kaum voneinander getrennt werden, sie sind oft solidarisch und internationalistisch miteinander verbunden und beziehen sich in ihren Kämpfen aufeinander. Sie sind geprägt von widerständigen Frauen und Queers in sozialistischen, kommunistischen und anarchistischen Bewegungen. Sie schließen an Kämpfe an und bauen aufeinander auf.

Dabei gibt es zahlreiche weitere Organisierungen, die für uns ökofeministisch sind, es aber nicht in dieses Buch geschafft haben. So denken wir beispielsweise (!) an: *Voix Déterres*, *WoMin*, *Navdanya*, RENAMAT (*Red Nacional de Mujeres en Defensa de la Madre Tierra*) oder die *Cecosesola*. Wir möchten mit den aufgeführten Beispielen neugierig machen, sich auch weitere Praktiken anzuschauen und ökofeministische Praxis wie Saatgut zu vermehren. Lasst uns ökofeministische Praxis weitertragen!

»Ja ...wir sind immer noch da«
(Archiv von Julie Gartside, Greenham Women Everywhere)

SCHLUSS
Über Ökofeminismus schreiben oder: Compos(t)ing together

Wir haben zusammen komponiert und kompostiert, we did »composs(t)ing together« (Fremeaux und Jay 2021: 78). Dieses Buch ist das Resultat unserer Schreiberfahrungen, unseres kollektiven Verlernens sowie des immer wieder neuen Verliebens in Ökofeminismus, des Augen-geöffnet-Bekommens und des Sprechen-Wollens. Wir werden viel gefragt, wie es ist, gemeinsam zu schreiben. Gemeinsames Schreiben ist Beziehungsarbeit zwischen uns, den ökofeministischen Perspektiven in Texten und Naturen. Ein Komponieren mit emotionalen Höhen und Tiefen. Maria Mies und Vandana Shiva formulierten, dass ihr gemeinsames Schreiben nicht direkt durch gemeinsame Diskussionen geprägt war, sondern durch eine gemeinsame Analysebrille, da sie etliche Kilometer voneinander entfernt lebten. An sie denkend sind wir dankbar, dass unser Schreiben durch gemeinsam geführte Diskussionen online und offline sowie durch tage- und nächtelange Besuche geformt ist und so ein gemeinsam geschriebenes Buch unserer verwobenen Ideen, Verständnisse und Blickwinkel entstehen konnte.

Dieses Buch ist aus vielen alten und neuen Büchern kompostiert und der Arbeit vieler fleißiger Fadenwürmer, Asseln und Pilzmyzelien, die den Boden für neues Wachstum bereiten, zu verdanken. Es ist eine Blumenwiese herangewachsen, die wir zwar säen durften, aber die nun von weiteren Ökofeminist*innen liebevoll kritisch betrachtet und hier und da gepflückt werden kann. Wenn wir über das gemeinsame Schreiben nachdenken, denken wir auch an Kim de l'Horizons inspirierende Worte über das Schreiben von *Blutbuch*:

> »Die Kreise meines Schreibens schließen sich nicht, sie sind Spiralen, sie ziehen weiter, aus dem Garten meiner Kindheit in noch frühere Zeiten und

> direkt in meine Gegenwart, sie ziehen von der Blutbuche in mein Begehren, sie ziehen eine weitere Schlaufe von diesem Computer zurück ins Papier, dieses ehemalige Holz, und ich frage mich, wie sehr das Schreiben meine agency ist und wie sehr die Wirkkraft beim Holz selbst liegt.« (de l'Horizon 2022)

Wir können diese Darstellung des Schreibens sehr gut nachvollziehen, dieses Verwoben-Sein mit und Schlaufen-Ziehen zwischen Begehren, Computer und dem Garten der Kindheit, denn auch unser Buch ist das Resultat unserer Schlaufen[130] und unserer Verwobenheiten.

Wir haben dieses Buch geschrieben, weil es nach unserem Verständnis geschrieben werden musste. Es gibt derzeit kein aktuelles deutschsprachiges Einführungsbuch in den Ökofeminismus. Dieses Buch ist ein Beitrag, der sich gegen das Vergessen von ökofeministischer Theorie und Praxis in Zeiten von Klimakrise und Queerfeminismus stellt. Wir wollen auf Baumhäusern sitzen, Trecker fahren und feministische Versammlungen einberufen und uns dabei an unsere ökofeministischen Wegbereiter*innen erinnern.

Ökofeminismus zwischen Theorie und Praxis

> »Theorie machte Spaß. Sie bedeutete, alte Fragen neu zu stellen und neu zu beantworten, ohne auf die Verkünder ›ewiger Wahrheiten‹ zu hören. Ich bestand, wie gesagt, vor allem auf die Gleichzeitigkeiten von Praxis und Theorie.«
> (Mies 2008: 147)

Im Schreibprozess wurden wir immer wieder mit der Frage konfrontiert, warum wir in unserem Titel von einem »Zwischen Theorie und Praxis« sprechen. Die Antwort ist: Es geht uns um dieses ›Dazwischen‹, um die Verbindung, um das Auseinanderheraus und Ineinander. Es geht um das Verweben, um das Eine aus dem Anderen und wieder zurück, darum, wie das Andere das Eine nährt und es in einem zirkulären Prozess wachsen und gedeihen lässt. Im Ökofeminismus sind Theorie und Praxis nicht aufzuaddieren, sondern Ökofeminismus ist das, was passiert, wenn man mit dem einen Fuß im Matsch und mit dem anderen Fuß in der Vor-

130 Wir danken Veronika von Wächter für ihre Korrekturschlaufen dieses Kapitels.

lesung steht. Zwischen Theorie und Praxis ist, wenn die eine Hand die Saatgutbank pflegt und die andere das Mikrofon auf der (öko)feministischen Versammlung hält. Zwischen Theorie und Praxis bedeutet, den Haushalt zu schmeißen und über Hausfrauisierung im Lesekreis zu lesen. Ökofeminismus analysiert den (aktivistischen) Alltag und erzählt die dazugehörigen Geschichten. Ökofeministische Analysen entstehen beim Zaun-Aufsägen, beim queeren Fantasieren oder in langjährigen separatistischen Besetzungen. Außerdem entstehen sie aus einer Vielzahl von Aktionsformen, Alltagsrealitäten und Erfahrungen im, mit und gegen den patriarchalen und rassistischen Kapitalismus.

Ökofeminismus ist kritisch, komplex und kann verbinden

Da Ökofeminismen zwischen Praxis und Theorie, entlang sich historisch verändernder gesellschaftlicher Verhältnisse und Wissensverständnisse gewachsen sind, sind sie komplex und können viele scheinbar alleinstehende Phänomene analytisch verknoten: Ökofeminismus kann Atomwaffen, Kapital, Neokolonialismus, Entwaldung, Gentechnik, Industriegifte, Extraktivismus, Abtreibung, Ausbeutung, Klimawandel und häusliche Gewalt analysieren. Er kann dabei nicht nur die Problemstellung theoretisieren, sondern auch die Frage nach den Pfaden der Transformation mit Emanzipation, Befreiung, Subsistenzperspektive, Erddemokratie, Commoning und zugänglichen, sozial gerechten Zukünften verfolgen. Ökofeminismus verbindet auf unterschiedliche Art und Weise, mal argumentativ, mal störend und intervenierend, mal poetisch[131] oder spirituell anmutend. Dabei bleibt er immer kritisch gegenüber den gegenwärtigen Verhältnissen. Wie gelingt dem Ökofeminismus diese besondere Art der komplexen, verbindenden und auf gerechte sozial-ökologische Transformation ausgerichteten Kritik und welche Inhalte sind dabei zentral?

Ökofeminismus …

- hinterfragt die westliche Moderne;
- entschleiert das neuzeitliche Mensch-Natur-Verhältnis;
- reflektiert das westliche Wissenschaftsverständnis;

131 Wir bedanken uns bei Juliana Hutai für das Korrekturlesen dieses Kapitels und für noch so viel mehr.

- dezentriert das vorherrschende menschzentrierte Weltbild;
- kritisiert die Akkumulation im patriarchalen Kapitalismus;
- prangert koloniale Verhältnisse an;
- analysiert und hinterfragt Geschlechterverhältnisse;
- bring Queerfeminismus und Ökologie zusammen;
- zeigt die durch die vergeschlechtlichte und internationale Arbeitsteilung entstehenden materiellen Gemeinsamkeiten von Arbeiter*innen, Kleinbäuer*innen, Indigenen Gruppen und allen Hausfrauisierten auf;
- zentriert Gebrauchswert statt Tauschwert;
- denkt kosmologisch und ist plurivers;
- sorgt *für* und *mit* Menschen und nicht-menschlichen Naturen;
- bettet ein, fühlt und verkörpert.

Ein essayistischer Ausblick: Kann der Ökofeminismus wieder Wurzeln schlagen?

Wie blicken wir ausgehend von unserem Kompostieren, aus dem ökofeministischen Komposthaufen hinaus, in mögliche Zukünfte? Der Ökofeminismus hat derzeit Aufwind, das verdeutlicht sein vermehrtes Wiederauftauchen an allen Ecken und Enden – sei es in Fußnoten, Essays und Büchern oder in Selbstbezeichnungen queerer Aktivist*innen wie den *Bombes Atomiques* in Frankreich oder bei den vielen zeitgenössischen lateinamerikanischen Ökofeminist*innen, die das Wort Ökofeminismus in Theorie und Praxis verwenden. Es scheint uns, dass für manche der womöglich verstaubte Begriff des Ökofeminismus aktuell entstaubt wird und er so zu neuen Momenten des Aufbegehrens gegen den gewaltvollen patriarchalen Kapitalismus führen kann!

Wir fragen uns also: Wird es eine neue ökofeministische Wende in bestimmten sozialen Bewegungen geben? Wünschenswert wäre es, denn: Zwar halfen Kämpfe um soziale Reproduktion und Care während der globalen Corona-Pandemie, widersprüchliche Verhältnisse zwischen sorgenden Infrastrukturen und privat geleisteter Sorgeverantwortung zu analysieren. Zu einer starken feministischen Bewegung rund um die soziale Reproduktion oder einer neu aufgelegten ›Lohn für Care-Arbeit‹-Kampagne kam es allerdings nicht. Zudem sparte die Wiederbegeisterung für Care-Debatten und die (Symbol-)Politik für Care-Tätigkeiten die ökologische Reproduktion gänzlich aus, indem Klima und Care getrennt voneinander betrachtet wurden. Die verzweifelten Eltern im Home Office, die verschärfte Diskriminierung von LGBTQI+ und der ökologische Ausnahmezustand werden, entgegen ökofeministischer Manier, zu selten zusammengedacht. Maria Mies schrieb in ihrer Autobiografie: »Ich musste im Laufe meines Lebens lernen, dass das, was zu einer gewissen Zeit möglich ist, zu anderen Zeiten nicht mehr möglich ist. Es kommt darauf an, zur richtigen Zeit das Mögliche und Richtige zu tun« (Maria Mies 2008: 9). In unseren Augen wäre es notwendig und gewinnbringend, würden wir in den jetzigen Zeiten des Erstarkens der Rechten, der Kriege und des andauernden Extraktivismus von Körper-Territorien den Ökofeminismus wieder stärker ins Zentrum stellen.

Dass eine solche Wiederaufnahme des Ökofeminismus mit einer Weiterentwicklung und Aktualisierung desselben einhergehen muss, ist eindeutig. In diesem Buch haben wir die pluralen Strömungen des Ökofeminismus aufgezeigt, die die Grenzen anderer kritischer rationaler Perspektiven überwinden. Dennoch sind weitere dekoloniale, queere und intersektionale Erweiterungen eines antikapitalistischen Ökofeminismus notwendig, um die aktuellen gewaltvollen gesellschaftlichen Naturverhältnisse zu analysieren und zu bekämpfen. Während sich die ökofeministischen Analysen historisch oftmals um die Betonung der Genusgruppe Frau drehten, kann diese Kategorie heutzutage, in intersektionaler und queerfeministischer Manier, weiter ausdifferenziert werden. »Sowohl der Ökofeminismus als auch die Intersektionalität sind Theorien, die sich im Prozess befinden, und sollten daher nicht als statische Theorien betrachtet werden, sondern als Theorien, die sich an die sich verändernde politische und ökologische Landschaft anpassen, in der sie sich befinden« (A. E. Kings 2017: 82, eigene Übersetzung). Wir fragen uns daher, inwiefern FLINTA*-Gruppen die ökofeministische Theorie und Praxis für sich queerfeministisch nutzbar machen können und auf welche Weise sie diese nach den Bedarfen ihrer Kämpfe anpassen können. Darüber hinaus fragen wir uns, wie Ansätze der Neuen Materialismen weiter praktische Formen annehmen können und durch Allianzen mit dem Mehr-als-Menschlichen die Umwelt weiter in den Oikos bringen können. Wir schielen zu den queeren Ökologien sowie dem Xenofeminismus und wünschen uns Antworten auf die technologischen Herausforderungen dieser Zeit. Ökofeminismus bleibt ein anhaltendes Projekt im Sinne des Quiltens:

> »Karen Warren hat den Ökofeminismus zu Recht mit dem Prozess des Quiltens verglichen, dessen Erscheinungsbild sich ständig weiterentwickelt. Während die Grenzen einer Steppdecke die Grenzen unserer Diskussion darstellen, werden die Flicken, die der Patchwork-Decke ihre ›Steppen‹ verleihen, durch die Vielfalt der Perspektiven und die Vielzahl der Meinungen von der Basis aufwärts geschaffen. Der Ökofeminismus ist eine sich ständig weiterentwickelnde akademische/aktivistische Tradition, die sich nicht vollständig in einer Reihe von notwendigen und hinreichenden Bedingungen definieren lässt.« (ebd., eigene Übersetzung)

Ein Schritt voran: Kann es wieder eine ökofeministische internationalistische Bewegung geben?

Die 70er- bis 90er-Jahre waren geprägt durch eine große (öko)feministische Bewegung. Wenn wir den Zeitzeug*innen lauschen, verfallen wir hier und da in ein kurzes Schwelgen, denn wenn wir die Augen öffnen, dann fehlt es uns an der von diesen beschriebenen Art einer sozialen Bewegung. Wir hoffen auf eine Neuauflage in der heutigen Zeit, verzweifeln dabei aber nicht selten. Dann halten wir uns an die folgenden Worte:

> »Die Hoffnung war schon immer die am schwersten zu ziehende Saat. Sie fühlt sich zu zart und zerbrechlich an, um in dieser Welt zu existieren. Manchmal dämpfen wir sie mit Fleece und Netzen, um sie vor der Härte unserer Umgebung zu schützen. Aber damit sie wachsen und bestäubt werden kann, muss sie vom Wind geschüttelt werden. Sie muss lernen, sich gegen Vögel zu verteidigen und starke Wurzeln zu bilden, damit sie sich an der Erde festhalten kann. Sie wird verwittert und zäh werden, sie wird Blätter und Äste verlieren. Aber, meine Freund_innen, wenn der Sommer kommt, werden ihre Früchte die süßesten von allen sein.« (Andrea Wolf-Institut der Jineolojî Akademie 2020: 55)

Anstelle von monokulturellen Orten braucht es biodiverse Ökologien des Mutigseins, in denen sich zusammengetan und voneinander gelernt wird. Oder um es nochmal treffender mit Andrea Vetters Worten zu schreiben: »Und weil wir in stürmischen Zeiten leben, die erst einmal nicht ruhiger werden, halte ich es für überlebenswichtig, über Binnendif-

Greenham Common weiterspinnen: Bildet ökofeministische Banden!
(Archiv von Maggie Sully, Greenham Women Everywhere)

ferenzen hinaus dafür gemeinsam zu gehen« (Habermann et al. 2021). Wir wollen zwischen verschiedenen Ökofeminist*innen vermitteln, in Diskussion gehen, streiten, uns versöhnen und letztendlich gemeinsam weiterlaufen. Wir wollen auch auf theoretischer Ebene vermitteln und zu theoretischer Beziehungsarbeit anstiften. Mit Beziehungsarbeit meinen wir das Aufbauen widerständiger Experimentierräume. Wir wünschen uns mehr (Einführungs-)Bücher, mehr ökofeministische Konzepte, weitere verschriftlichte Geschichten über ökofeministische Praxis und mehr radikale Organisierung.

Ökofeminismus weiterspinnen und ökofeministische Banden bilden

Nun fragst du dich vielleicht, wie du ausgehend von diesen Grundpfeilern ökofeministischer Analyse und Kritik ökofeministisch-widerständige, rebellische Fäden weiterspinnen kannst? Ein*e Ökofeminist*in geht niemals allein. Die zapatistische Comandanta Ramona sagte einmal: »I want all women to wake up and plant in their hearts the need to organize.« Wie das geht, haben die vielen Ökofeminist*innen in Bewegung(en) seit den 1960er-Jahren vielerorts gezeigt. Organisierung und in Bewegung(en) kommen sind nicht immer das Gleiche. Sich widerständig zu organisieren, Mut aufzubringen in düsteren rechten und kriegerischen Zeiten heißt, sich gemeinsam gegen Hoffnungslosigkeit zusammenzutun, um darin Hoffnung auf ein besseres, gerechteres, freieres Leben für alle zu finden und Realität werden zu lassen. Ökofeminist*innen haben uns gezeigt, wie wir autonome Strukturen aufbauen können – sei es bei Besetzungen, in Dörfern oder in ganzen Regionen. Indem wir die Radikalität ökofeministischer Gedanken und Geschichten heute wiederentdecken, können wir schon morgen unsere eigenen politischen Kämpfe aus ihnen erwachsen lassen. Du kannst dir die Frage stellen, was Ökofeminismus mit deinem Leben zu tun hat. Von dort ausgehend könntest du einen Lesekreis gründen, dich mit anderen bilden, verLernen – Theorie und Praxis betreiben! Ganz im Sinne von Maria Mies: »Mir war klar, dass Zorn zwar wichtig ist, dass es uns aber ohne theoretische Begründung nicht zu einer Veränderung dieses Systems führen würde« (Mies 2015: 1). Organisiere dich um die Themen herum, die dich im Alltag berühren und die dich wütend machen! Gemeinsam mit anderen feministischen Genoss*innen, Mitstreiter*innen, Hevalas und Queerfeminist*innen kannst du viel besser weiterspinnen und die ökofeministischen Fragen praktisch und im Kleinen beantworten. Bildet ökofeministische Banden! Mit diesem Aufruf möchten wir nochmal ökofeministisches Saatgut säen und es euch weitertragen lassen, um so ökofeministischen Widerstand gegen Kapitalismus, Kolonialismus und Patriarchat fruchten zu lassen.

Ökofeminist*innen im Portrait

In diesem letzten Abschnitt stellen wir vier ökofeministische Persönlichkeiten vor. Es geht uns nicht darum, einen (vollständigen) Kanon zu generieren, sondern darum, einzelne Menschen zu porträtieren, von denen wir gerne früher gewusst hätten und deren Leben sowie deren Arbeit aus unserer Sicht bekannter sein sollten. Uns ist bewusst, dass solch eine Auswahl sehr gewaltvoll sein kann, da diese Ein- und Ausschluss produziert, weswegen wir sowohl bekannte wie auch weniger rezipierte Ökofeminist*innen ausgewählt haben. Wir möchten mit dieser Auswahl vor allem die Vielfältigkeit von Ökofeminismus aufzeigen, dass Ökofeminist*innen panafrikanisch, marxistisch, kommunistisch, antifaschistisch und queer sind.

Oladosu Adenike – eine panafrikanische Ökofeministin

Auf einer Konferenz in Berlin erzählte die ökofeministische Professorin Sherilyn MacGregor begeistert vom Aktivismus von Oladosu Adenike, die sich selbst explizit und selbstbewusst als Ökofeministin, sogar als »unapologetic ecofeminist« bezeichnet. Aufgrund der Essentialismusvorwürfe und der Marginalisierung dieser Strömung Ende der 1990er-Jahre machen das heute nicht mehr viele Feminist*innen.

Für ihren Kampf für Klimagerechtigkeit wurde die Nigerianerin Oladosu Adenike von *Amnesty Nigeria* mit dem höchsten Menschenrechtspreis ausgezeichnet. Ihre ökofeministische Analyse hebt vor allem hervor, dass Frauen in erhöhtem Maße von den Folgen der Klimakrise betroffen sind. Hintergrund dafür ist ihr Aktivismus rund um den Tschadsee in Nigeria. Dieser befindet sich seit mehreren Jahrzehnten im ständigen Rückgang und ist einer der wichtigsten Wasserbestände auf dem gesamten afrikanischen Kontinent. Der Ökozid an jenem See, der an verschiedene Länder wie den Tschad, Kamerun, Niger und Nigeria angrenzt, bringt nicht nur Ressourcenkonflikte hervor, sondern wirkt sich auch auf die Lebensgrundlagen der dort lebenden Menschen, insbesondere der Frauen, aus. Sie sind direkt und indirekt von Biodiversitätsverlust, Wassermangel in der Landwirtschaft und Fischsterben betroffen. Diese Ökosystemkrisen haben sich zum einen auf den Zugang zu Bildung für Mädchen ausgewirkt und zum anderen zu gewaltvollen bewaffneten Auseinandersetzungen geführt (z.B. Boko Haram), in denen besonders Frauen und Mädchen zu Opfern wurden.

Adenike hat *Fridays for Future Nigeria* initiiert und *ILeadClimate,* eine panafrikanische Bewegung, gegründet. Ziel hiervon war es, den Kampf um den Tschadsee zu politisieren sowie die Einflüsse des Klimawandels auf Länder wie Nigeria auf internationaler Ebene sichtbarer zu machen (in den COPs oder den Medien) und sich für eine gerechte Welt einzusetzen.

Maria Mies – eine marxistische Ökofeministin

Am 15. Mai 2023 erreichte uns die Nachricht, dass Maria Mies verstorben ist. Die 87-Jährige hat Zeit ihres Lebens vielen Feminist*innen die Augen geöffnet, was eine marxistische Analyse von Patriarchat, Kolonialisierung und Kapitalakkumulation betrifft. Ihre Werke teils akademischer, teils erzählerischer Art sind aus der ökofeministischen Theoriebildung nicht wegzudenken. Zum einen als Soziologin und als Teil der Bielefelder Gruppe, zum anderen als Aktivistin war sie ihr Leben lang mit sozialen Bewegungen verwoben und ließ dies auch in ihre akademische Lehre und Wissensproduktion einfließen. Nachdem sie lange Zeit in Indien gelebt und geforscht hat, gab sie in der Zeit des Frühlings 1979 am *International Institute of Social Studies* (ISS) in Den Haag im Studiengang für Entwicklungsstudien einen Kurs namens »Frauen und Entwicklungsstudien«. Maria Mies' Anspruch an feministische Forschung war immer gekoppelt an eine politische Praxis. In ihren Kursen befähigte sie die Studierenden, die sie dank finanzieller Mittel aus verschiedenen Ländern an die Universität holen konnte, sich mittels Aktionsforschung in die feministischen Bewegungen in ihrem Umfeld einzubringen. Aufgrund dieser Arbeit gründeten sie eine feministische Gruppe, die viel länger bestand als der Kurs selbst, sodass der Einfluss auf die Praxis den Kurs überdauerte. In ihrer Autobiografie *Das Dorf und die Welt* (2008) schreibt Mies, wie viel sie von ihren Student*innen gelernt hat. So erinnerte sich Maria Mies ihr Leben lang an die Aussage einer Studentin namens Luzviminda Tanganco, die zu Mies sagte: »Ich hatte immer gedacht, dass westliche Werte gut für westliche und östliche Werte gut für östliche Gesellschaften sind. Jetzt habe ich verstanden, dass die westlichen Werte nicht einmal gut für die westlichen Gesellschaften sind« (Mies 2010: 202).

Als vehemente Globalisierungsgegnerin initiierte Maria Mies außerdem das Frauennetzwerk *FeministAttac* innerhalb von *Attac Deutschland*. Für sie ging es immer um die strukturellen Gründe für Gewalt und Ausbeutung, insbesondere die strukturellen Ursachen für die Gewalt an Frauen, welcher sie mit ihrer politischen Arbeit begegnete. Gemeinsam mit ihren Studentinnen gründete sie 1976 in Köln das erste autonome Frauenhaus Deutschlands. Diese starke Verbindung von Theorie und Praxis verkörpert Maria Mies auf hervorragende Art und Weise und deshalb hat ihre Lektüre uns auf unserem ökofeministischen Weg viel begleitet und inspiriert.

Laura Conti – eine kommunistische Ökofeministin

Die Italienerin Laura Conti (1921–1993) war Antifaschistin, Kommunistin, Ökosozialistin, Ökofeministin, Autorin und Umweltaktivistin. Bereits als junge Erwachsene war sie Teil der sozialistischen Jugendorganisation *Youth Front for National Independence and Freedom of Eugenio Curiel* und schloss sich dem antifaschistischen Widerstand an. Zur Zeit des Nationalsozialismus musste sie vor den Nazis flüchten und wurde schließlich in einem Lager in Bozen interniert. Conti war zunächst Teil der sozialistischen Partei, wurde dann später Mitglied der kommunistischen Partei in Mailand (1960–1970) und in Lombardien (1970–1980), bis sie schließlich als Abgeordnete in der nationalen Regierung (1987–1992) arbeitete. Es inspiriert uns, wie ihr radikales ökofeministisches Denken auf ihre politische Praxis als kommunistische Politikerin Einfluss nahm.

Bei der Dioxin-Katastrophe 1976 im italienischen Seveso kämpfte sie von Anfang an für die Aufklärung der Ursachen dieses Unglücks. Ihr Roman *Sarah und Marco. Eine Geschichte aus Seveso* (1989 [1978]) arbeitet diese prägende Umweltkatastrophe auf. Damit machte sie das Wissen über die Situation von Frauen in Seveso, die mangelnde Aufklärung, die Rolle der Arbeiterinnen einem breiten Publikum zugänglich.

Im deutschsprachigen Raum sind ihre Arbeit und Wirkung als italienische und sozialistische Ökofeministin wenig bekannt, weshalb es uns ein umso größeres Anliegen ist, sie hier vorzustellen. Ihr 1977 erschienenes Werk *Che cos'è l'ecologia. Capitale, lavoro, ambiente* (Was Ökologie ist. Kapital, Arbeit und die Umwelt) wird zu einem ökologischen Standardwerk in Italien, darüber hinaus aber nur wenig rezipiert. Sie argumentiert darin, dass die kapitalistische Wirtschaft die Umweltprobleme nicht lösen könne. Vielmehr würden »die kapitalistischen Verhältnisse es den Menschen und sogar anderen Spezies verunmöglichen, schlichtweg zu leben. Diese Gesellschaft zerstört die menschliche Spezies und sogar alle Spezies« (Conti 1977, zitiert und übersetzt nach Probst[115]). Umweltfragen dürften nicht dem Markt oder öko-technologischen Scheinlösungen überlassen werden, womit Conti auch eine frühe Kritik an öko-modernistischen Ansätzen formuliert. Als Marxistin kann für Conti besonders ein antikapitalistisches Subjekt eine ökologische Welt erkämpfen, die dem Kapital gegenübersteht. »Die Arbeiter*innenklasse würde in der Gesellschaft substanzielle Solidaritäten und Koalitionen finden, wenn sie nicht Menschen der Menschheit, sondern der Natur zugehörig betrachten würde – glaubte Conti« (Barca[116] 2019, eigene Übersetzung). Zudem liefert Conti laut der Ökofeministin Stefania Barca bereits 1977 eine Definition von Politischer Ökologie, die die nicht-menschliche Welt miteinbezieht. »Sie definierte politische Ökologie als das Studium darüber, wie soziale Beziehungen innerhalb der menschlichen Spezies die natürliche Welt und andere Arten beeinflussen, und beschrieb die Ökologie als eine Stoffwechselbeziehung zwischen Gesellschaft und Umwelt« (Barca 2019: 4, eigene Übersetzung). Laura Conti kann sowohl als ökologische Marxistin als auch – wenn auch nicht oft als solche rezipiert – als marxistische Ökofeministin bezeichnet werden.

115 Der Historiker Milo Probst hat Laura Conti mit einem ausgezeichneten Tweet auf Twitter sichtbar gemacht und ihre Werke kurz zusammengefasst. Dies hat uns nochmals dazu angeregt, Laura Conti hier zu porträtieren, und wir danken Milo Probst sehr dafür.

116 Die Marxistin Stefania Barca ist eine der wenigen, die Laura Contis Schaffen für den englischen Sprachraum aufgearbeitet hat.

Myriam Bahaffou – eine queere Ökofeministin

Myriam Bahaffou sehen wir als eine unserer ökofeministischen Genoss*innen an. Ihr Schreiben und Denken beeinflusst uns seit einigen Jahren und bildet für uns insbesondere die Debatten eines wiederaufsprudelnden französischen Ökofeminismus ab. Dieser hat jedoch seine Ambivalenzen. Als Aktivistin und Doktorandin der Philosophie prangert sie immer wieder das Whitewashing und die liberalen Vereinnahmungen ökofeministischer Theorien und Praktiken im französischen Kontext an. Ihr Forschungsschwerpunkt liegt auf der antispeziesistischen, dekolonialen und intersektionalen Stärke des Ökofeminismus – und zwar zusammengenommen! Dabei ergründet sie zum Beispiel das Feld des Carnosexismus, der Tierethik und des Veganismus im Ökofeminismus, Schwerpunkte, die den Ökofeminismus seit jeher prägen, aber viel zu selten zusammengedacht werden. In ihrem kämpferisch-kritischen Vorwort zur englischen Neuauflage von Françoise d'Eaubonnes *Feminism or Death* (2020) schreibt sie gemeinsam mit Julie Gorecki darüber, dass »unser Schreiben, unsere Forschung, unser (aktivistisches) Handeln, unsere Emotionen und unsere Leben zusammenhängen« (xx, eigene Übersetzung). Dies geht insbesondere aus ihrem Buch *Des paillettes sur le compost* (2022) hervor. Darin beschreibt sie sich selbst als queere cis Frau der nordafrikanischen Diaspora, die aus einer armen Klasse kommt und Luxus liebt. Für sie ist dies kein Widerspruch – vor allem nicht mit ihrem ökofeministischen Aktivismus. Ausgehend von ihren konkreten Alltagserfahrungen, wie der Epilation bei der Kosmetikerin in der Pariser Banlieue, dem Kinn ihrer Katze und der Astrologie in queeren Räumen, beschreibt sie einen »lebendigen, organischen, sexuellen, überströmenden und kommunalen« Ökofeminismus (Terrestres o. J., eigene Übersetzung). Sie analysiert radikal, wie diese vermeintlich widersprüchlichen alltäglichen Praktiken strukturell mit den Ausbeutungsmechanismen des Kapitalismus verbunden sind.

Junge, zeitgenössische Ökofeminist*innen wie Myriam Bahaffou oder Julie Gorecki verknüpfen sich mit der Vergangenheit des Ökofeminismus und fordern eine intersektionale dekoloniale Überarbeitung, die transnational theoretisiert und praktiziert:

»Unserer Meinung nach besteht ein klarer Zusammenhang zwischen der Behandlung der Körper von Frauen, Versklavten, Behinderten und rassifizierten Menschen und der Behandlung von Land, Tieren und Pflanzen: Sie alle sind eingebürgerte Terrains für Experimente oder Eroberungen.« (Bahaffou und Gorecki 2022: xvii, eigene Übersetzung)

Danksagung

Vielen herzlichen Dank an unsere solidarische Verlegerin Marie Bickmann, ohne sie würde es dieses Buch nicht geben. Sie hat von der Idee des Buches bis zu den letzten Änderungen an uns geglaubt und uns nie an dem Buchprojekt zweifeln lassen. Wir danken ihr für ihre Offenheit für den Ökofeminismus, ihre Geduld mit uns und die Flexibilität im Prozess. Danke auch an Ramin für die wunderschöne künstlerische Gestaltung des Covers, den gemeinsamen Prozess, in dem wir uns beide immer gesehen fühlten, und den Spaß am gemeinsamen ästhetischen Kreieren. Vielen Dank an das *Greenham Women Everywhere Visual Archive* für die Bereitstellung der Fotos und ihre kontinuierliche Erinnerungsarbeit für eine friedlichere Zukunft.

Statt weiter einzelne Namen aufzuzählen und womöglich Menschen zu vergessen, möchten wir im Sinne dieses Buches deutlich machen, welche Arbeit Menschen um uns herum übernommen haben. Dieses Buch ist die Frucht Hunderter Stunden unbezahlter Arbeit. Ohne die Care-Arbeit der vielen hätte dieses Buch nicht von uns geschrieben werden können. Danke für die Notfall-Mittagessen, das Trösten, das Geld Leihen, das Räume, Betten und Wohnungen Borgen, das per Anhalter Transportieren, das Sorgen Hören und die guten Zusprüche, das Gehaltenwerden und den Raum zum Loslassen und Geben. Wir danken denjenigen, die uns therapiert haben. Wir danken allen denjenigen, die in dieser Welt sanft miteinander bleiben können, und allen wütenden Menschen, die sich für eine gerechtere Welt einsetzen. Danke an die, die uns knutschen, herzen, umarmen, massieren, emotionalen Halt geben und unterstützen. Danke an die Menschen, die uns geboren, uns in die Welt begleitet und uns vertrauensvoll losgelassen haben. Danke für die Gärten, in denen wir lernen durften, wie sich Erde in unseren Händen anfühlt. Danke für die Orte, an denen wir schreiben und lernen durften, durch die wir immer wieder politisiert werden und in denen wir Utopien gelebt haben, an diejenigen, die diese Orte halten und für sie Sorge tragen. Ein großer Dank geht an die kollektiven Strukturen, in denen wir organisiert sind. Danke an die Genoss*innen und Acompas für das Anstöße Geben, Herausfordern und gemeinsam ins Handeln Kommen. Bedanken möchten wir uns auch bei den Menschen, mit denen wir aus nächster Nähe oder Distanz seit Jahren in Beziehungen stehen. Danke für die emotionale Unterstützung und so manche Schubse, sodass wir uns trauten und weitermachten. Wir danken allen Menschen und Mehr-als-Menschen in Wissenschaft, der Küche oder dem Garten, die uns geprägt haben und von denen wir lernen dürfen. Danke an unsere Student*innen und Workshopteilnehmenden für das Fragen, Zweifeln, Kritisieren, Anstoßen, Abstoßen und die Begeisterung. Wir danken all denjenigen, deren Wissen implizit oder explizit in diesen Zeilen und unseren Worten steckt. Wir danken auch denjenigen für die Unterstützung, deren Arbeit wir gar nicht mitbekommen haben. Wir danken allen Katzen, Hühnern, Vögeln, Seidenhühnern, Pfauen und dem Igel, die uns alle beim Schreiben begleitet haben. Wir danken den Menschen, die wir in sozialen Bewegungen, in der Universität, auf Konferenzen, auf den Straßen, den Bäumen oder dem Acker kennenlernen durften. Danke, dass sie uns nicht allein fühlen lassen in einer neoliberalen Welt der Vereinzelung, sondern die politische Arbeit im Kollektiv tun. Danke an die Orte und Menschen, an denen und durch die wir politisiert wurden und werden. An die gelebten Utopien und Experimentierräume, in denen wir mal kürzer oder mal länger gelebt haben und leben, die uns ermutigen, dranzubleiben und weiterzumachen. Danke an uns, dass wir diesen Prozess so langsam und schleimig bewältigt haben. Wir danken denen, die Interesse am Ökofeminismus haben und diese Theorie und Praxis weitertragen.

Zum Weitermachen

Lesen

Airy Faerie Zine (2003–2011). Abrufbar unter: https://www.radfae.org/airyfaerie

ausgeCO2hlt (2023): Jenseits von Hoffnung und Zweifel. Gedanken zum Widerstand in der Klimakrise. Münster: Unrast Verlag.

Brown, Adrienne Marie (2019): Pleasure Activism. Edinburgh: AK Press.

Brown, Heather (2021): Geschlecht und Familie bei Marx. Berlin: Dietz Verlag.

Butler, Octavia E. (2023): Die Parabel von Saman. München: Heyne. Neuauflage.

Del Buono, Zora (2021): Das Leben der Mächtigen. Reisen zu alten Bäumen. Naturkunden (22). Berlin: Matthes & Seitz.

Eitel, Kathrin (Hg.) (2024): Klimageschichten. Planet. Krise. Fiction. Münster: Edition Assemblage.

ELAN Netzwerk / Schwager, Hanna (2022): Queere Landlust. Ein Zine für's queere Hinterland (1). Witzenhausen / Berlin: k. A.

Fakier, Khayaat / Mulinari, Diana / Räthzel, Nora (Hg.) (2020): Marxist-Feminist Theories and Struggles Today: Essential writings on Intersectionality, Postcolonialism and Ecofeminism. Berlin / London: Bloomsbury Publishing.

Filigrana, Pastora (2021): Introduction to »From Farm-Work to Care-Work. Towards a Feminist and Anti-racist Syndicalism«. Common Ecologies. http://commonecologies.net/wp-content/uploads/2022/07/From-Fieldwork-to-Carework-Pastora-Filigrana-Common-Ecologies.pdf.

Findus / Kerkeling, Luz (2016): Die kleine Geschichte des Zapatismus. Ein schwarz-roter Leitfaden. Münster: Unrast Verlag.

Fournier, Lauren / Laboratory for Aesthetics and Ecology (2017): Fermenting Feminism. Abrufbar unter: https://e-artexte.ca/id/eprint/28709/1/FERMENTINGFEMINISM_FOURNIER.pdf

Fried, Barbara / Wischnewski, Alex (2022): Sorgende Städte. Abrufbar unter: https://www.rosalux.de/news/id/46043/sorgende-staedte

Gumbs, Alexis Pauline (2022): Unertrunken: Was ich als Schwarze Feministin von Meeressäugetieren lernte. AKI Verlag.

Hoppe, Katharina / Jonas Rüppel / Franziska von Verschuer / Torsten H. Voigt (Hg.) (2023): Leben Regieren. Natur, Technologie und Gesellschaft im 21. Jahrhundert. Frankfurt am Main und New York: Campus.

Klimakollektiv (2023): Wasserkämpfe in Bewegung https://klimakollektiv.org/de/2023/08/08/die-wasserkaempfe-sind-da-unser-neues-zine-wasserkaempfe-in-bewegung/

Konzeptwerk Neue Ökonomie e. V. (Hg.) (2023): Bausteine für Klimagerechtigkeit. 8 Maßnahmen für eine solidarische Zukunft. München: oekom.

LaDuke, Winona (2020): To be a water protector: The rise of the wiindigoo slayers. Fernwood Publishing.

Lieffe, Kies Otter (2023): Von wo wir kommen werden. Hiddensee: w_orten & meer.

Martin, Nastassja (2021): An das Wilde glauben. Berlin: Matthes & Seitz.

Maulpoix, Cy Lecerf (2021): Écologies déviantes: Voyage en terres queers. Paris: Cambourakis.

Mitchell, Larry / Asta, Ned. (1977): The faggots & their friends between revolutions. Brooklyn: Nightboat Books.

Morales, Christina (2022): Leichte Sprache. Berlin: Matthes & Seitz.

Probst, Milo (2021): Für einen Umweltschutz der 99%. Hamburg: Nautilus Flugschrift.

ROAR Magazine. Abrufbar unter: https://roarmag.org/

Roughgarden, Joan (2013): Evolution's rainbow: Diversity, gender, and sexuality in nature and people. Los Angeles: University of California Press.

Undisciplined environments. Abrufbar unter: https://undisciplinedenvironments.org/

Varatharajah, Sinthujan (2022): an alle orte, die hinter uns liegen. München: Carl Hanser.

Viewpoint Magazine. Abrufbar unter: https://viewpointmag.com/

Vincent, Alicent (2023): Why Women Grow. Stories of Soil, Sisterhood and Survival. Edinburgh: Conongate.

Walker, Alice (2021): Die Farbe Lila. Hamburg: Ecco Verlag.

Wall Kimmerer, Robin (2021): Die Grammatik der Lebendigkeit. Hiddensee: w_orten & meer.

Wall Kimmerer, Robin (2021): Geflochtenes Süßgras: Die Weisheit der Pflanzen. Berlin: Aufbau.

Ya Basta Netz (2022): Tren Maya – Made in Germany – Die gesamte Recherche (DE). Abrufbar unter: https://www.ya-basta-netz.org/tren-maya-made-in-germany-espanol.

Zechner, Manuela (2021): Commoning care & collective power: Childcare commons and the micropolitics of municipalism in Barcelona. Wien / Linz: Transversal texts.

Zucker im Tank (Hg.) (2022): Glitzer im Kohlestaub. Vom Kampf um Klimagerechtigkeit und Autonomie. Berlin: Assoziation A.

Hören

ARTE Radio (2019): Ecoféminisme, 1er volet: Défendre nos territoires. Abrufbar unter: https://www.arteradio.com/son/61662635/ecofeminisme_1er_volet_defendre_nos_territoires

Common Ecologies. Earthcare Fieldcast. Abrufbar unter: http://commonecologies.net/podcasts/ (17.01.2024).

Ende Gelände – Der Podcast (2020): Abrufbar unter: https://2020.ende-gelaende.org/de/podcast/

Future Histories (2021): S02E01 – Katharina Hoppe zur Kraft der Revision. Abrufbar unter: https://futurehistories.podbean.com/e/s02e01-katharina-hoppe-zur-kraft-der-revision/.

Women & War: A Feminist Podcast. Abrufbar unter: https://www.rsc.ox.ac.uk/completed-projects/women-war-a-feminist-podcast

Literatur

Adams, Carol (2003): The Pornography of Meat. New York: Continuum.

Ahr, Beate (2013): Engagement von Frauen im frühen Naturschutz – eine kollektivbiografische Annäherung. In: Stiftung Archiv der deutschen Frauenbewegung (Hg.): ARIADNE – Forum für Frauen- und Geschlechtergeschichte: Umweltgeschichte und Geschlecht. Von Antiatomkraftbewegung bis Ökofeminismus (64) , S. 6–15.

ARTE (2021): Wir sind Frauen, wir sind stark! Das Friedenscamp von Greenham. https://static-cdn.arte.tv/de/videos/100808-000-A/wir-sind-frauen-wir-sind-stark/ (30.07.2023).

Andrea-Wolf-Institut der Jineolojî Akademie (2020): Revolutionäre Bildung. Notizen aus der ersten Bildung des Andrea Wolf-Instituts der Jineolojî in Rojava. https://civaka-azad.org/wp-content/uploads/2020/05/Revolutionary-education-deutsch.pdf (12.10.2023).

Artus, Ingrid (2019): Frauen*streik! Ingrid Artus über Hintergründe und Inhalte feminisierter Arbeitskämpfe. Rosa Luxemburg Stiftung. https://www.rosalux.de/publikation/id/39917/frauenstreik (09.12.2023).

Bahaffou, Myriam (2021): Écoféminisme radical. In: Dorlin, Elsa. (Hg.): Feu: Abécédaire des féminismes présents. Libertalia, S. 145–157.

Bahaffou, Myriam (2022): Des paillettes sur le compost. Écoféminismes au quotidien. Lorient: Le passager clandestin.

Bahaffou, Myriam / Gorecki, Julie (2022): Introduction to the new French edition. In: d'Eaubonne, Françoise: Feminism or Death. How the Women's Movement Can Save the Planet. London: Verso Books, S. xvi-xxxvii.

Baier, Andrea (2008): Subsistenzansatz. Von der Hausarbeitsdebatte zur »Bielefelder Subsistenzperspektive«. In: Becker, Ruth / Kortendiek, Beate (Hg.): Handbuch Frauen- und Geschlechterforschung: Theorie, Methoden, Empirie. 2. Auflage. Wiesbaden: VS Verlag für Sozialwissenschaften, S. 75–80.

Barad, Karen (2007): Meeting the Universe Halfway: Quantum Physics and the Entanglement of Matter and Meaning. Durham: Duke University Press.

Barca, Stefania (2014): Laboring the Earth. Transnational Reflections on the Environmental History of Work. In: Environmental History 1, S. 3–27.

Barca, Stefania (2019): Labour and the ecological crisis. The eco-modernist dilemma in western Marxism(s) (1970s–2000s). In: Geoforum 98, S. 226–235.

Barca, Stefania (2020): Forces of reproduction: Notes for a counter-hegemonic anthropocene. Cambridge University Press.

Barry, Céline (2023): Die Produktion der binären Geschlechterordnung in der kapitalistischen politischen Ökonomie. Materialistische Perspektiven auf das Verhältnis von Geschlecht, Rassismus und Kolonialismus. In: Hackmann, Nina / Shirchinbal, Dulguun / Wolff, Christina (Hg.): Geschlechter in Un-Ordnung. Zur Irritation von Zweigeschlechtlichkeit im Wissenschaftsdiskurs. 1. Auflage. Berlin / Toronto / Opladen: Verlag Barbara Budrich, S. 75–93.

Bauhardt, Christine (2012): Feministische Ökonomie, Ökofeminismus und Queer Ecologies. Feministisch-materialistische Perspektiven auf gesellschaftliche Naturverhältnisse. In: Gender Politik Online. (10.1.2024).

Bauhardt, Christine (2019): Feministische Ökonomiekritik: Arbeit, Zeit und Geld aus einer materialistischen Geschlechterperspektive. In: Kortendiek, Beate / Riegraf, Birgit / Sabisch, Katja (Hg.): Handbuch Interdisziplinäre Geschlechterforschung. 1. Auflage. Wiesbaden: Springer VS, S. 253–261.

Benhabib, Seyla (2022): Thomas Hobbes on My Mind. Leviathan, Thomas Hobbes. In: Social Research. An International Quarterly. 89(2), S. 233–247.

Bennholdt-Thomsen, Veronika / Mies, Maria / Von Werlhof, Claudia (1992): Frauen, die letzte Kolonie: Zur Hausfrauisierung der Arbeit. Zürich: Rotpunktverlag, 3. aktualisierte Auflage.

Bennholdt-Thomsen, Veronika / Mies, Maria (1997): Eine Kuh für Hillary: Die Subsistenzperspektive. 1. Auflage. München: Verlag Frauenoffensive.

Benería, Lourdes / Berik, Günseli / Floro, Maria (2015) [2003]: Gender, Development, and Globalization: Economics as if all people mattered. 2. Auflage. London/ New York: Routledge.

Bhattacharya, Tithi (Hg.) (2017): Social Reproduction Theory: Remapping Class, Recentering Oppression. London: Pluto Press.

Biesecker, Adelheid / Hofmeister, Sabine (Hg.) (2006): Die Neuerfindung des Ökonomischen. Ein (re)produktionstheoretischer Beitrag zur sozial-ökologischen Forschung. München: oekom Verlag.

Boserup, Esther (2016) [1970]: Die ökonomische Rolle der Frau in Afrika, Asien, Lateinamerika. In: Karin Fischer, Gerald Hödl, Wiebke Sievers (Hg.): Klassiker der Entwicklungstheorie: Von Modernisierung bis Post-Development. 1. Auflage. Wien: Mandelbaum Verlag, S. 55–67.

Bullard, Robert Doyle (1996): Environmental justice. It's more than waste facility siting. In: Social science quarterly 77(3), S. 493–499.

BUNDJugend (Hg.) (2022): VerRücktes Klima – BeHinderte Lösungen. https://www.bundjugend.de/wp-content/uploads/verRuecktesKlima_beHinderteLoesungen_digital.pdf (30.11.2023).

BUNDJugend (o. J.): Sammelband zu Ableismus und Klimagerechtigkeit. https://www.bundjugend.de/projekte/locals-united/verruecktes-klima/ (13.01.2024)

BureBureBure (2019a): Weekend antinucléaire et féministe 21–22 septembre 2019. https://bureburebure.info/weekend-antinucleaire-et-feministe-21-22-septembre-2019/ (30.11.2023).

BureBureBure (2019b): 500 féministes contre le nucléaire pour dire non à l'enfouissement des déchets à Bure. https://bureburebure.info/500-feministes-contre-le-nucleaire-pour-dire-non-a-lenfouissement-des-dechets-a-bure/ (30.11.2023).

Butler, Judith (1991): Das Unbehagen der Geschlechter. Frankfurt a. M.: Suhrkamp.

Butler, Judith (2014): Das Unbehagen der Geschlechter. 17. Auflage. Frankfurt a. M.: Suhrkamp.

Byrne, Deirdre C. (2023): Science Fiction and Ecofeminism. In: Douglas Vakoch (Hg.): The Routledge Handbook of Ecofeminism and Literature. New York / Abingdon: Routledge, S. 479–489.

Cheney, Joyce (1979): The Boys Got Us into this Mess. Commonwoman, Dezember 1979.

Common Ecologies (2023): Transforming Agriculture and Beyond. Infrastructures, Tools and Tactics for Agroecological Struggles and their Allies. http://commonecologies.net/texts/transforming-agriculture-book/ (01.11.2023).

Conti, Laura (1977): Che cos'è l'ecologia. Capitale, lavoro, ambiente. Milano: Mazzotta.

Cook, Julie (2016) [1989]: La colonisation de l'écoféminisme par la philosophie. In: Hache, Émilie (Hg.): Reclaim. Recueil des textes écoféministes. 1. Auflage. Paris: Cambourakis, S. 285–318.

Costa, Mariarosa Dalla (2022) [1975]: Frauen und der Umsturz der Gesellschaft. Münster: Unrast Verlag.

Crenshaw, Kimberlé (1989): Demarginalizing the intersection of race and sex: A Black feminist critique of antidiscrimination doctrine. The University of Chicago Legal Forum 1: S. 139–167.

Cuboniks, Laboria (2019): Xenofeminismus. Eine Politik für die Entfremdung. https://laboriacuboniks.net/manifesto/xenofeminism-a-politics-for-alienation/ (16.01.2024).

Cuomo, Chris (1998): Feminism and Ecological Communities: An Ethic of Flourishing London: Routledge.

Cusicanqui, Silvia Rivera (2018): Ch'ixi Ch'ixinakax utxiwa. Eine Reflexion über Praktiken und Diskurse der Dekolonisierung. Münster: Unrast Verlag.

Dalla Costa, Mariarosa / James, Selma (2018) [1972]: The Power of Women and the Subversion of the Community. In: Aronowitz, Stanley / Roberts, Michael J. (Hg.): Class. The Anthology. 1. Auflage. Oxford: Wiley Blackwill, S. 79–86.

Daly, Mary (1978): Gyn/Ecology: The Metaethics of Radical Feminism. Boston: Beacon Press.

D'Eaubonne, Françoise (1975): Le satellite de l'Amande. La Trilogie du Losange. Band I. Paris: des femmes Antoinette Fouque.

D'Eaubonne, Françoise (2022) [1974]: Feminism or Death. How the Women's Movement Can Save the Planet. London: Verso Books.

D'Eaubonne, Françoise (2023): Écologie/féminisme: révolution ou mutation?. Lorient: Le Passager Clandestin.

De l'Horizon, Kim (2022): Blutbuch. Köln: Dumont Buchverlag.

Dengler, Corinna / Miriam Lang (2022): Commoning Care: Feminist. Degrowth Visions for a Socio-Ecological Transformation. In: Feminist Economics, 28:1, S. 1–28.

Di Chiro, Giovanna (2010): Polluted Politics? Confronting Toxic Discourse, Sex Panic, and Eco-Normativity. In: Catriona Mortimer-Sandilands / Bruce Erickson (Hg.): Queer Ecologies. Sex, Nature, Politics, Desire. Bloomington / Indianapolis: Indiana University Press, S. 199–230.

Dirik, Dilar (2022): The Kurdish Women's Movement. History, Theory, Practice. London: Pluto Press.

Diyar, Zîlan (2022): My Feelings about Jineolojî. In: ANF vom 3.1.2022. https://anfenglish.com/women/zilan-diyar-my-feelings-about-jineoloji-57261 (08.01.2024).

Ende Gelände (2020): Der bunte Finger. Block'n'Roll – Smash exclusion! Mit dem Bunten Finger in die Aktion. https://www.ende-gelaende.org/bunter-finger-2020/ (12.01.2024)

Epstein, Barbara (1991): Political protest and cultural revolution: Nonviolent direct action in the 1970s and 1980s. Berkeley / Los Angeles: University of California Press.

FaDA Writing Collective (2023): Why are feminist perspectives, analyses, and actions vital to degrowth? In: Degrowth Journal Volume 1, S. 1–17.

Federici, Silvia (2021): Revolution at Point Zero. Hausarbeit, Reproduktion und feministischer Kampf. Münster: Unrast Verlag.

Federici, Silvia / Leopoldina Fortunati (1984): Il grande Calibano: storia del corpo sociale ribelle nella prima fase del capitale. Milano: Franco Angeli.

Ferdinand, Malcolm (2019): Une écologie décoloniale. Penser l'écologie depuis le monde caribéen. Paris: Éditions du Seuil.

Ferdinand, Malcolm (2021): A Future Named »Ayiti«: Thinking Decolonial Ecologies from the Caribbean World. https://thefunambulist.net/magazine/decolonial-ecologies/a-future-named-ayiti-thinking-decolonial-ecologies-from-the-caribbean-world (01.11.2023).

Ferdinand, Malcolm (2021): Decolonial ecology: Thinking from the Caribbean world. Hoboken: John Wiley & Sons.

Ferdinand, Malcolm (2023): »Wer der Umwelt helfen will, benötigt Respekt vor indigenen Gemeinschaften«. In: philosophie Magazin vom 22.6.2023. https://www.philomag.de/artikel/malcom-ferdinand-wer-der-umwelt-helfen-will-benoetigt-respekt-vor-indigenen (01.11.2023).

Ferguson, Susan (2020): Women and work: Feminism, labour, and social reproduction. London: Pluto Press.

Flamant, Françoise (2015): Women's Lands. Construction d'une utopie. Oregon, USA, 1970–2010. Donnemarie-Dontilly: IXe Éditions.

Fremeaux, Isabelle / Jordan, Jay (2021): We Are ›Nature‹ Defending Itself: Entangling Art, Activism and Autonomous Zones. London: Pluto Press.

Gaard, Greta (1993): Ecofeminism: women, animals, nature. Philadelphia: Temple University Press.

Gaard, Greta (1997): Toward a queer ecofeminism. In: Hypatia 12(1), S. 114–137.

Gaard, Gaard (2002): Vegetarian Ecofeminism: A review essay. In: Frontiers: A Journal of Women Studies, 23(3), S. 117–146.

Gaard, Greta (2011): Ecofeminism revisited. Rejecting essentialism and re-placing species in a material feminist environmentalism. In: Feminist formations 23(2), S. 26–53.

Gaard, Gaard (2019): Ecofeminism and Climate Justice. Interview with Greta Gaard. The vegan rainbow project. https://www.the-vegan-rainbow-project.org/post/2019/04/06/greta-gaard (15.01.2024).

Gago, Verónica (2022): Für eine feministische Internationale. Wie wir alles verändern. Münster: Unrast Verlag.

Gottschlich, Daniele / Katz, Christine (2018): Caring with nature/s: Care als Transformationspraxis für die Gestaltung gesellschaftlicher Naturverhältnisse. In: Corinna Onnen / Susanne Rode-Breymann (Hg.): Wiederherstellen – Unterbrechen – Verändern? Politiken der (Re-) Produktion. L'AGENda (Bd. 3). Opladen: Barbara Budrich, S. 191–207.

Griffin, Susan (1979): Rape. The Power of Consciousness. San Francisco/New York: Harper & Row.

Griffin, Susan (1987): Frau und Natur. Das Brüllen in ihr. Frankfurt a. M.: Suhrkamp.

Griffin, Susan (1996):The Eros of Everyday Life. Essays on Ecology, Gender and Society. New York: Knopf Doubleday Publishing Group.

Griffin, Susan (1999): What Her Body Thought. A Journey into the Shadows. San Francisco: HarperOne

Gruppe B.A.S.T.A. Münster (2023): 20 Jahre Caracoles. https://www.gruppe-basta.de/?p=1329 (22.12.2023).

Guitton-Boussion, Justine (2023): Bahaffou, Myriam: »La nature est pétrie d'érotisme«. In: Reporterre vom 14.2.2023. https://reporterre.net/Myriam-Bahaffou-La-nature-est-petrie-d-erotisme) (22.10.2023).

Habermann, Friederike / Bennholdt-Thomsen, Veronika / Göttner-Abendroth, Heide / Vetter, Andrea (2021): Wie wichtig ist es, miteinander verwandt zu sein? In: Oya #63 https://lesen.oya-online.de/texte/3867-wie-wichtig-ist-es-miteinander-verwandt-zu-sein.html (10.01.2024).

Hache, Émile (2016): Introduction: Reclaim ecofeminism. In: Hache, Émilie (Hg.): Reclaim. Recueil des textes écoféministes. 1. Auflage. Paris: Cambourakis, S. 9–59.

Hamilton, Jennifer Mae / Neimanis, Astrida (2018): Composting feminisms and environmental humanities. In: Environmental Humanities 10(2), S. 501–527.

Hamilton, Mina (1980): On being a weaver. Memories of the Women's Pentagon Action, November 17, 1980. http://www.wloe.de/fileadmin/Files-EN/PDF/WPA/Nov._15__2016/WeavingNov14.pdf (04.01.2024)

Hansen, Lina (2022): Emanzipatorische Beziehungsarbeit für die sozial-ökologische Transformation – Von der wachstumskritisch-androzentrischen Ökonomik zur feministischen Gesellschaftskritik. In: Knobloch, Ulrike / Theobald, Hildegard / Dengler, Corinna / Kleinert, Ann-Christin / Gnadt, Christopher / Lehner, Heidi (Hg.): Caring Societies – Sorgende Gesellschaften. Neue Abhängigkeiten oder mehr Gerechtigkeit? 1. Auflage. Weinheim / Basel: Beltz Juventa Verlag, S. 155–173.

Haraway, Donna Jeanne (1995): Situiertes Wissen. Die Wissenschaftsfrage im Feminismus und das Privileg einer partialen Perspektive. In: Donna Haraway: Die Neuerfindung der Natur. Primaten, Cyborgs und Frauen. Frankfurt a. M., New York: Campus, S. 73 –97.

Haraway, Donna Jeanne (2003): The Companion Species Manifesto. Dogs, People, and Significant Otherness. Chicago: Prickly Paradigm.

Haraway, Donna Jeanne (2018): Unruhig bleiben. Die Verwandtschaft der Arten im Chthuluzän. Frankfurt a. M. / New York: Campus.

Haraway, Donna Jeanne (2021): Drei Mochilas aus Kolumbien. Tragetaschen, um gemeinsam unruhig zu bleiben. In: Das Argument 336, S. 2–8.

Hayden, Dolores (1981): The Grand Domestic Revolution. A History of Feminist Designs for American Homes, Neighborhoods, and Cities. Cambridge (Massachusetts): MIT Press.

Herausgeber_innenkollektiv des Andrea Wolf-Instituts (2020): Internationalistische Kommune Rojava. https://issuu.com/dogsectionpress/docs/social_ecology?utm_medium=referral&utm_source=makerojavagreenagain.org (10.01.2024).

Hill Collins, Patricia (1990): Black Feminist Thoughts – Towards an afrocentric feminist epistemology. London: Routledge.

Hille, Franziska (2022): Depathologoisierung, Intersektionalität und Revolution. In: Hawel, Marcus / Khorshidi, Sara / Baratz, Frauke / Foit, Matthias / Khodabakhsh, Leila / Ortmann, Marc / Schmidt, Fiona / Schneider, Franziska / Zagvozdkin, Nikita (Hg.): Work in Progress. Work on Progress. 12 Jahre Beiträge kritischer Wissenschaft. Schwerpunktthema:

Räume Um_Denken. Doktorand*innen-Jahrbuch 2022 der Rosa-Luxemburg-Stiftung, Hamburg: VSA Verlag, S. 251–264.

Hofmeister, Sabine / Mölders, Tanja / Deininger, Michaela / Kapitza, Katharina (2019): Für welche ›Natur/en‹ sorgen wir? Kritisch feministische Perspektiven auf aktuelle Care-Debatten im sozial-ökologischen Kontext. GENDER–Zeitschrift für Geschlecht, Kultur und Gesellschaft 11(1), S. 21–22.

Holland-Cunz, Barbara (1994): Soziales Subjekt Natur. Natur- und Geschlechterverhältnis in emanzipatorischen politischen Theorien. Frankfurt a.M. / New York: Campus.

Holland-Cunz, Barbara (2014): Die Natur der Neuzeit: Eine feministische Einführung. Opladen / Berlin / Toronto: Verlag Barbara Budrich.

hooks, bell (2020): Die Bedeutung von Klasse. Warum die Verhältnisse nicht auf Rassismus und Sexismus zu reduzieren sind. Münster: Unrast Verlag.

Isla, Ana (2015): The ›Greening‹ of Costa Rica: Women, Peasants, Indigenous Peoples, and the Remaking of Nature. Toronto: University of Toronto Press.

James, Selma (2012): Sex, Race, and Class – The Perspective of Winning: A Selection of Writings, 1952–2011. Oakland: PM Press.

Junker, Christine (2019): Disability Studies and the Environmental Humanities: Toward an Eco-crip Theory. In: ISLE: Interdisciplinary Studies in Literature and Environment (26), Issue 1, S. 252–253.

Johnson, Valerie Ann (2011): Bringing together feminist disability studies and environmental justice. Barbara Faye Waxman Fiduccia Papers on women and girls with disabilities. Center for Women Policy Studies. https://www.peacewomen.org/assets/file/Resources/Academic/bringingtogetherfeministdisabilitystudiesandenvironmentaljustice_valerieannjohnso.pdf

Kafer, Alison (2005): Hiking boots and wheelchairs: ecofeminism, the body, and physical disability. In: Andrew, Barbara S. / Keller, Jean Clare / Schwartzman, Lisa H. (Hg.): Feminist Interventions in Ethics and Politics: Feminist Ethics and Social Theory. Lanham: Rowman & Littlefield Publishers.

Kafer, Alison (2013): Feminist Queer Crip. Bloomington: Indiana University Press.

Kafer, Alison (2017): Bodies of Nature: The Environmental Politics of Disability. In: Ray, Sarah Jaquette / Sibara, Jay (Hg.): Disability Studies and the Environmental Humanities: Toward an Eco-Crip Theory. Nebraska: University of Nebraska Press, S. 201–241.

Katz, Christin / Mölders, Tanja (2013): Natur zwischen Schutz, Nutzung und nachhaltiger Gestaltung – feministische Ansichten. In: Stiftung Archiv der deutschen Frauenbewegung (Hg.): ARIADNE – Forum für Frauen- und Geschlechtergeschichte: Umweltgeschichte und Geschlecht. Von Antiatomkraftbewegung bis Ökofeminismus (64), S. 66–73.

Katz, Sandor Ellix (2011): Fermentation as a Co-Evolutionary Force. In: Saberi, Helen (Hg.): Cured, Smoked, and Fermented: Proceedings of the Oxford Symposium on Food and Cookery 2010. Totnes, England: Prospect Books, S. 165–174.

Kelly, Natasha A. (Hg.) (2019): Schwarzer Feminismus. Grundlagentexte. Münster: Unrast Verlag.

Kimmerer, Robin Wall (2021): Geflochtenes Süßgras: Die Weisheit der Pflanzen. Berlin: Aufbau Digital.

Kimmerer, Robin Wall (2023): Das Sammeln von Moos: Eine Geschichte von Natur und Kultur. Berlin: Matthes & Seitz Verlag.

Kings, A. E. (2017): Intersectionality and the changing face of ecofeminism. Ethics and the Environment, 22(1), S. 63–87.

Kothari, Ashish / Salleh, Ariel / Escobar, Arturo / Demaria, Federico / Acosta, Alberto (Hg.) (2023): Pluriversum – Ein Lexikon des Guten Lebens für alle. 1. Auflage. Neu-Ulm: AG SPAK Bücher.

Kitchen Politics (Hg.) (2012): Aufstand aus der Küche. Reproduktionsarbeit im globalen Kapitalismus und die unvollendete feministische Revolution. Münster: Edition Assemblage.

Kitchen Politics (Hg.) (2015): Sie nennen es Leben, wir nennen es Arbeit – Biotechnologie, Reproduktion und Familie im 21. Jahrhundert. Münster: Edition Assemblage.

Knobloch, Ulrike / Theobald, Hildegard / Dengler, Corinna / Kleinert, Ann-Christin / Gnadt, Christopher / Lehner, Heidi (Hg.) (2022): Caring Societies – Sorgende Gesellschaften. Neue Abhängigkeiten oder mehr Gerechtigkeit? 1. Auflage. Weinheim / Basel: Beltz Juventa Verlag.

Lauren Fournier (Hg.) (2017): fermenting feminism. Berlin/Kopenhagen: Laboratory for Aesthetics and Ecology.

La Via Campesina (2023): Video Explainer: What is Food Sovereignty? https://viacampesina.org/en/video-explainer-what-is-food-sovereignty/ (1.11.2023)

Le collectif Z (2022): Nous rayonnons plus fort. Bure, août 2021, un camp autogéré contre le nucléaire et son monde. In: Z: Revue itinérante d'enquête et de critique sociale, 2022/1 (N° 15), S. 162–171.

Lecomte, Cécile (2014): Kommen Sie da runter. Kurzgeschichten und Texte aus dem politischen Alltag einer Kletterkünstlerin. Freiburg: Verlag Graswurzelrevolution.

Le Guin, Ursula (1975): Das Wort für Welt ist Wald. München: Heyne Verlag.

Lenton, Timothy M. / Xu, Chi / Abrams, Jesse F. / Ghadiali, Ashish / Loriani, Sina / Sakschewski, Boris / Zimm, Caroline / Ebi, Kristie L. / Dunn, Robert R. / Svenning, Jens-Christian / Scheffer, Marten (2023): Quantifying the human cost of global warming. In: Nature Sustainability (6), S. 1237–1247.

Levy, Ariel (2009): Lesbian Nation. In: The New Yorker vom 22.2.2009. https://www.newyorker.com/magazine/2009/03/02/lesbian-nation (08.01.2024)

Lewis, Sophie (2023): Die Familie abschaffen: Wie wir Care-Arbeit und Verwandtschaft neu erfinden. Frankfurt am Main: Fischer Verlag.

Loveland, Kristen (2017): Feminism against neoliberalism. Theorising biopolitics in Germany, 1978–1993. In: Gender & History 29(1), S. 67–86.

Lowenhaupt Tsing, Anna (2022): Der Pilz am Ende der Welt. 6. Auflage. Berlin: Matthias & Seitz.

Lutosch, Heide (2022): »Wenn das Baby schreit, dann möchte man doch hingehen«. In: Communaut vom 30.4.2022. https://communaut.org/de/wenn-das-baby-schreit-dann-moechte-man-doch-hingehen (01.11.2023).

Luxemburg, Rosa (1913): Die Akkumulation des Kapitals. Gesammelte Werke Band 5. Ökonomische Schriften. Berlin: Paul Singer.

Mac Allistar, Pam (1982): Reweaving the Web of Life: Feminism and Nonviolence. Philadelphia, PA: New Society Publishers.

MacGregor, Sherilyn (2020): Gender matters in environmental justice. In: Brendon Coolsaet (Hg.): Environmental Justice. London: Routledge, S. 234–248.

Maulpoix, Cy Lecerf (2021): Écologies déviantes. Voyage en terres queers. Paris: Éditions Cambourakis.

Mellor, Mary (1997): Feminism & Ecology. New York: University Press.

Mellor, Mary (2006): Challenging Economic Boundaries: Ecofeminist Political Economy. https://www.hetecon.net/wp-content/uploads/2019/12/Mellor2006.pdf (10.01.2024)

Merchant, Carolyn (2005): Radical Ecology. The Search for a Livable World. New York: Routledge.

Merchant, Carolyn (2020): Der Tod der Natur. Ökologie, Frauen und neuzeitliche Naturwissenschaft. München: oekom Verlag.

MF3000 Kollektiv (2023): Ändern wir die Welt, sie braucht es! Eine marxistisch-feministische Ansage. Berlin: Querverlag.

Mies, Mies (1978): Methodische Postulate zur Frauenforschung. In: Beiträge zur feministischen Theorie und Praxis, Heft 1, S. 41–63.

Mies, Maria (1983): Subsistenzproduktion, Hausfrauisierung, Kolonisierung. In: Beiträge zur feministischen Theorie und Praxis, 6. Jg., H. 9/10, S. 115–124.

Mies, Maria. (1987a): Konturen einer ökofeministischen Gesellschaft. In: taz am wochenende vom 9.5.1987. https://taz.de/Konturen-einer-oekofeministischen-Gesellschaft/!1866548/ (08.01. 2024)

Mies, Maria (1987b): Konturen einer öko-feministischen Gesellschaft. Versuch eines Entwurfs. In: Die Grünen im Bundestag/AK Frauenpolitik (Hg.): Frauen und Ökologie. Gegen den Machbarkeitswahn. Köln: Volksblatt Verlag, S. 39–53.

Mies, Maria. (1987c): Why Do We Need All This? A Call Against Genetic Engineering and Reproductive Technology. In: P. Spallone und D. Steinberg (Hg.): Made to Order: The Myth of Reproductive and Genetic Progress. Oxford: Pergamon Press.

Mies, Maria (2002): Den kapitalistisch-patriarchalen Eisberg abschmelzen, Subsistenz-Lebenswelten aufbauen. Infobrief Teil 2. http://www.wloe.org/fileadmin/Files-DE/PDF/Frauen/Maria_Mies/Mies_Infobriefe/IB_11_Den_kapitalistisch-patriarchalen_Eisberg_abmschelzen_Teil_II.pdf (08.01.2024).

Mies, Maria. (2008): Das Dorf und die Welt: Lebensgeschichten, Zeitgeschichten. Köln: PapyRossa-Verlag.

Mies, Maria (2009): Hausfrauisierung, Globalisierung, Subsistenzperspektive. In: Van der Linden, M. / Roth, K. H. (Hg.): Über Marx hinaus. Arbeitsgeschichte und Arbeitsbegriff in der Konfrontation mit den globalen Arbeitsverhältnissen des 21. Jahrhunderts. Berlin/Hamburg: Assoziation A, S. 257–289.

Mies, Maria (2014) [1986]: Patriarchy and Accumulation on a World Scale: Women in the International Division of Labour. London: Zed Books.

Mies, Maria (2015): Patriarchat & Kapital. München: BGE-Verlag.

Mies, Maria / Salleh Ariel (1990): Woman nature and the international division of labour. In: Science as Culture 1(9), S. 73–87.

Mies, Maria / Shiva, Vandana (1995) [1993]: Ökofeminismus. 1. Auflage. Zürich: Rotpunktverlag.

Mies, Maria / Shiva, Vandana (2016) [1993]: Ökofeminismus. 2. überarbeitete, aktualisierte und erweiterte Ausgabe. Neu-Ulm: AG Spak.

Nelson, Julie A. (1997): Feminism ecology and the philosophy of economics. In: Ecological Economics 20(2), S. 155–162.

Nocella, Anthony J. (2017): Defining eco-ability. In: Ray, Sarah Jaquette / Sibara, Jay (Hg.): Disability Studies and the Environmental Humanities. Toward an Eco-Crip Theory. Nebraska: University of Nebraska Press, S. 141–167.

Oksala, Johanna (2018): Feminism capitalism and ecology. In: Hypatia 33(2), S. 216–234.

o. N. (1977): Wir sind nicht sanft und hilflos!. Courage : Berliner Frauenzeitung, Heft 2, S. 16–18.

o. N. (2021): Erster Teil: Eine Erklärung … für das Leben. https://enlacezapatista.ezln.org.mx/2021/01/01/gemeinsame-erklarung-eines-teils-des-europas-von-unten-und-der-ezln/ (01.11.2023).

o. N. (2023): Maria Mies – Ein Leben für die Freiheit der Frauen und Gerechtigkeit. In: ANF vom 17.5.2023. https://anfdeutsch.com/aktuelles/maria-mies-ein-leben-fur-die-freiheit-der-frauen-und-gerechtigkeit-37520 (08.01.2024).

Plumwood, Val (1993): Feminisms and the Mastery of the Nature. London / New York: Routledge.

Plumwood, Val (2002): Decolonizing relationships with nature. In: PAN. Philosophy Activism Nature (2), S. 7–30.

Plumwood, Val (2012): The eye of the crocodile. Canberra: ANU Press.

Plumwood, Val (2018): Ecofeminist Analysis and the Culture of Ecological Denial. In: Lara Stevens / Peta Tait / Denise Varney (Hg): Feminist Ecologies. Changing Environments in the Anthropocene. Cham: Palgrave Macmillan, S. 97–112.

Puig de la Bellacasa, María (2017): Matters of care: Speculative ethics in more than human worlds. University of Minnesota Press.

Qerecox, Viyan (2022): Reber Apo is a permaculturalist. Permaculture and political transformation in north east syria. In: Internationalist Commune of Rojava (Hg): Social Ecology and the Rojava Revolution. London: Dog Section Press.

RADFAE (o. J.): Faerie Finishing School. »Read her«. https://www.radfae.org/wordpress/wp-content/uploads/READ_HER_Faerie_Finishing_School_Textbook.pdf) (08.01.2024).

RADFAE (o. J.): Harry Hay: The Father of the Radical Faeries. https://www.radfae.org/harry-john (08.01.2024).

Ranc, Agathe (2022): Françoise d'Eaubonne and the Imperfect Foundation of Ecofeminist ThoughtEcofeminist Thought. In: Green European Journal vom 24.8.2022. https://www.greeneuropeanjournal.eu/content/uploads/pdf/francoise-deaubonne-and-the-imperfect-foundation-of-ecofeminist-thought.pdf (10.01.2024).

Ray, Sarah Jaquette / Sibara, Jay (Hg.) (2017): Disability studies and the environmental humanities. Toward an eco-crip theory. Lincoln / London: University of Nebraska Press.

Reuschling, Felicita (2019): Produktives Gebären – Elemente einer feministischen Ökonomiekritik. In: Outside the Box – Zeitschrift für feministische Gesellschaftskritik (3), S. 49–60.

Roughgarden, Joan (2013): Evolution's Rainbow: Diversity, gender, and sexuality in nature and people. Los Angeles: University of California Press.

Saave, Anna (2022a): Ecofeminism now. In: Walter Baier / Eric Canepa / Haris Golemis (Hg.): Left Strategies for the Covid Pandemic and its Aftermath. transform! Yearbook 2022. London: Merlin Press, S. 335–350.

Saave, Anna (2022b): Einverleiben und Externalisieren. Zur Innen-Außen-Beziehung der kapitalistischen Produktionsweise. Bielefeld: Transcript.

Saave, Anna (2023a): Politiken des Gemeinsam: Wie ökofeministische Auffassungen von Arbeit helfen, den Boden für neue Allianzen zu bereiten. In: Berliner Gazette https://berlinergazette.de/de/wie-oekofeministische-auffassungen-von-arbeit-helfen-den-boden-fuer-neue-allianzen-zu-bereiten/ (16.02.2024)

Saave, Anna. (2023b). Die Care-Abgabe: Vorsorgend wirtschaften mit sorgezentrierter Umverteilungspolitik. In: Uta Meier-Gräwe / Ina Praetorius / Feline Tecklenburg (Hg.): Wirtschaft neu ausrichten: Care-Initiativen in Deutschland, Österreich und der Schweiz. Berlin / Toronto / Opladen: Barbara Budrich, S. 267–277.

Salleh, Ariel (2010): From Metabolic Rift to »Metabolic Value«: Reflections on Environmental Sociology and the Alternative Globalization Movement. In: Organization & Environment, 23(2), S. 205–219.

Salleh, Ariel (2014): Foreword. In: Maria Mies (2014) [1986]: Patriarchy and Accumulation on a World Scale: Women in the International Division of Labour. London: Zed Books.

Salleh, Ariel (2017) [1997]: Ecofeminism as Politics: Nature, Marx and the Postmodern. London: Zed Books.

Salleh, Ariel / Susemichel, Lea / Theißl, Brigitte (2016): Im patriarchalen Würgegriff. In: Anschläge Magazin 5/2016. https://anschlaege.at/im-patriarchalen-wuergegriff/ (18.04.2023).

Sandilands, Catriona (1999): The good-natured feminist: Ecofeminism and the quest for democracy. University of Minnesota Press.

Sandilands, Catriona (2001): Desiring nature, queering ethics. Environmental Ethics, 23(2), S. 169–188.

Sandler, Ronald D. / Pezzullo, Phaedra C. (Hg.) (2007): Environmental justice and environmentalism. The social justice challenge to the environmental movement. Cambridge / London: MIT Press.

Sarican, Elif / Dirik Dilar (2022): Hevaltî – Revolutionary Friendship as Radical Care. In: performingborders 2. https://performingborders.live/ejournal/hevalti-revolutionary-friendship-as-radical-care/ (08.01.2024).

Seager, Joni (1996): »Hysterical Housewives« and Other Mad Women: Grassroots environmental organizing in the United States. In: Dianne Rocheleau / Barbara Thomas-Slayter / Esther Wangari (Hg.): Feminist political ecology. Global Issues and Local Experience. London: Routledge, S. 271–283.

Seeck, Francis (2021): Care trans_formieren. Eine ethnographische Studie zu trans und nicht-binärer Sorgearbeit. Bielefeld: Transcript.

Segato, Rita Laura (2021): Wider die Grausamkeit: Für einen feministischen und dekolonialen Weg. Wien / Berlin: Mandelbaum.

Shiva, Vandana (1989a) [1988]: Staying alive. Women, Ecology and Survival in India. London: Zed Books.

Shiva, Vandana. (1989b): Das Geschlecht des Lebens: Frauen, Ökologie und Dritte Welt. Berlin: Rotbuch-Verlag.

Shiva, Vandana (2015) [1996]: Science, Nature, and Gender. In: Ann Garry, Marilyn Pearsall (Hg.): Women, Knowledge, and Reality. 2. Auflage. New York: Routledge. S. 264–285.

Spörri, Anna Lea / Maret Gentinetta / Milena Hess / Nelia Tubajiki / Rafael Feind / Sophie Pfander / Yannick Gerber (2023): Kernfusion der Ideen: Wie Frauen den Bau eines Atomkraftwerks verhinderten. In: Das Lamm vom 15.2.2023. https://daslamm.ch/kernfusion-der-ideen-wie-frauen-den-bau-eines-atomkraftwerks-verhinderten/ (08.01.2024).

Sprinkle, Annie / Stephens, Beth / Klein, Jennie (2021): Assuming the Ecosexual Position: The Earth as Lover. University of Minnesota Press.

Starhawk (1982): Dreaming the Dark: Magic, Sex, and Politics. Boston: Beacon Press.

Starhawk (2002): Webs of Power: Notes from the Global Uprising. Canada: Transcontinental Printing.

Starhawk (2004): The Earth Path: Grounding Your Spirit in the Rhythms of Nature. San Francisco: Harper Collins.

Stiefel, Elisabeth (2022): Arbeit im Brennglas. In: Knobloch, Ulrike / Theobald, Hildegard / Dengler, Corinna / Kleinert, Ann-Christin / Gnadt, Christopher / Lehner, Heidi (Hg.): Caring Societies – Sorgende Gesellschaften. Neue Abhängigkeiten oder mehr Gerechtigkeit? 1. Auflage. Weinheim / Basel: Beltz Juventa, S. 126–142.

Sturgeon, Noël (2016): Ecofeminist Natures: Race, Gender, Feminist Theory and Political Action. Abingdon / New York: Routledge.

Subcomandante Insurgente Moisés / Subcomandante Insurgente Galeano (2016): Eine Geschichte, um versuchen zu verstehen. https://enlacezapatista.ezln.org.mx/2016/11/29/eine-geschichte-um-versuchen-zu-verstehen/ (10.01.2024).

Svampa, Maristella (2018): Conferencia LNF 2018: Ecofeminismos y feminismos populares. In: Canal Encuentro. https://www.youtube.com/watch?v=TveVMH3Y4YI (08.01.2024).

Terrestres (o. J.): Myriam Bahaffou. https://www.terrestres.org/author/myriambahaffou/ (13.01.2024).

Thomas, Kaya (2021): Wurzeln ausstrecken, um Dürre zu überleben. In: Oya #66. https://lesen.oya-online.de/texte/3683-wurzeln-ausstrecken-um-duerre-zu-ueberleben.html (18.12.2023).

Toupin, Louise (2022): Lohn für Hausarbeit. Chronik eines internationalen Frauenkampfs (1972–1977). Hg. v. Friederike Beier. Münster: Unrast Verlag.

Tuider, Elisabeth (2017): Das Fleisch des Diskurses. Zum Verhältnis von feministischer und zapatistischer Bewegung. In: PERIPHERIE – Politik • Ökonomie • Kultur, 24(96), S. 515–521.

Vakoch, Douglas A. / Mickey, Sam (Hg.) (2017): Ecofeminism in Dialogue. Ecocritical Theory and Practice. Lanham: Lexington Books.

Von der Haide, Ella / quEErEcologiEscollEctivE (2023): Von Pilzen lernen. Wie queerfeministische Ökolog*innen von Pilzen inspiriert werden. In: Missy Magazine 06/2023: S. 61–63.

Von Redecker, Eva (2020): Revolution für das Leben: Philosophie der neuen Protestformen. Berlin: S. Fischer Verlag.

Von Werlhof, Claudia (1978): Der blinde Fleck in der politischen Ökonomie. In: beiträge zur feministischen theorie und praxis, 1 (1), S. 18–32.

Vren (2022): Warum ein Punkt sein, wenn es den Raum gibt ... In: Queere Landlust (1), S. 22f.

Waring, Marilyn (1988): Counting for Nothing: What Men Value and What Women Are Worth. Toronto: University of Toronto Press.

Warren, Karren (2000): Ecofeminist philosophy: A western perspective on what it is and why it matters. Lanham: Rowman & Littlefield.

Winker, Gabriele (2011): Soziale Reproduktion in der Krise – Care Revolution als Perspektive. In: Das Argument, 292 (53), S. 333–344.

Winker, Gabriele (2021): Solidarische Care-Ökonomie: Revolutionäre Realpolitik für Care und Klima. Bielefeld: Transcript Verlag.

Women and Life on Earth Internet Project (2016): On being a weaver. https://www.youtube.com/watch?v=kyKkQOWWn3U (15.01.2024).

bell hooks

Die Welt verändern lernen

Bildung als Praxis der Freiheit

208 Seiten | 18 €
ISBN 978-3-89771-371-0

Plädoyer für eine freiheitliche und diversitätssensible Pädagogik

»Teaching to Transgress« hat bell hooks ihr Buch im englischen Original genannt. Es ist der gesammelte Erfahrungsschatz einer kompetenten Lehrperson und Dozentin, die sich mit ganzem Herzen dafür einsetzt, dass Lernen funktioniert. Deren Hauptanliegen es ist, Bildung als Praxis der Freiheit zu begreifen, als eine Art des Lernens und Lehrens, die jungen Menschen die Möglichkeit eröffnet, rassistische, sexistische und klassistische Barrieren zu durchbrechen und Grenzen zu ›überschreiten‹ – für die Autorin die wichtigste Aufgabe, das vorrangige Ziel des Lehrens.

Die ›Teaching‹-Trilogie zählt schon seit Langem international zu den meistgelesenen Kultbüchern von bell hooks. Mit *Die Welt verändern lernen* ist der Eröffnungsband endlich auch auf Deutsch zu lesen.

bell hooks

Gemeinschaft leben lernen

Bildung als Praxis der Hoffnung

224 Seiten | 18 €
ISBN 9978-3-89771-383-3

Rassismus, Sexismus und Klassismus durch radikaldemokratische Bildung überwinden und eine ›liebevolle Gemeinschaft‹ erschaffen

Glasklar führt uns bell hooks vor Augen, dass wir es letztlich selbst in der Hand haben, Rassismus, Sexismus und Klassismus zu beenden und ›liebevolle Gemeinschaften‹ zu gestalten: Wir müssen uns nur dafür entscheiden. Die hierin versammelten Texte sind voller Leidenschaft, visionärer Kraft und werden begleitet von Erzählungen aus hooks' eigener Schul- und Lehrzeit. Wie das Sprechen über Rassismus, Gender und Klasse, wie Critical Whiteness und Demokratieerziehung über den Unterricht hinaus in alltägliche Lernsituationen einfließen können, zeigt hooks anhand zahlreicher praxisnaher Beispiele.

Erstmalige deutsche Übersetzug des zweiten Bands der viel beachteten ›pädagogischen Trilogie‹.

bell hooks

Kritisch denken lernen

Antworten aus der Praxis

200 Seiten | 18 €
ISBN 978-3-89771-399-4

Praxisorientierte Antworten auf drängende Fragen von Lehrenden und Lernenden zu kritischem Denken in Schule und Universität

In den hier versammelten Essays feiert die Autorin, die aus vielfältigen und langjährigen Erfahrungen als Professorin an Colleges und Universitäten schöpfen kann, die weltverändernde Kraft der Fantasie und des Geschichtenerzählens im Unterricht als eine zuverlässige Möglichkeit, sich gegen Rassismus, Sexismus und Klassismus zu wehren und kritisches Denken zu fördern. Die Themen sind vielfältig und breit gefächert: Was können Schüler*innen und Studierende gegen einen langweiligen Unterricht tun? Und wie soll eine Lehrperson mit Tränen im Klassenzimmer umgehen? Kritisch denken lernen ist eine gleichermaßen provokante wie vergnügliche intellektuelle Auseinandersetzung mit den alltäglichen Herausforderungen des Lehrens und Lernens.

UNRAST Verlag | www.unrast-verlag.de | kontakt@unrast-verlag.de UNRAST